汉语国际教育系列教材

对外汉语课堂教学设计与技能

周国鹃　李　迅　著

苏州大学出版社

图书在版编目(CIP)数据

对外汉语课堂教学设计与技能 / 周国鹃,李迅著
. —苏州:苏州大学出版社,2015.11
汉语国际教育系列教材
ISBN 978-7-5672-1522-1

Ⅰ. ①对… Ⅱ. ①周… ②李… Ⅲ. ①汉语－对外汉语教学－课堂教学－教学研究－教材 Ⅳ. ①H195.3

中国版本图书馆 CIP 数据核字(2015)第 274739 号

对外汉语课堂教学设计与技能

周国鹃　李　迅　著

责任编辑　董　炎

苏州大学出版社出版发行
(地址:苏州市十梓街1号　邮编:215006)
丹阳市兴华印刷厂印装
(地址:丹阳市胡桥镇　邮编:212313)

开本 787 mm×960 mm　1/16　印张 20.75　字数 392 千
2015 年 11 月第 1 版　2015 年 11 月第 1 次印刷
ISBN 978-7-5672-1522-1　定价:42.00 元

苏州大学版图书若有印装错误,本社负责调换
苏州大学出版社营销部　电话:0512-65225020
苏州大学出版社网址　http://www.sudapress.com

汉语国际教育系列教材丛书

丛书编审委员会

（按姓氏笔画排序）

力　量（淮阴师范学院）

王建军（苏州大学）

张亚军（扬州大学）

张竹梅（南京晓庄学院）

金振华（苏州大学）

陈义海（盐城师范学院）

周远富（南通大学）

钱玉莲（南京师范大学）

总 序

张建民

(华东师范大学国际汉语教师研修基地执行副主任、教授、博士生导师)

进入二十一世纪以来,汉语国际教育硕士专业学位的设置和培养问题一直是国内高校的热门话题。从 2007 年以来,本专业从开始时的 24 所激增到当下的 107 所,开设的单位除了部属师范院校外,还有综合性的大学,而省属大学的加入更成为一道风景线。这一状况说明,随着世界上汉语教育的兴起,培养大批适合从事这方面工作的教师已成为时代所需、国家所需。由于学界对本专业的专业名称、专业的学科属性、课程设置、教学方法等方面还没有形成统一的认识,教什么、怎么教成了当前及今后迫切需要解决的问题。这几年,本专业的教材开始陆续出版,但是否适合各地区需求、是否形成体系还有待观察。苏州大学等几所高校教师编写"汉语国际教育系列教材",预期目标就是想通过建立合理的教材体系来反映编写者的专业共识和教学经验,以便更好地服务于汉语国际教育。这种联手探索的精神值得提倡。

就专业名称而言,是用"汉语国际教育"还是"国际汉语教育"？两者又有什么异同？目前学界看法还是不一致。产生这种现象的根本原因在于专业诞生的特定背景:当时可能为了强调汉语教育,而且是汉语的国际教育,就将"汉语"放在了首位。后来也有学者依据"国际英语"的习惯说法,将其称为"国际汉语教育",这一提法得到了我国教育行政管理部门的认可和采纳,如《国家中长期教育改革和发展规划纲要(2010—2020)》中就指出,要"支持国际汉语教育"。由此可见,这两个名称其所指对象并没有实质性的不同,从中倒是可以领略到汉语在使用时的词序特点。现在通行的做法是:作为一个专业,各级高校用"汉语国际教育"名称;作为一项事业,各类文献用"国际汉语教育"名称。"汉语国际教育系列教材"的取名正是从专业角度出发的。当然,这一专业的英语名称定为 Master of Teaching Chinese to Speakers of Other Languages 也给学界留下了探讨的空间。

虽然"汉语国际教育"这一名称出现时间不久,但并非从天而降,它和"对外汉语"这一专业有着密切的联系。"对外汉语"这一专业名称从启用到停用的几十年间也同样存在着争议,论争的焦点之一是该名称指的是"对外使用的汉语"还是"对外的汉语教学",这种分歧导致全国高校在对外汉语专业培养目标方面的巨大差异,有的以培养双语、双文化人才为主,有的以培养汉语教师为主。毫无疑问,对外汉语专业是汉语国际教育专业的源头之一,培养的汉语教师首先必须具备教学能力。不过,我们也要看到,汉语国际教育之所以成立,不是将"对外汉语"简单地换了个名称,而是在理论基础和教学方法上都发生了相当大的变化:对外汉语教学将汉语看作工具,着重研究如何"制作"这一工具;汉语国际教育将汉语看作是文化,着重研究如何发挥这一工具的功能。要发挥好汉语的工具功能,不熟悉工具特性是不行的,否则无法提升它的使用效率。而要真正发挥好汉语的工具功能,无论如何回避不了使用者的价值观。在学界很多人看来,文化即人们的价值观。由此,我们可以勾勒出一条清晰的汉语国际教育途径:汉语→文化→价值观。汉语作为中华文化最基本、最核心的组成部分,可以展示出中华文化的特性。这套教材中的《汉字学》就是力图展现这方面的教学成果。实际上,语言学界早已将语言看作是文化,国外从洪堡特的思想到"萨丕尔-沃尔夫"假说一脉相承,国内从罗常培先生的《语言与文化》到文化语言学的创立也一直绵延不绝。过去的对外汉语教学界由于受到结构主义语言学的影响比较大,在相当长的一段时间内注重语言形式的教学,很多对外汉语教材将文化单列,从而使一部分人对语言形式和民族文化之间的关系不太了解。

一个专业一旦确立,学界就势必要去探讨它的学科属性。一般说来,学科是按知识的分类来划定的,专业是按职业的需求来确定的,两者有紧密联系,亦有区别。从现有实践来看,汉语国际教育的学科交叉性远胜于对外汉语(现也有学者称之为"国际汉语教学"),它所涉及的范围也要比对外汉语宽泛得多,甚至可以包括国际政治、国际经济等。我们认为,国际汉语教育涵盖了国际汉语教学。它既可以从语言学的视角去研究,也可以采用教育学或其他学科的研究视角。正如心理语言学一样,语言学界和心理学界都有学者在研究。作为一门应用性、实践性很强的跨界专业,为促进自身发展、培养更多合格的汉语教师,汉语国际教育应该高度重视并且充分发挥教育学的作用。采用教育学的原理和方法，汉语国际教育专业才能确定教学政策、教学目标和内容、教学组织和实施、教学评估，才能从学生学习态度、学习动机、学习方法等方面去关注他们的学习状况，从而提高教育效果。期待着这套教材在以后的试用过程中能进一步吸收教育学等学科的研究成果，最终成为更有针对性和前瞻性的新型教材和精品教材。

课程设置决定着教材编写的种类和取向，本专业的课程经历了一个变化过程。现在通行的方案来自于全国汉语国际教育专业学位研究生教育指导委员会，课程设置在总结了对外汉语教学经验后，为体现本专业的特点和要求，尤其注重汉语教学能力、中华文化传播能力和跨文化交际能力的培养。该方案将课程类型分为核心课程、拓展课程、训练课程等。这套教材中的《第二语言习得》《汉语作为第二语言教学》等反映了这一现实。但是也必须看到，本专业设立以来，教学实践一直都在发生变化，其实际效果的最终检验要看学生能否真正掌握在国际上从事汉语教育的知识、技能和技巧。为了使本专业得到快速发展，国家有关部门一直在鼓励进行汉语国际教育硕士专业学位培养的综合改革，从华东师范大学、北京师范大学、中山大学和天津师范大学的改革试点来看，各个单位都在原有的课程设置基础上作了调整，有的课程不再开设，有的课程以前因种种原因未能设立，但又是本专业必须开设的，就新设了。这套教材的编写者所在单位虽未参加综合改革试点，却已在教材中及时反映出了这一发展动向，难能可贵。例如，《汉语国际教育概论》这门课正是指导性方案中所没有但又确是实际教学中迫切需要编写的教材。本专业的课程设置还有一个现象值得充分注意，那就是指导性方案有两套：一套是给中国学生使用的，一套是给外国学生使用的。由于国际上汉语教育的水平的不断提高，越来越多的外国学生到中国进行汉语国际教育专业学习时，已不存在日常语言交流问题。因此，一部分学校已将两套方案合并为一套，只在公共课中为外国学生开设了高级汉语课程，旨在提升他们的汉语水平。这种既注重培养标准的一致性，又不忽视培养对象的差异性的课程设置显然有利于本土化汉语师资的培养。本套系列教材中即将首推《高级汉语》，表明策划者和编写者注意到了课程改革的趋向。

课程确定后，教学内容就成了要考虑的主要问题。作为一个中国首创的专业型学位，国内外都缺乏这方面的系统研究成果和教学经验。虽然国内大部分本专业的教师来自于对外汉语或中国语言文学专业，受过一定的对外汉语教学训练，但如何在教学内容上将专业型和学术型加以区别，如何培养出适应国外需求的人才一直困扰着开设此专业的院校。本专业是以职业为导向的，教学内容当然要为这一目标服务。这涉及学生和教师的相互作用问题，学生要认可自己所学内容将来可以用在国际上从事汉语教育，教师要确信所教内容可以让学生胜任本专业的需求。当然,教学内容并不是一成不变的。由于教育的地域差异、文化差异,加之教学资源差异,各地或多或少都会在教学上显示出自己的特色。这套教材充分反映了编写者在这方面的研究、思考,《学习、商务、生活在中国》《中华才艺技能教程》的教学内容就呈现出了一定的地域特色和文化特色。应该说,这套教材的推出和使用,可以帮助学生更深刻地体会到中国社会的文化多元性。

教材编写的目的是为了服务教学,教学方法则可体现在教材中。本专业相当强调案例教学,要求将其引入各个课程,形成主导的教学方式,从而有别于对外汉语教学。案例教学可以让学生通过对汉语教育过程的观察,发现并且掌握解决问题的方法,以便在碰到相同情况时,能够加以回忆和应用。理论上来说,案例教学对培养国际汉语教师不仅实用,而且有效。然而事实却不容乐观,一些专业教学场合对于事例、案例和课例之区别至今还是一片茫然,这种情况不利于案例教学的实施。这套教材的策划者和编写者显然注意到了这个问题,在拟出版的第一批教材中书名带有"案例"的就占了三本:《跨文化交际:理论、方法与案例》《汉语国别教学案例汇总与分析》《汉语课堂教学案例分析与实践》,突显了案例教学的重要性,也彰显了专业特色。

编好本专业的教材实属不易,作为教材,它不仅要传递知识、技能,还要提供培养学生学习习惯、学习方法的建议,更要反映本专业教学的最新成果。现实情况是,就教学内容而言,学界都认为比较容易编写,难就难在如何取舍,因为任何教材不可能将所有内容——罗列,也不可能脱离自己的理论素养和实践基础。对自己钟爱的部分内容,教材编写者往往会因教材体系的缘故而割爱,这时更需要体现集体智慧。教材常是一种折中、妥协的产物,这套教材也不例外,从首批出版的书名上就可略见一斑。

汉语国际教育硕士专业学位的培养需要研究、探讨的问题很多,在体系的建立、方法的确立上还有很长的路要走。但无论如何,"再苦再难也要坚强,只为那些期待眼神"。承蒙教材编写者的厚爱,我欣然提笔作序,为了这套教材,更为了汉语国际教育事业。相信编写者今后会应教学之需,编写出更多有质量并且管用的本专业教材来。

2014 年 9 月 9 日于丽娃河畔

目录

第一章　绪　论　/1
　　第一节　对外汉语教学概述　/1
　　第二节　课堂教学与教学法　/6
　　第三节　教师素质和能力　/12

第二章　教学设计　/19
　　第一节　教学设计基础　/19
　　第二节　教学设计模式　/28
　　第三节　教学设计的程序和方法　/34
　　第四节　对外汉语教学设计　/53

第三章　课堂教学技能　/69
　　第一节　教学技能概述　/69
　　第二节　课堂教学技能（上）　/73
　　第三节　课堂教学技能（下）　/85

第四章　综合课教学　/102
　　第一节　综合课教学相关研究概述　/102
　　第二节　综合课教学的内容（上）　/111
　　第三节　综合课教学的内容（下）　/117
　　第四节　初级阶段的综合课教学　/124

第五节　中高级阶段的综合课教学　/134
　　第六节　汉语综合课教材分析　/144

第五章　听力课教学　/150
　　第一节　听力教学相关研究概述　/150
　　第二节　汉语听力课型研究　/154
　　第三节　听力微技能的培养　/159
　　第四节　初级阶段的听力教学（上）　/166
　　第五节　初级阶段的听力教学（下）　/169
　　第六节　中高级听力教学　/176
　　第七节　听力课教案设计　/180
　　第八节　汉语听力教材分析　/192

第六章　口语课教学　/198
　　第一节　口语和口语教学概述　/198
　　第二节　对外汉语口语教学的基本方法　/202
　　第三节　初级阶段的口语教学（上）　/208
　　第四节　初级阶段的口语教学（下）　/216
　　第五节　中级阶段的口语教学　/222
　　第六节　高级阶段的口语教学　/230
　　第七节　汉语口语教材分析　/236

第七章　阅读课教学　/241
　　第一节　阅读教学相关研究概述　/241
　　第二节　阅读技能训练的内容和方式　/246
　　第三节　初级阶段的阅读教学　/253
　　第四节　中级阶段的阅读教学　/259
　　第五节　高级阶段的阅读教学　/266
　　第六节　阅读教材分析　/275

第八章　写作课教学　/280
　　第一节　写作教学相关研究概述　/280
　　第二节　第二语言写作教学法例介　/286
　　第三节　第二语言写作教学的基本内容　/293
　　第四节　第二语言写作教学的主要过程　/301
　　第五节　教材分析及课堂教学展示　/308

参考文献　/315

后　记　/317

第一章 绪 论

第一节 对外汉语教学概述

一、学科名称

对外汉语教学,指教师将汉语交际技能及相关汉语知识传授给海外非母语者的过程。对外汉语教学从20世纪80年代开始进入发展时期,是一门新兴的交叉学科。它不仅跟语言学、心理学、教育学、生理学、社会学等有不可分割的关系,也跟一些新兴学科,如计算机科学、通信工程科学、跨文化交际学、传播学等,有密切的关系。

作为一门新兴的不断发展的学科,在近40年的发展历程中,出现了诸多学科名称,如对外汉语教学(Teaching Chinese to Foreigners)、汉语教学(Chinese Teaching)、华语(华文)教学(Chinese Teaching)、汉语作为第二语言的教学(Teaching Chinese as a Second Language)、汉语作为外语的教学(Teaching Chinese as a Foreign Language)、对非母语者的汉语教学(Teaching Chinese to Speakers of Other Language)、汉语国际教育(Teaching Chinese to Speakers of Other Language)等。"对外汉语教学"是指对外国人的汉语教学,主要着眼于来华留学生的汉语教学,是目的语环境中的汉语教学。"汉语教学"着眼于海外的汉语教学,但容易跟国内的语文教学混淆,所以常常需要在前边加上"世界"、"国际"以示区别。"华语教学"主要指对海外华裔子弟的汉语教学。学习者虽然在海外学习汉语,但其家人或周边环境中有一些人使用汉语（主要是汉语方言）。其学习内容既有汉语，又有大量中华文化传统知识。"汉语作为第二语言的教学"经常用于科学研究之中，但一方面名称太长，使用不方便，另一方面包含了对国内少数民族的汉语教学。"汉语作为外语的教学"是对"汉语作为第二语言的教学"的一种修正，排除了国内少数民族的汉语教学，但此名称主要针对的是非目的语环境中的汉语教学，跟"汉语作为第二语言的教学"主要针对的是目的语环境中的教学一样，未能涵盖所有学习者。随着对外汉语教育事业的发展，"汉语国际教育"于2007年出现在了为培养海外汉语师资的硕士生培养方案中。这个名称多了"国际"，可以把国内少数民族的汉语教学排除在外。由于目前人们使用比较多的依然是"对外汉语教学"，本课程主要使用这一名称。但要注意，现在这个名称的实际含义已经不是最早的"对外国人的汉语教学"，而是"对海外（含来自海外的）母语非汉语者的汉语教学"。

对外汉语教学学科名称的变迁，反映出我们对"对外汉语教学"学科的性质和特点的认识，对"对外汉语教学"内涵的认识，在逐步深入。

二、相关概念

1. 第一语言习得与第二语言学习

第一语言指孩子最早习得的语言，也就是从父母或周围其他人那里自然习得的语言。第一语言不一定是母语或本民族语，例如移居美国的华人，其后代没有取得美国国籍，但习得的是英语，则他的第一语言就是英语而非其母语——汉语。

第二语言指在第一语言之后再学习的其他语言。不管在第一语言之后学习了几门语言，在应用语言学领域一律统称为第二语言。第二语言的范围很广，可以是外国语、外族语，也可以是其他方言。例如一个在美国的华人，其后代在习得英语之后学习的汉语虽然是本族语，但却是第二语言；少数民族在本族语之后学习的汉语也是第二语言。

习得指从周围环境中通过自然学习获得某种能力。人的第一语言都是通过习得方式掌握的。孩子在跟周围的人（父母、亲戚、朋友等）的接触中，自然而然学到了语言。第二语言也可能自然习得，如一些移居美国的华裔后代，可以在家庭环境里习得汉语，同时在美国的社会环境里习得英语；或者有些孩子在家里习得父母的方言，在社会环境里习得另一种方言。一般来说，儿童或少年习得第二语言比较容易，成人习得第二语言相对困难一些。

学习指从阅读、听讲、研究、实践、训练中获得知识和技能。多数情况下，学习指在专门场所由专门教师实施的专门教学，应该有教学计划、教材、教学实施和测试。人的语文、数学等知识和相应的能力，都是通过学习获得的。在许多情况下，成人的第二语言也是通过学校的正规教育，通过系统的学习获得的。

相较于儿童第一语言习得,成人第二语言学习的特点主要有:① 进入成人以后,语言学习能力逐步下降:发音器官和相应肌肉系统发育完成,发音不容易地道;大脑和相应神经系统发育完成,归纳推理能力增强,善于总结规律,但模仿及记忆能力下降。② 成人学习第二语言大多在课堂,每天接触第二语言时间有限,不像儿童习得母语,是在生活中随时随地习得。成人在学习第二语言时,常常是通过母语来联结概念和声音的关系,一方面节省了建立概念和思维的时间,但另一方面母语可能会对学习产生干扰。③ 成人学习第二语言,大多由教师帮助输入,语音学习和词汇学习同步进行,词语学习和句法学习也几乎同步进行。④ 在文化方面,成人学习第二语言往往无法沉浸在相应的文化之中,缺乏相应的文化知识,这对学习一种语言会有不利的影响。

2. 第二语言教学

第二语言学习有别于第一语言习得的特点,决定了第二语言教学有以下一些特征:

(1)第二语言教学一般是指在学校进行的正规教学活动。这种教学活动有教学大纲和教学计划,有相应的教材,有教室和其他教学场所,有配套的教学设施,有经过专门学习和培训的教师,有经过某种筛选后进行学习的学生,有正规的课堂教学和相应的课外教学辅助活动,有配套的学习测试等。

(2)第二语言教学要从培养学生最基本的言语能力开始。进行第一语言教学时,由于学生已经习得口语能力,学生一入学,就可以教他们认字、写字和阅读。课本上的内容,只要能念出来,就基本理解了。成人在学校里学习第二语言,一般既听不懂,也不会说,更看不懂,因此要教他们每一个字词的发音和意思,要教他们每一句话的语音和意思,而且学习者要进行大量的操练才能学会。

(3)第二语言教学要面对第一语言和其他已经习得的第二语言正迁移和负迁移作用的影响。不同的语言既有共同点,也有不同点,所以第一语言对第二语言学习既有正迁移作用,也有负迁移作用。在第二语言教学中既要充分利用正迁移作用,也要设法逐渐排除负迁移作用的干扰,逐渐培养学生用目的语思维的能力。

(4)第二语言教学要面对第二语言学习中的文化障碍和文化冲突。儿童习得母语时,沉浸在和母语息息相关的文化之中,他们在用母语交际时很少出现因文化误解造成的交际障碍。但学习第二语言不可避免地要遇到与第一语言不同的文化现象,对其中的某些文化现象,学习者不容易理解和接受,从而形成了语言学习中的文化障碍,甚至产生文化冲突。因此,在第二语言教学中,必须结合有关的言语材料进行文化背景知识的教学,以消除语言学习中的文化障碍,避免引起文化冲突。

3. 对外汉语教学

本书所说的对外汉语教学,亦即汉语作为第二语言的教学,特指在学校对母语非汉语的学生所进行的系统的汉语教学。由于目前来华学习汉语的外国人以成人居多,故本书主要讨论针对成年人的汉语作为第二语言教学。

汉语和其他任何一种语言一样,在语音、语法、词汇诸方面都有其自身的特点,这些特点必然会对汉语作为第二语言的教学产生影响,使汉语作为第二语言的教学有不同于其他第二语言教学的地方。

(1) 教学的重点不同。例如,英语的名词有单数和复数的区别,人称代词除了有单数和复数以外,还有阴性、阳性和主格、宾格的区别,动词有人称的区别和时态的变化,等等。中国人学英语,这些都是难点。对中国人进行英语教学,应当把这些作为教学的重点。汉语的名词没有单数和复数的区别,代词没有阴性、阳性和主格、宾格的区别,虽然有单数和复数的区别,但是很容易记住;动词没有人称和时态的变化,所以在作为第二语言的汉语教学中,根本不存在性、数、格和时态变化等方面的问题。但是语音中的声调,语法中的量词,"把"字句和被动句等,都是多数学生的难点,因此都应当作为教学的重点。汉语虽然没有动词的时态变化,但是它有自己特定的时态范畴和时态表示法。汉语的时态范畴和表示法有什么规律,我们自己还没有完全研究清楚,学生学起来也感到非常头疼,需要结合有关言语现象的教学进行专门的解释和练习。

(2) 教学内容的编排顺序不同。在不同的语言中,表示同一个意思一般都有互相对应的表达方法,而同一个意思的互相表达方面的难易程度往往不同。例如英语"open the door"是一个很简单的表达方式,在教学初期就可以教给学生。与这个意思相当的汉语的表达方式有"开门、开开门、开一下门、把门开开"等,其中除了"开门"跟英语的表达方式基本相同以外,其他几种表达方式都跟英语不同,有的带补语,有的用"把"字句,"把"字句中又有补语。对多数学生来说,汉语的补语很难,"把"字句更难,所以这些表达方式都不能在开始的时候就教给学生,就是教了,他们也学不会。

(3) 处理听说和读写的关系的原则和方法不一定相同。有些语言的教学采用"听说领先"的方法,就是先教听说,到一定的阶段再教读写。国内外有些学校的汉语教学也采用这样的方法。但是国内多数教学单位基本上是采用听、说、读、写同步发展的方法。采用这样的方法有几个原因:一是因为教学对象是成年人,成年人的理解能力强,可以在同一个阶段同时学习几种言语技能;二是课时多,初级阶段每天至少要上四节课,这四节课如果全部用来练习听说,师生都会感到口干舌燥,还不如用一两节课教汉字和阅读,调节一下,学生也感兴趣,愿意学;三是因为多数成年人学习第二语言不能完全依靠听觉,还要同时借助视觉,通过汉字教听说,可以帮助他们记住所学的内容。最后,也是最重要的,是多数人觉得汉字难,既然难,就要多接触、多练习,同时教读写,就是为了多接触、多练习。①

三、国内汉语教学现状

据《中国留学发展报告》(2013)、《中国留学发展报告》(2014),近几年各类来华留学生均在 30 万人以上,其中绝大多数学生来华是学习语言文化,语言进修生所占比例最大。来华学习汉语的留学生主要分布在全国的 400 多所高校里,此外东南部沿海一些大中城市的对外汉语教学机构也承担了部分教学任务。国内的对外汉语教学类型主要有汉语预备教学、语言进修教学和汉语言本科教学。

汉语预备教学是对准备在中国高等院校学习某些专业的外国留学生进行的汉语教学,其主要目的是提高学生的汉语语言能力和交际能力,以便他们在入系后能顺利完成攻读学位的任务。汉语预备教学跟一般的汉语进修教学有所不同,除了进行一般的汉语教学,还要教学一些专业术语及相关方面的表达。例如,对准备攻读医学学位的留学生,需开设"医学汉语"等课程。学习完成后一般要求参加汉语水平(HSK)考试,成绩达到相应的级别,才能进入本科专业学习。

汉语进修教学是不以获取文凭为目的的汉语教学,其主要目标是提高汉语语言能力和汉语交际能力。它有长期、短期之分,短期一般为 1 周至 8 周,长期一般为半年至 3 年。国家汉办(2002)编写的《高等学校外国留学生汉语教学大纲(长期进修)》,对长期进修的教学性质和特点、教学对象、教学目标、等级结构和教学内容、教学途径、教学原则、教材编写与选用、测试等 8 个方面做了明确规定和详细说明。大纲还附有词汇表、汉字表、语法项目表和功能项目表。大纲对长期进修教学有积极的指导作用。

汉语言本科教学的目的是培养适应现代国际社会需要、具备良好综合素质、全面发展的汉语专门人才。采取学分和学制相结合的方式,一般规定学制为 4 年,完成教学计划规定的课程并修满 120~160 个学分,通过论文答辩,准予毕业。符合《中华人民共和国学位条例》的,授予学士学位。国家汉办(2002)编写的《高等学校外国留学生汉语言专业教学大纲》,对教学对象、培养目标、教学内容、教学安排、教学原则、课程设置、教学要求等做了明确规定和具体解释,并附有分年级的词汇表、汉字表、语法项目、课程介绍以及功能项目表。大纲对规范和发展该专业起到了很好的作用。由于社会需求的不同,各个学校可以在该专业下设

---

① 以上三点摘自吕必松《汉语和汉语作为第二语言教学》第 80—81 页内容。

置方向，主要有汉语文化、经贸汉语、商务汉语、旅游汉语、汉语教育等方向。

此外，主要以培养对外汉语教师为目标的对外汉语专业本科教学、对外汉语教学方向的硕士生和博士生培养以及汉语国际教育，也有部分外国留学生在攻读相应学位。

在语言教学上，当前的对外汉语教学主要有以下几种课型：① 综合课。主要任务是全面进行语言要素、语用规则和文化背景知识的教学，全面进行言语技能和言语交际技能的训练，把语言要素、语用规则和相关文化知识的传授与言语技能和言语交际技能的训练结合在一起的综合教学。② 专项技能训练课。这是从技能训练的角度划分出来的课型，有口语、听力、阅读、写作、视听等。这类课型的特点是侧重于某一项或某两项技能训练，多半与综合课同时开设。③ 专项语体课。这是从语体教学角度划分出来的课型，如商务口语、报刊阅读、科技汉语等，侧重于特殊语体和专业语汇的学习。④ 以专项语言要素为中心的技能训练课，如汉字课、语言练习课、语法练习课等。这类课往往是针对学生的难点来进行专门的训练，一般作为其他课型教学的补充。"综合课＋专项技能课"是目前对外汉语教学界乃至国内外外语教学界占主流的课程设置模式。

经过近40年的快速发展，对外汉语教学研究取得了丰硕的成果。在汉语本体方面，对汉语诸要素教学的研究更加深入、具体；在课堂教学方面，对"结构—功能—文化"相结合的教学路子基本上达成了共识，对各个语言教学环节和各种语言技能训练的研究也更有了理论的深度并创建了一套行之有效的教学规范；在语言测试方面，汉语水平考试系统也在不断完善之中；教材方面，各种不同类型、不同课型、不同阶段，具有不同特色的汉语教材可谓洋洋大观；二语习得方面，对学习者学习行为的过程和规律的研究，对学生特点和需求的分析，对外国人学习汉语过程的描写，外国人学习汉语过程中的偏误分析和中介语研究等，也出现了很多的研究成果。这些研究成果，一方面是对外汉语教学发展的反映，另一方面也将进一步推动对外汉语教学的发展。

第二节　课堂教学与教学法

在第二语言教学中，课堂教学是帮助学生学习和掌握目的语的主要形式。这是由成人学习第二语言的特性决定的。学习者对目的语的感知、理解、模仿、记忆、巩固和运用，大部分都需要在课堂上完成。课堂教学的效果直接影响着学习者的学习成效。教学方法是在教学原则的指导下，在教材编写和课堂教学中进行知识传授和技能训练的具体方法。课堂教学方法的选择是决定课堂教学效果和效率的一个重要因素。

一、课堂类型

课堂教学是学校教育的基本教学组织形式,是学校实施教育的主渠道。课堂教学中有四个因素可称为最基本的因素,这就是教师、课程、学生和教学方法。其中教师和学生是两个最活跃的主体性因素。教师的"教"和学生的"学"是贯穿教学全过程的主要矛盾,支配着其他矛盾的存在和发展。有学者以教师和学生之间的关系来区分不同的课堂类型。古德、布罗菲(2002)从师生关系类型出发,分出四种课堂类型:不能应对型、贿赂学生型、铁腕手段型和与学生合作型。在国内更有影响的是稻川三郎(2002)的研究。他认为以前的课堂教学大致分为三种:一种是以教师为中心的近乎强制式地灌输教科书内容的教学方法;第二种也是以教师为中心,但学生在课堂上的角色有所改变。为了使学生对学习活动产生兴趣,教学和生活体验相结合,课堂上教师也经常向学生提出各种问题,诱发学生们的想象思维,培养学生们积极发言的勇气。这种课堂的教学中会引入一些可操作性的学习,如组织小组合作学习活动等。这种教学中学生的活动增加,学生对学习的积极性也高于第一种课堂,但是,教师依然手握着缰绳,学生们还是被操纵着跟着教师走。第三种课堂的主体是每位学生,学生们将走到教学最前沿。这种教学是培养学生掌握学习能力的教学,是适应如今这种网络信息大爆炸时代的情况的教学。教师的作用主要是辅导、帮助,教学的主角是学生,教师是配角。学生完全自立,学生依靠自己的能力去学习。

在我国,传统的课堂是以教师为中心的课堂,它的主要特点就是以传授知识为主要任务,它的主要模式是先教后学。这样,课堂教学的过程就是一个教师按部就班地传授预设的教学内容,学生紧张被动地接受教学内容的过程。教师所传授的知识主要是课程与教材中规定好了的知识,教师在给学生传授知识前,先把教材中的知识内化为自己头脑中存储的知识,在教学的过程中,再将书面文字形态呈现的教材知识以口头语言的方式表达给学生听。因此,教师传授知识的过程仅仅是一种知识呈现中的方式变化过程。教师在课堂教学中最为注重的就是知识点中的重点和难点,教师在对这些重点和难点花大量时间解释与练习的同时,往往要求学生无条件、整齐划一地掌握这些知识要点。而达到此目标的最有效的方法就是死记硬背和"题海战术"。

国内这种传统课堂的存在,跟一直以来的升学选拔考试重知识点的考察有很大的关系。我们大多数的对外汉语教师都是从这种课堂模式里培养出来的,难免不把这种课堂教学类型带到自己的课堂中去。但关于对外汉语教学的目的,目前国内教学界的共识是:掌握汉语基础知识和听说读写基本技能,培养运用汉语进行交际的能力;增强学习汉语的兴趣和动力,发展智力,培养汉语的自学能力;掌握汉语的文化因素,熟悉基本的中国国情和文化背景知识，提高文化素养。这样的教学目的要求课堂教学既有知识的讲解，也需对所学知识进行操练，单纯地传授知识的课堂无法完成教学任务。第二语言教学的对象大多是成人，他们有成熟的思维能力，有丰富的生活体验，有自己的学习策略，以教师为中心的灌输式的课堂教学势必会引起学生的反感。对外汉语的教学课堂，应该是稻川三郎所说的第二种、第三种课堂。第二种课堂是目前国内对外汉语教学中最多呈现的课堂，教师根据学生情况事先准备好课堂教学的重点和难点，在课堂上运用各种方法和技巧进行讲解并组织学生进行操练，从而达到使学生掌握并会运用的教学目的。这样的课堂教学主要运用于初级阶段。等到掌握了一定的汉语之后，第三种课堂更受学生的欢迎。如建构主义教学理论在中高级汉语课堂中的运用，就是教师的作用从传统的传递知识的权威转变为了学生学习的辅导者，成为了学生学习的高级伙伴或合作者。教师通过创设符合教学内容要求的情景和提示新旧知识之间联系的线索，帮助学生建构当前所学知识的意义。

二、课堂教学的有效性

在课堂教学中，只有充分调动教师和学生两个方面的积极性，才能保证课堂教学的顺利进行，提高课堂教学的有效性。加里·D.鲍里奇认为有效教学包括以下五种至关重要的行为。

1. 清晰授课

指教师在授课过程中口齿清楚不含糊，使要点明确易于理解，能较清晰地解释概念等。清晰授课还包括在课前能告诉学生课时目标，课堂中发出的指令清晰明确，课程结束时能简明扼要地回顾总结等。在授课清晰程度上，教师之间的差别较大。清晰教学表现为教师呈现材料时所花时间少，学生能较快地正确回答问题。清晰教学是一个复合行为，它与教师的认知行为、组织能力、授课经验、策略选择等密切相关。

2. 多样化教学

教师能多样地、灵活地呈现教学内容。多样化教学的表现主要有：使用吸引学生的注意的技巧，通过变化目光接触、语言和手势等来展示热情和活力，用演讲、提问、提供独立练习时间等来变化呈现的方式，混合使用奖励和其他强化手段，把学生的想法和参与纳入教学的某些方面，变化提问的类型等。其中最能使教学丰富多样且能让学生积极参与的方法，就是提问。提问并不是不断地问，而是艺术地问。教师有较丰富的提问艺术，能够区分出问题的类型，包括事实问题或过程问题、聚集性问题或发散性问题等，课堂教学就常常是有效的。

3. 任务导向

以任务为导向的有效教学的标志是：制订的单元和课时计划能反映课程指南或课程标

准,能有效率地处理行政事务性干扰,以最小的代价阻止扰乱课堂的行为,为教学目标选择最适合的教学模式,用明确限定的事件逐步引导完成单元任务。

4. 引导学生投入学习过程

让学生参与教学是有效教学的一个指标。教师引导学生参与课堂教学的方法是多种多样的,主要包括:在教学活动结束之后,立即诱发学生的理想行为,允许学生质疑、讨论;在一种非评价性的气氛中提供反馈机会;必要时使用个人或小组学习活动;通过表扬、赏识等引导学生投入教学过程并保持积极性;监督学生的作业等。

5. 确保学生成功率

即学生理解和准确完成练习或作业的比率高,其特点是学生理解任务,只是偶尔因粗心而犯错。要做到这一点,教师必须在教学过程中做到:所建立的单元和课时内容反映先前学习内容,在最初的回答之后立即给予纠正,把教学刺激划分为小块,以容易掌握的步骤向新学习内容过渡,通过变换刺激的呈现节奏持续不断地为教学高潮或者关键事件做准备。

在对外汉语教学中,讲解和指导学生操练是最重要的教学行为。要想课堂教学卓有成效,就必须在这两个方面下功夫。在讲解方面,要做到正确简明、通俗易懂,还要考虑使用直观性和启发式的方法。教师在课堂上的讲解,不管是讲解生词还是语法,最重要的是正确、简单、明白,不能讲错。由于对外汉语本体研究的不成熟,一些近义词、语法缺乏有针对性的解释,这就需要教师在授课前认真备课,这样才能在课上准确、清晰地进行讲解。对外汉语教学的对象是外国人,他们汉语水平有限。在进行讲解时,一定要根据学生的语言水平,用最通俗的话、最简单的动作和方法使他们理解。学生最反感教师在课堂上说他们听不懂的话,用生词解释生词和语法点。有些语言现象,用实物、图片、图表、卡片、形体动作等直观呈现,可以增加学生的感性认识,帮助理解和记忆。对外汉语教学面对的大多是成人学习者,运用启发式能充分发挥成年人认知能力强的特点,充分调动他们的积极性,训练用汉语思维。启发式运用得当能大大加快课堂教学的节奏,提高教学效率。例如教师提出一个问题,学生回答不上来时,有的教师会不知所措,在那儿干等或草草结束提问环节,而有的教师能立刻对问题进行分解,由易及难,引导学生逐步找到问题答案。

在指导学生操练方面,要从学生的角度考虑练习的有效性,不做无用功;还要考虑针对性和难易适度、趣味性和控制性等几个方面的因素。有效性即教师为学生设计的练习要紧紧围绕教学目的,为完成本课的教学任务服务,是为了从根本上提高学生的语言交际能力。有效性还要考虑学生的需求,所学内容对学生来说是实用的。针对性指操练要针对学生的困难以及有困难的学生,学生学习中的难点就是课堂操练的重点;要用合适的方式关注学习有困难的学生,让他们体会到进步的快感,增强学习的积极性。在课堂操练中,教师要针对水平不一的学生分别设计难易适度的练习,使每个学生都能在操练中有所收获。在课堂活动中,趣味性是引导学生投入学习的重要因素。设计实用的、贴近学生生活的任务,对学生的活动进行表扬、鼓励等都是增加活动趣味性的方法。此外,对课堂操练进行适当控制也是高效课堂教学所必需的。如果不加以控制,有时学生的自由会话会变得无法控制或者会采取回避策略从而无法达到课堂教学所需的目的;此外,控制也是为了减少学生犯错误的几率,以掌控课堂教学的节奏。

三、教学方法

作为课堂教学基本要素之一的教学方法,在第二语言教学中有着十分重要的地位。几百年来,全球应用语言学者和外语教育研究者一直在努力探索更为有效的外语教学方法。经过大量的理论思考、实证研究、方法创新和激烈争论,一个又一个新的外语教学法被推出,以期使外语教学更高效。至20世纪80年代,普遍使用的二语教学方法主要有十一种:听说法、交际法、社团语言学习法、直接法、语法翻译法、自然教学法、口语法、沉默法、情景语言教学法、暗示法和全身反应法。这些方法表面看起来都有各自的理论原则和实践程序,但实际上相互之间存在很多重叠之处。依据某些可辨别的普遍性特征,库玛(Kumaravadivelu,1993)将这些方法分为:① 以语言为中心的方法,② 以学习者为中心的方法,③ 以学习为中心的方法。

以语言为中心的方法主要指那些关注语言形式或语法结构的教学方法。这些方法(如:听说法)通过课堂教学中以语言形式为主的练习,帮助学习者熟练掌握那些已预先选定、预先排序的语言结构。在这种方法看来,语言学习者只要专注于语言的结构就能熟练掌握目的语;或者掌握这些语言的形式类系统会有助于他们在课外使用目的语交际。在教学实践中,人们根据用途需要,精心挑选语法结构和不同词汇,并把它们按照由简到繁的顺序加以排列。而教师的任务则是将它们逐一介绍给学生,帮助学习者练习直至它们被学习者内化吸收。

以学习者为中心的方法主要指那些关注语言使用和学习者需求的教学方法。这些方法(比如:某些交际教学法)通过以意义为核心的教学活动,提供机会帮助学习者练习那些已预先选定、预先排序的语言结构以及交际功能(即:道歉、请求等言语行为)。这种方法认为学习者只要专注于语言的形式和内容就能熟练掌握目的语,学习者只要掌握形式和功能类系统就能满足课外的交际需求。以学习者为中心的方法目的在于帮助语言学习者准确掌握语法,流利进行交际。这些方法考虑到了学习者在社会互动或学术研究等真实生活中的语言使用状况,提供了在交际环境下所必需的语言结构形式。

以学习为中心的方法主要指那些关注语言学习过程的教学方法。这些方法(例如:自然法)是通过交际活动或课堂内的解决问题型任务,提供机会帮助学习者参与一些自由开放的、有意义的互动活动。在这种方法的设想中,语言学习者只要专注于有意义的语言内容,就能最终掌握好语言的语法结构和交际功能,而且相信学习者也能通过交际过程掌握这些能力。对于以学习为中心的方法来说,不需要预先选定、预先排序的系统性语言输入,但是需要创造条件,帮助语言学习者参与到有意义的课堂活动之中。以学习为中心的支持者相信,如果学习者不是过于关注语言的显性结构特征,而是将注意力集中于语言理解,用语言进行交际的话,他们就能完美地掌握目的语。

但随着教学实践的推进和理论探索的不断深入,教学法的局限性日益凸显,集中表现在以下四个方面:① 实证研究始终无法证明哪一个是最佳教学法,教学实践也表明无所谓最佳教学法,寻找最佳教学法的思路走不通。② 外语教学如果不充分考虑外语学习的环境因素而把教学法作为组织外语教学的指导原则,容易导致过度简化外语教学的问题。③ 教学法思想把教师假设为知识的接受者和理论的执行者,这一定位割断了理论和实践固有的内在联系,实践中教师往往处于被动接受的地位,不能发挥自身的能动性和自主性。④ 教学法概念都基于这样一个假设,即外语学习的秘密已经被人们掌握,只要按照教学法程序去做就会成功。事实上虽然多数教学法都有一定的理论基础,但它们普遍缺少实践基础和实证支持。因此,到了20世纪90年代,外语教学开始向后方法转向。库玛的"后方法"外语教学理论放弃了以教学法组织外语教学的原则,提出应该以特定性、实践性和社会可行性三个参量作为组织外语教学的原则。特定性(particularity)是指特定社会文化环境中,特定的教师在特定的教育机构里教一组追求特定目标的特定学生。它要求放弃任何既定的原则和程序,致力于寻求适合具体环境的教学。它反对面对不同的教学环境和教学对象使用相同的教学法。在特定性指导的外语教学中,教师通过"观察—反思—行动"的循环,了解和掌握具体教学环境信息,并在此基础上提出有针对性的教学策略,然后再根据教学实践中的反馈随时调整。实践性(practicality)涉及教师与研究者的关系以及教师理论的形成,它拒绝把理论家视为知识生产者、把教师视为知识消费者的两分法,鼓励教师从实践中创造理论,在实践中实施理论。它立足教师工作的具体性、独特性、不可替代性和实践性,鼓励教师将自身的教学实践理论化并通过实践消除理论家与教师的隔阂。要求教师对有关思想理论持开放的态度,首先通过阅读了解理论,以避免因无知或一知半解而盲目接受或排斥,然后还要看在具体教学环境中哪些行得通,哪些行不通,并结合实践加以修正。教师通过学习、实践和反思,运用直觉和洞察力并不断进行反思,逐渐形成自己的关于"什么是好的教学"的认识。社会可行性(possibility)指外语教学要对现实的社会政治保持敏感,重视对学习者身份形成有重要作用的社会文化现实。它拒绝把语言教学的作用局限于课堂内教授语言,把学习者的语言需求和社会需求割裂开。

库玛通过对既往教学法的批判建立了自己的后方法教学理论,我们很多教师在对各种教学法的继承创新中,也得出了同样的结论:任何一种教学方法都不是万能的,每一种教学方法都有其适用范围和局限性。在选择所用的教学法时,要考虑不同学科和课型的特点,甚至不同教学内容的差异;要考虑不同学生的智力、能力、学习态度、学习习惯等;要考虑教学时间、教学设备和教学环境;要结合教师自身的知识水平、专业素质,以及性格气质。一个优秀的教师,一定是一个善于学习和运用教学方法的老师。首先通过阅读了解各种教学方法,然后在教学实践中运用这些教学方法,并结合实践去加以选择和修正,最后形成自己独特的、行之有效的教学方法。

第三节 教师素质和能力

教育的整个过程中涉及不同的角色——教育行政管理者、教学大纲设计者、教材编写者、师资培训者等,每一个都是教育的重要组成部分。但是在众多角色中,直接影响学生学习效果的是课堂中的老师。教师在课堂上所承担的教育者的责任,在要求和难度上远比一般从业者要高得多,因为教育成败给整个国家和个人带来的影响是极其深远的。这一方面说明了教师的价值和意义所在,另一方面也对教师的素质和能力提出了很高的要求。

一、基本概念

教师素质,亦即教师专业素质,是指能顺利从事教育活动的基本品质或基础条件;是教师在其职业生活中所应遵守的基本行为规范或行为准则,以及在此基础上所表现出来的观念意识和行为品质。一般包括专业性知识、专业能力和人格魅力。

专业性知识指教师应精通自己的学科,具有扎实而渊博的知识。苏霍姆林斯基指出:"只有教师的知识面比学校教学大纲宽广得多,他才能成为教学过程的精工巧匠。"对教师来说,不仅要熟悉所教教材的基本内容,形成完整的知识体系,还要加强业务进修和广泛学习,跟踪学科学术动态,了解新观点,掌握新信息,不断更新知识,站在学科的前沿。教师还要通晓基本的社会学科、自然学科等方面的知识,做到博学多才。教师同时应具有教育科学理论修养。掌握教育学、心理学和学科教学法等基本知识，教师才能不仅知道教什么，还知道怎样教和为什么选择这样教，用科学的理论去指导自己的教学。

专业能力指教师须具有较强的教学科研能力。首先是教学能力。教师要有良好的语言表达能力。语言表达是一切教育工作者必备的主要能力。课堂教学需要教师依靠语言表达，把丰富的知识通过语言口头传授给学生。这就要求教师的语言准确清晰，具有学科性；简明练达具有逻辑性；生动活泼具有形象性；抑扬顿挫具有和谐性。其次是较强的组织能力。组织能力是一个教师取得教育和教学成功的保证。缺乏组织能力和指导能力的教师，无论其知识多么广博，都难以完成教育和教学任务。组织能力包括组织教学的能力和组织课外活动的能力。在课堂上教师要能集中学生的注意，灵活调节进程，活跃课堂气氛，控制教学环境，引导学生的思维，发展学生的创新能力，维护课堂教学秩序，处理偶发事件等；在课外一个教师应有能力组织和指导兴趣小组、参观考察和社会实践活动，有能力组织讲座、展览、表演、制作、考察、竞赛、撰写报告和论文等活动。再者是研究能力。教师很多时候只被看作知识传授的技术工，但要成为教书育人的专家，实现从"教书匠"向反思型实践者的转化，研究能力是应具备的素质之一。研究能力包括教学研究能力和学术研究能力。教师要把教学与教研结合起来，善于总结自己的教学经验，提出自己的见解，进而探索和发现新的教学规律、教学方法和模式。在此基础上，教师还要对相关教学理论进行研究，培养创造性思维，这样才能适应时代的挑战和教育的发展。

人格魅力指能吸引学生的良好人格特征。可以概括为三点：① 热爱整个教育教学。包括热爱自己的教育事业、自己所教的学科和学生。② 良好的性格和脾气。公正无私、活泼开朗、谦虚诚实、热情友好等都是良好性格的表现。在一项针对5国16所孔子学院的调查中，"热情开朗"成为好老师的第一选项，说明教师魅力至关重要。③ 良好的自我意识。良好的自我意识表现在能有效合理地进行自我评价、自我分析、自我反省、自我调节等多个方面。具有良好自我意识的教师可以相互合作，共同分享教学思想；可以依据教学工作的实际情况行使权力，从而跟学生之间有和谐的、人性化的关系。

教师能力是对教师从事教育活动的一种专业要求。20世纪70年代，美国佛罗里达州曾组织开展对教师能力的研究，提出教师的能力主要包括：① 度量及评价学生行为的能力；② 进行教学设计的能力；③ 教学演讲的能力；④ 承担行政职责的能力；⑤ 沟通的能力；⑥ 发展个人技巧的能力；⑦ 使学生自我发展的能力。这也是教学实施的全过程。作为一个教师，首先要了解学生需求，然后才能根据需求进行教学设计，把知识通过课堂讲解传授给学生；教师不能单单满足于教授基础知识，还要有教学管理的能力，有良好的沟通能力，这样才能与同事、学生之间有更融洽的关系,才能根据自身以及学生的需求与处境来建构课堂;在教学的过程中,教师要善于时时进行教学反思和自我修正,教师要有能力和意愿超越他们在正式的教师教育中所被动接受的专业理论,去努力思考和建构他们自己的教学理论;一个努力自我超越的教师,也往往能帮助学习者最大限度地提高自我发展能力。

国内关于教师能力的研究,比较有影响的有周建达、林崇德(1994)对教师能力结构的研究,主要集中在教师的教学能力方面。他们认为:教师的教学能力包括教学认知能力、教学操作能力和教学监控能力三个方面,其中教学认知能力是基础,教学操作能力是教学能力的集中体现,教学监控能力是关键。教学认知能力主要表现为敏锐的观察力、丰富的想象力、良好的记忆力,尤其是逻辑思维能力和创造性能力等。这个能力跟教师个人先天素质有关,但在学习和实践过程中可以有一定的提高。教学操作能力包括教学目标的制定、教学计划的编制、教学方法的选择及运用、教学材料和教学技术的选择设计、课堂管理、对学习和教学进行测试和评价等。这个能力主要通过后天一系列的理论学习、实践指导和具体实践获得,其中实践经验在能力获得中起关键性的作用。教学监控能力包括教学的计划性与准备性、课堂教学的组织性、教材呈现的水平与意识、对学生进步的敏感性、对教学效果的反省性以及职业发展性等。这个能力跟教师学识、实践经验和个人魅力都有很大关系。王邦德等(1994)通过研究发现,教师60%以上的能力都是在教育实践活动中逐步积累和发展起来的。这也说明,教师的实践经验,教师的自我反思能力和个人发展能力,对于教师能力的发展和完善,起着至关重要的作用。

二、对外汉语教师应具备的意识

意识是一种思想,一种在特殊情境下、特殊环境和岗位中所必须有的思想。作为一名教师,需要树立一些共同的意识,比如教师职业意识、课堂教学意识、协作沟通意识等。由于对外汉语教学的特殊性,要想成为一名合格的对外汉语教师并不断提高自身的素质,还需要强调以下一些意识。

1. 学科意识

这是由对外汉语的发展历史决定的。对外汉语教学相对于其他学科来说还是一个很年轻的学科,学科的理论体系至今仍在建设之中,教师来源相对也比较复杂。在这样的背景下,教师必须要了解对外汉语教学的性质和特点,明确对外汉语教学是第二语言教学,是一种汉语教学。虽然对外汉语教学涉及教育学、心理学、文化传播、跨文化交际等多个学科,但第二语言教学的特点和汉语本身的特点决定了对外汉语教学是一门独立的学科,教师要有学科意识。对外汉语教学跟作为第二语言或外语的英语、法语等教学虽具有相同的性质,但在教授对象、教学内容、培养目标、语言环境、社会和学界认同等方面,有着不小的差别;虽然对外汉语教学的基础是汉语言文字教学,但跟面向母语学习者的语文教学有着本质的不同。作为一名对外汉语的教师,不管来自哪个学科,都要考虑使自己所学的学科知识跟对外汉语教学紧密地结合起来,都要树立明确的学科意识,致力于对外汉语教学学科的理论建设。

2. 学习、研究意识

从教师自身发展的角度来说,每个教师都必须具有学习、研究意识,但学习、研究意识对于对外汉语教学来说有着更重要的意义。至今依然有一个普遍的观点,认为教外国人汉语是一件很容易的事情。事实上,没有深广的专业基础知识和相关的学科知识,没有高超的教学艺术,没有一定的教学技能,很难教好汉语,这就要求对外汉语教师要有很强的学习、研究意识。同时,对外汉语教学的发展历史也迫使教师要不断地学习、研究。国外的外语教学已经有几百年的历史,而对外汉语教学的历史才短短几十年,无论是学科理论体系还是教学体系,都还处于不断完善之中,需要教学第一线的教师结合自己的实践经验来进行应用研究。汉语本体的研究也远远落后于对外汉语教学的需求,教授汉语中遇到语言问题,往往不能从现有的教材、工具书、汉语语言学论著中找到现成的、令人满意的答案。这些问题只能由教师自己通过学习、研究来解决。

3. 课堂教学的课型和目的意识

国内对外汉语教学的通行做法是按听、说、读、写等专项技能分课型教学。这就要求教师对每一种课型,至少是所教课型的教学目的、教学原则和教学方法等做到心中有数。课型意识要求教师课堂上不能随意性太大,不能想怎么上就怎么上,而要上出本课型的特色来。例如,不管是口语课还是阅读课、视听课,都把很多的时间放在生词、语言点的讲解上;或者为了活跃课堂气氛,在所有的课上都强调师生之间或生生之间的交际活动,所有的课都像口语课。这样的课堂教学都不能算是合格的教学。能够很好地把握一门课的课型特点并在课堂教学中体现出来,是第二语言教师成熟的标志。因此,在分技能设课教学模式中,教师一定要强化课型意识,选择符合这门课性质和特点的教学方法,上出课程的特色来。

根据不同的课型,教师对自己教授的每一堂课都需要有明确的目的。教师要明确一个或几个要求学生课堂掌握的语言项目或语言技能项目,并就如何引入、讲解和训练做好充分准备,而且在课堂实施过程中要讲清练透。讲清,是要讲得清楚,易于理解;练透,是指通过不同角度、不同方式的练习,使学生真正掌握。那种以为课堂上输入多少学生就能掌握多少的想法是不现实的。有的教师在课堂上见到什么讲什么,遇到什么练什么,看起来内容很丰富,实际因为重点不突出效果并不好。此外,课堂指令、活动要目的明确。课堂操作时每个指令和活动都要有明确的目的,不但教师要心中有数,也要使学生清楚并得到他们的理解和支持。有的教师为了追求课堂气氛的活跃,不停地向学生提问题,或者组织学生进行交际训练,课堂看似很热闹,却忽视了课堂教学的目的。

4. 课堂教学的时效意识

在课堂教学中,教师要有最大限度地提高每一节课教学效率的意识。这应该是课堂教学的根本要求,无论教授什么课的老师都要有这个意识。但这个问题在对外汉语教学中需要强调,主要是因为对外汉语教学体系还不够完备使然。在当前,绝大多数的对外汉语教材没有对应的教学参考书,多数学校对课程教学进度也没有硬性的规定,一节课讲多少内容、要求学生掌握哪些内容,完全由授课教师决定。这种情况导致一些对外汉语教师缺乏课堂教学的时效意识。主要表现在:课堂操作环节不清楚,结构不紧凑,主次不分,指令模糊,教学内容随意性很大等。例如,有的通过直观呈现学生很快就能明白的词语,老师花很多的时间用汉语向学生解释;老师用四五十个音节描述一个情景,只为了让学生说出一个词语;在课堂上花大量时间回答学生一个跟本课没有多少关系的问题等。课堂教学的时效意识跟目的意识是紧密相关的,有了时效意识,课前就会确定每一节课及每一个教学环节的教学目的;有了明确的教学目的,才能保证课堂教学有效进行。

5. 跨文化意识和国别意识

第二语言教学的最终目的是要使学习者从事跨文化的交际活动。由于学习者母语的社会历史及其文化背景与目的语的社会文化存在着差异,甚至差异很大,因此,学习者无论从事哪种与目的语有关的交际活动,都是一种跨文化的交际活动。这就要求第二语言教师必须清楚地认识到自己所从事的是一种跨文化的语言教学。课堂教学不仅要培养学生的交际能力,更要注意培养学生跨文化的交际能力。教师应该对不同文化的民族在思维方式、价值标准、社会习俗、交际习惯等方面的差异或冲突,特别是与语言的理解和交际有关的文化因素有敏锐的感觉,并能够在课堂教学中有意识地加以处理和正确引导。而要做到这一点,教师必须了解和熟悉不同国家学生的文化背景和文化心理。

除了有跨文化的意识,对外汉语教师还需有国别意识。现在的一些教师一提到跨文化,就是中西对比、中西差异,全然不管对外汉语教学面向的是全球的二语学习者。不同的民族和国家都有各自独特的语言文字和文化习俗,这些国家的学生在学习汉语的过程中遇到的语言问题和文化冲突自然不尽相同。比如汉字文化圈的学生、印度学生、阿拉伯国家的学生、非洲学生等,在汉语学习中的重点和难点有不小的差异,在文化适应方面也有不一样的感受,这些都要求教师要有国别意识,能针对不同国家学习者的具体情况,有针对性地进行处理和引导。

此外,对外汉语教师,在课堂教学中还需具有交际意识及语言意识。第二语言教学的根本目的就是培养学生目的语的交际能力,而交际能力是在交际和交际训练的过程中逐步获得的。训练和培养学生的交际能力是课堂教学的核心。此外,由于教学对象还没有较好掌握目的语,教师课堂上要时刻注意使自己的教学用语适度、规范、精要,用词的难易和语速的快慢要尽量控制在学生能接受的范围内。

三、对外汉语教师的知识结构与能力结构

对外汉语教师的知识、能力和素养,关系到汉语教学的质量和效益,关系到对外汉语教学事业的发展和壮大,因此历来受到对外汉语教学界的高度重视。广大专家学者从不同角度对汉语教师应具备的知识和能力进行了论述。如吕必松(1989)从能够胜任课堂教学到教学艺术高超、从教学到科研、能够受到特别欢迎和尊敬的教师等角度,系统地论述了汉语教师的知识结构和能力表现,并区分了胜任课堂教学工作、胜任多种教学任务和教学艺术高超的教师。

2007年,国家汉办发布《国际教师标准》(以下简称为《标准》),对从事国际汉语教学的教师应具备的知识、能力和素质进行了全面的描述。《标准》分为语言基本知识和技能、文化与交际、第二语言习得与学习策略、教学方法、教师综合素质等五个模块,共有十项标准:汉语知识与技能,外语知识与技能,中国文化、中外文化比较与跨文化交际,第二语言习得与学习策略,汉语教学法,测试与评估,汉语教学课程、大纲、教材与辅助材料,现代教育技术及运用,教师综合素质。《标准》全面系统,面面俱到,对于刚刚踏入对外汉语教学领域的教师来说,似乎是一个遥不可及的标准,但从教师个人发展来看,这应该是一个教师向专家型教师转型的努力方向。

哪些知识、能力和素养是一个合格的、即将踏上讲台的对外汉语教师所必须具备的?李泉(2012)认为,必须具备以下三个基本条件:① 基本知识:a. 汉语汉字知识,包括汉语语音、词汇、语法、汉字知识;常用虚词知识,常见偏误分析;基本的语言学知识,比较全面的汉语语言学知识。b. 中华文化基础知识,包括中国历史和文化的基本知识。c. 外语教学知识,包括外语教学的性质、目标、原则、方法等知识;汉语作为外语教学的基本理论(特点、模式、教材、教法、测试等);基本的教育学、学习心理学知识,主要的外语教学法流派的理念、特点和方法等。② 基本技能:a. 汉语阐释能力,包括能清楚地解说汉语的结构规则和表达规律,能恰当地解说学习者遇到的疑难语言现象,能对常见的语言偏误进行恰当地纠正和分

析,能结合具体语言现象进行汉语结构规则和使用规则的概括等。b. 教学组织能力,包括能恰当地选择和使用教材;能有效地组织课内外的教学活动,能不断激发学习者的学习兴趣;能有效地协调师生之间和生生之间的关系等。c. 课堂教学能力,包括能有效地掌控课堂教学秩序和教学进程;能选择和运用恰当的教学手段、教学方法和教学技巧,能清楚地解答问题;能恰当地处理好讲练关系,能进行有序有效、高质量的师生和生生互动;善于营造和谐、和睦的课堂气氛,有较强的课堂教学时间观念等。d. 教学评估能力,包括能准确地评估学生的学习能力和学习效果;能选择合理的测试方式和题目进行教学质量测评,能利用多种评估方式进行教学评估;能客观地进行自我教学评估等。③ 基本素养:a. 良好的心理素质,包括开放的心态、包容意识、自信乐观等。b. 良好的外语能力,包括能用外语辅助教学,能用外语进行交流和沟通。c. 良好的跨文化交际能力,包括具备足够的跨文化交际知识,良好的跨文化交际能力。d. 高度的敬业精神,包括爱学生、爱工作、勤奋投入、不计较个人得失等。

思考和练习一

1. 如何理解"对外汉语教学"的性质和任务?它和语言习得、其他外语教学有何区别?
2. 结合具体教学案例来说明何为第二种课堂类型、何为第三种课堂类型。
3. 结合加里·D.鲍里奇的有效教学行为,谈谈对外汉语课堂教学如何可以更有效。
4. 如何理解教师"素质"和"能力"之间的关系?
5. 结合自身实际,谈谈如何可以使自己成长为一名合格的对外汉语教师。

第二章　教学设计

教学设计(instructional design,简称ID)是20世纪60年代以来逐渐兴起的一门应用科学,是教育技术学领域内的一个分支,具有很强的实践性。课堂教学设计作为沟通教学理论和教学实践的桥梁,从理论的角度解决了教师的很多具体问题,如教案应该包括哪些内容、设计教案的依据是什么、教案的设计过程中要涉及哪些因素、怎样的设计过程更科学等。尤其是在对外汉语教学领域,由于海外的汉语教学还处于起步阶段,且学习需求及学生情况多种多样,需要教师根据具体情况确定新的教学项目,开设新的课程。学习一些教学设计的知识,对于汉语教师在海外的教学工作将会有很大的帮助。

第一节　教学设计基础

一、教学设计基本概念

加涅(R. M. Gagne)在1985年出版的《教学设计原理》中,定义教学设计为"一个系统化规划教学系统的过程。教学系统本身是一种对资源和程序做出的有利于学习的安排。任何组织机构,如果其目的旨在开发人的才能,均可被包括在教学系统中"。他把教学设计和教学开发视为两个过程,认为教学设计主要是计划教学系统的过程,而教学开发则是实施这个"计划"的过程。肯普(J. E. Kemp)在1998年出版的《设计有效的教学》一书中,将教学设计定义为"如何有效地规划、开发、评价与管理教学过程,以使之能够确保学生取得良好业绩表现的系统方法"。这种教学设计观,主要在于强调教学设计的目标、功能和意义,将教学设计看成是一种能够达到预期目标的最优途径。

乌美娜作为我国教学设计研究的先驱人物,在 1994 年出版的《教学设计》中,将教学设计定义为:"教学设计是运用系统方法分析教学问题和确定教学目标,建立解决教学问题的策略方案、试行解决方案、评价试行结果和对方案进行修改的过程。"她认为教学设计的目的在于优化教师的课堂教学效果,把教学设计作为一种系统计划的过程,并且认为,教学设计是解决一系列复杂教学问题、寻求最佳解决方案的过程。

综上所述,教学设计的定义应该包含以下内涵:

(1)教学设计的目标是帮助教师解决教学问题,改善学生的学习效率和效果。课堂教学设计就是预先对教学过程有整体性把握,并将之作为教学活动的行动纲领,以帮助教师解决课堂教学过程中的问题,实现学习者学习效率和效果的提高。

(2)教学设计应该具有操作性,并指向教学实践。教学设计为教学理论和教学实践的结合提供了结合点。教学设计就是通过系统的教学计划和一定的程序,使教学资源得到合理配置,从而形成一套具有操作性和指向课堂教学实践的系统的教学实施方案。

(3)教学设计应该具有系统性特征。教学本身就是由诸多教学要素组成的一个复杂的系统,教学设计就是通过一定的组织规划将这些教学要素有机地整合起来,进行系统安排的过程。

(4)教学设计本身是一个技术处理的过程,并且具有一定的灵活性。课堂教学设计的整个过程包括诸多环节,教学设计过程就是在这些环节的密切配合、层层递进中不断向前推进,形成一个动态的设计过程。

总之,教学设计以实现教学效果最优化为目的,依据学习理论、教学理论和传播理论,运用系统方法,分析教学系统中各要素之间的联系,据此确定教学目标,建立不同层次的教学方案,设计的对象包括教学计划、教学大纲、教材、教案、多媒体课件等。

二、教学设计的层次

教学设计的理论和方法可以用于不同层次的教学设计。依据不同的观点可以有不同的分层。从教学设计的表现形式看,可以分为以产品为中心的层次、以课堂为中心的层次和以系统为中心的层次。

(1)以产品为中心的层次。教学设计的最初发展是从以产品为中心的层次开始的。教学设计把教学中需要的媒体、材料等当成产品来设计,产品包括教材、多媒体课件、计算机教学系统等。这个层次的教学设计,常常由教学设计人员和教师、学科专家、媒体专家和媒体技术人员共同参加,对产品进行设计、开发和测试、评价。

（2）以课堂为中心的层次。这个层次的设计范围是课堂教学，它是在规定的教学大纲和教学计划下，针对一个班级的学生，在固定的教学设施和教学资源条件下进行教学设计。这个层次的教学设计相当于教师常做的备课和教案设计，因此一般由教师自己承担。有时这个设计由教材设计者提出基本的思路，教师备课是在已有的教学设计的基础上进行的。例如有的教材有配套的教师手册，为课堂教学设计了教学过程和教学活动、教学课件、教学评价的方法等。但这并不意味着教师不需要备课了，这种教师手册只是为教师提供了可选的思路，具体的课堂操作设计还要靠教师来规划。

（3）以系统为中心的层次。按照系统观点，上面提到的教学产品和课堂教学都可看作是教学系统。但这里的系统特指比较大的、比较综合和复杂的教学系统。例如一个学校或一个新专业的课程设置、一个职业培训方案、一门课程的教学大纲或课程标准、个别化学校系统等。这一层次的设计比较复杂，通常包括确定系统的教学目标、建立实现目标的方案、试行和评价、修改教学方案等。这一层次的设计需要由教学设计人员、学科专家、教师、行政人员，甚至包括学生组成的设计小组来共同完成。

依据系统论的观点，教学设计可以分为宏观和微观两个层面，课程或学习系统的开发、培训方案的制订等属于宏观层面的教学设计；对一门具体的课程、一个单元、一堂课以及一个媒体材料的设计等属于微观层面的教学设计。根据系统中各个子系统大小和任务的不同，教学设计可以分为以下三个层次。

（1）以教学系统为对象的层次。这个层次就是通常所说的教学设计。教学设计涉及的教学系统比较大，应用范围比较广，如一所学校、一个培训系统或学校系统的建立，或教材、计算机教学系统的开发等。教学设计首先要进行需求分析，拟定培养目标；然后根据培养目标制订课程方案，包括课程计划和课程标准，具体到教学中，即我们通常所说的教学计划和教学大纲；接着选择或开发教学资源；最后在教学实践中实施，并进行评价和修正。教学设计一般比较复杂，通常由相关的专家小组来完成。

（2）以教学过程为对象的层次。这个层次的设计称为教学过程设计，是教师依据一定的教育思想和自己对教育、教学过程的理解，以各种方式、方法对一门课程或一个单元，甚至一节课或某几个知识点的教学全过程，进行规划和安排的教学设计，是教师开展最多的教学设计活动。教学过程设计包含课程教学设计和课堂教学设计两个层次。课程教学设计是对一门课或一个单元的教学设计，需要根据一门课程规定的总教学目标，对教学内容和教学对象进行分析，在此基础上得出每个单元或章节的教学目标和各知识点的学习目标，以及此课程的知识和能力结构要求，形成完整的教学体系。课堂教学设计是对一节课或某几个知识点的教学设计,一般需要根据课程的目标体系,选择恰当的教学策略,制订课堂教学过程结构方案,并进行教学实施,做出评价和修改。在课堂教学设计过程中,既要注重知识、方法和能力的关系,更要突出能力的地位和作用。

(3) 以教学产品为对象的层次,即教学产品设计。教学产品设计在此有两层含义,一为通过分析、设计、开发、制作、评价、修改等步骤开发、形成教材、课件、网络课程等产品,另一方面也指根据教学设计和教学过程设计所确定的产品使用标准,比如教材的安排、教学媒体的选取等。

对于广大教师,尤其是即将或刚刚接触教学的教师来说,主要任务是理解并把握以课堂为中心的层次或以教学过程为对象的层次,并将之运用到自己的教学实践中去。

三、教学设计的理论基础

从 20 世纪 60 年代后期开始逐步发展的教学设计理论绝大部分是以"教"为中心的,其基本内容是研究如何利用教学理论,帮助教师备课、教课,很少考虑学生学的问题。它是现代主义教学设计理论的主流,理论基础由系统论、学习理论、教学理论、传播理论组成。由于任何教学的目的都是为了促进学生学习,因此学习理论是其重要的理论基础。除了学习理论外,其他三种理论的研究内容和体系近 30 年来发展相对稳定。对教学设计理论产生过显著影响的,有行为主义、认知主义、建构主义等学习理论。下面介绍几种与一般教学设计和语言教学设计关系比较密切的理论。

1. 行为主义学习理论

行为主义学习理论以巴普洛夫、沃森(John B. Watson)、斯金纳(Burrhus Frederic Skinner)等人的学说为代表。沃森在巴普洛夫反应性制约研究的基础上,主张把行为作为心理学的研究对象,从而创建了行为主义学派,建立了著名的"刺激—反应"(S—R)公式。行为主义的学习理论强调环境和刺激的重要性:他们把环境看作刺激,把由刺激所引起的有机体的行为看作反应;认为刺激与反应的联结所形成的过程就是学习,学习者的行为就是对环境刺激所做出的反应,所有的行为都是习得的。这种直线式"S—R"公式,不能准确说明学习的整个过程,也无法从理论和方法上给予实际的帮助。斯金纳发展和完善了行为主义理论,提出了"操作性条件作用"的概念,建立了"刺激—强化—反应"的公式,认为学习包括两类方式:一是完全由刺激引起的学习,具有明显的"S—R"形式,称为应答性学习,但是这种学习依据于人的生理结构,不能解释人类的全部学习;二是操作性学习,强调了有机体主动作用于环境,强调了人的能动性。但在人与环境的关系上,他认为环境是主动的,人是被动的,环境主动地作用于人而产生人的全部行为。所以,只要了解环境便能预测行为,只要控制环境,便能控制行为。在语言教学中,听说法就是建立在行为主义学习理论基础之上的。

2. 认知学习理论

认知心理学理论包括格式塔心理学的早期研究和现代认知心理学的研究。格式塔心理学是产生于德国的一个心理学流派,被誉为现代认知心理学的先驱。现代认知心理学具有两方面的含义:一是从理论的角度对学习的研究,可以皮亚杰(Jean Piaget)、布鲁纳(Bruner)、奥苏伯尔(D. P. AuSubel)的理论为代表;一是以现代信息加工论的研究为代表,如加涅的信息加工学习模式。信息加工学习模式对教学设计的发展产生了深远的影响。

现代认知心理学认为,学习都是通过一系列内在的心理动作,对外来的信息或已有的信息进行不断加工处理的过程。这个过程包括信息的输入、加工、输出和反馈等环节。其中,信息的"输入—输出"环节的基本功能是实现信息的变换,使外来信息得以接收、加工、储存和提取,这一环节的基本心理动作是各种形式或水平的编码与译码活动。反馈环节的功能在于实现对学习的控制,通过回收输出信息的结果与原定目标进行对比,从而检验学习的成效,或者调整信息的再输入、再加工或再输出,最终使学习达到预期效果。

加涅的"信息加工学习模式"认为,学习很少是偶发的,相反,是直接指向一个意识到的或尚未意识到的目的;学习是主动完成的,为了对环境理解得更多,学生一般都主动投入一种尝试。这个学习的过程可以分为若干阶段,每个阶段需要不同的信息加工。与此相应,教学过程要对应学生的内部加工过程,对学习过程产生影响。在这种认识的指导下,他把每一个教学过程中发生的事情称为教学事件,认为教学事件是学习的外部条件,教学过程就是由教师安排和控制这些教学事件构成的。下表反映加涅对学习和教学过程的对应关系的认识。

表2-1 加涅的信息加工学习模式

	教学事件	学习过程
1	引起注意	接受各种神经冲动
2	告知学生	刺激执行控制过程
3	刺激回忆前提性的学习	把先前的学习提取到工作记忆中
4	呈现刺激材料	突出有助于选择性知觉的特征
5	提供学习指导	语义编码,提取线索
6	引出作业	激活反应组织
7	提供作业正确性反馈	建立强化
8	评价作业	激活提取,使强化成为可能
9	促进保持和迁移	为提取提供线索和策略

3. 建构主义学习理论

建构主义学习理论是认知学习理论的一个重要分支。该理论认为,世界是客观存在的,但对于世界的理解和赋予的意义却是由每个人自己决定的。我们是以自己的经验为基础来建构现实,或者至少说是在解释现实,每个人的经验世界是用我们自己的头脑创建的。所以,学习不是由教师把知识简单地传递给学生,而是由学生自己建构知识的过程。学生不是简单被动地接收信息,而是主动地建构知识的意义。学习者在一定的情境即社会文化背景下,借助其他人(包括教师和学习伙伴)的帮助,利用必要的学习资料,通过意义建构的方式获得知识。因此,建构主义学习理论认为"情境"、"协作"、"会话"、"意义建构"是学习环境中的四大要素。

(1)情境。学习环境中的情境必须有利于学生对所学内容的意义建构。也就是说,在建构主义学习环境下,教学设计不仅要考虑教学目标分析,还要考虑有利于学生建构意义的情境的创设问题,并把情境创设看作是教学设计的最重要内容之一。

(2)协作。协作发生在学习过程的始终。协作对学习资料的搜集与分析、假设的提出与验证、学习成果的评价直至意义的最终建构均有重要作用。

(3)会话。会话是协作过程中不可缺少的环节。学习小组成员之间必须通过会话商讨如何完成规定的学习计划和任务;此外,协作学习过程也是会话过程,在此过程中,每个学习者的思维成果为整个学习群体所共享,因此会话是达成意义建构的重要手段之一。

(4)意义建构。这是整个学习过程的最终目标。所要建构的意义是指事物的性质、规律及事物之间的内在联系。在学习过程中帮助学生建构意义就是要帮助学生对当前学习内容所反映的事物的性质、规律及该事物与其他事物之间的内在联系达到较深刻的理解。

因此,建构主义提倡在教师指导下的、以学习者为中心的学习,也就是说,既强调学习者的认知主体作用,又不忽视教师的指导作用。教师是意义建构的帮助者、促进者,而不是知识的传授者与灌输者。学生是信息加工的主体,是意义的主动建构者,而不是外部刺激的被动接受者和被灌输的对象。

4. 布鲁纳的结构教学理论

布鲁纳是美国著名的教育学家和心理学家。他的结构教学理论可以归纳为以下几点。

(1)教学目标。他认为,教学的中心任务是发展学生的智力。他在《教学理论探讨》(1966)一书中,有如下陈述:教学生学习任何科目,绝不是向学生心灵中灌输固定的知识,而是启发学生主动去求取知识和组织知识。教师不能把学生教成一个活动的书柜,而是要教学生如何思维。

（2）教学内容。布鲁纳强调学习是一种积极的认知过程，注重掌握学科的基本结构，而不是现成的答案，倡导知识的发现学习。布鲁纳所说的发现，并不限于发现人类尚未发现的事物，而是指让学生自己独立阅读思考，去发现教材的结构、结论和规律的过程。这种学习方法，要求学生像科学家一样去思考、探索未知，最终达到对知识的理解和掌握。

（3）教学过程。布鲁纳认为教学程序和步骤，主要涉及教材的呈现方式、学生的认知特点和学习方式。教学理论必须探明如何设计最佳教学程序。他提出了设计最佳教学程序的三条基本要求：① 教材的呈现顺序要与学生的认知发展相适应，教师要根据学生的认知水平、已有的知识经验、教材的性质和个别差异等因素安排教学的步骤与进程。② 教学程序的设计要考虑经济有效观点，要用最有效的方式让学生获取知识，如帮助学生将已经学习的知识迁移到类似的新情境之中。③ 教学程序的设计要促进学生的智力发展。

（4）倡导发现学习。布鲁纳指出：教师教一门学科，不是为学生建一个小型藏书室，而是让学生亲身参与获得知识的过程，通过自己的思考和探索来获得知识。教学不是为了让学生记住教师所讲的内容，而是让学生在探索中，自己建立该学科的知识体系或结构。布鲁纳认为发现学习有利于激发学生的好奇心，学生在好奇心的驱使下，会对探究未知的结果更感兴趣。所以，布鲁纳把好奇心称之为"学生内部动机的原型"。研究发现，在发现学习中，外部奖赏的强化作用会逐渐减弱，而学习者由于积极主动地解决问题，获得成功的体验或成就感会增强学习者继续学习的愿望和要求。我们发现，学生对自己能力的自信程度，的确对他的学习成绩有一定的影响。

（5）重视教师反馈。布鲁纳尽管强调学生的内部动机，但并未否认教师在学生学习动机激发中的作用，教师可以利用向学生提供矫正性信息的方式，帮助学生调整内部状态。因此，教师必须采取适当措施，使学生能自觉地把矫正机制引入到自己的学习中来调整自己的学习活动。教师提供的矫正性信息要及时有效，采取能帮助学生解决问题的方式，而不是仅仅告诉学生"对"或"不对"这样简单的信息，因为这种反馈信息的作用不大，有时还可能产生相反的作用甚至伤害学生。

布鲁纳的结构教学理论适应当时美国教育发展的迫切需求，对美国精英教育和现代教学理论的发展产生了深刻的影响，但他对人的完善发展的理解偏重于智力发展，过分强调亲自"发现"，而"发现学习"的设计难度很大，对教师的水平要求很高，处理不好，不但会影响教学进度，也会影响学生获取系统知识。

5. 教育传播理论

传播理论探讨自然界信息传播活动的共同规律,现在一般将传播看作是特定的个体或群体即传播者运用一定的媒体和形式向受传者进行信息传递和交流的一种社会活动。教学本身是一种知识的传播过程,许多研究者利用传播理论的概念及有关模型中的要素来解释教学过程,并提出了许多关于教学传播过程的理论模式。

美国政治学家拉斯韦尔(H. D. Lasswall)提出了一般传播过程中的五个基本元素——"5W",并描述了其直线性的传播模式,后来贝尔洛(D. K. Berlo)和布雷多克(Bradok)等人又在"5W"的基础上增加了传递讯息的具体环境和传播者发送讯息的意图这两方面内容,发展出"7W"模式。其中每个"W"都类同于教学过程中的一个相应要素,这些要素自然也成为教学设计所关心和分析的重要因素。传播七要素和教学设计过程要素的联系如下表所示:

表 2-2　七要素与教学过程

	传播学的"7W"要素		教学过程的类似要素
1	Who	谁	教师或其他信息源
2	Says What	说什么	教学内容
3	In Which Channel	通过什么渠道	教学媒体
4	To Whom	对谁	教学对象即学生
5	With What Effect	产生什么效果	教学效果
6	Why	为什么	教学目的
7	Where	在什么情况下	教学环境

1960 年,贝尔洛在拉斯韦尔研究的基础上提出了 SMCR(source message channel receiver)模式,以直观的方式进一步揭示了传播过程的复杂性。SMCR 模式更明确和形象地说明传播的最终效果不是由传播过程中某一部分决定的,而是由组成传播过程的信源、信息、通道和受者四部分以及它们之间的关系共同决定的,而传播过程中每一组成部分又受其自身因素的制约。首先,从信源和受者方面看,在教学过程中,信源和受者分别是教师和学生,教学过程也是信息传播过程,至少有四种因素影响其信息传播的效果,即传播技能、态度、知识水平、社会及文化背景。其次,从信息这个要素看,在教学过程中的信息具体包括内

容、编码、处理。最后,从信息传递的通道看,不同的传播媒体以及它们与传递信息的匹配将对人的感觉引起不同的刺激,从而影响传递效果。贝尔洛的传播模式为教学设计提供了一个较全面的理论依据,教学设计可在这一基础上把教学信息传播过程作为一个复杂的整体来研究,从而使教学效果达到最优化。

下图具体地反映出 SMCR 传播模型与教学设计的关联。

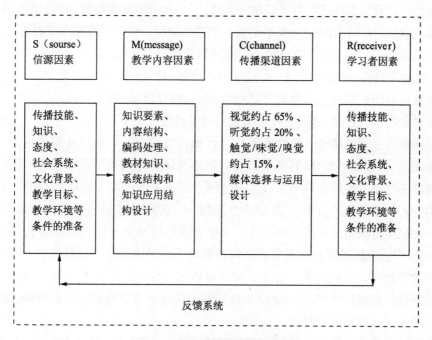

图 2-1　SMCR 传播模型与教学设计

6. 系统理论

系统论认为,系统是由相互作用和相互依赖的若干组成部分结合而成的具有特定功能的有机整体。世界上的一切事物、现象和过程都是有机整体,它们自成系统,又互为系统。世界上任何一个事物要么是一个系统,要么是一个系统的要素;任一系统都和周围的环境组成一个更大的系统;系统的各个组成部分都可以看作是一个个子系统,系统与子系统是相对的。任一系统都是在和环境发生物质、能量与信息的交换中变化、发展的。

20 世纪 60 年代末期,教育技术研究者开始致力于系统方法应用于教学实际的研究,形成教学系统方法,并应用于各个层次的教学系统设计之中,建立起教学设计的理论和方法。

根据系统论的思想,为达到一定的教育、教学目的,教学设计首先把教育、教学本身作为整体系统来考察,也就是把体现一定的教育、教学功能的各种教育、教学组织形式看成教育系统或教学系统。如学校是一个教育系统,是社会系统的一个子系统。社会向学校教育提出人才的要求,提供教育资源(如教职员、教材、设备、设施等),而学校系统则通过各类教育工作把学生培养成社会需要的人才。学校系统通过反馈信息来进行调整,以保持社会系统中的动态稳定。教学系统是教育系统的子系统,它包含着不同的层次,可以是指学校的全部教学工作,也可以是一门课程、一个单元或一节课的教学。教学系统包含了教师、学生(均为人员要素)、课程(教学信息要素)和教学条件(物质要素)四个最基本的要素,组成系统的空间结构;而教学目标、教学内容、教学方法、教学媒体、教学组织形式和教学结果等过程性要素形成系统的时间结构。这些要素之间相互作用、相互依赖、相互制约,又构成系统输入和输出之间复杂的运行过程,这就是我们常说的教学过程。

运用系统方法要遵循的一般性原则有:① 整体性原则。它要求从整体出发,着眼于系统的整体功能,从整体与部分(各要素)之间、整体与环境之间的相互联系、构成整体的各个层次之间的相互制约中综合地考察对象,并根据"整体不等于部分之和"、"整体功能决定于系统结构"等,对系统进行分析。② 综合性原则。一方面认为任何系统整体都是由各个要素按照一定结构方式组成的综合体;另一方面要求任何对象的研究必须采用综合的方法。③ 最优化原则。系统各部分的组成和结构必须从系统整体的最优目标出发,或从多种可行的方案中选择整体效果最佳者。系统方法立足整体、统筹全局,是整体与部分辩证统一,能实现系统最佳目标的科学方法。④ 反馈性原则。任何系统只有通过信息反馈,才可能实现有效的控制从而达到预期的目的。

教学系统设计通过系统分析(学习需要分析、学习内容分析、学习者分析),形成制定、选择策略的基础;通过解决问题的策略优化(教学策略的制定、教学媒体的选择)以及评价控制(形成性评价、修改和总结性评价),逐步形成解决复杂教学问题的优化方案,以保证在实施中取得良好效果。

第二节 教学设计模式

一、教学设计基本要素

教学设计涉及诸多因素,不同的学者有不同的分析方法,但总体上来说大同小异,可分为六个基本要素:学习需求、学习内容、学习者、教学目标、教学策略、教学评价。由于教学设计是一个正在不断发展的领域,因此教学设计的理论存在很多不同的表述方法,有"以教为主的教学设计"、"以学为主的教学设计"、"主导—主体教学设计"等。本文采用"双主"理论,前三个要素从"学"的角度来讲,后三个要素从"教"的角度来讲。

(1) 学习需求。一般定义为:学生当前的相关知识和能力状况与所期望达到的状况之间的差距,或者说是学习者已经具备的水平与期望学习者达到的水平之间的差距。差距指出了学习者在能力、素质方面的不足,指出了教学中实际存在和需要解决的问题。学习需求分析的结果是得到"教学总体目标"。不同层次的教学设计,所涉及的学习需求内容不一样。对一个专业的人才培养计划来说,学习需求主要是依据社会对该类人才的要求;对于教材来说,学习需求是学习者在规定的时间、条件下可以达到怎样的目标。

(2) 学习内容。学习内容是指为实现教学目标要求学生系统学习的知识、技能和行为经验的总和。由于学习需要的范围、大小不同,学习内容分析有不同的层次。从教学计划来看,主要是学习者达到目标水平、能力所涉及的学科;教学大纲是学习者在学习该课程时需要掌握的知识点和能力点;教材设计是学习者在特定学段需要掌握的所有知识、能力和其他相关的内容及其排列顺序等,课堂教学则是对所给出的学习内容进行分析,确定重点、难点和教学顺序等。

(3) 学习者分析。教学设计的目的是为了有效促进学习者的学习,而学习者是学习获得的主体,学习者的认知、情感、社会等特征都将对学习的信息加工过程产生影响。因此教学设计是否与学习者的特点相匹配,是决定教学系统设计成功与否的关键因素。进行学习者分析,目的是为了了解学习者的学习风格、学习准备状态、一般特征等方面的情况,以便为教学设计提供依据。因此,学习者分析是教学设计前期的重要环节。

(4) 教学目标。教学目标是对教师在完成教学任务时所提出的概括性要求。它是整个教学计划的基础,所有的教学活动都是为了实现这一目标而设计的。通过对学习内容的分析,确定了完成教学目标所需掌握的各个知识点与技能项目,通过对学习者初始能力的分析确定了教学的起点。在此基础上,就应阐明教师通过教学而使学习者在教学活动中所要达到的学习结果或标准。教学目标要用具体的、可观察的、可测量的术语表述出来,来说明学习者对学习内容的掌握水平。

(5) 教学策略。教学策略是指为达到教学目标、完成教学任务,在对教学活动清晰认识的基础上,所使用的教学程序、教学方法技巧、教学组织形式(集体授课、小组活动、个别化教学等)和教学媒体的总体安排。它是教师在教学实践中为提高教学效率,依据教学计划、学生特点,有意识地对教学模式、教学方法进行选择、筹划和灵活处理的过程。

(6)教学评价。教学评价是指按照一定的教学目标,运用科学可行的标准和方法,对教学活动的过程及其结果进行测量和价值判断的过程。教学评价首先是对教学目标制定情况的评价,即教学目标的制定是否着眼于学生发展,是否符合学生需求,是否体现了知识体系的特征,是否具体、明确等。第二项评价内容是评价教学设计中的教学策略是否正确地体现了相应的学习原理和教学原理,即各类不同的知识技能教学中的方法是否体现了各类知识技能获取的方式,各种教学方法的运用是否有助于学生知识的掌握和能力的形成。第三项评价内容是所设计的具体教学方案是否得到顺利实施,是否与设计思想一致,是否有效地实现了所指定的教学目标。

二、教学设计模式分类

模式是再现现实的一种理论性的简化形式。教学设计模式是人们对教学实践的一种理论建构。通过对教学设计模式的基本构成要素的分析以及教学设计的实践,可以得出教学设计的一般模式:

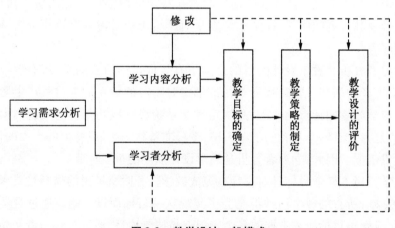

图2-2 教学设计一般模式

实际的教学设计,要从系统的整体功能出发,保证学习者、学习目标、教学策略及评价的一致性,以达到较好的效果。另外,我们还要认识到教学设计是开放的,教学过程是个动态过程,涉及的如环境、学习者、教师、信息、媒体等各个因素也都处于变化之中,因此教学设计具有灵活性的特点。我们应在学习借鉴别人模式的基础上,结合自己的教学设计实践经验,根据不同的情形要求,创造性地开发自己的模式,开展教学设计工作。

对于教学设计模式的划分,从不同的角度出发有不同的分类。从教学设计的理论角度和实施方法上,可以把教学设计模式分为以下三大类。

(1) 以"教"为主的教学设计模式。在这种模式中,教师是主动的施教者(知识的传授者、灌输者);学生是外界刺激的被动接受者、知识灌输的对象;教材是教师向学生灌输的内容;教学媒体则是教师向学生灌输的方法、手段。教师、学生、教材、媒体等四要素各自的作用清楚,彼此之间的关系明确,从而成为教学活动进程中的一种稳定结构形式,即教学模式。显然,传统教学模式是建立在"传递—接受"教学理论和行为主义的"刺激—反应"学习理论基础之上的。

(2) 以"学"为主的教学设计模式。在这种模式中,学生是知识意义的主动建构者;教师是教学过程的组织者、指导者,意义建构的帮助者、促进者;教材所提供的知识不再是教师传授的内容,而是学生主动建构意义的对象;媒体也不再是帮助教师传授知识的手段、方法,而是用来创设情境、进行协作学习和会话交流,即作为学生主动学习、协作式探索的认知工具。显然,在这种场合,教师、学生、教材和媒体等四要素与传统教学相比,各自有完全不同的作用,彼此之间有完全不同的关系,是教学活动进程的另外一种稳定结构形式,即建构主义学习环境下的教学模式。这种模式的理论基础就是建构主义的学习理论与教学理论。

(3) 以"教师为主导、学生为主体"的教学设计模式。这种模式介于上述两种总模式之间,它不是以教师为中心,也不完全是以学生为中心,而是既发挥教师的主导作用(而不是像"教师中心模式"中那样发挥"主宰"作用——自始至终主宰课堂,完全由教师唱主角),又要充分体现学生的认知主体作用,即要把"教师中心"和"学生中心"两者的长处吸收过来,把两者的消极因素加以避免。这就要求在基本保留"传递—接受"教学活动进程(在大班授课情况下,这有利于教师对教学的组织和主导作用的发挥)的条件下,要对这种"进程"加以认真的改造。在整个进程中教师有时处于中心地位(以便起主导作用),但并非自始至终;学生有时处于"传递—接受"的学习状态,但更多的时候是在教师帮助下进行主动思考与探索;教学媒体有时作为辅助教学的工具,有时作为学生自主学习的认知工具;教材要素也各自有不同的作用,彼此之间有不同的联系,从而形成一种新的教学模式。这种模式的理论基础既有"传递—接受"教学理论和行为主义学习理论,也有建构主义的教学理论和学习理论。

三、几种有代表性的教学设计模式

1. 肯普模式

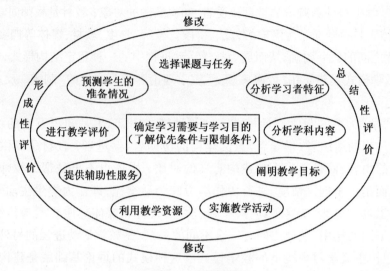

图 2-3　肯普模式

这是由肯普在 1977 年提出,后来又经过多次修改才逐步完善的模式。它是以"教"为中心的第一代教学设计(简称 ID1)的代表模式。该模式的主要特点有:① 强调了十要素之间是相互联系、相互作用的,一个要素采取的决策会影响其他要素的决策。② 要素之间没有线条连接,表明在有些情况下,也可以不考虑某一要素。③ 学习需要和目的在这种环形结构模式的中心,说明它们是教学设计的出发点和归宿,各个要素都应围绕它们而进行设计。④ 表明教学设计是一个连续的过程,评价和修改作为一个不断进行的活动与所有其他要素相联系。⑤ 教学设计是一个灵活的过程,可以按照实际情况从任何地方开始,并且可以按任何顺序进行。

从这个模式可以看出,整个教学过程主要靠教师向学生传递(灌输)知识,教师处于教学过程的中心地位,其指导思想就是通过教师的教来促进和实现"刺激—反应"联结,学生是教师所提供的外部刺激的被动接收者,在学习过程中其主动性、积极性较难发挥。显然,这是一个典型的以"教"为中心的、以行为主义学习理论为指导的 ID 模型。

2. 史密斯—雷根模型

这个模型由史密斯(P. L. Smith)和雷根(T. J. Ragan)于 1993 年提出,并发表在他们两人合著的《教学设计》一书中。该模型是在第一代教学设计中有相当影响的"狄克—柯瑞模型"的基础上,吸取了加涅在"学习者特征分析"环节中注意对学习者内部心理过程进行认知分析的优点,并进一步考虑认知学习理论对教学内容组织的重要影响而发展起来的。该模型较好地实现了行为主义与认知主义的结合,较充分地体现了"联结—认知"学习理论的基本思想,是以"教"为中心的第二代教学设计(简称 ID2)的代表模型。"联结—认知"学习理论是美国心理学家加涅提出的,它兼取行为主义"联结"学习理论和认知主义学习理论二者之长。

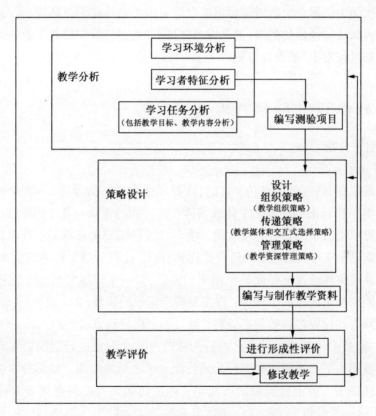

图 2-4　史密斯—雷根模型

该模型的主要特点是:① 把"学习者特征分析"和"学习任务分析"(包括"教学目标分析"和"教学内容分析"两部分)合并为"教学分析"模块,并对这一模块补充了"学习环境分析"表述框;"学习者特征分析"除了考虑学习者的学习基础和知识水平外,还强调考虑学习者的学习动机、认知策略和认知能力,这一点主要是通过对"组织策略"部分做较深入的解剖达到的。② 该模型明确指出应设计三类教学策略,即教学组织策略、教学内容传递策略和教学资源管理策略。组织策略是指有关教学内容应按何种方式组织、次序应如何排列、具体教学活动应如何安排的策略。教学信息以什么样的媒体形式、按照什么样的顺序传递给学习者,以及教学过程如何开展有效的交互活动,是传递策略应该考虑的内容。管理策略主要包括教学活动的控制管理、教学进度管理和教学资源管理等策略,其中最主要的是教学活动的控制管理策略。③ 该模型把"修改教学"放在评价模块中,显得更为科学,因为修改必须以评价得到的反馈为依据。史密斯—雷根模型既突出了对外在学习环境、学习任务的分析,又注重对学生内部认知特征的把握,整个设计坚持了"通过科学安排教学的外部条件来促进学习者内部认知过程发生"的设计原则。

第三节 教学设计的程序和方法

一、学习需求分析

1. 学习需求的类型

伯顿和梅瑞尔在其《需要的评价:目的、需要和优先考虑的需要》一文中把与教育有关的需要分成六类:① 标准的需要。个体或集体在某方面的现状与既定的标准比较而揭示出的差距。如对外汉语教学的各种等级大纲。确定标准的需要的步骤是:首先获得标准的数据或要求;收集与标准有关的对象的所有数据和资料;比较后确定标准的需要。② 比较的需要。同类个体或集体通过比较而显示出来的差距,如一个班级与另一个班级相比较来确定相互间的差距。确定比较的步骤为:首先要确定比较的领域(如:成绩、实际水平等);其次是收集比较双方在比较领域的数据资料;最后确定比较双方的差距。③ 感到的需要。是个人认为的需要,是个体必须改进自己的行为或改进某个对象的行为的需要和渴望。它显示的是行为或技能水平与渴望达到的行为或技能水平之间的差距。如部分学生认为自己应该拿到英语口译证书。确定此需要的方法是:通过访谈调查或问卷调查来收集资料和数据,在此基础上进一步分析、完成。④ 表达出来的需要。即个体把感到的需要表达出来的一种需要。如上例中,学生有考口译证书的愿望,他选了相应的课程。获取表达出来的需要的数据的方法是:从选修课的登记表中找出,考察有关的个人档案,考察表达学生需要的具体行为。⑤ 预期的需要。预测未来社会或工作岗位对学习者可能的要求。如尽管英语口译证书不是毕业的必要条件,但对将来找工作有帮助。分析预期的需要主要是通过面谈和问卷,确定某些潜在的问题。⑥ 处理突发事变的需要。是通过分析潜在的、很少发生但会引起重大后果的问题,引出学习需求。在语言学习方面应当考虑学生在紧急情况下应该怎么处理。获取此需要的方法:主要通过分析潜在的问题或通过提出假设的问题来进行。

2. 学习需求分析的含义

学习需求分析是教学设计过程的第一个环节。在教学设计中,学习需求分析是分析学习者目前学习状况与期望学习者达到的学习状况之间的差距。目前学习状况是指学习者在能力素质方面已经达到的水平。期望学习者达到的学习状况是指学习者应当具备什么样的能力素质。而差距揭示了学习者在能力素质方面的不足,指出了学习者在学习中实际存在的问题和将要解决的问题。差距就是学习需求,有差距就有学习的必要。学习需求分析通过特定的调查、分析程序和手段,发现和确定不同层次的学习需求所要解决的问题,在此基础上形成教学总体目标,为分析教学内容、编写教学目标、制定教学策略、选择和运用教学媒体以及进行教学评价等各项教学设计的工作提供依据。

学习需求分析是一个系统化的调查研究过程,具体包括三方面的工作:一是通过调查研究,分析教学中是否存在要解决的问题。例如,在学习教学中,学生成绩是否达到教学大纲的要求。二是分析存在问题的性质,以判断教学设计是否是解决这个问题的合适途径。出现在教学中的问题的原因往往是多方面的,如学生成绩未达标可能是由于学生人数太多而导致教学质量下降,也可能是由于学生本人缺乏学习动机或教学管理混乱等原因造成的。三是分析现有的资源及约束条件,以论证解决该问题的可能性。

在学习需求分析的过程中,要注意以下一些问题:① 学习需求反映的只是学生在学习方面的需要,并不包括其他需要,例如对教学媒体或教学方式等方面的需要。因此,一定要以学生的学习状况为分析对象,切实按照学生的具体需求设定教学目标。② 应该在学习需求中不断地反映社会发展和变化所带来的新需求。通常,要对教学大纲、教材和其他教学补充材料等进行定期修订。③ 要深入实际,获得真实、可靠的信息,千万不要把自己的想象当成学生的学习需要。④ 学生的学习状况处于变化之中,要经常进行学习需求分析,以保证所得到的学习需求是有效的。⑤ 学习需求分析的作用只是确定教学问题,而不是解决问题。⑥ 要注意需求与需求之间的区别和联系,尽可能通过教学设计满足多种学习需求。

3. 学习需求分析的方法

(1) 内部参照需求分析方法。内部参照需求分析方法是由学习者所在的机构内部用已经确定的教学目标对学习者的期望与学习者学习现状作比较,找出两者之间的差距,从而鉴别学习需要的一种分析方法。这种方法是以接受既定的目标作为期望值来分析学习需要的。学校的培养目标体现在各科教学大纲和标准教材当中,因此内部参照需求分析往往以大纲或标准作为对学生的期望标准。内部需求分析常用的方法有：① 按照既定的指标体系来设计测验题、问卷或观察表，然后通过分析试卷、问卷或观察记录直接从学习者处获取信息。② 根据指标体系，分析学习者近期的测试成绩、合格记录等相关的现成材料。③ 根据指标体系，召开教师等有关人员的座谈会或对他们做问卷调查，以了解学习者目前的状况。

（2）外部参照需求分析方法。外部参照需求分析方法是根据教学机构以外的要求（如职业的要求）来确定学习者的期望值，以此为标准来衡量学习者的学习现状，找出差距，确定学习需要的一种分析方法。这种方法揭示的是学习者目前的状况与社会实际需求之间的差距。是以社会目前和未来发展的需要为准则和价值尺度来分析学习需要的。因此，外部参照需求分析法也是检验教学机构内部确定的目标合理性的有效方法。此方法收集相关信息的主要途径为：① 对毕业生跟踪访谈、问卷调查，听取他们对社会需求的感受，以及工作后对学校教育的意见和建议，从中不仅可以获得关于社会期望的信息，也可获得学习者现状的信息。② 分析毕业生所在单位对毕业生的工作考核，了解他们对职工的要求和对毕业生的评价，以了解社会需求和要求改进学校教学的信息。③ 设计问卷向相关工作单位调查，获得社会对相关人才能力素质的需求信息。④ 到工作现场调研。⑤ 通过访谈，了解社会对目前和未来发展相关人才需求的看法。

（3）内外结合教学需求分析法。这是综合以上两种分析方法的需求分析方法。内部参照法容易操作，省时省力，但无法保证所设定的教学目标与当前的社会实际一定相符。外部参照法操作比较复杂，要耗费大量的精力和时间，但可以保证所指定的教学目标符合社会的需求。把内部参照需求分析和外部参照需求分析结合起来使用，可以扬长避短。这种方法根据外部社会要求调整、修改已有的教学目标，并以修改后目标提出的期望值与学习者现状比较找出差距。

二、学习内容分析

学习内容是指为实现教学目标要求学生系统学习的知识、技能和行为规范的总和。分析学习内容的工作以前面的学习需求分析为基础，对学生从初始能力转化成教学目标所规定的能力所需要学习的内容进行详细剖析。通过学习内容的分析，依据教学目标的要求，我们将规定学习内容的广度、深度，揭示教学各组成部分的联系，以达到教学效果最优化。学习内容的广度指学生必须达到的知识和能力的范围，学习内容的深度指学生必须达到的知识深浅程度和能力的水平。同时要明确各组成部分的联系，把规定了的学习内容用便于学习者理解和接受的方式序列化。学习内容分析处于教学设计的前端，是整个教学设计必不可少的内容。

1. 学习内容的分类

加涅根据学生的学习结果,将学习内容分为五大类:

(1) 言语信息。指学习者经过学习后,能记住的具体事实,并能在需要的时候将这些事物描述出来。如事物的名称,事件发生的地点、时间,定义,对事物的描述;语言学习的生词、语法规则等。加涅认为,学生获得有组织的言语信息是进一步学习的先决条件,是培养智力技能的基础。按复杂程度的不同,加涅把言语信息细分为:① 名称或符号;② 单一命题或事实;③ 在意义上已加以组织的大量命题。

(2) 智力技能。学生通过学习获得的对外界环境做出反应并与其他人进行交流的能力,是人们对客观世界记忆和思考的主要方法。智力技能与言语信息不同,言语信息与知道"什么"有关,而智力技能则与知道"怎样"有关。比如通过学习了解一个词的意思,是言语信息学习的结果,而在实际交际中得体地使用这个词语,就是智力技能的学习结果。

(3) 认知策略。指学习者自主调节和控制其内部的心理活动而获得知识的一切方法。认知策略跟我们一般说的学习方法意思相通,不同之处在于,策略更侧重对学习方法的把握和综合运用。

(4) 动作技能。指通过人的一般活动而习得的一套熟练的动作系统。如体操技能、绘图技能、操作设备的技能等。

(5) 态度。态度是通过学习获得的、影响个人对特定对象做出行为选择的内在心理状态。一般认为,态度包括认知成分(学生对人、事物和活动的认识)、情感成分(对人、事物和活动的好恶)和行为倾向成分(选择行动的可能性)。

2. 各类学习内容的分析

(1) 言语信息的内容分析。对言语信息学习内容的分析,一般可采用归类分析和图解分析两种方法。图解分析法揭示实现教学目标所需学习的知识点,归类分析法获得有关信息的最佳分类。学习者获得言语信息后,通常是以一定的组织形式储存的,通过内容分析对信息进行分类,加以系统组织,有利于学习者记忆。言语信息学习的分析对确定言语教学顺序有帮助。

(2) 智力技能的内容分析。各类智力技能的复杂程度不同,从较简单的辨别具体概念、定义概念、规则使用到高级规则的运用,它们是相互依存的。掌握好较简单的智力技能是学习复杂的智力技能的先决条件。智力技能各个子类之间的关系可以运用层级分析方法来进行:如要求学习者解决某个新问题,首先考虑需要何种高级规则,然后考虑为了构成这种高级规则,需要学习哪些简单规则和原理。这样从最高目标,逐步向下分析。

（3）认知策略的学习内容分析。认知策略与具体的学科内容无关，但它的培养以具体学科内容的学习为基础，也就是说，认知策略必须以某事作为工作对象来进行心理操练。认知策略的学习必须与教材内容相结合，与解决问题的技能学习相结合。

（4）动作技能的学习内容分析。对动作技能学习内容的分析，不仅要分析教学目标所要求掌握的各项从属动作技能，还要揭示它们之间的联系，列出学习这些动作技能所需掌握的相应的知识，包括某种技能的性质、功用、动作的难度、要领、注意事项及进程等。

（5）态度的学习内容分析。当教学目标是使学习者形成先前未有的态度，或改变现存的积极的或消极的态度，就是要求学习者进行态度的学习。在目前的教学设计实践中，一般从两个方面分析态度的学习内容：一是当学习者形成或改变态度后，应能做什么？二是为什么要培养这种态度？对第一个问题的考虑，实际上是对智力技能或动作技能学习内容的分析，第二个问题则要求学生了解培养某特定态度的意义。例如，应让学生学习保护牙齿有益健康的道理。

三、学习者分析

教学设计的目的是为了有效促进学习者的学习，而学习者是学习获得的主体，学习者的认知、情感、社会等特征都将对学习的信息加工过程产生影响。因此教学设计是否与学习者的特点相匹配，是决定教学系统设计成功与否的关键因素。进行学习者分析，目的是为了了解学习者的学习准备和学习风格，以便为教学设计提供依据。

1. 学习者一般特征分析

学习者的一般特征指影响学习者学习行为的、与具体学科内容没有直接联系的生理、心理和社会特点，包括年龄、性别、认知成熟度、学习动机、个人对学习的期望、工作经历、生活经验，以及经济、文化、社会背景等。这些特征虽然跟具体的教学内容没有直接联系，但是会对学习者学习有关学科内容产生影响。学习者的一般特征在一定群体中有共通的地方，例如对语言学习者来说，相同年龄、母语、文化背景的学习者，在学习上有共通的地方；但是也会有个体差异，例如学习动机、生活和工作经验等。在教学设计过程中，教师或教材编写者应把握学生在一般特征方面的相同点和差异点，作为制定教学策略的依据。

关于学习者一般特征的分析，有皮亚杰关于认知发展阶段的学说。皮亚杰将儿童个体认知发生和发展的过程划分为四个阶段：感知运动阶段（0~2岁）、前运算阶段（2~7岁）、具体运算阶段（7~11岁）、形式运算阶段（11~15岁）。认知发展阶段学说认为，学习者的认识和思维发展过程都是从具体到抽象，教学设计内容、教学策略都应该适合不同年龄阶段学习者的认知特征。

学习者一般特征分析也可以针对在校学习的学习者进行，得出如下分类：小学生的一般特征、中学生的一般特征、大学生的一般特征和成人学习者的一般特征。例如，成人学习者一般被认为有如下特点：① 学习目的明确。成人学习者常带有实际需要和工作中要解决的课题参加学习，学习的针对性强。② 实践经验丰富。成人学习者的实践经验既是从事新的学习的基础，又是学习的资源，教学设计中应重视利用这种"经验资源"来组织教学活动。③ 自学能力较强。多数成人学习者愿意独立自学，希望教师更多地发挥组织学习、指导学习、鼓励学习的作用。④ 参与教学决策。成人学习者往往认为自己是负有责任的工作者，希望与教师共同承担教学责任。他们有较强的自尊心，不愿意被人仅仅看作是被动的学生。⑤ 注重教学效率。成人学习者往往是在岗的职工，对他们来说，时间是很宝贵的，因此，教学必须讲求实效，教学安排应合理紧凑。

2. 学习者起点能力分析

教学活动和其他活动一样，知道出发点和目的地就能很好地完成这项活动。通过对学习内容的分析已经确定了学习者应该学习和掌握的知识、技能和态度等，也就是说已经知道了目的地。而学习者起点能力的分析就是要确定教学的出发点。心理学认为，学习者起点能力分析是指学习者在从事新的学习时，原有的知识水平和原有的心理发展水平对新的学习的适合性的分析。学习者在教学活动之前具有的知识、技能和态度一般称为学习者的起点能力，通过一个时期的教学活动后学习者形成的知识、技能和态度一般称为学习者的终点能力。具体说来，包含三个方面的分析：① 分析先决知识和技能，即了解学生是否具备了进行新的学习所必须掌握的知识和技能，这是从事新的学习的基础。② 分析目标知识和技能，即了解学生是否已经部分掌握了教学目标中要求学会的知识和技能。如果已经部分掌握，在教学过程中就可以略去，把教学重点放在尚未掌握的部分。③ 分析学习者对所学内容的态度。学习态度指学习者对学习活动的基本看法及其在学习活动中的言行表现，亦即我们常说的学习者愿不愿意进行学习和完成某项学习任务。

分析学习者起点能力是为了确定教学起点。教学起点和学习者初始能力是一个概念的不同指向。教学起点主要指一个具体的教学内容项目从什么地方开始进行教学。张祖忻（1992）举了一个例子：例如教学的目标是"辨认一段文章的动词和名词"。这一目标包含着若干层次的下位能力。如第一个层次包括两个下位能力："把句子中动词归类、把句子中的名词归类"；在"把句子中的动词归类"这一能力下面又包含"辨别动词"的能力，"辨别动词"下面还依次有"将句子归类"、"辨别词"、"认识字母"。经过对学习者的测试或者对学习者学习过程的分析表明，学习者已经掌握了"将句子归类"，但还没有掌握上位的"辨别动

词",则这个具体的学习项目的教学起点应该是"辨别动词"。具体分析见下图:

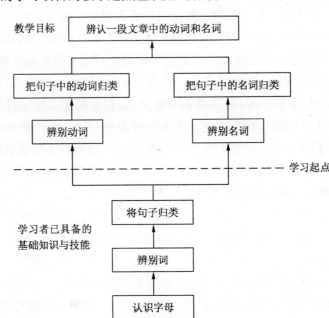

图2-5 教学起点分析图

3. 学习者学习风格分析

学习风格是对学习者感知不同刺激,并对不同刺激做出反应这两个方面产生影响的所有心理特征,也可以说是学习者在学习过程中经常喜欢采用的某些特殊学习方式、学习策略的总和。每个学习者都有自己独特的个性和心理特征。他们在信息接收、信息加工、个性意识、生理结构等方面有差异,对学习环境和学习条件的需求也不同。比如,某些学生认为某种学习方法比其他学习方法对他们更有效,某些学生对某种学习环境、某个特定的学习座位有偏爱,某些学生对某种教学媒体比较偏爱,等等。

学习风格的分类方法有许多种,对学习者风格分类影响较大的是邓恩夫妇的学习风格要素分类。他们认为每个人的学习风格是由环境、情感、社会性、身体和心理学等多种要素组合而成的,并在接受、储存和使用其知识和技能的过程中表现出来。多数人的学习风格都强烈地受到5个类别27种要素的影响,可以据此诊断学生的学习风格,制定相应的教学策略,促进学生的学习。他们的分类及相关要素描述如下。

(1) 环境类要素包括四个方面的内容:对学习环境安静或热闹的偏爱,对光线强弱的偏爱,对温度高低的偏爱,对坐姿正规或随便的偏爱。

(2) 情感类要素包括七个方面:自我激发动机、家长激发动机、教师激发动机、缺乏学习动机、学习坚持性的强弱、学习责任性的强弱、对学习内容组织程度的偏爱。

(3) 社会性要素有四个方面:是否喜欢独立学习、是否喜欢结伴学习、是否喜欢与成人一起学习、是否喜欢与各种不同的人一起学习。

(4) 身体要素包括九个方面的内容:优势感官(包括听觉、视觉和触觉)、学习效果最佳的时间(包括清晨、上午、下午和晚上)、学习时是否喜欢运动、学习时是否喜欢吃零食。

(5) 心理性要素包括三个方面的内容:分析与综合、对大脑左右两半球的偏爱、沉思与冲动。

通过把握学习风格,可以帮助我们了解学生在学习风格方面的某些特征,这对教学设计来说是很重要的。如果我们能够在教学内容的安排、教学方法的运用及教学媒体的选择上与不同风格之间建立起联系,那么就能够较好地实现个性化教学。

四、确定教学目标

通过对学习内容的分析,确定了完成教学目标所需掌握的各个知识点和技能项目,通过对学习者起点能力的分析确定了教学起点。至此,教学的内容、对象状态已基本确定,在此基础上,教学设计就要把由内容分析得到的目标系列转化成确切、具体的行为目标,即确定教学目标,从而使教学工作的结果或标准具体化、明确化、详细化,为以后制定教学策略及开展教学评价提供依据。

1. 教学目标的功能

教学目标具有多方面的功能,概括起来主要有下述几方面。

(1) 导向功能。教学目标是教学活动的预期结果,是教学活动的出发点和归宿。它在一定意义上制约着教学设计的方向,对教学过程起着指引作用,使教学中的师生有明确的共同指向,避免教学的盲目性。

(2) 激励功能。明确的教学目标可以激发学生的学习积极性和学习动力,使学生产生要达到目标的强烈愿望。目标符合学生的需求,与学生的兴趣一致,难度适中,学生能认识到目标的价值,就可以激发和保持较高的学习动机,产生最大的激励效果。

(3) 标准功能。教学目标为教学评价、检查提供了可观察、测量的标准。教学目标是评价教学活动过程、了解教学活动效果的基本依据,也是评价课程和教师授课质量的标准之一。

2. 教学目标的层级和分类

教学目标具有系统结构的特点,它是由不同的层级构成的。教学目标自上而下可以分为：教育目的→培养目标→课程教学目标→单元/课时教学目标→知识点的教学目标。教育目的是对受教育者总的培养要求,是各级各类学校确立培养目标的依据。培养目标是教育目的的具体化,是根据教育目的对学生身心发展提出的具体标准。课程教学目标是指一门课程的教学活动所预期达到的标准,是进一步具体化的教育目的。教学目标是学生学习所要达到的结果,是教学活动所要达到的指标或质量规格。单元课时教学目标是由课程教学目标分解而成的。知识点的教学目标由单元教学目标分解而来。

  为了评价教学,需要制定教学目标,对教学目标进行分类。20世纪50年代美国心理学家布鲁姆(Benjamin Bloom)提出了教学目标的分类理论,将教育目标分为三个领域——认知领域、动作技能领域和情感领域,而且就三个领域的教学行为逐层分析,形成了不同的学习水平,使教学结果能被更清楚地鉴别和更准确地测量。认知领域的目标是指认知的结果,包括知识、领会、运用、分析、综合和评价。动作技能领域涉及骨骼和肌肉的运用、发展和协调,主要通过职业培训、体育课等科目进行学习和掌握。辛普森(E. J. Simpson)等将动作技能领域的教学目标分成七级,包括知觉、定向、有指导的反应、机械动作、复杂的外显行为、适应和创新。情感是人们对外界刺激的反应,可以是肯定或否定的,也可以是喜欢或厌恶的。克拉斯伍等人将情感领域的目标分为五个等级:接受、反应、价值化、组织、品格形成。下表为对三个领域中不同学习水平的描述。

表2-3 三领域学习水平描述

教育目标	认知领域（从低到高）	知识	对先前学习过的材料的记忆
		领会	能把握材料的意义,可以借助转换、解释、推断来表明对材料的领会
		运用	能将习得的材料应用于新的具体情境,包括概念、规则、方法、规律和理论的应用
		分析	能将整体材料分解成它的构成成分并理解其组织结构,包括成分分析、关系分析、组织原理分析
		综合	能将部分组成一个新的整体,包括进行独特的交流、制订计划或操作步骤,推导出一套抽象关系
		评价	对材料做出价值判断的能力,包括按照材料的内在或外在标准进行价值判断

续表

教育目标			
教育目标	动作技能领域（从低到高）	知觉	运用感官获得信息以指导动作
		定向	对稳定的活动的准备,包括心理定向、生理定向和情绪准备
		有指导的反应	复杂动作技能学习的早期阶段,包括模仿或尝试错误
		机械动作	学生的反应已成为习惯,能以某种熟练和自信的水平完成动作
		复杂的外显反应	包含复杂动作模式和熟练动作操作
		适应	技能的高度发展水平,学生能修正自己的动作模式以适应特殊的装置或满足具体情境的需要
		创新	创造新的动作模式以适合具体情境,强调以高度发展的技能为基础的创造能力
	情感领域（从低到高）	接受	学生观察、愿意接受、有控制或有选择地注意
		反应	学生主动参与
		价值化	学生将特殊的对象、现象或行为与一定的价值标准相联系
		组织	将许多不同的价值标准组合在一起,克服它们之间的矛盾、冲突,并开始建立内在一致的价值体系
		品格形成	具有长期控制自己行为以至发展了性格化生活方式的价值体系

3. 教学目标的编写方法

在传统的教学设计实践中,我们通常根据马杰(R. Mager)的三因素法或 ABCD 四因素法来编写教学目标。

马杰是美国当代著名教学目标研究专家,他认为,一个优良的教学目标应该包括三个要素:首先,应当描述预期的学生行为——学生必须做些什么？其次,应当列举出学生行为得以产生的条件——怎样认可或测验这种行为？最后,应当给出一个在测验中可以接受的行为标准。三因素理论认为,教学目标的编写应当反映三个问题:要求学生做什么？根据什么标准去做？做到什么程度才算合格？如果一个教学目标能兼顾这三个因素,那么它就是一个规范的教学目标。

四因素法是我国教育学者根据国内外教学目标方面的研究文献和自己的实践经验概况提出的一种探索性的目标编写模式,简称 ABCD 模式。A:对象,阐明教学对象；B:行为,说明通过学习以后,学习者应能做什么(行为的变化)；C:条件,说明上述行为在什么条件下发生；D:标准,规定达到上述行为的最低标准(即达到所要求行为的程度)。

具体编写方法举例如下:

(1) 对象的表述。教学目标的表述中应注明教学对象,例如,初中二年级学生。有的学者还主张在教学目标中说明对象的基本特点。

(2) 行为的表述。教学目标中,行为的表述是最基本的成分。描述行为的基本方法是使用一个动宾短语,其中行为动词说明学习的类型,宾语则说明学习的内容。例如:"操作"、"说出"、"列举"、"比较"等都是行为动词,在它们后面加上动作对象,就构成了教学目标中关于行为的表述。如:说出十个跟动物有关的词语、列举选用教学方法时应考虑的基本因素等。

(3) 条件的表述。条件表示学习者完成规定行为时所处的情境,即说明在评价学习者的学习结果时,应在什么情况下评价。如:要求学习者"能跑一万米",条件则可能指"在什么气候下、在什么地区、在什么道路"等环境因素。条件包括环境因素、人的因素、设备因素、信息因素、时间因素、问题明确性的因素。

(4) 标准的描述。标准是行为完成质量可被接受的最低程度的衡量依据。对行为标准做出具体描述,是为了使教学质量具有可测量的特点。标准一般从行为的速度、准确性和质量三方面来确定。如:历史系二年级的学生阅读所布置的7篇材料后,能撰文对两种古代文化的差异进行比较,至少列举每种古代文化的5种特征。

(5) 基本部分和选择部分。在一个教学目标中,行为的表述是基本部分,不能省略。相对而言,条件和标准是两个可以选择的部分。在编写教学目标时,可以不必将条件、标准一一列出。

ABCD 方法是编写教学目标的基本方法,但在运用 ABCD 方法时,要注意以下几个方面:① 教学目标的行为主体是学习者,不是教师。② 教学目标须用教学活动的结果,不能用教学活动的过程和手段来描述。③ 教学目标的行为动词是具体的,不是抽象的。

五、制定教学策略

教学策略是对完成特定的教学目标而采用的教学顺序、教学活动程序、教学方法、教学组织形式和教学媒体等因素的总体考虑。教学策略是教学设计的重点。需求分析、学习内容和学习者分析、阐明教学目标都是为制定教学策略打基础,因为实现总体目标、把学习内容传递给学习者,使学习方式适合学习者的认知水平和风格,都需要通过选择、制定适当的教学策略来实现。合理地组织和安排外部的教学事件,优化教学活动的程序,是制定教学策略的主要目标和内容。

1. 教学过程

教学过程又称"教学程序"、"教学活动顺序",指的是教学活动经过的程序,表现为具有时间先后和逻辑顺序的一系列阶段、环节、步骤。汉语教学中一般称为"教学环节"。

班级授课制形成以后,人们开始探索教学活动的程序并首先注意到教学活动的合理开端。从夸美纽斯开始,赫尔巴特、杜威、加涅等关于教学过程的思想对当时和后来的教学过程理论都产生了很大的影响。下面重点介绍赫尔巴特(Johann Friedrich Herbart)的"五段教学"过程理论、苏联的"综合课教学过程"和加涅的"九段教学模式"理论。

(1) 赫尔巴特学派的"五段教学"。19世纪初期,德国教育家赫尔巴特把心理学中的统觉作用应用到教学上,即利用已有的观念吸收新的观念,并构成"统觉团",增强吸收新知识的能力,从而把教学过程分成四个阶段:清楚、联合、系统、方法。随后,赫尔巴特的学生赖恩把"清楚"分为"预备"和"提示",加上他命名的"联系"、"统合"和"应用",合称"五段教学",如下表所示。

表2-4 五段教学

序号	形式阶段	教学程序
1	预备	通过问答式谈话,使学生回忆已有相关知识,为学习新知识做准备
2	提示	提出许多事例,供学生观察和了解
3	联系	使学生比较和分析所提到的事例
4	统合	帮助学生求得一条可以解释这些事例的规则、原则、原理等
5	应用	提出习题、作业,让学生使用已学过的规则或原理解答问题

赫尔巴特学派的"教学形式阶段"使复杂的教学过程变得简便易行,比起无程序的教学不失为一大进步,但是其中所包含的教学程序带有机械化性质,也存在忽视学生的主动性和不注重教学实践等缺陷。

(2) 苏联的综合课教学结构。20世纪30—40年代,苏联教育学家在恢复学科课程、确立课堂教学为教学的基本形式的基础上,探讨教学程序。他们认为,赫尔巴特学派教学理论带有机械的形式主义倾向,因此提出"课的类型"和"课的结构"的概念。他们认为,"课"是学校教学工作的基本组织单元,根据"课"的主要教学目的,把课划分为若干类型,如"传授新知识课"、"检查课"和"复习课",以及包括多项目的"综合课"。课的类型不同,包括的教学环节可能不同,同一教学环节在不同类型课中所占时间比例也可能不同。他们认为,综合课的结构是:

a. 组织教学(1~2分钟);

b. 检查作业(3~8分钟);

c. 揭示课题,确立新旧材料的联系(5~10分钟);

d. 讲授新课(10~12分钟);

e. 巩固复习(10分钟左右);

f. 布置家庭作业(5~8分钟)。

这种教学程序改变了赫尔巴特学派千篇一律的教学步骤,根据课的类型确定教学环节,把对教学程序问题的探索又推进了一步。这一教学过程也是目前对外汉语综合课的基本过程。

(3) 加涅的"九段教学模式"。前已述及,加涅将学习过程分为九个信息加工的阶段,认为教学阶段的安排应该与学习阶段相吻合。他把教学过程中发生的事情称为"教学的事件",并根据学习的信息加工过程设计了九大教学事件。九大教学事件体现了加涅对教学的定义:"所谓教学,就是为促进教学者的内部学习过程而设计的一系列外部学习事件。"九大教学事件的教学设计框架成为课程设计的一个范例。

表2-5 加涅的九段教学模式

序号	学习过程	教学事件
1	注意:警觉	引起注意
2	预期	告知学习者目标,激发动机
3	提取到工作记忆	刺激回忆先前学习
4	选择性知觉	呈现刺激材料
5	编码:进入长时记忆程序	提供学习指导
6	反应	引出作业
7	强化	提供反馈
8		评价行为
9	提示提取	促进保持和迁移

加涅的教学过程设计的特点是:认为人类学习遵循着一个大致相似的心理过程,教学活动的目的是为学习者的学习提供条件,因此,教学的步骤跟学习者学习的心理过程应当一一对应。

跟前面的教学过程相对照,加涅的"九段教学模式"着眼于更小的教学单元——相当于一个知识点或能力点的教学过程。

2. 教学方法

教学方法是教师和学生为达到教学目标、完成教学任务,由教学原则作为指导,借助一定的教学手段(工具、媒体或设备)而进行的师生相互作用的活动。它是教师引导学生掌握知识技能、获取身心发展而共同活动的方法。它包括教师"教"的方法和学生"学"的方法，两者相辅相成，缺一不可。在教学过程中，教师和学生都必须采用一定的方法、运用特定的形式和利用恰当的媒体，才能顺利完成教学。

教学方法，按不同的角度可以有不同的分类和定义。按照期望获得的学习结果的类别分类，可以分为：

(1) 与获得认知类学习结果有关的教学方法：讲授法、演示法、谈话法、讨论法、练习法、实验法、实习作业法。

(2) 与获得动作技能类学习结果相关的教学方法：示范—模仿法、练习—反馈法等。

(3) 与情感、态度类学习结果相关的教学方法：直接强化法、间接强化法等。

在教学过程中，选择运用什么样的教学方法，往往是决定一堂课教学质量好坏的关键因素之一。一般教学理论认为，应该根据教学目标、学生特点、学科特点、教学内容、教师特点、教学环境、教学时间、教学技术条件等诸多因素来选择教学方法。其中，教学目标与教学方法的关系最为重要。

要实现教学方法的优化选择，除了需要根据一定的原则，还需要考虑适当的选择程序。苏联教育家巴班斯基等人通过调查研究，归纳出教师在选择教学方法时的一般决策步骤，可供参考。

第一步：决定是选择由学生独立学习，还是教师指导下学习。

第二步：决定是选择再现法，还是探索法。

第三步：决定是选择归纳的教学法，还是演绎的教学法。

第四步：决定口述法、直观法和实际操作法三者如何结合。

第五步：选择激发学习活动的方法。

第六步：选择检查和自我检查的方法。

第七步：认真考虑所选择的各种方法的不同组合方案。

3. 教学组织形式

教学活动的完成，不仅需要一定的教学方法，还离不开一定的组织形式。根据教学的主观和客观条件，从时间、空间、人员组合等方面考虑安排的教学活动的方式就是教学组织形式。目前，我们一般把教学组织形式分为集体授课、个别化教学和小组活动三类。

(1) 集体授课。这是目前各类正规学校教育的一般教学形式，其主要特征是教师通过自己的讲授(包括介绍、解释、演示、板书、表演等)把教学信息传递给一个班(一个组或几个班)的学生。教师可以单纯口头面授，也可以借助教学媒体(广播、电视、投影等)配合授课。在较小的班级中教师与学生可能有一定程度的双向交流，但通常学生是被动地接受信息。

目前发展的趋势是减少教师花费在集体授课上的时间,更多地安排个别学生和小组活动,使学生能积极、主动地参与到教学过程中来。

(2) 个别化教学。个别化教学是以学生自身独立学习为主的教学活动形式。当代学习理论认为学习主要是一种内部操作,必须由学生自己来完成。当学生按照自己的进度学习,积极主动地完成课题并体验到成功的快乐时,就能获得较好的学习效果。

使用个别化教学形式时需注意:① 由于学生已有的认知水平和能力存在差异,教师要设置各种能力水平目标以适应不同的学生;② 根据教学目标为学生提供相应的学习资源;③ 把教学内容划分成包含较少知识点的独立步骤,并认真安排每个步骤的学习程序;④ 给学生的反馈要及时,必须让学生知道自己每一步的学习结果,获得成就感,建立和保持学习的信心。

(3) 小组活动。现代教学理论越来越强调培养学生健全的人格、促使学生个体社会化的重要性。小组活动给了教师和学生面对面亲密接触和相互了解的机会,在完成其他教学目标的同时,可以培养学生与人交往的能力,促进学生的全面发展。

小组活动的优点有:① 特别有利于情感领域的教学目标的实现,如形成态度、培养鉴赏力、形成合作精神和良好的人际关系。② 有助于提高学生组织和表达自己见解的能力,通过向其他同学解释要点和原理,学生还能强化自己的学习,提高学习效率。③ 在语言教学中,有利于学生创造真实的交际环境,增加学生交流的机会,提高课堂开口率。

使用小组活动的教学形式,需要教师有较强的控制能力。特别要注意:① 要控制好每个小组的人数,一般不超过12人,语言教学中的小组活动,以3~5人为宜。② 小组活动一般安排在教师向全班讲课或学生个人自学之后,围绕大班上课或自学中遇到的问题展开活动,达到互相启发、巩固提高的目的。③ 具体活动方式应尽量多样化。

4. 教学媒体的选择

教学媒体的选择和运用是教学策略研究中的重要内容,特别是在信息化教育环境中,教学媒体的选用和设计是决定信息化教学能否获得实效的重要因素。

教学媒体的内涵比较广泛,既包括传统意义的语言、文字、粉笔、黑板等传播媒体,也包括灯、录音、录像、电影、电视和互联网等各种现代媒体。教学媒体的选择和设计需要遵循的主要标准有以下几个方面:① 依据教学目标进行选择。教学设计者所选择的教学媒体是否有助于教学目标的达成,是否符合具体的教学任务的需要,是否切合教学内容的性质和特点。② 依据教学对象的特点进行选择。选择的教学媒体是否适合学习者的年龄特点和学习的实际需要,能否充分发挥教学媒体调动学习者学习积极性的作用。③ 依据媒体的技术特征进行选择。需要考虑教学媒体的特点和功能,以及教师对媒体运用的熟练程度等。

④ 依据经济条件进行选择。教材媒体的选择要本着经济的原则，既能满足教学的需要，又要能在最大程度上节省教学成本。

在教学媒体的选择中，如何确定适合自己使用的媒体，是教学设计专家们一直在探讨的问题。有专家设计出了问题表，即列出一系列要求媒体选择者回答的问题，通过对这些问题的逐一回答，来比较清楚地发现适用于一定教学情境的媒体。下面是一组比较简单的问题：

  a. 所需媒体是用来提供感性材料还是提供练习条件？该媒体是用于辅助集体讲授还是用于个别化学习？

  b. 媒体材料与学生的认知水平相一致吗？

  c. 教学内容是否要作图解或图示的处理？

  d. 视觉内容是用静止图像还是活动图像来呈现？

  e. 活动图像要不要配音？是用电影还是录像来表达视听结合的活动图像？

  f. 有没有现成的电影或录像以及放映条件？

六、教学评价设计

教学评价是依据一定的标准，运用科学方法系统地收集有关教学信息，对教学活动的过程、结果及其有关因素进行综合价值评判的过程。这里至少有两层含义：一是教学评价是按照教学目标进行的，明确教学目标是进行教学评价的前提。因此，教学目标的分类理论和方法及当代教育目标理念的发展变化主导着教学评价的进程和方法，是制定教学评价指标的依据。二是教学评价是对教学过程、教学成果的价值判断。这说明教学评价既涉及过程又涉及结果。教学过程评价的具体内容包括课堂设计、组织和实施过程以及与教学有关的全部活动；教学成果评价就是要评价学生学习后的学力、态度、人格变化以及达到教学大纲要求的程度等。

教学评价按照不同的分类标准可以划分为不同的种类。按照评价功能这一标准，我们把教学评价分为诊断性评价、形成性评价和总结性评价。三种评价方式在三个不同的时间次序上展开，其目的和作用也各不相同。诊断性评价一般是在某项活动开始之前，为使计划更有效地实施而进行的评价。通过诊断性评价，可以了解学习的准备情况，也可以了解学生学习困难的原因，以便合理地安置学生，考虑区别对待。形成性评价是在教学进行过程中，为引导教学前进或使教学更为完善而进行的对学生学习结果的确定。它能及时了解阶段性教学的结果和学生学习的进展情况、存在问题等，以便及时反馈、调整和改进教学工作。形成性评价进行得一般比较频繁，如一个单元活动结束时的评估，一个章节后的小测验等。总结性评价一般是在教学活动告一个段落时为把握最终的活动成果而进行的评价，如学期末或学年末各个学科的考核，目的是为了证明学生已经达到的水平和预测在后续教学过程中成功的可能性。

教学设计的评价是教学评价的一部分。教学设计的评价首先是对教学目标制定情况的评价,包括教学目标的制定是否着眼于学生全面发展,是否符合学生身心发展需要,是否体现了知识体系的特征,是否具体、明确等。教学设计的第二项评价内容是:教学设计中的教学策略是否正确体现了相应的学习原理和教学原理,即各类不同的知识教学中的方法是否体现了各类知识获得的方式,各种教学方法的运用是否有助于学生知识的掌握和能力的形成,是否符合学生身心发展特征等。第三项评价是所设计的具体教学方案是否得到顺利实施,是否与设计思想一致,是否有效地实现了所制定的教学目标。

综上,在实践中,教学评价主要对课程教材、课堂教学和学生学业成绩进行评价。以下是教学评价的几个实例①。

1. 教材评价

表2-6 普通本科各专业教材评估表

教材名称　　　　　　　　主编姓名
编者所在部门　　　　　　出版社　　　　　　使用专业/层次

质量标准	指标内涵	标准分	评价分	
指导思想（5分）	能运用辩证唯物主义和历史唯物主义观点阐述科学的基本规则	5		综合评议意见
编写目标（20分）	编写具有一定的实用性,电子教材有一定的时效性	5		
	符合教学需要,特别是教学改革与发展的需要	5		
	符合学科特点,体现学科特色	5		
	有可操作性和可检验性,便于教学实施	5		
编写内容（50分）	编写具有科学性,反映学科研究的新进展	20		
	所选用的知识内容有利于学生掌握、融会贯通	10		评议人姓名、职称
	启发学生的思维和培养学生的能力、联系实际	10		
	包括了必要的组成部分,如正文、注解、插图、练习等	10		
内容组织（10分）	各章节的标题醒目,各章节的作业明确、关系清楚	5		
	组织和表达的方式符合相关学科的规律,不违反科学的原则	5		
内容表达（15分）	文字和图表的使用科学、严谨、规范,文字通畅	5		
	外观和版面美观有吸引力,方便学生使用	5		
	印刷清楚,无错漏情况	5		

---

① 以下实例表格均转引自崔永华《对外汉语教学设计导论》。

表 2-7　任课教师教材评价表

课程名称		使用年级		使用专业	
教材名称		主编姓名		出版社/版本		规划/协编/自编	

序号	调查内容	是(否)、有(无)
1	使用教材是否符合教学大纲的要求	
2	是否本专业或学科门类使用教材	
3	深度、广度、难度是否合适	
4	结构、顺序是否合理	
5	是否配有辅导材料(包括各章节后思考题、习题)	
6	是否有利于学生智力发展、学生自学	
7	本校教师编著的教材是否有特色	
8	如果认为现用教材不适用,请提出理想的版本	

2. 课堂教学评价

表 2-8　教师课堂教学评价指标

项目	因素	优秀	良好	待提高
情感过程	教学环境			
	学习兴趣			
	自信心			
认知过程	学习方式			
	思维发展			
	解决问题与应用意识			
因材施教	尊重个性差异			
	面向全体学生			
	教学方法与手段			
教学效果	达成目标的全面性,质和量的平衡			
教学基本功	教学基本功扎实、有效			
教学特色	教学特色鲜明			
总评				

表 2-9　教学设计评价量表

一级指标	分值	二级指标	等级			
			优	良	中	一般
概述	5	说明学科、年级、教材版本,学习的内容和本节课的价值及重要性	5	3~4	2	0~1
学习目标分析	15	从学生角度确定教学目标,目标阐述清楚、具体、可评价	5	3~4	2	0~1
		结合新课程标准,知识、技能、过程和情感体验并重,重视学生多元智能和创造性思维的培养	5	3~4	2	0~1
		处理好课标要求和拓展之间的关系	5	3~4	2	0~1
学习者特征分析	10	分析学习者起点能力,包括认知能力特征分析、认知结构分析、特定的知识和能力基础特征分析	5	3~4	2	0~1
		分析学习者的学习态度、动机和风格	5	3~4	2	0~1
教学策略分析	15	有创新,符合学科特点,能激发学生的兴趣,符合学生的年龄特征	5	3~4	2	0~1
		教学方法和策略可操作性强,便于实施	5	3~4	2	0~1
		目的明确,阐述清晰	5	3~4	2	0~1
媒体的选择与设计	5	媒体容易获得,媒体选择与设计符合学习者特征和教学的要求	5	3~4	2	0~1
教学过程设计	20	教法上有创新,能激发学生的兴趣,符合学生年龄特征,有利于学生的学习以及高级思维能力的培养	5	3~4	2	0~1
		方案简单可实施,对教学环境和技术的要求不高,可复制性强	5	3~4	2	0~1
		各个教学环节描述清晰,能反映教学策略以及师生的活动	5	3~4	2	0~1
		格式规范	5	3~4	2	0~1
教学评价	10	注重形成性评价	5	3~4	2	0~1
		有明确的评价标准,提供了评价工具	5	3~4	2	0~1
教学资源	20	资源符合学习者的特征,有利于主题的表达和目标的教学	5	3~4	2	0~1
		资源内容丰富,并且正确、科学	5	3~4	2	0~1
		表现形式合理,简洁明了,具有很强的表现力	5	3~4	2	0~1
		尊重知识产权,说明资料来源和出处	5	3~4	2	0~1

第四节 对外汉语教学设计

依据教学设计的含义,我们可以这样来理解对外汉语教学设计:用教学设计的一般理论和方法,分析对外汉语教学的学习需求、学习内容、学习对象、教学目标、教学策略、教学评价以及教学设计过程,设计不同层次的教学方案和产品。

一、对外汉语教学设计的理论基础

对外汉语教学设计作为教学设计的一个具体应用,其设计也必然以学习理论、教学理论、传播理论和系统理论等作为主要的理论基础。但是,语言教学的设计,又有自己的特点,所涉及的各个领域的内容有自己的特殊性。例如,语言学习理论是学习理论的一个专门的领域,是跟语言教学直接相关的学习问题;语言教学的基本目标和内容是掌握语言综合运用的能力,这些是语言教学设计要涉及的问题,一般科目的教学设计不会涉及。因此,应该这样理解:语言教学设计有特殊性,但语言学习和语言教学的特殊性里蕴含着教学设计的一般原理,都受系统的一般规律和教育教学理念的支配。对外汉语教学设计的理论基础,除了学习理论、教学理论等一般理论外,还涉及语言理论及语言教学理论。

学习理论是教育学的一门分支学科,它是描述或说明学习的性质、过程和影响学习的各种因素的学说。教学理论阐明有关最有效地获得知识与技能的方法规则。具体地说,教学理论主要研究"怎样教"的问题;学习理论主要是在描述和说明"学习是怎样发生的,以及学习开始后会发生一些什么情况"的问题。只有对学生的学习规律有所了解,才能有效地进行教学,因此教学理论需要有学习理论作基础。例如:① 斯金纳的程序教学理论就是在其行为主义学习理论,即"刺激—强化—反应"操作性学习理论的基础上确立的。② 奥苏伯尔的有意义教学理论认为意义并不是存在于"文本内的"和外在于学习者的东西,当学习者运用某种内在的认知操作来主动解释其经验时,意义就出现了。其理论基础为认知心理学,认为心灵是思维、学习过程的积极动因;学习基本上是由学习者个人而不是由环境决定的。③ 人本主义教学理论的基础是人本主义学习理论,强调学生的个性和创造性,尊重学生的自我发展。④ 建构主义教学理论的基础是建构主义学习理论,强调学习者通过与外部信息的相互作用而构建个体的经验,往往通过设置情境完成任务的方式让学生完成对知识的建构。

与第二语言教学相关的教学法有语法翻译法、听说法、认知法、交际法等,这些教学法都是受相关语言学的影响而产生的。① 语法翻译法盛行于18世纪末,其语言学基础是历史比较语言学,注重语言规律的归纳和列举,认为不同语言具有共性和历史联系。② 听说法是反对语法翻译法的另一种方法,其基础是行为主义的刺激反应理论,认为人们学习语言的过程,实际上就是通过刺激反应进而养成语言习惯的过程;其语言学依据是结构主义语言学,认为语言是通过学习获得的高度结构化的类型,但一般人不能意识到话语结构,所以应该让学生不知不觉地运用所学语言的结构,养成一种语言习惯。③ 认知法的代表人物卡鲁尔认为:"第二语言是一种知识的整体,外语教学则是对其语音、语法和词汇的各种形式进行学习、分析并获得有意识的控制的一种过程。"其心理学基础是以奥苏伯尔为代表的认知心理学,而其语言学基础则是乔姆斯基的转换生成语法。④ 交际型教学法以人本主义思想为基础,不让学生孤立地记生词和语法规则,而是帮助学生在特定情景、话题中完成一项交际任务。其语言学依据是:语言最主要的功能是用于交际,第二语言教学的中心任务是培养学生用第二语言进行交际的能力。

通过以上的分析可以看出,学习理论、教学理论和语言理论、语言教学理论之间有着对应、平行的关系。具体见下表。

表2-10 四理论之间的关系

学习理论	教学理论	语言理论	语言教学法
行为主义心理学	程序教学理论	结构主义语言学	听说法
认知心理学	有意义教学理论	转换生成语言学	认知法
人本主义	人本主义	功能语言学	交际法
建构主义心理学	建构主义	功能语言学	任务法

了解这种关系,可以加深我们对语言教学理论的认识,即语言教学的理论和流派不是孤立产生的,人们对语言的认识,决定着语言学习的侧重点;人们对学习的认识,说明人们对语言能力获得途径的看法;人们对知识传授和能力培养途径的看法,对语言教学途径和方法有着重要的影响。语言教学设计,除了依据一般的教学设计理论之外,还需考虑语言学和语言教学理论。

除了外语教学界通行的这些不同的语言教学流派及方法,国内外语言教学的理论和实践也值得我们在教学设计中借鉴。例如美国《21世纪外语学习标准》中的5个C和11条标准:① 交际(communications):a. 参与口头交际:提供和获取信息,表达思想情感,交流意见。b. 理解并能解释各种题材的语言,要求理解语言材料,通过接触实际语言,培养理解力,使阅读先于听力发展。c. 口笔头提供信息,鼓励缺乏甚至没有语言知识的学生大胆表达。② 文化(cultures):d. 理解所学语言文化及实践之间的关系,强调语言文化的实际运用。e. 理解所学语言文化产品和观点之间的关系,强调所学文化产品及其文化的表现形式。不管用何种方式出现,学习都应该能够理解文化所隐含的观念及语言的作用。③ 联系(connections):f. 通过外语增加其他学科的知识。外语应以其他学科知识为基础,在学习外语及其文化时运用其他学科的知识。g. 获取信息,理解外语材料中的观点。外语学习有助于掌握独特的交际途径和思维方式。④ 比较(comparisions):h. 通过比较两种语言,理解语言本质。学习外语有助于培养观察力,提高想象力。i. 比较外语与自身文化,理解文化概念。通过外语学习扩大文化知识,发现不同文化观点、产品差异,培养文化意识。⑤ 社区(communities):j. 学习者在校内使用外语。k. 掌握外语可扩大就业、丰富个人生活、认识终身学习的重要性。

二、对外汉语教学设计研究现状概述

前文已述及,教学设计是一个系统工程,依据教育学、心理学等相关学科理论,运用系统方法,分析教学系统中各个要素及要素之间的联系,据此确定教学目标,建立不同层次的教学方案。对外汉语教学设计是把教学设计的理论和方法运用到对外汉语教学的课堂教学设计、教材设计和编写,以及课程标准、课程计划的制订中。这些设计必然以一般教学设计理论为自己主要的理论基础和指导思想。但是,语言教学的设计,又有自己的特点。经过专家学者多年的研究,与对外汉语教学设计相关的研究主要有:总体设计的理论,汉语教学模式、教学原则研究,教学大纲研制,教材编写和教材研究,课堂教学研究,计算机辅助汉语教学等。

1. 总体设计的理论

我国的对外汉语教学理论,基本上是围绕吕必松先生在 20 世纪 80 年代提出的总体设计的理论框架建设的。其时教学设计理论还没有传入国内,吕必松根据对外汉语教学的理论和实践,提出对外汉语教学总体设计的理论框架为:语言教学的全过程和全部教学活动可以归结为总体设计、教材编写、课堂教学和语言测试四大环节。总体设计的任务是根据语言、语言学习和语言教学的一般规律,结合汉语和汉语教学的特点,提出全面的教学方案。总体设计的内容和工作程序是:根据教学对象的学习目的确定培养目标和教学要求;根据培养目标和教学要求确定教学内容;根据学生的自然状况、教学要求和教学内容确定教学原则;根据教学要求、教学内容和教学原则确定教学途径。这一理论在很长时间里被当作对外汉语教学学科建设的理论框架,并在教学实践和理论探讨中不断得到充实。

2. 汉语教学模式

所谓对外汉语教学的教学模式,就是从汉语独特的语言特点和语言应用特点出发,结合第二语言教学的一般性理论和对外汉语教学理论,在汉语教学中形成或提出的教学范式。它是汉语教学的实际操作过程和方法,体现了对外汉语教学界对汉语教学的研究和设计水平。崔永华(2008)对我国现有的汉语教学模式进行了归纳,主要有:

（1）句型教学模式。该模式根据听说法的理论，把汉语语言组合规则形式化为 200 个左右的基本句式，并假设通过这些句式的教学可以让学生获得汉语基本的规则并具备初步的汉语能力。句型教学模式经过多次改进和演化，成为基础阶段汉语教学的一个主流模式。

（2）分技能教学模式。产生于 20 世纪 80 年代中期，是基础阶段汉语教学的一个模式，受到听说法、功能法、交际法等多种教学模式的影响。该模式认同交际技能的培养是语言教学的根本目的，认为技能教学是语言教学的最佳途径，因而主张以汉语交际技能为培养目标，以汉语综合课为教学的核心内容，按照语言技能项目分别设置课程。

（3）"语文分开、集中识字"教学模式。这是初级阶段针对欧美学生学习汉语的一个教学模式。该模式受传统的识字教学方法的启发，结合了汉字和汉字学习的特点。在教学程序和教学安排上，该模式主张把口语教学和汉字教学分开，先语后文；把汉字教学中的写字教学和识字教学分开，先识后写。

（4）词语集中强化教学模式。该模式是初、中级汉语教学阶段的一个教学模式。该模式借鉴了认知心理学和语言习得理论的研究成果，主张在中级汉语教学阶段，以词汇教学为重点，把词汇按照语义场进行分类，并使每个词进入相应的语义网络，经过多个循环的强化记忆，达到积累大量词汇的教学目标，进而完成语言综合运用能力的培养。

（5）交际任务教学模式。这是一种短期汉语教学模式。该模式借鉴了交际教学法中任务式大纲模式，以提高汉语交际能力为目标，以功能—意念大纲为基础，从汉语语言交际的实际需要出发，把语言交际内容归纳为一系列交际任务项目，并按语料难易和繁简程度分级。该模式主张以交际任务为教学组织单位，让学生通过大量的交际性操练掌握相应层级和数量的汉语交际任务项目，提高学生的汉语交际能力。

（6）结构—功能—文化相结合的教学模式。这一教学思路是我国学者基于对外汉语教学的理论和实践，汲取国外结构法和功能法的长处提出的一种教学思路，既反映了对外汉语教学的主要内容，又反映了基本的汉语教学途径。学界普遍认为，结构—功能—文化相结合的教学模式是培养学生交际能力的有效途径，也是提高教学水平的基本保证。

3. 教学原则研究

教学原则是教学工作和教学活动应当遵循的基本要求。随着对外汉语教学学科研究的逐步深入，人们对教学原则的认识也在不断发展。

1993 年，吕必松在分析各种影响教学全局的因素后提出七条原则：以教师为主导，学生为中心；教学内容决定教学方法；语言教学与文化教学相结合；形式结构教学与语义教学相统一；以言语技能和言语交际技能训练为中心；精讲多练；适度使用媒介语。

1997年,刘珣在总结以往教学实践和研究成果的基础上,提出十条基本教学原则:培养运用汉语进行交际的能力;以学生为中心,教师为主导;结构、功能、文化相结合;强化汉语学习环境,扩大学生对汉语的接触面;精讲多练,以言语技能和交际技能训练为中心;以句子和话语为重点,语音、语法、词汇、汉字综合教学;听、说、读、写全面要求,分阶段侧重;利用但控制使用母语或媒介语;循序渐进,螺旋式提高,加强重现率;充分利用现代化教学技术手段。

2001年,李泉构拟了包含四个层面的教学原则体系:常规教学原则(如因材施教、循序渐进、精讲多练);上位教学原则(如目前流行的"以学生为主体,教师为主导"的原则);中位教学原则(如课堂教学原则、课型教学原则、教材编写原则);下位教学原则(如技能训练机会均等原则,搞活课堂的意识)。

4. 教学大纲研制

对外汉语教学的大纲可以分为两类,一类是教学大纲(即"课程标准"),规定教学的内容和途径;一类是汉语水平和内容大纲,规定不同阶段的教学内容和等级标准。目前使用最多的教学大纲主要有:

(1) 高等学校外国留学生汉语教学大纲(长期进修),中国国家汉办编,2002;

(2) 高等学校外国留学生汉语教学大纲(短期强化),中国国家汉办编,2002;

(3) 高等学校外国留学生汉语言专业教学大纲,中国国家汉办编,2002;

(4) 汉语水平等级标准与语法等级大纲,中国国家汉办组织修订,1996。

2007年和2008年,汉办组织国内外对外汉语教学专家编订了《国际汉语能力标准》和《国际汉语教学通用课程大纲》。两个大纲以交际语言能力理论为指导,参照国际认可的语言能力标准,吸收现阶段国际汉语教学的经验和成果,从指导国际汉语教学实践的角度出发,对典型的汉语语言知识、文化知识等教学内容进行了梳理;对课程目标及学习者所应具备的语言知识、语言技能、策略和文化意识等方面,进行了分级分类描述;提供了具有可操作性的示例建议。大纲规定汉语教学的总目标是"培养语言综合运用能力",体现了当前国际上流行的语言教学理念,可以为广大国际汉语教学工作者在教学、师资培训、教材编写等方面提供权威标准和参考。

5. 教材编写和教材研究

教材是产品层次的教学设计,是在系统层次的设计之后,在系统层次的指导下进行的。教材是学习理论、教学理论、语言学、语言教学理论、教学方法、教学实践和教材编写理论等的具体表现,规定教学的内容、途径、方法,是课堂教学的基本依据。

李泉(2002)对教材编写、使用和研究现状进行了调查,发现至21世纪初,中国大陆编写的对外汉语教材有四五百种;在教材研究方面,仅在《语言教学与研究》、《世界汉语教学》等主要专业刊物以及重要的专业会议上发表的研究论文就有200余篇,另外,还有数十种对外汉语教学专著论及教材编写问题。对于初涉对外汉语教学的老师们来说,了解对外汉语教材的编写原则、属性功能以及教材的评价方法,将有助于他们更好地选择和使用教材。

(1) 教材编写原则。教材建设在学科建设和教学实践中占有举足轻重的地位。一门课程开设得成功与否,很大程度上取决于所用的教材。因此,学界对教材编写的通用性原则进行过系统的研究,达成不少共识。1993年,吕必松提出各种类型教材的普遍适用原则:实用性原则、交际性原则、知识性原则、趣味性原则、科学性原则、针对性原则。2000年,刘珣在《对外汉语教育学引论》中把教材的编写原则概括为"五性":针对性、实用性、科学性、趣味性、系统性。李泉(2006)在前人研究的基础上提出,教材设计和编写过程中的原则或要求,应该是多角度、多层面的。第二语言教材的编写,应该分三个层面。第一个层面是基于符合教育和教学的一般规律而提出的教材编写原则,如科学性、规范性、系统性等;第二个层面是符合第二语言教学的学科性质、教学规律和教学法原则而提出的教材编写原则,如实践性原则、趣味性原则等;第三个层面是结合本学科教学编写的特殊要求和不同的课型特点而提出的编写原则,如重现原则、文化对比原则等。

(2) 教材的属性和功能。赵金铭(2004)指出,汉语作为第二语言教学教材的基本属性包括以下几个方面:① 工具性。第二语言教材无法穷尽目的语的语言事实,而只能为学习某种语言提供一部分样本性的事实,因此只能是第二语言学习的工具和手段。② 系统性。语言知识和语言能力可以划分不同的层次和系统,服务于教学的教材,应该体现出这种层次性。③ 规范性。主要是教学内容(语音、词汇、语法、课文语言等)要符合目的语的语言规范。④ 实践性。第二语言教材主要以语言技能训练为主,整个教学活动强调训练和培养学生的语言实践能力,教材的编写自然应该服从于这一要求。⑤ 国际性。因为第二语言教学是一种跨文化的教学。

教材的基本功能主要包括:① 教学功能。② 课内外媒介功能。③ 文化交流功能。④ 激发学习兴趣功能。⑤ 促进学科建设功能。

(3) 教材评价研究。赵金铭(1998)认为,在评估一部教材时,要着重在两个方面进行检验。一是是否遵循"教材编写理论"并以此确定教材编写的基本框架;二是是否遵循"教材编写基本原则"并循此进行具体的编写。关于"教材编写理论",崔永华(1997)有一个界说:"教材编写理论是关于教材编写的原则、类型、过程和方法的理论。它探讨教材编写如何在教学总体设计的指导下,根据教学对象、学习目的、学习者水平、适用课程等选择和规定教学内容(包括语言要素、言语技能、言语交际技能、语用规则和文化背景知识)和素材;如何根据语言学习规律选择和安排教学内容、教学项目(生词、语法、课文、练习等)及其顺序,以达到既定的教学目标。"

赵金铭(1998)制定了一份涉及 9 个方面、包括 55 项评估指标的教材评价体系,后来被教材评估和研究者广泛参考。

表2-11 教材评价体系表

序号		评估项目	得分			
			A	B	C	D
1	前期准备	对学习者的需求有调查了解				
2		依据现行的某种教学计划、课程大纲进行编写				
3		依据大纲对词汇总量及其分布进行控制				
4		覆盖大纲所规定的语言点				
5		依据大纲确定功能意念项目且分布合理				
6	教学理论	以某种语言理论为基础,如结构主义或功能意念				
7		体现或侧重某种教学法原则,如听说法或交际法				
8		使用该教材可完成既定的教学目标				
9		正确处理语言知识的传授和语言技能的培养				
10		听说读写译各项技能训练比重均衡,并有综合训练				
11		按照语言技能编排教学内容				
12		既注意表达正确又注意表达得体				
13		语言能力与交际能力并重				
14	学习理论	以第二语言学习心理过程为理论基础,如行为主义				
15		教材内容与学习者需求相一致				
16		内容编排符合学习者的学习心理过程				
17		语言水平与学习者的基础相符				
18		语言内容与学习者以前所学相衔接				
19		注意学习者的情感因素对学习的影响				
20	语言	每课生词量适当,重现率充分				
21		句子长短适度				
22		课文篇幅适中				
23		课文与会话语言真实、自然				
24		口语与书面语关系处理得当,是真正的普通话口语				
25		所设语境自然、情景化				

续表

序号	评估项目		得分			
			A	B	C	D
26	教材	课文内容符合外国人、成年人、有文化的人的心态				
27		课文题材涵盖面广,体裁多样				
28		课文内容的深浅难易排序得当				
29		从开始就有可背诵的材料				
30		课文有趣味,给学习者以想象的余地				
31		内容无宣传、无说教、无强加于人之处				
32		教材的文化取向正确无误				
33	练习编排	练习覆盖全部的教学内容				
34		练习有层次：理解性—机械性—活用性练习				
35		练习类型多种多样,每个练习都很短				
36		各项练习之间具有内在联系				
37		注意表达练习,练习项目具有启发性				
38		练习的量足够				
39		练习编排遵循"有控制—较少控制—无控制"原则				
40		练习兼顾到各项语言技能的训练				
41	注释解说	淡化语法,少用概念和术语,加强交际				
42		语言现象的注释简明、扼要				
43		外文翻译准确,具可读性				
44		注重词的用法及使用条件的说明				
45		例句精当,可以举一反三				
46		有教师手册及参考用书,方便教师,起导向作用				
47		有学生练习册				
48	教材配套	各单项语言技能训练教材配套				
49		有清晰音像材料,可供视听				
50		有阶段复习材料及总复习材料				
51		有相关的测试练习				
52	其他	开本合适,使用方便				
53		插图数量适当,与内容配合紧密				
54		版面活泼新颖,吸引学习者				
55		教材内容使用不同字号编排				

6. 课堂教学研究

吕必松主张,在第二语言教学的四大环节中,课堂教学是中心环节,在全部教学活动中处于中心地位，其他环节都必须为它服务。教学原则的制定、教学方法的选择、教学内容的选择和安排、成绩测试的内容和方法等，都要适应课堂教学的需要。

迄今为止，比较成系统的课堂教学研究有：

（1）课堂教学的结构。崔永华（1992）将课堂教学的结构由大到小分为四级单位：教学单位、教学环节、教学步骤、教学行为，这四级单位由大到小是构成关系。

（2）课堂教学技巧。目前比较通用的是从语言要素和分技能角度把课堂教学技巧分为8类：语音教学技巧、词汇教学技巧、语法教学技巧、汉字教学技巧、听力教学技巧、说话教学技巧、阅读教学技巧、写作教学技巧。

（3）课堂教学意识。李泉（1996）提出汉语课堂教学的11种意识：学生意识、交际意识、语言意识、课型意识、目的意识、敬业意识、搞活课堂的意识、跨文化教学意识、语用指导意识、引导学生掌握正确的学习策略的意识、时效意识。

近年来课堂教学研究讨论较多的问题有：任务型课堂教学、网络和多媒体及信息技术在课堂教学中的运用、课堂教学评估、学生课堂学习动机和焦虑、教师在课堂教学中的角色、课堂教学研究的研究方法等。

三、汉语课堂教学设计

课堂教学设计是课堂层面的教学设计，是教学设计理论和方法在课堂教学设计上的综合运用。课堂教学是学校实施教育的主渠道，课堂教学质量的高低直接影响到学生培养的质量，如何提高课堂教学质量是每一位教师所关注的基本教学问题，因此，利用教学设计的基本原理指导教师进行科学的课堂教学设计具有重要的意义。课堂教学由教师、学生、教学内容和教学环境等要素组成，具有动态复杂性、生动丰富性、师生交互性等特点。为了有效实现课堂教学的目标，需要教师从系统理论出发，对教育教学的各个要素，如教学目标、教学内容、学生、教与学的策略、教学媒体、教学环境、教学评价等进行分析和设计，使各个要素能够协调，以发挥整体优势。

课堂层面的教学设计相当于教师常做的备课和教案设计。相较于其他学科，对外汉语教学的课堂教学设计更具有认真、严格的传统。杨惠元（2007）详细描述了备课的过程，为广大汉语教师提供了对外汉语课堂教学设计的基本思路和程序：

（1）备教材。教师备课最重要的是备教材。但是在备教材之前还有一项重要的工作——钻研教学大纲。

① 钻研教学大纲。钻研和熟悉教学大纲，就可以统观全局，在具体备某一课时能够把它跟整体教学联系起来，把握脉络，理清主线，领会这一课在整个教学中的地位和作用。

② 通读教材。通读教材要从整体上把握编者的意图。③ 精读教材。精读教材要达到懂、透、化。④ 根据学生的水平对教学内容的难易多寡作出判断取舍。

（2）备学生。教师备课要把备教材和备学生结合起来，从学生的实际出发，了解教材中哪些内容是学生已知已会的，哪些是学生未知未会的。教师确定教学的重点和难点，要考虑教材编者的意图和安排，更要考虑学生的实际情况，要根据学生的实际情况预见哪些内容可能是学生学习的难点。

（3）备方法。备方法是在备教材和备学生的基础上，教师要准备具体的上课的方法。

（4）设计教案。备教材、备学生、备方法是备课的前期准备阶段。设计教案是把备教材、备学生、备方法的思考结构系统化、具体化，形成具有可行性的方案。

这个备课过程，体现了教学设计的若干程序和方法：备教材是学习内容分析，其中钻研教材是一种内部需求分析方法；备学生是学习者分析，确定教学起点；备方法和设计教案是制定教学策略。

下面从教学设计程序和方法的角度来描述课堂教学设计，亦即备课的过程。

（一）课堂教学的前端分析

在教学设计中，学习需求分析、学习内容分析和学习者分析属于前端分析。课堂教学设计中，第一步骤的学习需求往往是教学需求。教学需求来自拟教授的教学单元的教学总体目标。这个课堂教学的总体目标一般由教材规定，不需要太多的分析工作。这个阶段需要做以下一些工作：① 把拟教教材与教学大纲进行对比阅读，准确理解本教材及本课书的总体教学目标。② 分析跟将要学习的知识、能力等相关的先决知识、能力，找出新知识的切入点，即教学起点。③ 分析教学环境和条件，据以调整教学活动的安排。

学习内容分析在课堂教学设计中亦即教学内容分析。分析教学内容的第一步是根据教学目标，确定学习者所应学会的知识、技能和行为规范。《国际汉语教学通用课程大纲》认为，汉语教学的总体目标是培养学习者"语言综合运用能力"，认为对外汉语教学的总体目标由语言知识、语言技能、态度与策略、文化意识四个方面构成。因此，汉语课堂教学设计应从这四个方面入手，全面进行考虑，以利于学习者综合运用语言能力的培养。首先，从综合运用语言的能力出发，把教学内容分析和分解为不同类别的教学任务，即把本课书的教学内容分解为语言技能、语言知识、态度与策略和跨文化交际意识等方面，有针对性地设计课堂教学方法和活动。当然，不是每一课书都包含所有的内容，但是教师应当具有对课堂教学内容的分解和补充的意识。其次要明确教学重点和难点并对教学内容加以排序。教学内容的排序不是教学程序，而是教学内容本身的呈现和教学顺序。例如对于一课书的词汇，可以不按课本的顺序讲授,而按词类排列或其他相关排列的顺序来讲授。

学习者分析的目的是明确学生的学习起点(学习准备情况)和学习风格,将之作为学习内容的选择和组织、教学活动的设计、教学方法和教学媒体的选用的依据,以设计出适合学生当前情况的教学方案,以取得理想的教学效果。课堂教学的学习者分析有两个方面,即学习起点分析和学习风格分析。在外语学习中,学习者表现出很大的个性差异。一般认为,影响第二语言学习的因素有五个:性格、语言能力倾向、学习动机、认知风格和年龄。

在学习起点分析中,一是要调查分析学生的基本学习背景,涉及的内容有性格、性别、年龄、爱好、学习动机、工作经历、生活经验、经济、文化、社会背景以及学生对教学内容、教学方法、教师、学校的态度等。这些分析对设置学习环境、提高学生学习动机、设计贴近学生交际的活动内容、避免应当回避的谈话内容等都有很重要的作用。任课教师可以通过跟学生交谈等方式获知这些信息。二是对学生起点水平的分析,也就是学生是否已具备进行相关学习的知识技能基础,以及对该项学习的态度如何。这种分析的重点是:学生是否具备了学习新知识、能力的基础,如果缺少相关的预备知识,需要怎样弥补;学生已经掌握了新知识、能力中的哪些部分,对这些部分可以只作简单的介绍和过渡。

每个学习者都有自己独特的个性和心理特征,他们在信息接收、信息加工、个性意识和生理结构等方面有差异,对学习环境和学习条件的需求也不同。因此,教师在课堂教学中,需要根据学生学习风格的特点,安排适合其特点的学习环境和学习活动。例如,欧美学生跟亚洲学生的学习风格就有很大的不同,即使是同一文化背景的学生,在学习风格上也会有差异。了解学生的学习风格,在课堂教学中根据不同的学习风格安排指导学生的学习和活动,可以起到事半功倍的效果。

(二) 阐明教学目标

通过前端分析,教学的内容、对象状态已基本确定,在此基础上,教学设计就要把由内容分析得到的目标转化成确切、具体的行为目标,即确定教学目标,从而使教学工作的结果或标准具体化、明确化、详细化,为以后制定教学策略和开展教学评价提供依据。也就是说,阐明教学目标可以帮助教师明确本节课的教学内容范围,使教学内容覆盖认知、动作技能和情感等领域,以保证教学任务的全面完成;同时通过编写教学目标,也可以促进教师深刻思考教学,提高业务水平。对学习者来说,明确的教学/学习目标是激发学习动机的重要因素,有利于提高学生的自信心,避免学习的盲目性,也有利于学生进行自我评价。

第二节中已经论及,教学设计理论一般把教学目标分为三类:认知领域的目标(知识和学习策略)、动作技能领域的目标(智力技能和运动技能)和情感领域的目标,每类教学目标又分为若干掌握水平。根据汉语教学的实际,借鉴教学设计的目标描述方法,崔永华(2008)描述了汉语(课堂)教学目标的分类和掌握水平。具体分类见下表。

表 2-12　教学目标分类及描述

领域＼学习水平	1	2	3	4	5
认知领域	记忆	理解	简单应用	综合运用	创见
汉语技能领域	感知	理解	模仿	熟巧	应用
情感领域	接受	思考	兴趣	热爱	品格形成

对于教学目标的编写,教学设计和现在一般的汉语课堂教学教案有很大的区别。我们通常的教案的教学目标描写一般不体现具体的行为,比如:"掌握'把'字句的用法"、"掌握重点词语的用法"等。这样的教学目标模糊笼统,教师和学生都难有具体的把握,教学效果难以得到明确的检验,这是我国教学活动中存在的一个问题。第三节中介绍的描述教学目标的三因素法和 ABCD 法,可以运用到我们的汉语课堂教学目标的编写上来。

下表是结合对外汉语教学实际所设计的一课书的教学目标(引自崔永华2008:249)。

表 2-13　教学目标示例

领域	类别	目标描写
认知领域	词汇	可以认读全部词汇,基本没有错误(正确率90%,下同)。能在教师/教材指定的练习中准确使用重点词汇,基本没有错误。
	语法	理解所学的句式,可以用所学句式流利地描述教师指定的事物,基本没有语法错误。
	学习策略	用比较的方法,了解中国人家庭的布置和本班同学的民族服装。
	文化意识	通过图片和实情,了解中国人家庭的布置和本班同学的民族服装。
	交际能力	在课堂上描述同学和老师的穿着、环境、行为方式,基本没有错误。
动作技能领域	课文	在没有提示的情况下,能够流利地复述课文,基本没有错误。
情感态度领域	情感态度	学生能投入课堂学习,积极参与互相描述,课堂气氛活跃。

* "交际能力"兼属认知领域和动作技能领域。

（三）设计课堂教学过程

1. 课堂教学过程

语言课的课堂教学过程一般包含三个层次：课堂教学总体过程、教授语言知识的过程和培养语言技能的过程。

（1）课堂教学总体过程。根据当前汉语课堂教学的实践，综合课的课堂教学总体过程可以分为五个教学环节：a. 组织教学。使学生做好心理和物质准备，集中注意力，排除干扰，自觉地投入到学习中去。b. 复习旧课。检查、复习已学过的内容，加强新旧知识之间的联系，为接受新知识做好准备。c. 讲练新课。让学生学习、掌握新的知识。d. 巩固新课。检查学生对新教材的掌握情况，及时解决存在的问题。e. 布置作业。教师布置练习，让学生将所学的知识运用到新的情境中去。各个课型的具体教学过程详见相应课型章节。

（2）教授语言知识的过程。大多数的语言教学流派都会围绕如何教授一个语言点来设计教学过程，其中又以设计教授一个语法点的教学过程最为普遍。下面以听说法的五段教学过程为例加以说明。

听说法产生于 20 世纪 40 年代，基于行为主义学习理论、程序教学理论和结构主义语言学，强调通过反复的句型结构操练培养口语听说能力。美国布朗大学教授特瓦德尔根据听说法的原理、原则，提出了外语教学过程的五个阶段：a. 认识：教师向学生展示新语言材料（句型），借助实物、情景、手势等使学生理解语言材料的意义。b. 模仿：教师反复示范，学生准确模仿，发现错误及时纠正。c. 重复：通过反复练习（多项选择、判断正误等），不断重现已模仿的语言材料，达到让学生背诵的目的。d. 变换：用变换句子结构的练习，如词语替换、句型转换、句子扩展等，给学生活用的机会。e. 选择：活用所学语言材料，用问答、对话、叙述等方式，让学生从已学过的语言材料中选择某些词汇、短语和句型，用来描述特定的场面、情景或事件。

（3）培养语言技能的过程。对于听、说、读、写等语言技能培养的教学过程，详见各对应课型章节的教案示例。

2. 选择课堂教学方法和技巧

这里所说的课堂教学方法是汉语课堂教学的操作方式，基本上属于课堂教学技巧的范畴。语言教学方法和技巧很多，在课堂教学中如何选择课堂教学方法和技巧，也是一个值得注意的问题。根据什么原则来确定使用的技巧呢？崔永华（2008）认为有以下几个方面值得注意。

（1）根据教学目的选择教学技巧。比如阅读课主要是训练和提高阅读理解能力，所以精读课上的"朗读"技巧,一般不在阅读课上使用,而选用"默读"、"浏览"等技巧项目更合适。再如精读课处理生词常常用听写的方法,但是在阅读课、口语课上处理生词,就不宜用这种方法。

(2)使用技巧要有明确的目的。比如在课堂上经常使用"领读"这一技巧,但领读可以用于不同的目的,有时是用来让学生熟悉句型,有时是纠音,有时是帮助学生记忆课文等。教师在使用这一技巧时,一定要明确自己的目的是什么。

(3)应该优先选择交际性强的技巧。比如在解释生词时,道具优于图片,实物又优于道具,因为说出实物的名称比说出图片上那个东西的名称更富有交际性。尤其应当注意的是,在课堂教学的过程中,应当注重针对教学内容的真实性问答。比如展示语法点时,应该优先选择"提问"、"对话"等交际性技巧;在口语课中更应该及时转入实际的或模拟的交际性练习。

(4)优先选用节省时间的技巧。应选择直观的、容易理解的技巧解释语言点,省下来尽可能多的时间,让学生进行反复的练习。

3. 选择课堂教学组织形式

语言课的课堂教学组织形式跟一般的课一样,也包括集体授课、个别化学习和小组学习这三类。迄今为止,集体授课依然是大多数教学机构的主要教学组织形式。由于现代教学理论越来越强调培养学生健全人格、促使学生个体社会化的重要性,小组教学形式在各个学科教学中都受到重视,在语言教学领域也得到大力提倡,成为了集体授课的一种补充形式。

关于小组活动的优点及使用注意点,前文已有详细叙述。这里引录《剑桥国际英语教程》教师手册对小组教学的过程和活动的建议,以供我们在课堂上组织小组活动时参考。

(1)两人对话。

a. 将学生分成两人一组。如果学生数目是单数,有一个组可为三人。

b. 解释练习的内容并与一两个学生一起进行示范。如必要,找一对学生做该练习作为进一步的示范。

c. 设定一个合理的时间限制,可以把它写在黑板上,如5分钟,或9:20—9:25。

d. 学生两人一组进行练习,教师巡视教室并给予必要的帮助。

可选方法:让学生互换搭档再做一次练习。

可选方法:找几组学生或志愿者一起来台前表演,并给予指导和评价。

(2)小组活动。

a. 把全班分成3~4人的小组,或根据需要分成大一些的5~6人组。

b. 讲解练习的内容并找几个学生示范。

c. 设定一个时限。

d. 学生分组练习,教师巡视教室并给予必要的帮助。

可选方法:重新分组,再练习一遍。

(3) 角色扮演。

a. 根据需要把全班分成对或组,指定学生的角色。

b. 解释每个角色并讲清提示。

c. 请几个学生配合示范每个角色和如何使用提示。

d. 鼓励学生用于创新并使用自己的语言,不要看别人的提示材料。

e. 设定一个时限。

f. 学生进行角色表演,教师巡视教室并给予必要的帮助。如果时间允许,学生交换角色再演一次。

可选方法:点名或让学生自愿给全体学生表演,教师给予指导和评价。

4. 选择教学媒体

本部分内容请参考前文相关内容。

5. 课堂教学评价

教学评价是课堂教学的一个重要组成部分。适当的教学评价,可以提高学习者动机水平、学习兴趣,增强学习者的责任感,也可以使教师及时获得反馈,了解教学效果,对教学中的不足加以补充并及时调整教学进程和方法,以保证每个教学环节的教学效果和总体教学效果。关于对外汉语课堂教学评估,杨惠元(2007)有比较详细的论述。比如课堂教学评估的方法分为课上评估和课下评估,课上评估有:学生自评(口头回答问题、调查问卷)、教师记录学生课上的表现、学生互评、教师总结;课下评估有:学生访谈、调查问卷、教师自评写教学后记。

在课堂教学评价中要注意以下几个问题:① 学生是评价的主体。② 注重形成性评价。③ 评价主体的多元化。④ 评价内容的多元化。

课堂教学的每一项活动都可以提供评价的信息。课堂进行的各个环节、各种行为(如学生完成各种课堂作业、练习的情况)都可以当作评价的内容。教师在讲解和练习的过程中可以通过观察学生的眼神,通过提问、对话、观察、参与学生的练习和小组活动,了解学生的理解情况、熟练程度、参与程度和感情变化,并用眼神、手势、话语等形式,给予适当的评价。课堂教学的每个教学环节完成之后,都应用适当的方法进行形成性评价。教师可以根据条件,选择简单易行的办法,结合练习和课堂活动进行。

6. 课堂教案编制

教案即教学方案,是体现教师教学设计理念的一种"导演脚本",是教师课堂教学的蓝本。上述教学设计要素的分析,使我们在实施课堂教学前,对影响和决定教学效果的各个因素有了全面、深刻、系统的认识,为编制高质量的教学方案创造了条件。实际上,编写教案的过程就是对前面各项设计工作的总结过程,是将各项分析工作综合化、系统化、具体化的落实过程。所以,编写教案要充分考虑、吸收前面各项分析的结果。同时在编写教案时,教师要预见课堂上可能出现的教学情境,结合自己的教学实践经验,尽可能地选择适当的实现教学目标的途径,将之组织在自己的教案中。

一般来说,一个符合标准的教案要包含以下几个要素:① 教学目标;② 教学内容;③ 教师的教学活动(如板书、讲解、演示、提问、强化、评价等活动);④ 学生的行为;⑤ 教学媒体;⑥ 时间分配(注明每个教学活动的时间长度,以便于控制教学环节);⑦ 教学效果评估方式。

具体的课堂教案,参看对应课型章节的教案示例。

 思考和练习二

1. 阐述教学设计的概念,并从不同层次的分类的角度说明其内涵。
2. 结合教学设计的理论基础,说说史密斯—雷根模型在哪些方面发展了肯普的教学设计模式。
3. 结合自己的经历和体会阐述学习需求分析、学习内容分析和学习者分析的重要作用。
4. 自选一篇课文进行教学目标编写并制定相应的教学策略。
5. 任选一本教材,用"任课教师教材评价表"对其进行评价。
6. 假设自己来到一个没有任何对外汉语教学经验的学校,请运用教学设计理论阐述如何有效开展教学活动。

第三章 课堂教学技能

第一节 教学技能概述

一、基本概念

教学技能是教师职业的重要技能之一,是课堂教学优质高效的保证。教师教学技能水平的高低对教学质量的提高和学生发展会产生重要的影响。一名合格的教师,必须通过专门的训练,才能形成从事教育教学工作所必须具备的教学技能。

什么是教学技能?从不同的角度审视,可以有不同的观点。现在比较流行的有这么几种技能观:活动方式观、行为观、结构观和知识观。

活动方式观将教学技能视为活动方式,强调技能是通过练习获得的,是一种动作技能;教师只是一种教学机器,教师必须按照一套既定的程序去开展教学工作。这种观点忽视了技能与知识的联系。

行为观以行为主义心理学为理论依据,将教学技能视为教师的教学行为,强调从行为的角度进行客观的研究,也就是对教学活动中可观察、可测量的外显行为进行描述和研究。这种观点开始关注教师个性特征和主观能动性,但研究还停留在比较肤浅的经验描述上,未考虑人的内部心理因素对教学的影响。

结构观力图弥补上述两种观点的缺陷,指出教学技能不是单指教师的教学行为或认知活动方式，而是教师外显行为与内在认知因素二者的结合，是内外因素相互联系和作用的结果。

知识观不认同技能是一种行为方式，认为应把技能纳入知识范畴。知识观实际上是将知识分为陈述性知识和程序性知识，程序性知识又分为动作技能、智慧技能和认知策略。这种观点将知识、技能和策略统一在知识的范畴内，拓展了知识的概念，也使技能的概念发生了深刻的变化，但这种观点难以说明技能的本质，会导致对技能训练的否定。

结合国内外相关研究成果和教学实践，我们认为，教学技能是一种教学行为方式和心智活动方式，是教师为了达成某种教学目标，在已有的知识经验基础上，通过实践练习和反思体悟而形成的。它包含三方面的含义：一是教学技能是一系列行为方式和心智活动方式的整体体现。二是教学技能的形成是内外兼修的结果，可以通过学习来掌握，但需要在不断的实践和反思中加以巩固和发展。三是教学技能具有可观察性和可操作性。教学技能对外表现为成功地、创造性地完成既定的教学任务，卓有成效地达到教学目的和获得有效的教学方法；对内表现为保证完成教学任务的知识、技巧、心理特征和个性特征的功能体系，是教师的个性、创造性与教学要求的内在统一。它是教师职业个性品格和专业修养外化的表征，是教学能力的重要标志。每一位教师要想形成自己的教学风格，达到艺术化教学的水平，就必须遵循教学技能发展的规律，在熟练掌握教学技能的基础上，不断探索、不断创新。

教学技能既包括在教学理论基础上，按照一定方式进行反复练习或由于模仿而形成的初级教学技能，也包括在教学理论基础上经多次练习而形成的，达到自动化水平的高级教学技能，即教学技巧。

二、教学技能的特性

教学活动是一种复杂而富有创造性的活动。教学技能作为一项复杂的职业技能，不仅具有一般职业技能的共同特征，还有很强的专业特征。

1. 教学技能的综合性

课堂教学是一个极富挑战性、极富艺术性的复杂工作。教师要顺利完成教学任务，提高教学质量，培养学生能力，发展学生智力，就必须熟练地掌握多种教学技能并灵活地综合运用。因此，所谓的教学技能，就是教师运用专业知识、选择某些教学理论和方法、选取某些教学手段以促进学生学习的一系列教学行为方式。

2. 教学技能的内隐性

教学技能是动作技能、智慧技能和认知策略的整合，并且多以一定的外显形式来实现。在复杂的教学活动中，大多数教学技能的运用是通过智慧技能和自我调控来实现的，如教学设计技能、教材处理技能、教学组织技能和教学反思技能等。对它们的认识，主要是通过教学活动的变化来推测和判断的，因此，教学技能具有内隐性。教学技能是在内隐的心理活动调控下，通过外显的行为动作来体现，并借助一系列教学活动来实施的。

3. 教学技能的智能性

教学技能不同于一般的动作技能，通过简单的重复、模仿就可掌握。教学技能包含对教学信息的吸收、消化和反馈等复杂过程，需要教师充分发挥主观能动性，对他人的言传身教细加揣摩，依据教学实践灵活使用、改进，乃至创新。另外，教师掌握教学技能的目的是教书育人，这一目的决定了教学技能的运用必须因人而异，灵活多变。

4. 教学技能的系统性

教学技能既表现为个体的经验，又是群体经验的结晶。它虽植根于个体经验，但又不是个体经验的简单描述，而是在千百万教师经验的基础上，经过反复筛选而形成的高度概括化、系统化的理论体系。正如夸美纽斯(J. A. Comenius)指出的那样，教学技能不是从肤浅的经验中拾来的"互不联系"的"技巧"，而是一种有前提性假设、有演绎、有归纳的理论体系。这种系统性与教学本身的规律相一致。

5. 教学技能的练习性

练习在技能的形成过程中具有不可替代性，这是技能与知识的重要区别。教学技能不等同于教学理论知识和规则，它不是通过讲授的方式习得的，而是通过多种条件、不同方式的练习逐步形成和熟练掌握的。练习是技能训练中不可缺少的环节。在现代教育环境下，一个知识再渊博的人，不经过专门的训练，也无法成为一个能掌控课堂的优秀教师。

6. 教学技能的专业性

教学技能具有很强的专业指向性，比如数学、语文、物理、美术、舞蹈、体育等，它们各自的教学技能都具有各自专业的特征，不同专业的教学需要运用不同的教学技能来组织教学。同时，教学的目的是要建立起学科知识与学生内在认知的联系，教师的专业知识是达到这一教学目的的基本条件。

7. 教学技能的阶段性

教学技能、教学技巧、教学艺术是教学技能不同发展阶段表现出的三种不同形态。教学技能是技能发展的初级阶段，是所有教师必须掌握的最基本的技能；教学技巧是教学技能达到自动化程度的标志，是在反复练习、实践和反思的基础上形成的；教学艺术是教学技能发展的最高形态，是优秀教师独特的教学风格的体现。教学技能一旦达到自动化程度，所进行的活动则不需要或很少需要意识来控制，因而可以极大地提高活动效率。同样，具有娴熟教学技能的教师,其课堂教学往往组织得严谨有序、张弛适度、生动活泼,并且遇到偶发事件能从容不迫、应付自如。这样,教师能将有限的"心理资源"用于创造性的教学活动中去,从而大大提高教学质量和效果。

三、教学技能的类型

教学技能观的多样性,必然导致教学技能分类方法的多样性。下面介绍几种比较有影响的教学技能类型。

(1)美国斯坦福大学的爱伦和瑞安从构成教学技能的多种要素中抽出14种要素作为普通教学技能:① 刺激多样化;② 导入;③ 总结;④ 非语言启发;⑤ 强调学生参与;⑥ 流畅提问;⑦ 探索性提问;⑧ 高水平提问;⑨ 发散性提问;⑩ 确认(辨析专注行为);⑪ 图解的范例应用;⑫ 运用材料;⑬ 有计划地重复;⑭ 交流的完整性。

(2)英国的特罗特针对教学中能够观察、表现和实际量化分析,并为教师所熟知的教学行为划分了6种教学技能:① 变化的技能;② 导入的技能;③ 强化的技能;④ 提问的技能;⑤ 例证的技能;⑥ 说明的技能。

(3)苏联教育心理学家彼得洛夫斯基从教学系统论的角度提出了4项教学技能:① 信息传递的技能;② 引起动机的技能;③ 促进发展的技能;④ 定向的技能。

(4)原国家教委师范司在1994年下发的《高等师范学校学生的教师职业技能训练大纲》中,将教学技能分为5类:① 教学设计技能;② 使用教学媒体的技能;③ 课堂教学技能;④ 组织和指导课堂活动技能;⑤ 教学研究技能。在课堂教学技能中又设了9项基本技能,即导入技能、板书板画技能、演示技能、讲解技能、提问技能、反馈和强化技能、结束技能、组织教学技能、变化技能。

(5)随着微格教学的兴起和发展,教学技能成为一个重要的研究对象。孟宪恺在其主编的《微格教学基础教程》中将课堂教学技能分为:① 导入技能;② 教学语言技能;③ 提问技能;④ 讲解技能;⑤ 变化技能;⑥ 强化技能;⑦ 演示技能;⑧ 板书技能;⑨ 结束技能;⑩ 课堂组织技能。

孟宪恺按微格教学的需要进行的技能分类,便于将微格教学与教学技能的训练结合起来,也与我国专家学者对课堂教学技能的分类基本一致。国内比较通行的分类是将上述10项技能分为综合教学技能和基本教学技能两大类。其中,综合教学技能包括导入技能、讲授技能、结束技能和课堂组织技能,基本教学技能包括教学语言技能、提问技能、教态变化技能、强化技能、演示技能、板书技能。如图3-1所示。

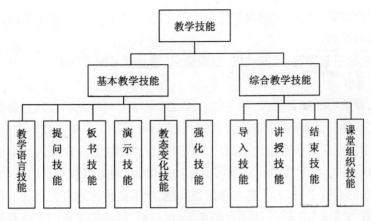

图 3-1　教学技能的分类体系

上述关于教学技能的分类体系具有一定的代表性，对大多数专业而言是适合的，但对于对外汉语教学专业来说，除上述这些教学技能外，还可以按语言要素、语言技能训练类型等细分出语音教学技能、汉字教学技能以及听力教学技能、阅读教学技能等。

第二节　课堂教学技能（上）

一、导入技能

导入有课程导入、单元导入和课时导入。课程导入是整个课程的开始，亦即绪论课，主要目的是让学生明白学习这门课程的目的和意义，以及主要的学习内容和学习方法等。单元导入是一个单元学习的开始，课时导入是指一节课学习的开始。课堂教学技能主要讲课时导入。

导入是教师在一个新的教学内容和教学活动开始时运用多种手段，引起学生注意，激发学习兴趣，产生学习动机，明确学习目的，引导学生进入学习状态的一种教学行为。现代心理学家和统计学家研究发现，在一堂40分钟的课时中，学生思维状态分三个阶段，第一个10分钟是思维逐渐集中阶段，在10～30分钟内思维处于最佳活跃状态，而在最后10分钟内思维水平逐渐下降。为提高课堂教学效率，教师应从新课开始阶段，就加强信息强度，以最少的时间使学生的思维达到最佳水平，以最快的速度把学生的注意力引导到教学项目上来。因此，有效地导入新课是课堂教学的一个重要环节。导入运用得好，能使学生迅速产生求知欲望和自主学习的意愿，会产生先入为主的艺术效果，使学生迅速进入预定的教学活动轨道,把学生的注意力吸引到特定的教学任务和程序之中,形成良好的教学氛围。

(一) 导入的结构

导入一般包括引起注意、激发动机、组织指引、建立联系四个环节。

1. 引起注意

导入阶段,即学习的准备阶段,学生的心理处于从学习的抑制状态到兴奋状态的过渡阶段,学生心里充满疑问,但尚未明确学习目标,形成学习期待。成功的教师在导入新课时,经常运用引起学生无意注意和有意注意两种方式集中学生的注意。在导入活动中引起和保持有意注意的途径有:引导学生加深对学习目标的理解,合理组织教与学的活动。设问导入,是加强有意注意的有效手段,为了思考和回答问题,学生必须注意有关事物。在导入过程中可以把学生的智力活动与实践活动结合起来,上课开始,就让学生或朗读或观察,等等,这比让学生被动地听老师的开场白更容易集中注意,导入的效果更好。

2. 激发动机

学习动机产生于学习需要。前已述及,学习需要可以分为认知需要、交往需要和自我提高需要。教师在导入时,既要向学生提出严格的知识要求,又要说明学习这部分知识和技能对于交往和自我提高的意义。只有学生清晰地意识到自己学习的意义,才能产生学习的自觉性,迸发出极大的学习热情。

3. 组织指引

导入要给学生指明学习任务,安排学习进度,引导学生开展思维,使学生有目的、有意义地开展学习。此外,教师也要提出学习的方法,并使学生对学习程序做到心中有数。在教学过程中,教师还要不断设法保持教学重点,沿着重点环环相扣地完成教学目标。

4. 建立联系

美国当代认知学习理论代表人物奥苏伯尔的"同化理论"认为,学生学习新知识失败并不是因为智力不行,而是因为在认知结构中缺乏与新知识有联系的旧知识,或者新旧知识没有建立起一种实质性的非人为的联系。因此,导入的设计,要充分了解并利用学生原有的知识和能力,设法激活与即将学习的新知识有关的旧知识,使新知识能迅速地同化到学生的认知结构中去。引导学生建立新旧知识联系的方法很多,如教师可设计问题,引导学生逐步解答,随着答题的深入,旧知识同新知识发生联系,从而引入新课。教师导入所采用的资料和内容一定要与课堂教学的中心问题紧密联系。否则,再新颖、再能引起学生注意的导入,也是无意义的,反而会把学生的注意引向与教学任务、教学目标无关的问题,达不到应有的效果。

（二）导入的类型

教学没有固定的形式，导入也没有固定的方法。由于教学对象不同、教学内容不同，导入也有不同的方法。即使是同一教学对象、同一教学内容，不同的教师也有不同的导入方法。也就是说，依据教学的任务和内容、学生的年龄特征和心理需求、教师的素质和教学风格，可以有不同的导入方法。在课堂教学中常用的导入类型有以下几种。

1. 直接导入

直接导入是教师从授课开始就直接向学生阐明学习的目的和要求、教学内容及教学程序，尽可能使学生心中有数，以引起学生的有意注意，诱发其探索新知的兴趣，使学生直接进入学习状态。这种导入方法在阅读教学中经常使用。

2. 复习导入

复习导入又称衔接导入。教师以复习、提问、做习题等教学活动开始，根据新旧知识之间的逻辑关系，提供新旧知识关系的衔接点，温故而知新。这样导入使学生感到新知识并不陌生，便于将新知识纳入原有的认知结构中，降低了学习新知识的难度，有利于促进学生对新知识的理解。使用这种导入方法，教师一定要摸清学生原有的知识水平，找准新旧知识的衔接点。

3. 直观导入

直观导入是在讲授新课时，教师先引导学生观察实物、样品、标本、模型、图表、幻灯片、电视片等，以刺激学生的好奇心，激发学生探究奥妙的愿望，再从观察中提出问题，从解决问题入手，自然过渡到新课的学习。此法可使知识具体化、形象化，给学生留下清晰的表象，为学生感知、理解知识创造了条件。采用直观导入需注意两点：一是实物、模型、幻灯、电视等的内容必须与所要学习的知识有密切的联系；二是观察过程中，教师要及时地、恰如其分地提出问题以指明学生观察时的思考方向，促进他们思考，为其学习新知识做好准备。

4. 情境、事例导入

教师可以利用语言、设备、环境、活动、音乐、绘画等各种手段，制造一种符合教学需要的情境，使学生身临其境，感同身受，从而激发学习的兴趣，诱发其思维，使之处于积极的学习状态中，在潜移默化中受到教育，获得知识。也可以用学生生活中熟悉或关心的事例来导入新课，能使学生产生一种亲切感，起到触类旁通的效果。此外，一些突发事件，特别是课前发生的事件，对课堂教学效果的影响很大，合理利用这样的事件导入，可以把学生的注意力自然地吸引到课堂上来。

5. 悬念导入

悬念导入是一种以认知冲突的方式设疑,使学生思维进入惊奇、矛盾等状态,从而激起学生的兴趣和求知欲的一种导入方式。在悬念中,教师既要巧妙地提出学习任务,又要创造出探求知识的良好情境。悬念的设置要恰当,无悬会使学生一眼看穿,则无念可思;太悬学生无从下手,也就会无趣可激;只有悬中寓实,才能引起学生开动脑筋、琢磨思考,兴趣盎然地去探索。

(三) 导入的原则

如何设置有趣的课堂导入,如何把学生课间分散的注意力迅速转移到所要学习的新课中来,是教师教学技能高低的一个重要体现。而要做好课堂教学的导入,必须遵循一定的导入原则。主要有:

1. 目的性原则

导入要依据教学目标、教学内容、学生的年龄特点、学生的知识基础、学生的学习心理和兴趣爱好等进行有目的的设计。导入既要考虑教学内容的结构、重点和难点,更要考虑学生的知识基础和起点能力,还要考虑学生的学习心理特征,不能只顾形式新颖而忽视了教学目的。

2. 启发性原则

导入要富有启发性,能引导学生发现问题,激发学生产生解决问题的强烈愿望,能创造愉快的学习情境,促使学生自主进入探求知识的境界,起到抛砖引玉的作用。

3. 关联性原则

知识之间是相互联系的,各种新知识都是从旧知识中发展而来的。导入要善于以旧拓新,揭示新旧知识的联系,使学生的认识系统化。

4. 机智性原则

课堂是一个动态变化的环境,不同的课程导入不同;同样的课程、不同的老师导入不同;不同的教学目标导入不同;教学班级不同、教学时间不同、学生的学习特征不同导入不同。教师在课堂上要善于根据课堂的氛围和学生的状态机智地调整导入行为。

5. 简洁性原则

导入要力争用最简洁的语言,花费最少的时间,迅速而巧妙地激发学生学习的兴趣,集中学生的注意力,从而可以使其有更多的时间用于新知识的学习。

6. 时效性原则

导入必须做到过程紧凑,各环节之间既层次清楚,又安排合理。课堂导入时间一般控制在 2~5 分钟。

这些原则大多也是其他课堂教学技能所需要遵守的,下面各教学技能的原则,可参考本节内容,不再一一罗列。

二、讲授技能

说到课堂讲授,往往有很多人会陷入一个误区,认为讲授有灌输填鸭之嫌。我们提倡自主、合作、探究的学习方法,但并不排斥讲授法,每一种教学方法都有其存在的价值。讲多讲少不一定是衡量教学观念先进与否的标准,关键是是否运用得当,既不能把该让学生探究的变成教师讲授,也不能将适合讲授的内容硬让学生去探究。精要的讲授、适当的点拨是课堂教学中不可或缺的。

(一) 讲授的功能

1. 促进知识迁移,构建知识体系

讲授的首要功能是向学生传授知识,使学生充分了解知识的内在联系,进而形成系统的知识结构。教材是学生学习的专用书籍,也是教师教学的依据。但是,教学不是照本宣科,教师要对教材中的知识结构、知识间的重点和纵横关系进行改造,按照学生的认知规律进行讲解。正确而恰当的讲解,不但能引导学生在原有认知结构的基础上感知、理解、巩固和应用新知识、新概念和新原理,而且能把学生过去学过的内容不断纳入到新的学习内容体系中去,使学生认知结构中原有的观念和新的知识之间建立起实质的联系,以确保学生系统地掌握知识。

2. 培养求知兴趣,激发学习动机

生动有效的讲授能激发学生的学习兴趣和学习动机。学生的学习是一种积极能动的活动,是在学生的各种心理动机的影响下进行的。诱发学生的学习兴趣是激发学习动机的有效方式。教师应采取多种方式调动学生的学习积极性,而讲授技能便可创造饶有趣味、引人入胜的情境,具有培养学生求知兴趣、激发学习动机的功能。学生往往对枯燥的知识缺乏兴趣,而教师通过趣味性的讲解,可以化单调枯燥为生动活泼,把学生的好奇心引导到学习上来,激发起学生学习的积极性和主动性,使学生自觉地控制自己的注意力。

3. 启发学生思维,发展认知能力

学生对知识的理解是借助思维活动实现的。通过对问题的讲解和剖析,揭示其中隐含的规律,可以启发学生思维,强化学生对知识的理解,为学生培养科学思维方法提供示范。教师的讲解可以通过分析、归纳、推理等一系列思维活动,揭示知识的内在联系及形成过程,从而使学生形成正确的思维方法,提高学生的认知能力。

（二）讲授的基本要求

1. 讲授要清楚

清楚即发音准确，吐字清楚，音量适中，语调注意抑扬顿挫、轻重缓急。讲授的清楚依赖教师清晰的思路，教师在钻研教材、研究学生之后，要将知识内在的逻辑关系与学生的认知过程结合起来，形成精练、严密、符合科学方法的教学思路。在对外汉语教学中，清楚还包括用词的简易精到、语速的快慢适中。

2. 讲授要准确

教师既要用科学术语来表达事物的现象和本质，也要对易混淆的概念进行严格的区别，还要特别注意使自己的语言表达合乎逻辑，按事物自身发展变化的顺序来讲授，按知识、概念间的逻辑关系来讲授。在对外汉语教学中，讲授的准确主要体现在语言点规则及其使用的讲授上。

3. 讲授要精练

讲授要力求简洁，用最少的语言表述使学生明白并掌握教学内容；讲解要力求具有针对性，要抓住教学内容中的关键字、词、句进行讲解，做到重点鲜明，突出事物的本质。对外汉语教学提倡"以学生为中心，精讲多练"。能否做到这一点，取决于教师讲授时能否把握好学生的语言水平，使用学生能听懂的词汇和句式，把讲授的内容深入浅出地讲授出来。

4. 讲授要有机动性

讲授教学不仅在讲，更重在导。教师适时地点拨、提示、点化、诱导，可以使课堂教学更具启发性。教师的讲授要考虑到学生的思想状况和接受情况，根据学生的反应，灵活机动地改变讲授的方式，使讲授的内容与学生的情况相适应。

（三）讲授的方法

教师选择什么样的讲授方法，很大程度上取决于其自身的教学风格，具有很强的个性色彩。

讲授的方法主要有：归纳法、演绎法、图示法、举例说明法、温故知新法、双向参与法、情感投入法等。其中的双向参与法是指教师和学生互为主体和客体，通过提问、回答、讲解、讨论等途径，教师以主导者身份，学生以认知者身份直接参与课堂讲授，使课堂讲授成为师生双向参与的生动活泼的学习过程。这种过程不是让学生机械地、被动地认识客观对象，而是能动地反映客观对象，学生有一定的时间和渠道来完成对信息的选择、重构和创造。关于讲授的方法，我们将在后文中详细阐述。

三、结束技能

结束技能是教师完成某一阶段的教学任务或活动时，有目的、有计划地通过归纳总结、重复强调、实践操作等活动,使学生对所学的新知识和技能进行及时地巩固、概括、运用,使新知识有效地纳入学生原有的知识结构中,并为以后的教学做好过渡的一类教学技能。

就一堂课来说,结束也是课堂的重要组成部分,起着画龙点睛的作用。成功的结束能使课堂教学首尾照应、结构完整、意味深长。最常用的结束行为是下课铃响,而最佳的结束方法应该是一节课结尾将整节课的要点简明地交代给学生。

课堂教学的结尾要依据本节课的教学内容,将学生所学的分散的知识集中起来,进行系统的教学总结,帮助学生完成由感性认识到理性认识的飞跃。课堂教学的结尾,要如同聚光灯一样,能收拢学生纷繁的思绪,帮助他们理清思路,使学生对所学知识了然于胸,变瞬时记忆为长时记忆,指引学生在旧知的基础上向新知迈进。

(一)结束技能的功能

1. 承前启后

课堂教学中经常出现几个课时才讲完一个完整教学内容的情况,这就要求教师安排教学时格外注意结束的设计,既要使结束起到对本节课的教学内容进行概括总结的作用,又要使结束为下一节课或是以后的教学内容做好铺垫。较好的方法是教师通过设置疑问,使学生对后续学习材料产生兴趣。典型的做法是教师在结束时,安排一些用旧知识解决新问题的练习来激发学生的学习兴趣。这种做法不仅帮助学生归纳整理所学的知识,而且可以培养学生独立思考的能力和思维的灵活性、创造性。

2. 检查或检测学习效果

教学结尾,经常以完成各种类型的练习、实验操作、回答问题、进行小结、改错和评价等方式进行。以训练行为技能为目标的教学,结束部分一般为自主练习。结束技能的运用,能把单一的简单技能逐步形成综合技能,并通过实践,使技能更加熟练。

3. 及时复习、巩固和运用所学知识

每节课的知识内容都包含了一定的信息量,这些信息都是按照一定的逻辑组合而成的。课堂教学结束阶段,对一节课或一单元所学的知识信息进行及时的系统化总结,使学生对新的知识更加明晰,并通过布置思考题和练习题,对所学知识及时复习、巩固和运用,可以将知识信息从原来的瞬时记忆转化为短时记忆或长时记忆。

(二)结束技能的结构

1. 简单回顾,提示要点

在教学结束阶段,教师引导学生回顾教学过程中的有关内容,有助于对所学知识的理解和巩固。教学结束阶段教师帮助学生回顾的内容主要有:对重要概念、定理、公式等的回顾；对相似内容的比较进行回顾,以加深对知识的理解；归纳和总结分析解决问题的思路和方法,引导学生对分析和解决问题的全过程做总体认识,培养学生思维的系统性和连贯性。

2. 沟通知识

任何学科知识的教学,引入部分总是从提出问题、提出矛盾开始的。当问题得到解决之后,教师就要把悬疑的问题与获得的结论之间的关系进行总结,建立新旧知识的联系,加深学生对新旧知识的理解。

3. 深化拓展

事物是联系的,又是变化的,课堂教学也是如此。课堂临近结束时,教学内容的学习虽然已经结束,但从认知与思维的角度来看,还远远没有到尽头。对课堂教学的结论进行运用分析,可以使学生对所学知识有进一步深入的理解,从而可以进一步拓展和延伸对所学知识的认识。

4. 分析评估

分析评估一是对本节课所使用的教学方法的分析评价以及这些方法与学生掌握程度之间关系的评价；二是分析课堂出现的问题,寻找更佳对策；三是分析评估教师的具体讲授过程以及对学生演示进行评价。

(三) 结束技能的类型

1. 归纳概括型

为了使学生对课堂所学内容有一个完整而深刻的印象,课程结束时,教师可以用简单明了、准确精练的语言和图表等,对整个课堂教学的内容进行概括总结,归纳知识的结构和主线,将本节课的知识条理化、系统化,以达到使学生巩固、掌握知识的目的。强化重点,明确关键,使学生对所学知识的认识形成条理,以达到突出主题、升华认识的作用。

2. 分析对比型

为了使学生对课堂所学内容的本质特征有一个明确的认识,课到结尾处,教师可采用总结、提问、列表等方法,将新知识与原有知识进行比较分析,明确它们的内在联系,发掘它们的本质或不同,以起到更准确和深刻理解知识的作用。

3. 拓展延伸型

为了使学生将课堂所学知识与其他学科知识和现实生活紧密联系起来,初步掌握运用知识于实践的能力,教师在讲解将要结束时,可以在总结归纳所学知识的基础上,将所学知识向其他方面延伸。

4. 悬念设疑型

为了使学生对所学知识留下难忘的印象,为他们上好下节课埋下伏笔,教师可以模仿中国古典章回小说"欲知后事如何,且听下回分解"的结尾,在结束时,结合教学内容设置一些必要的悬念,留下一些富有启发性的问题,让学生课后去思考,使课堂得以自然延伸,架起新旧知识的桥梁,并有效地增强学生的学习兴趣。

5. 活动巩固型

为了巩固课堂所学的知识,变知识为初步的技能、技巧,在课堂教学即将结束时,教师可以根据教学内容组织全班或小组进行一些教学实践活动,如知识竞赛、操作比赛、小组讨论或观察制作,也可以通过提问、小测验、完成课堂作业等方式,让学生用口头或笔头表示形式,对所学内容进行练习,从而牢固地掌握所学知识。

6. 图表结构型

根据某些学科的特点,教师可以依据教学的主要内容及其相互的联系,事先制定图表,在课堂教学结束时,展示图表,引导学生讨论小结。这种结束方式,对知识的温故知新,密切知识的联系,使知识系统化都有重要的意义。

四、课堂组织技能

教学是通过一定的课堂组织形式实现的。为了实现教学目标,在课堂上教师如何组织学生有效地利用教学时间和空间,发挥教学媒体的作用,提高教学效率,是课堂组织教学要解决的问题。在课堂教学过程中,教师管理组织学生,引起学生注意,调动学生的积极性,使其主动地学习,建立和谐融洽的课堂氛围和教学秩序,从而实现预定的教学目标的行为方式称为教师的课堂组织技能。教师课堂组织技能决定了课堂教学进行的方向,是课堂教学顺利开展的重要保证,不仅影响到整个课堂教学的效果,而且与学生思想、情感、智力的发展有密切的关系。

(一)影响课堂教学组织的主要因素

1. 教师的教学设计

成功的课堂组织来源于好的教学设计。在教学活动前,教师首先要确定教学活动的目标,选择实现目标的方法、步骤,分配教学时间,分析教学环境条件,预估教学效果等。教学设计工作如果做得好,准备充分,那么教师在课堂中就可以胸有成竹地按计划组织、推进教学,避免一些因准备、设计不足而造成的课堂失误,保证教学活动在设计方案的基础上高效运行,从而达到预期目的。

2. 教学的信息量

教学的信息量是指教师在有限的课堂内传授给学生的知识量。对一节课所应该容纳的信息量，教师必须做到心中有数。信息量过少，必然导致课堂纪律松散；信息量过大，学生则难以接受，会影响学习积极性。一节课的教学信息量应以学生恰好接受为准。教师不能照本宣科，这不仅会造成学生知识面狭窄，而且会使学生失去学习兴趣，从而影响学习效果。

3. 教学的节奏

教师如果在课前没有认真备课，不明确重点、难点，不了解学生情况，不注意课堂反馈，只注重机械训练，重复训练，板书书写速度过慢或过多，讲解时语速过慢、语言不简练等，都会造成教学节奏的缓慢，致使课堂教学气氛沉闷，师生间难以交流。

4. 教学的手段

教学中只应用传统的教学手段，不善于充分利用现代教学手段，会使学生觉得单调乏味，不利于学生各种感官的综合利用。

5. 教师的威信

有威信的教师，可以用轻轻一句话或一个眼神就能使乱哄哄的课堂顿时安静下来。教师良好的威信会使课堂教学事半功倍，教师所上的每一堂课，所说的每一句话，都会给学生留下深刻的印象。

(二) 课堂组织管理的类型

1. 根据课堂组织的基本行为划分

(1) 管理性课堂组织。指对课堂纪律的管理，包括对课堂秩序的管理和对个别问题学生的管理。

(2) 指导性课堂组织。教师对某些具体教学活动进行组织，以指导学生积极参与到课堂教学中来。指导性课堂组织可分为两个方面：对阅读、观察、实验等的指导组织和对课堂讨论的指导性组织。

(3) 诱导性课堂组织。教师在教学的过程中，用鼓励的、富有启发的语言引导学生积极、主动思维，以充分调动学生的主观能动性，顺利完成教学任务。诱导性组织的方式有两种，一是热情鼓励，一是设疑激发。

2. 根据课堂教学组织的阶段性划分

(1) 预备阶段的课堂组织。有经验的老师，其教学组织工作从上课铃响、踏入教室的那一刻就开始了。学生吵闹，教师可在门口稍作停留，等教室比较安静后再走到讲台前，然后用目光让所有的学生都把注意力集中到讲台上。

（2）起始课阶段的课堂组织。这个阶段的教学组织工作主要有考勤、检查作业、复习提问、阐明上节课和本节课的逻辑关系，以及阐明本节课的教学目的和任务等。这个阶段的课堂组织要求教师上课精神饱满，语言清晰、流畅。

（3）新授课阶段的课堂组织。为了避免教师单一讲授造成学生注意力涣散的弊病，教师应尽量用多种方法交替教学，如讲解、提问、板书、背诵、复述等。这是因为适当的教学节奏和教学手段的变化，不仅不会造成学生的疲劳，反而会激发他们以旺盛的精力参与新知识的学习过程。

（4）总结阶段的课堂组织。课堂组织要善始善终，教师上课不要拖堂，不能耽误学生的课间休息。所以，教师一定要计划好时间，圆满地完成一堂课的教学任务。

3. 根据课堂组织对学生行为所产生的不同效果划分

（1）消极课堂组织。在这样的课堂里，教师组织教学单纯是为了稳定学生情绪，维护课堂秩序，督促学生认真听课，以保证教学的顺利进行。教师在这样的课堂里常常是满堂灌，不考虑学生的接受情况也不跟学生交流。教学的组织和教学内容之间没有内在的联系，不能通过教学组织和教学内容的有机结合来促进学生的内因起作用，而是直接地作用于学生，缺乏吸引力和感染力。学生不是在自觉遵守课堂纪律，所产生的反应也是被动的，不利于集中学生的注意力。

（2）积极课堂组织。积极课堂组织的目的不是单纯保证教和学的顺利进行，而是把调动学习积极性和传授知识、促进思维熔于一炉。教师不是以直接说教的方式去安定课堂、督促学生认真学习，而是把课堂组织寓于教学艺术之中，使之产生吸引力、感染力，以激发学生的学习兴趣和求知欲。积极课堂组织也不是一言堂，不是教师一人在唱独角戏，而是以多种形式开展师生或生生之间的情感、语言、思想交流。在这样的课堂组织下，学生能产生主动的反应，自觉地遵守课堂纪律，集中注意力积极思考问题。

（三）如何应对课堂突发事件

课堂管理聚焦的一个主要问题，就是当课堂上学生发生不良行为或出现突发事件时，教师应如何应对。杨惠元（2007）针对对外汉语课堂教学的实际情况，提出了如下建议。

遇到突发情况，最需要的是沉着冷静、遇事不慌；要迅速分析问题的症结，采取应付的措施。这部分内容一是在备课时要有充分的预见，二是在课后要及时进行反思，把出现的情况及处理办法写下来并对应急措施进行反思，看看哪些做得好，哪些还需要改进。主要的一些突发情况列举如下。

1. 大部分学生没听懂，练习做不出来或做错了怎么办？

遇到这样的问题必须高度重视，不可放过。这是教学效果的问题，等于没有完成教学任务。首先要分析原因。

2. 个别学生没听懂怎么办？

要分析性质，区别对待。要明了个别学生听不懂的困难之所在是不是具有代表性。如果没有代表性，可以用课外辅导，个别解决。如果有代表性，个别学生的问题正是课文难点的体现，则务必重视，在课上解决。对个别水平差的学生要热情鼓励、耐心帮助，做到既一视同仁又减轻学习难度，使他们在自己水平的基础上有所提高。

3. 下课时间快到了，准备的内容讲练不完怎么办？

我们这里要特别强调，教师一定要按时上课、按时下课。一个教学技艺高超的教师能够做到说完最后一句话打下课铃。如果下课时间快到了，准备的内容讲练不完怎么办？

第一，写教案包括每个环节的时间分配，教师要根据课堂实际随时调整。发现时间不够，要突出重点，忍痛割爱，到点下课，避免拖堂。第二，造成悬念，且听下回分解，留待下一节课复习环节处理。

4. 准备的内容顺利完成了，剩下的时间怎么办？

教学时间非常宝贵。我们反对教师提前下课。那么，准备的内容顺利完成了，剩下的时间怎么办？

（1）分析原因，该让学生理解的，学生是否真正理解了，有没有潜在的问题？

（2）总结本课重点，多板书。利用板书是一种消极的办法，时间不够少板书，时间富裕多板书。

（3）预习下一课生词。

（4）多准备几手，平时多搜集小故事、小笑话作为临时补充。

5. 学生提的问题难度大，没有思想准备怎么办？

可使用"转移法"和"余留法"。

转移法："某某提出的问题很有意思，你们有什么想法？"让大家讨论。这样可以给自己提供思考的时间，有时可以在学生的讨论中选出理想的答案。

余留法：把话说"活"，不要说"死"。例如：

（1）这个问题我还没想好，我的初步看法是……

（2）关于这个问题有人这样看……也有人那样看……

（3）……以上是我个人的看法，也许不对，我们以后再讨论。

有的问题要给学生信服的回答,教师经过思考如果仍然拿不准,也可以如实告诉学生,下次再回答。有人常常把教学比作给学生倒水,要给学生一杯水,自己得准备一桶水、一缸水。

6. 学生逃课怎么办?

要分析原因,区别对待。属于教学问题,比如有的学生觉得太容易,没有意思;有的学生觉得太难,上课没收获。这就需要教师改进教学,使每个学生都有进步,各有所得。

教师要把多数学生拢住,最主要的是提高教学水平,树立自己的威信,使学生觉得上课有意思,有收获。这就要求教师认真备课,认真上课,上好每一节课,同时还要关心学生,多做联络感情的工作,跟学生的关系融洽,学生自然愿意来上课。

第三节 课堂教学技能(下)

一、教学语言技能

教学语言是指教师在把知识、技能传授给学生的过程中使用的语言,它是教师传递教学信息的媒介,是一种专门行业的工作用语。在教学过程中,教师利用语言这一工具,不但可以正确有效地把知识(信息)传递给学生,使学生与教学环境保持平衡,最大限度地调动学生学习的主动性,而且还可以充分发挥个人的创造性,正确处理教学中的各种矛盾。教学语言的表达形式是多种多样的,一是口头语,一是书面语,一是体态语言。本节探讨的是有声口头语言。

(一)教学语言特点

教学活动是人类的一种特殊活动,教学语言具有特殊性:既不是纯粹的书面语言,也不是普通的日常语言。教学语言的表达方式和特点由教师自己的特点和教学工作的特点所决定。概括起来,教学语言有以下基本特点:

1. 学科性和科学性

学科性即教师教学时要注意本学科的专门术语,相关内容要用专门术语进行教学。科学性指教师传递的知识、信息必须准确无误,合乎逻辑,不能仅凭字面意思断章取义。

2. 教育性和针对性

教学过程既是知识的传授与能力形成的过程,也是情感发展过程,教师热情、幽默的言语可以营造良好的课堂学习氛围,对于学生态度形成、情感发展有直接的促进作用。针对性指针对教学对象的起点能力不同、心理特点不同、学习风格不同,应使用不同的教学语言。这在对外汉语教学中尤其重要,是课堂教学有成效的前提条件。

3. 精练性和启发性

精练是指教师语言要反复推敲、不断提炼,用学生能够理解和接受的简练的语言传授知识。启发性要求教师的语言饱含激情,尊重个体,循循善诱,能把抽象的概念具体化,使深奥的道理形象化,从而启发学生合乎逻辑地思考问题。

4. 平等性和引导性

平等性指在教学中,教师和学生在地位和人格上的平等,教师不是课堂上的霸主和权威。传统教学中,教师该问什么,标准答案是什么,事前在教案中都做了精密的编排,教师不允许学生按自己的意愿行事,课堂用语也体现出强制性和支配性。引导性指教师在教学的过程中,要用语言去引领学生对某一问题进行有目的的思考。在教学中,教师要在平等的基础上,尊重学生的独特感受和体验,鼓励学生大胆发言。因此教师不但要尊重学生的独到见解,不轻易、不过早地做简单的对与错的评判,还要在评价的过程中提出一些建设性的意见,不断把学生的思维引向深入。

(二)教学语言要求

1. 语音和吐字要清晰,要使用标准的普通话

对外汉语教学中,教师课堂语言既是传授知识的媒体,也是学生语言听说的范本,因此,语言的清晰和标准是最基本的要求。

2. 音量和语速要适宜

音量过大,容易使学生产生听觉疲劳,使学生感觉气势逼人,不利于形成民主平等的教学气氛;音量过小,学生听不清楚,容易分散注意力。语速是影响学生听力理解的一个重要因素,也是调节课堂节奏、吸引学生注意力的手段。

3. 语气和节奏要适当,语调要变换

语气指语句中的声音高低、快慢、强弱、虚实的变化。节奏指在一个相对完整的表述中,其语速的快慢、语音的强弱变化而形成的语流态势。语气、节奏与教学内容表述的需要以及教师的情感流露密切相关。语调是教师语言的高低升降、抑扬顿挫的变化。教师用高亢型语调讲课的班级,学生容易出现烦躁、厌倦的情绪;用抑制型语调讲课的班级,学生容易精神冷漠,注意力不集中;用平缓型语调讲课的班级,学生表情往往平淡迟钝;而用变换型语调讲课的班级,学生精神亢奋,注意力集中,反应灵敏。

二、提问技能

(一)提问技能概述

提问是教学过程中教师和学生之间常用的一种相互交流的教学技能。通过提问,老师

可以检查和了解学生对知识的理解程度和对技能的掌握程度,以帮助学生巩固知识、运用知识,并鼓励和引导学生深入思考问题,得出结论,获得知识,发展思维能力,从而实现教学目标。在各种教学技能中,提问是比较复杂的教学技能。

教学活动中的提问不同于一般生活中的提问,它必须遵循目的性、启发性和适量性等原则。教学活动中的提问是以教学目标的达成为前提的,其问题的设计、实施与反馈都要求与教学目标结合起来,某些日常中的提问方式,如"是不是"、"好不好"、"对不对"等形式在教学活动中一般很少采用。教学活动中的提问是以"问题—解决"的形式出现在课堂教学中的,因此提出的问题必须具有启发性,要让学生产生问题意识,引起兴趣与好奇心,推动学生去主动探索问题,获得问题解决的体验和答案;同时,在教学活动中,问题的数量与难度要适当,要使学生在有限的时间和空间里能正确理解并解决问题,太多、太少或太难、太易的问题都难以使学生有效地进行自主探究,也难以获得应有的发展。

教学活动中的提问一般包含以下几个阶段:

1. 问题的铺垫

在进行提问前,教师需要对问题的知识基础、相关背景、教学情境等进行铺垫,让学生在此基础上能自然地产生问题、明确问题和了解问题解决的宏观路径。

2. 问题的提出

要让学生明确需要思考的问题是什么,教师对问题的表述就必须明确,不会产生歧义,并需要确定学生所理解的问题与教师所要求的问题是一致的。

3. 问题的思考与指导

问题产生了,要给学生留下足够的时间、空间进行探究。探究的方式有很多种,如独立思考、合作讨论、实践实验等。在学生探究的过程中,教师要给予相应的指导,引导学生以恰当的方式去解决问题。

4. 问题的表达和交流

当学生获得问题解决的体验后,要让学生进行表达和交流。在学生进行表达和交流时,教师要及时给予评价反馈,并结合学生对各种问题解决的体验进行总结、归纳、概括和升华,让学生理解思考问题的基本方式,发展其思维能力,培养其创新意识和创造能力。

5. 问题的延伸

某些问题可以在课堂内解决,但对某些开放性问题则可以进一步延伸,要求学生在以后的学习与生活中继续关注,主动思考。

（二）提问的类型

1. 根据提问的内容层次划分

（1）知识水平的提问。知识水平的提问又称回忆性提问，是指通过教师提问与学生回答来确定学生是否已经掌握先前学习的内容，特别是与新授内容相关的内容。如让学生回忆已学过的言语信息，背诵课文等。

（2）理解水平的提问。指通过有序的提问来增强学生对所学内容的理解，促进迁移。如让学生用自己的话复述课文，对事物进行对比分析等。

（3）应用水平的提问。以完成任务的形式，让学生将所学的内容运用到实际问题的解决中去。如让学生运用学过的词语、句法完成一个交际任务。

（4）分析、评价水平的提问。通过提问让学生明确知识之间的逻辑关系，能够根据自己掌握的信息进行相关的批判和推论。分析、评价水平的提问要求学生在现有信息的基础上，独立进行思考，是一种高级的思维活动，具有一定的开放性和创造性。如就某个话题展开讨论，对课文进行续写等。

2. 根据提问技巧划分

（1）诱导提问。创设问题情境，激发学生的问题意识，"引诱"学生产生问题并进行理解与回答。

（2）台阶提问。教师将不同层次或难度的知识点通过问题的形式进行连接，学生通过对问题的回答逐步加深理解。台阶提问一般遵循由简到繁、由浅入深的程序形成一系列问题。

（3）迂回提问。为了解决一个问题，教师迂回地提出另外一个或几个与所要解决的问题有某种关系的问题，以训练学生思维的发散性和思考问题的全面性，使学生处于主动学习的地位。引导学生进行语段表达时可以使用这种方法。

3. 根据提问的内部结构划分

（1）总分式提问。指将一个大问题分为有逻辑的若干个小的问题，通过对小的问题的回答最终完成对大问题的回答。一般采用"大问题—小问题—大问题"的"总—分—总"的形式。

（2）连环式提问。教师根据知识之间的内容联系，以环环相扣的问题链来进行教学的一种提问方式。

（3）插入式提问。指在教学过程中在某个需要的地方随机插入问题的提问形式。插入式提问可以在课堂教学的任何一个环节进行，用来纠正错误、突出重点、加深理解等。

（三）提问技能训练要点

在进行提问前，首先要设计好自己的提问，如教学中什么地方适合提问？提问目的是什么？用什么样的提问形式？怎么表达？学生可能怎样回答？怎样进行评价以推动教学进程？

1. 提问要有针对性和区分度

针对性一是要针对教学目的，二是要针对学生的知识水平和表达水平，设计出难易不同、有区分度的问题。另外，问题的表述也要针对不同的学生，有不同的准备。要预想问题是否简单明了，被问的学生能否听懂。

2. 多角度、多方式地提问

在对外汉语课堂教学中，学生经常会采取回避策略，回避完整句的输出。此时，教师可以从多个不同的角度提出不同的问题，促使学生一步步建立表意完整的水平结构句式。针对一些语法难点，教师在备课时就注意学生可能出现的偏误，有针对性地设计问题，给以适当的提示，学生就可能依据教师的话语，输出正确的句子，或者减少偏误的发生。

3. 提问要能激发学生的兴趣

提问是激发学生学习兴趣的有效方式之一。能引起学生兴趣的问题，会使学生处于一种积极兴奋的学习状态，营造活跃的课堂气氛，提高教学效果。因此，教师要了解学生的兴趣点，把握学生的交际需求，精心设计问题。一般来说，提问要涉及一个情境，尽量贴近学生的生活，学习后能满足学生现实交际的需要。

4. 叫答方式应灵活多样

叫答方式可以分为指定叫答和自由叫答，即教师提问后，指定一人回答或学生自由回答。指定叫答有有规则叫答和随机叫答两种。有规则叫答是有顺序的可预见的叫答方式，学生没有很强的焦虑感，气氛比较轻松，但有的学生会只关注自己要回答的问题而不注意听其他问题；随机叫答学生必须时刻注意老师的发问，课堂气氛紧张，但有利于学习效率的提高。根据不同的教学内容，教师可灵活使用不同的叫答方式，如比较机械的语言操练，可以采用有规则叫答快速进行；讲解、分析语言点和语篇时，一般应用随机叫答方式，设计不同难度的问题，向不同语言水平的学生随机发问。

5. 叫答要面向全体学生

课堂教学是师生共同完成的。课堂教学的成功与否，与学生的参与度有很大的关系。如果一节课只是教师和一两个学生在互动，那是非常失败的；如果学生总是被老师牵着走，被动无奈地参与，那也是不成功的。教师应根据班级学生的水平、能力，设计不同的问题，引导全体学生都参与到教学活动中来，使每个人都乐于开口。在汉语课上，教师尤其要注意，不要忽略了那些不爱说话、性格内向和基础不好的学生。

6. 注意学生回答问题后的引导

学生对问题的回答具有不可预期性,其答案可能是正确的,也可能是错误的;可能与教学要求相一致,也可能与教学要求背道而驰。教师要在各种可能的答案面前找出"引导点",通过对答案的分析、交流或随机性的插入性提问,引导学生向应有的方向思考,保证教学活动的流畅性和完整性。

三、板书技能

教学板书是教师普遍使用的一种教学技能,是教师教学内容和教学思路的浓缩,是学生学习的"指南针"。优美的板书可以展现教学的魅力,打开启迪学生智慧的大门。

(一)教学板书的要求

教学板书是教师在课堂教学过程中,根据教学活动的需要在黑板上以文字、符号、图示、图形等来传递教学信息,提高教学效果的一种活动。为增强板书效果,促进学生对教学内容的认识,教学板书应遵循以下要求:

1. 直观形象

教师的教学板书必须借助一些直观形象的文字、符号、图表等形式,将抽象的、复杂的教学内容直接诉诸学生的视觉,丰富学生的课堂感知。因此,教师的板书要能抓住教学内容的核心词汇,利用学生所能接受的各种图表、线条,形象直观地将所要板书的内容呈现在黑板上。

2. 简洁明了,重点突出

教师要在吃透教材的基础上,化繁为简、以简驭繁、以少胜多、简处求丰,让学生从最精简的板书中把握教学内容的本质及联系。在讲授的过程中,可以在关键处通过圈圈点点或用不同颜色的粉笔予以强调。

3. 启发性

教师在进行板书时应富有层次性和问题性,使学生在理解与思考中启迪智慧。板书过程不是教学内容的简单呈现过程,而是教学问题的逐步解决过程。板书应反映出教师对教学内容的理解程度和思维的严谨程度。在教师讲解的配合下,学生不仅可以学会知识,而且可以学会如何抓住重点、关键点,如何突破难点,如何进行归纳、总结、论证等,帮助学生掌握必要的学习技巧,提高学生学习能力。

4. 规范化

教师在板书的书写过程中,必须规范地使用文字、符号、图表等,如汉字笔顺正确、字形字迹清晰、图表简单明了等。

5. 审美感

具有美感的板书设计在一定程度上能激发学生的学习兴趣,让学生在轻易理解板书内容的同时,体味教学过程的美感。板书的美学要求是:内容的完善美、语言的精练美、构图的造型美、字体的俊秀美等。

6. 针对性

针对性是指教师的教学板书要根据不同的授课对象采用不同的板书形式。对象不一样,教学板书也要有所不同。

(二) 板书技能训练要点

1. 注意书写规范

板书是教师根据上课需要对教学内容的部分展现,具有提示、强调、引导等作用,因此板书的书写一定要规范,字体的笔画、笔顺等必须符合汉字的基本要求;图画必须直观、形象、清晰,让学生能轻易、准确地把握所要传递的信息。对于即将走上讲台的教师来说,板书技能训练的第一条应该就是粉笔字、简笔画的训练,否则无论板书设计得多么优秀,都难以达到理想的效果。

2. 注意板书设计

和其他教学设计一样,课堂上的板书不是随意而为,好的板书必须在课前进行精心设计,特别是板书的布局。如板书有什么内容、采用什么样的板书类型、什么时机进行板书、书写在黑板的什么地方,等等。只有精心设计的板书才能成为教学活动的有机组成部分。

3. 注意板书与其他教学活动的有机结合

板书是教学活动的有机组成部分,怎样将板书与教学内容、教学方法融合在一起是板书技能训练的重要方面。对于初上讲台的教师而言,他们往往难以在教学活动中自然地进行板书,要么讲得兴致盎然忘记板书,以致匆忙写板书;要么板书时过于专注而忘记了讲台下的学生,造成冷场。凡此种种都是板书与教学活动脱离的表现,破坏了教学活动的整体性。

四、演示技能

演示是指教师在课堂教学中,配合讲授和问答,通过演示媒体把所学对象的形态、特点、结构、性质或发展变化的过程等展现出来,使学生获得感性认识,促进学生理解教学内容或指导学生实际操作的一种教学活动方式。现在,随着现代化教学媒体的普及,演示的内容更加丰富,演示的形式更加生动,演示的方法也更加多样。

(一) 演示的作用

(1) 演示能使学生获得生动而直观的感性知识,加深对教学内容的认识,把书本知识和实际事物联系起来,形成正确而深刻的概念。

(2) 演示能使学生获得理解抽象知识必需的感性材料,减少学习抽象知识的困难。

(3) 演示有助于培养学生观察和思维能力,开发学生潜能,减轻学习的疲劳程度,提高教学效率,有助于提高学生学习的兴趣、积极性。

(二) 演示的类型

1. 实物、标本和模型演示

在教学过程中,演示实物、标本和模型的目的是使学生充分感知教学内容所反映的主要事物,了解其形态和结构的基本特征,获得对有关事物的直接的感性认识。为了使学生的观察更有效,教师在恰当地使用演示技能的同时,还要用简洁的语言适时地引导和启发学生思维,使其更好地掌握所观察的内容。

2. 挂图演示

挂图是教学中最早使用的一种教学辅助手段。它不但制作方法简单,而且使用灵活方便,不受地点条件的限制。挂图一般包括两类:一类是正规的印刷挂图,一类是教师自制的图表。挂图是教学中最常用的直观教具,在演示时要注意挂图、语言、文字有机结合。教师在演示过程中,一方面要进行必要的讲解,另一方面还要板书,使语言、图像、文字密切结合,发挥多种符号的作用,帮助学生理解。

3. 多媒体演示

多媒体目前所指一般是计算机多媒体,即通过计算机实现的多媒体组合,具有交互性、集成性、可控性等特点。多媒体教学具有其他教学方式没有的优势:既能展示静止状态,又能进行动态演示;既能展示宏观世界,又能展示微观世界;既有利于观察整体,也可以进行局部演示。从目前的教学来看,演示教学更多的是采用多媒体教学手段,也适当采用传统的演示方式辅助完成教学任务。

进行多媒体演示的一项重要工作是多媒体教学课件的制作。多媒体的制作和演示技能是对教师教学设计能力的一大考验。

(三) 演示的基本要求

1. 演示与语言讲解紧密结合

教师在演示的同时需要进行必要的讲解。学生以视听结合的方式理解并接受知识,对于提高他们的理解力和巩固知识有重要的作用。演示与讲解相结合的形式有以下几种:① 用直观手段辅助讲解。教师通过对教学内容进行语言描述并附有直观的教学演示,让学生在观察的过程中获取知识。② 利用语言指导学生的观察。这种形式是让学生通过自己观察,获得直观教学手段能呈现出来的知识,此时,教师并不直接传授知识,而是通过指导学生有重点地观察,启发他们思考问题。③引导学生自己得出观察的结论。这种方式由教师先提出问题,然后由学生自己观察。在观察的基础上,引导学生自己思考,得出概括性的结论,最后由教师进行总结。

2. 演示要适时适度

所谓演示适时是指演示要在恰当的时候进行。教师的演示总有其特殊的目的,特定的时机。教师应根据具体情况在适当时机演示,不能提前也不能延后,否则,就达不到演示效果。所谓演示适度是指演示时,需要学生观察时则展示媒体材料,不需要时则收起媒体材料,以免学生产生疲劳,不能注意听讲。

3. 选取能给学生适宜刺激的素材

在选择演示素材时,应该注意选取能给学生适当刺激效果的内容素材。太强烈的刺激会对学习产生不利影响,最好是选取既能激发学生的情感活动,又能引起学习兴趣的那些刺激强度的内容素材。

五、教态变化技能

教态是教师在教学过程中所处的状态,是教师表情系统的综合体现。教态包括:教师的手势、表情、眼神、体态和仪表等若干个方面。教师的教态美,就是指在教学这个特定的系统中,教师在体会教材精髓的前提下,借助面部表情和肢体活动等教学辅助方式,活灵活现地外化教材的主题、情感、知识,让学生潜移默化地把握教材并开发思维的一种教学手段。教态变化是指教师讲话的声音、使用的手势和身体的运动等变化。这些变化是教师教学热情及感染力的具体体现。教态变化的使用不需要借助其他工具就可以实现,因此它是最基本的教学技能。

有心理学家的研究表明:信息的总效果 = 7%的文字表达 + 38%的音调 + 55%的面部表情。也就是说,在课堂教学中,教态变化所传达的信息甚至超过言语讲述的信息量。因此,在课堂教学中合理适度地运用教态变化技能可以达到意想不到的教学效果。

1. 手势表达

在课堂教学中,可以根据教学内容选用不同的手势以帮助教师更好地解释教学内容,强化教学效果;也可以运用手势组织课堂教学,使课堂教学环节衔接更紧凑。如在教授语音时,通过手势可以使学生较好地把握音调的高低;在叫答时或要求学生集体操练时,手势比口头指令更直观快捷,可以加快节奏,使学生在有一定紧张度的氛围里集中注意力学习。

2. 面部表情

心理学家所做的一项实验表明,教师在愉快情绪下的教学效果比在情绪低落下的教学效果要好得多。教师在课堂上和颜悦色,可以让学生感到温暖、亲切,消除距离感和焦虑感。因此,教师走上讲台就要以积极向上的面部表情来渲染课堂气氛,调动学生的学习积极性。从对学生的调查来看,微笑是最受欢迎的表情。表情过于夸张的老师往往得不到学生的尊重,在学生面前没有威信,其夸张的表情还会分散学生的注意力。

3. 眼神表达

眼神的灵活变化及丰富内涵有时比语言表达更微妙。教师要根据教学的内容和学生的具体情况恰当地运用和变化目光。例如,上课前,教师用眼神环视全班,表现出对班上每一个学生的关注,也就对课堂局面有了控制力。再如,当学生注意力分散或者不遵守课堂纪律时,凝视他几秒钟,让他的目光与你对视,将会起到很好的警示效果。还有,对于不敢开口发言的学生,用眼神鼓励他,往往可以给他信心和勇气。在课堂教学中,教师应注意避免两种情形:一是低着头,只看课本、教案,不注意学生的表情和反应;另一种是高昂着头,目光游离、目中无人地讲课。

4. 体态和仪表

教师应时刻注意自己在课堂上的体态,做到举止自然、放松、亲切。教师上课时多数时间站在前面,有的教室还有高出一截的讲坛。这样,教师的一举一动都会在学生的视线中,都会对学生产生影响。上课时教师不能总站在讲台上,而应该根据教学内容安排,根据教学情景的变化,在教室里适当地走动。

作为教师,应注意自己的仪表,上课时应穿戴整洁、明朗大方。不着奇装异服,不喷强烈刺鼻的香水。上课时衣着不能过于暴露,也不穿走路声很响的皮鞋,以免影响学生听课的情绪,分散学生上课的注意力,影响教学效果。

对外汉语教学常常需要教师上课时用表情、肢体语言等来辅助教学,但教师一定要考虑到学生的年龄特征,不要像对待小孩子一样用过于夸张的表情和动作让学生觉得老师很幼稚或者像个小丑。此外,考虑到班上学生来源的复杂性,教授对外汉语的教师最好不要穿着随便,而应该穿比较正式的服装,体现中国文化谦虚内敛的特质。

六、强化技能

所谓强化技能,是指教师在教学过程中,运用语言或标志的提示、动作或活动方式的变换等,引起学生的注意,激发其学习动机,促使学生积极参与学习活动,使其获得准确的信息,形成正确的技能的一类教学行为方式。强化技能可以突出重点,促进和增强学生的课堂反应,激发积极的学习行为,帮助学生提高学习效率。

（一）强化的功能

1. 引起并保持注意

在课堂组织方面,教师对认真听讲的学生予以表扬或对聚精会神听课的学生给以很高的评价等强化方式的运用,能促使学生把注意力集中到教学活动上,也可以防止或减少非教学因素刺激所产生的干扰。在课堂教学过程中,引起学生注意比较容易,而保持学生注意是很困难的。教师应使用语言、声调、手势、眼神、暗示等多种强化技能来调动学生的注意力。

2. 巩固正确的反应

教师在帮助学生形成良好的行为习惯,如遵守纪律、独立思考、课前预习、课后复习时,对做得好的和有进步的学生经常采用各种赞赏的方式,对学生形成并巩固正确的行为,能够起到很好的促进作用。在学生的学习方面,承认学生的努力和成绩,能促使学生将正确的反应行为巩固下来。研究还表明,强化不仅能改善学生的行为,还能提高学生学习的数量和质量。这是由于教师有目地运用强化技能,而使学生的正确行为以较高的频率出现的结果。

3. 提高兴趣、促进参与

在学生的尝试性认识过程中,教师运用强化技能,不断指引学生寻找依据和提供线索,促进学生的内部强化,发展思维能力。学生的学习需要外部的鼓励或表扬,当这些外部刺激不断地促使他们走向成功时,便会变成主动的追求,激发起学习的内部动力。

4. 控制教学过程

强化技能的教学功能体现了教师对教学过程的控制,是师生相互作用中的一个关键环节。在教学过程中,教学材料的呈现是经过教师精心设计的,体现了教师对教学材料刺激的控制。但在学生做出反应后,若教师不进行任何反馈强化,则师生间的相互作用就中断了,教学在这一环节就失去了控制。

（二）强化技能的要点

1. 准确判断

准确判断是强化的先决条件：对学生的反应进行迅速准确的判断,发现一切对教学有价值的因素,通过强化加以利用；准确判断学生反应是否符合要求以及符合的程度,保证强化符合教学目标要求。在此,"准确"有以下含义：

（1）准确理解。即准确理解学生反应的真实含义。学生对教学材料刺激的最初反应,在表达上往往是比较含糊的,若教师在没有理解学生反应真正含义的情况下,就做出肯定或否定的强化,就会妨碍学生形成正确的认识。

(2)"捕捉"每一个闪光点。教学中教师经常容易将反应的机会交给学习较好的学生，同时对这些学生的反应关注和期待较多，对学习较差的学生的反应会有所忽视。因此，教学中务必要注意全体学生的反应，发现课堂中的每一个闪光点并进行正面强化，促进整体进步。此外，教师在对学生反应强化时，不应局限在自己事先想好的范围内，而应该根据不断变化的课堂及时进行准确判断，发现学生反应中有价值的东西进行强化。

(3)不做武断评论。教师对学生的回答一时不能做出准确的判断时，不做武断的评论。教师首先应该对学生积极思考的态度加以肯定，然后安排时间在课后与该生个别讨论，在下一次课上给出讨论结果，若学生的想法是正确的、有创造性的，可由学生来详细阐述他的方法。这种强化对该学生和全体学生的创造性态度是一个很好的鼓励。

2．意图明确

教师在对学生的反应或活动进行强化时，一定要使学生知道强化的是他的哪些特殊行为，保证教师的强化意图被学生正确理解。

(1)明确强化的原因。即说明强化的原因，使学生明白为什么要受到赞赏和鼓励。简单笼统的肯定或否定使学生不能区分自己的反应和活动中哪些是正确的、哪些是多余的、哪些是错误的。在学生的反应中包含多种成分时，教师首先应说明反应中各成分的性质，然后分别给予不同的强化。

(2)面向全体学生。在课堂教学中，教师的强化意图绝不应该仅仅是对学生个人的，而应是面向全体学生的。在教学中，学生的认识发展是不一致的，有的快些有的慢些，但课堂教学过程要求大多数学生的认识要同步发展，不能仅对少数几个学生。所以，教学中师生交流不能仅仅是一对一的形式，而应该将个别学生的正确认识结果及时地扩展到全班，使全体学生形成对当前问题的正确理解。

教师可以征求其他同学对该回答的态度，或将学生的正确回答鲜明地向全体学生重述一遍，然后进行正面强化。这种强化的意义就不仅限于学生个人了，而是对全班学生的一个强化。

3．把握时机，及时强化

对学生的反应要及时给予强化。在课堂教学的感性认识阶段，往往要求学生的认识过程是连续的，并保持明确的认识方向。这时，教师对学生反应的强化应该是及时的、短小的、简单明确的。

对学生的课堂练习和家庭作业也应及时反馈强化。课堂练习应使学生当堂知道练习的结果，及时对典型的问题和正确的结果进行强化，这样才能达到巩固和深化新知识的目的。对于家庭作业也应及时批改、及时反馈到学生手里。若时间拖长了，学生的关注点已脱离了作业中那些问题,作业发到手里顶多看看对错,不再进行认真思考。

（三）强化技能的类型

强化有不同的分类,根据教师实际应用强化技能的具体形式看,强化技能主要有以下几种类型：语言强化、符号强化、活动强化。

1. 语言强化

语言强化是教师用肯定、疑问、重复、否定等语言评论学生的课堂反应或对学习行为做出判断、表明态度,以强化学习效果的行为,包括口头语言强化、书面语言强化、体态语言强化三种方式。

口头语言强化是指教师通过口头肯定、表扬、鼓励及批评指正等,促进学生进步的强化方式。

书面语言强化是指教师运用书面语言对学生的学习行为进行强化,例如在学生的作业或试卷上写批语等。这里需要说明的一点是,作业批语尽可能地不要只写一个"阅"字,也尽量不要只简单地写上"好",而要给出恰如其分的批语和评价,让学生感受到教师的关心与鼓励。

体态语言强化是指教师运用非语言因素的身体动作、眼神、表情和姿势等,对学生在课堂上的表现,表明自己的态度和情感。体态语言强化包括：

（1）手势。如伸出大拇指,表示夸奖或钦佩；用手指模拟拼音字母的字形,给学生提供直观形象；提供身姿或手势演示某些词语,帮学生加深理解。无论是手势还是身姿的变化,都要强调正确、舒展、明朗、自然、恰到好处。手势的动作不宜过大,不宜过于频繁,以免分散学生的注意力。

（2）表情。对于学生的行为,提供点头、摇头、皱眉等面部表情动作,辅以相应的眼神,可以构成强化。运用这种强化应该以表扬为主,不应该有讽刺嘲弄的意味,这样会刺伤学生；也不要过分夸张,像滑稽表演一样,那样反而会起到不好的效果,分散学生的注意力。

（3）姿势与距离。教师站在学生面前聆听学生发言、走到学生中间、弯腰观看学生活动等,都可以产生强化作用。用身体接近学生也可以表示教师对学生的关注和兴趣,起到强化作用。

2. 符号强化

教师在课堂教学中运用一些醒目的符号、色彩的对比等来强化教学活动。比如,板书时可以适当运用彩色粉笔或使用符号来强化教学内容。

3. 活动强化

通过设计一些学生感兴趣的学习活动让学生参与,起到促进学习、增长能力的效果。这样的强化往往在一堂课快结束的阶段进行,通过活动来巩固课堂所学知识。

附录：部分课堂教学技能评价指标①

导入技能评价指标

课题名称：_____

训练者基本信息：_____

日期：_____ 评价人签字：_____

评价项目	评价等级				分值
	优秀	良好	合格	不合格	
1. 导入目的明确，能将学生带入本课题的学习情境					20
2. 新旧知识联系紧密，衔接恰当					20
3. 选用的内容和方法得当，能引起学生的兴趣，集中学生的注意力					20
4. 面向全体学生，有效地促进学生积极参与、主动学习					20
5. 感情充沛，语言清晰，富有感染力					10
6. 时间掌握紧凑、得当					10
总评：A：优秀；B：良好；C：合格；D：不合格					

语言技能评价指标

课题名称：_____

训练者基本信息：_____

日期：_____ 评价人签字：_____

评价项目	评价等级				分值
	优秀	良好	合格	不合格	
1. 语言有条理，节奏适当，适合学生的思维特点					20
2. 语音正确清晰，语言生动、清晰					20
3. 语句通顺、简练，符合学生认知水平，具有启发性					20
4. 语言声调表达的感情与教学情境相适应					20
5. 语言准确，意义表达清楚，能够体现学科特色					20
总评：A：优秀；B：良好；C：合格；D：不合格					

---

① 见卫建国等,2012:54—58.

板书技能评价指标

课题名称：_____

训练者基本信息：_____

日期：_____评价人签字：_____

评价项目	评价等级				分值
	优秀	良好	合格	不合格	
1. 文图准确,有科学性					20
2. 层次分明,有条理性					15
3. 书写规范,有示范性					15
4. 重点突出,有计划性					20
5. 布局合理,有艺术性					15
6. 形式多样,有启发性					15
总评：A：优秀；B：良好；C：合格；D：不合格					

提问技能评价指标

课题名称：_____

训练者基本信息：_____

日期：_____评价人签字：_____

评价项目	评价等级				分值
	优秀	良好	合格	不合格	
1. 提问目的明确,紧密结合教学,重点突出					12
2. 把握提问时机,促进学生思维					13
3. 问题的设计包括多种水平					13
4. 问题有启发性,指引学生学习					10
5. 提示恰当,帮助学生思考					13
6. 提问后有适当停顿,给予思考时间					5
7. 问题表述清晰,语言简明易懂					8
8. 提问面广,照顾到各类学生					8
9. 对答案能分析评价,强化学习					13
10. 鼓励学生回答问题					5
总评：A：优秀；B：良好；C：合格；D：不合格					

课堂组织技能评价指标

课题名称：_____

训练者基本信息：_____

日期：_____ 评价人签字：_____

评 价 项 目	评价等级				分值
	优秀	良好	合格	不合格	
1. 课堂活动与教学内容、目标紧密结合					13
2. 活动能引起学生兴趣,学生积极参与,符合其认知水平					15
3. 活动设计新颖、有创意					15
4. 活动有利于学生良好学习习惯的养成或能力的培养					15
5. 活动组织引导学生合作					15
6. 活动期间因势利导,灵活应变					14
7. 活动后能引导学生分析、总结、强化认知与记忆					13
总评：A：优秀；B：良好；C：合格；D：不合格					

教态变化技能评价指标

课题名称：_____

训练者基本信息：_____

日期：_____评价人签字：_____

评 价 项 目	评价等级				分值
	优秀	良好	合格	不合格	
1. 教态严肃而不失轻松,流畅而不肤浅					20
2. 体态语与教学内容呼应,自然得体					20
3. 教态变化整体协调,能够根据教学情境进行调整					20
4. 能够与学生进行体态交流,体现学生的主体性					20
5. 身体动作有变化,不呆板,不教条,能与语言的变化相适应					20
总评：A：优秀；B：良好；C：合格；D：不合格					

结束技能评价指标

课题名称：_____

训练者基本信息：_____

日期：_____评价人签字：_____

评价项目	评价等级				分值
	优秀	良好	合格	不合格	
1. 结束目的明确					20
2. 结束的方式与内容相适应					20
3. 使学生感到有新的收获					15
4. 强化了学生对内容的兴趣					15
5. 使学生的知识得以系统化					15
6. 检查学习,强化学习					15
总评：A：优秀；B：良好；C：合格；D：不合格					

思考和练习三

1. 简述教学技能的类型。

2. 根据学过的导入知识选择一节课的内容,设计 2~5 分钟的导入,说明设计思路并进行实践。

3. 在课堂教学中,教师要如何提问才能更好地促进师生互动？

4. 板书在课堂教学中的作用是什么？板书技能中的哪些方面可以借鉴到多媒体课件的设计和使用中去？

5. 制作一演示教具,并介绍设计思路及演示方法。

6. 观看教学录像,分析示范教师在课堂组织及强化方面的长处和不足,并说明理由。

第四章 综合课教学

第一节 综合课教学相关研究概述

一、综合课的由来和内涵

综合课是对外汉语教学的一门基础课或主干课。在对外汉语教学的发展史上,综合课曾有过多个不同的名称:20世纪50年代称讲授课,60年代为讲练课,70年代初期至80年代初中期称汉语文选课、基础汉语课、中级汉语课、高级汉语课,80年代中后期称精读课,90年代初期以来称汉语综合课。综合课是近年来比较通行的说法,也有一些院校称为精读课或读写课。

课程名称的不同反映出人们对这门课的教学目的、教学内容、教学模式和教学方法等的认识和理解还不尽相同。精读课来源于国内英语教学的分析性阅读课。该课是英语系最主要的课程,课堂上先由教师讲解和分析课文,讲透了之后,再做各种围绕课文的练习,包括朗读、背诵、复述、问答等。课文熟练的过程也就是掌握英语的过程。也就是说,英语精读课的任务是通过对少量的、精选的文章进行细致深入的分析,来提高学生理解语言和内容、辨认文体和风格的能力,同时帮助学生吸取表达方法,学习写作技巧。对外汉语教学在80年代出现了精读课,也多"以少量课文为核心,细细串讲,对重点词语和语法进行分析"(陈贤纯,1995)。如北京语言大学在70年代末80年代初编写的《初级汉语课本》第三册,其编写宗旨就是"通过对典型语言材料的分析,加深学生对汉语的理解,提高口头及书面的表达能力"(鲁健骥,2001)。

20世纪80年代中后期,人们对英语精读课进行了重新定位,课程名称也随之更改。英语综合课名称的正式提出见于《高等学校英语专业基础阶段英语教学大纲》(教育部,1989),指出:原精读课事实上是一门综合技能训练课,根据其训练要求和内容,应改为"综合英语课",使之名副其实。到90年代中后期,对外汉语教学界开始使用"汉语综合课"的说法。对外汉语教学界正式用综合课来称说这门课程,见于国家对外汉语教学领导小组办公室编发的《高等学校外国留学生汉语言专业教学大纲》(2002a)和《高等学校外国留学生汉语教学大纲(长期进修)》(2002b)。这两个大纲规定从第一学年到第四学年和初、中、高三个等级均需开设"汉语综合课"。各类大纲均将综合课定性为语言技能训练课,其基本内涵是:训练听说读写综合技能,传授汉语知识。

课程名称的演变体现了课堂教学法发展的历程。从讲授课到文选课到精读课,课堂讲授都占据了重要地位。这种课堂教学明显受到翻译法、认知法等传统教学法的影响。翻译法的主要特点为:教学语言基本是学生的母语;词汇教学主要通过词汇表孤立进行;语法教学的内容是词与词之间的组合规律,对复杂的语法现象做详尽的讲解;课文主要作为语法分析的材料。认知法(cognitive approach)的代表人物卡鲁儿(Carroll)认为:"第二语言是一种知识的整体,外语教育则是对其语音、语法、词汇的各种形式进行学习、分析并获得有意识的控制的一种过程。"这种教学法认为:培养学生的语言能力是教学的主要目标。所谓语言能力,是内化了的语言知识系统,这种能力必须通过系统的、有意识的讲解和练习来获得。这也就是我们精读课所谓的"精讲多练"的内涵。卡鲁儿把认知法教学分成三个阶段:① 理解阶段,约占总课时的1/4。内容是从学生已有的知识出发,讲解新的语言知识和概念。讲授为主,时间占50%~75%。在教学过程中,母语使用比较多。② 能力培养阶段,约占总课时的1/2。内容是训练学生理解和掌握语言的能力。方式是先做理解性练习(辨别、定义、是非、问答),再做结构性练习(重复、替换等)。③ 综合运用阶段,占总课时的1/4。内容是组织学生用学过的语料进行听说读写多方面的交际。方式有课文讨论、口头摘要、讨论、角色扮演等。操练为主,讲授时间不超过5%。

综合课强调满足学生交际需求,是功能法在课堂教学中的体现。功能法不强调采用语言学的途径教授现代语言,而是强调交际途径。不让学生孤立地记生词和语法规则,而是帮助学生在特定情境、特定话题中完成一项交际功能,注意力始终放在用目标语去"做什么"和"如何做"上。对外汉语教学吸取了功能法的内容,如《高等学校外国留学生汉语教学大纲

(长期进修)》就列出了"打招呼、问候、寒暄、介绍、感谢"等110项交际功能。但也应该看到,对外汉语综合课并不单纯是功能法的体现,而是在全面认识第二语言教学的基础上,把某些教学法中的某些理论和原则抽取出来,按一定的优化组合规则搭配起来,生成一种新的方法和体系。如在教学过程中,由于综合课担负着传授汉语知识的任务,因此,上述认知法的教学过程依然对教学有很好的指导作用,只是在能力培养和综合运用阶段,可以结合功能法、任务法等来进行综合训练。

二、综合课的性质和特点

综合课作为一门主干课程,承担着系统地传授语言知识,全面地进行语言技能训练的任务。《高等学校外国留学生汉语教学大纲(长期进修)》就明确规定:"综合课是承担系统的语言能力教学任务的主要课型,是进行听说读写综合训练的课型,是必修课,从初等到高等,应贯穿始终。"《高等学校外国留学生汉语专业教学大纲》在"课程介绍"中对四个年级综合课共性和个性的描述是:均为"综合语言技能训练课";该课"通过对学生进行听说读写综合技能的训练","并讲授一定的语言和文化知识,扩大词汇量",培养学生初步的听说读写能力,能满足日常生活、学习和一般场合的交际需要(一年级),培养学生成段听读的能力和运用所学词语、句式较流利地进行口头或书面成段表达的能力(二年级),提高词语辨析和运用能力、快速阅读能力及大段表达能力(三年级),提高对汉语各种复句的运用能力、快速阅读能力及成段表达能力(四年级),能熟练、灵活、准确地掌握和运用汉语,并能在较高层次上理解和欣赏汉语丰富多彩的语言现象(三、四年级)。

综合课作为对外汉语教学的重要课程,其主要特点就是综合性。它既系统讲授汉语有关的语音、语法、词汇、文化等知识,又对学生进行听说读写等各项技能的综合训练。但如何理解综合课的综合性?综合课如何进行听说读写的综合训练?如何处理好语言知识的讲授与各项技能的训练?大家的意见并不一致。陈灼(1991)认为在中级汉语教学过程中,听说读写是互相依存的步骤、环节,在技能化、交际化的训练中,它们是具体的方式、手段。杨寄洲(1991)认为中级汉语在教学内容上以词语和词语结构为教学重点,介绍文化知识;但中级汉语课既不能上成语言知识的讲授课,也不能上成文化知识的讲授课。训练内容上,重在成段表达能力的训练;突出口语能力的训练,以"说"刺激和带动其他三项技能的提高;加强语调训练。刘英林(1991)则认为中高级汉语课应该以训练读和说为主,同时也兼顾听和写的训练。吕必松(1997)指出:"所谓综合训练,就是开设一门综合课,通过这门综合课全面进行语言知识、语用知识和文化知识的教学,全面进行各项语言技能和言语技能的训练。所谓专项训练,就是开设若干专项技能课,例如口语(说话)、听力、阅读、写作(写话)、听说、读写、视听说等,分别对某一项或几项技能进行训练。"

从目前国内对外汉语及外语教学的情况来看,"综合课+专项技能课"是占主流的课程设置模式,即以综合课为主干,进行听说读写综合技能训练,并注重语言知识的系统性和针对性;同时根据需要围绕、配合综合课开设不同类型的专项技能课,用不同的方法来训练不同的语言技能。综合课作为一门核心课、主干课,是对其他专项技能课程具有辐射和支撑作用的课程。从大纲可以看出,综合课可分为初、中、高不同层级,但从广义上说其性质都属于基础汉语教学,培养学习者综合语言能力是综合课的核心要务。但李泉(2011)认为,传统精读课那种重视对词汇特别是语法的细致讲解,重视对语言的范本——课文进行全面、深入的分析,重视语言形式的教学并进行机械性地操练,以知识的讲解代替技能训练的教学模式在现今的综合课教学中仍具有相当的普遍性,理论上的将"知识的综合教授"和"技能的综合训练"有机地结合起来,在课堂实践中往往很难得到落实。这是对外汉语综合课实际存在的一种状况,是综合课理论研究和教学改革的一个方向。

三、综合课教学的思考和创新

从上文论述可以看出,目前我们把综合课定性为"综合传授语言知识、综合训练语言技能"的一门主干课。两个"综合",几乎涵括了汉语作为第二语言教学的总目标和总任务。这固然跟综合课的性质和特点有关,有其必然性和合理性,然而在实际教学中却往往难以实现。究其原因,还是我们的教学大纲和某些课程规范做出的规定,仍属于研究性的,还缺少实践性,也没能在教学实践中取得广泛的共识。根据不同阶段综合课的具体特点,吸取海内外二语教学的先进经验,结合汉语的特点和教学实践,对我们以往的综合课教学进行反思并在此基础上进行创新,应是综合课研究和改革的方向。

首先要明确的是,综合课的"综合传授知识,综合训练技能"并不是要大家在教学中面面俱到。系统、全面、综合地进行传授、训练,是初中高各阶段综合课的总目标、总任务,各个阶段的综合课教学各有特点和侧重点。只有对各个阶段综合课的特点有明晰的了解,才能在教学中有的放矢、高效地进行教学。

在初级阶段,尤其是零起点阶段,汉语综合课承担的教学任务无疑是最重的,语音、词汇、语法、汉字等各种知识都将在这门课上系统传授,听、说、读、写技能的训练也很难像中高级阶段那样由各个不同的专项技能课来承担。因此,初级汉语综合课呈现出极其综合的态势。如何在这么繁重的任务中有所侧重,需要依据语言习得的规律和汉语的特点来确定。就语言习得规律而言,听和读(输入)的习得总是先于说和写(输出)的习得,因此听和读的训练应当先于说和写的训练;此外,就语言交际的需要而言,听和读的能力也必须大于说和写的能力。因此，初级综合课应以听说训练为主，以培养听说能力为主要目标。从汉语教学的特殊性来看，汉字被普遍认为难认、难写、难记，究其原因，主要还是汉字教学不得法，因此在初级综合课上，应该加强汉字知识和能力的教学，写的技能训练主要限于汉字的读写上，而不规定写作的训练任务，也不规定阅读的教学任务。汉语知识教学以语音、语法（基本句型）教学为主，除必要的交际文化知识外，不另增加其他文化知识的教学。初级综合课不把写作、阅读训练和文化教学列为常规教学任务。初级阶段的汉语教学，应该是以建立规范为主的强化教学，教学中要强化语音、汉字、语法的规范，务求学生熟练掌握标准的发音、规范的语法，能用有限的语法规范去生成无限的汉语句子。

中高级阶段的汉语综合课应该有怎样的特点？如何进行综合训练？需不需要听和说的练习？赵新、李英（2006）通过调查得到的学生意见有：关于精读课①的特点，86.6%的学生认为精读课应当"是基础课，主要讲练词语、语法等语言知识"，希望通过精读课"提高语法水平，提高阅读能力和书面表达能力"；11.8%的学生认为精读课既是基础课，又是综合课；只有1.6%的学生认为精读课应当进行听说读写的综合训练。在具体的操练上，针对"精读课需要听的练习吗"，有47%的学生认为"听老师讲课就是听的练习，不必另设听力练习"，42%认为"可以有听写一段话的练习"，11%认为需要另设听力练习；针对"精读课要不要有说的练习"，81%的学生认为需要根据主课文的内容来说，9%认为不需要说，10%认为可以设计另外的话题来说。

其次，从教学的客观情况来看，中高级综合课的特点应该是基础性和综合性相结合。所谓基础性，就是要系统讲授汉语的语音、词汇、语法、文化等语言知识，要为其他专项技能课的训练提供语言基础和技能基础；所谓综合性，就是说综合课上的语言知识是通过综合训练得来的。综合课上的听，是听老师讲解和提问，听别的同学回答问题；说，是回答老师的问题，向老师提出问题，就课文的话题发表自己的看法；读，是准确流利地读生词、读课文，理解课文的深层意思，并通过课文了解中国的文化；写，是在听课时用汉语记笔记、写生词、写句子和语段。这一切都紧紧围绕教学课文进行，没有必要另外提供听和说的材料和练习。总之，中高级阶段的综合课教学，在对汉语知识进行系统讲解的同时，应当侧重于读和写，侧重于提高学生阅读有一定难度的自然语料的能力及书面语表达能力。

---

① 由于综合课跟原精读课有着渊源上和内涵上的密切联系，所以，至今无论是在学术讨论、研究的层面，还是在实际教学工作中，仍有人习惯使用精读课这一说法，但此时的精读课已不完全是五六十年代传统意义上的认识，而是受到不同教学流派和教学理论影响的更新了的"精读观念"，或者就是综合课的别称。

再者,综合课知识传授和技能训练之间的关系,也是需要认真思考的问题。在具体的教学实践过程中,如何看待和处理知识和技能的关系,包括二者的地位关系、教学中所占时间的比例关系,以及如何进行知识向技能的转化问题上都还存在不同的看法、不同的实施方式。比如,课堂教学中存在大讲知识的现象,整个课堂以教师的讲解为主;也存在连必要的讲解也忽略的现象(这其中一部分原因是教师缺乏必要的语言文化知识);而更多的情况是忽视知识的技能化教学,知识的讲解替代了技能训练。对此,李泉(2011)认为,不同阶段的综合课进行相关的、适合阶段性特点的知识教学是完全必要的,初中高任何阶段的综合课都需要进行必要的知识讲解和点拨,对成人的第二语言教学尤其当如此。因为知识和能力之间存在相互关联和相互促进的内在统一关系,不依赖任何知识的能力是难以形成和发展的,至少是难以高效的。必要的知识有利于相关能力的形成。恰到好处的讲解和点拨正是课堂教学和教师作用的重要体现,也是提高教学质量和效率的必要途径。所以,应该担心的不是讲解,而是讲解不到位、讲解不得要领或者是根本讲不出个所以然。比如,完全没有汉字的笔画、笔顺、间架结构、构成特点、组合规律的知识,就难以形成写、读、认、用等综合能力。其二,知识和能力虽密切相关但毕竟不是一回事,二者存在相互独立性。"知识是概念和理论系统,能力是心理机能,二者存在的方式分属于不同的范畴","知识在量上的积累并不必然导致能力的提高,能力的形成除了与知识相关外,还有自己的规律和特征"。(从立新 2000)因此,不能用外语语言知识的教授来替代听、说、读、写等外语能力的训练,外语能力的形成需要进行专门的训练,并且只有反复地训练才可能形成习惯性的能力。知识有助于促进能力形成,但不能自动地变成能力。

总而言之,正确理解知识讲解和技能训练的关系,分清二者的主次与偏正关系,是衡量综合课教学成败的关键。对于如何精简和进一步明确不同阶段综合课教学的特点、目标和任务,也有必要作进一步的探讨。

四、综合课的教学原则

教学原则反映了人们对教学活动本质性特点和内在规律性的认识,是指导教学工作有效进行的指导性原理和行为准则。汉语综合课的教学原则,是在对教学过程的规律性认识和概括的基础上,对汉语综合课教学实践经验的总结,用于指导不同阶段的汉语综合课的教学工作和教学活动。针对综合课的特点,综合课教学需要关注的主要原则有:

1. 以培养综合语言能力为目标的原则

对外汉语教学的目标,是随着第二语言教学实践的发展和人们认识的加深而不断调整的。早期的汉语课采用语法翻译法进行教学,教学以传授语言知识为主要目标;之后受听说法的影响，语言技能受到重视，知识和技能同时成为教学的主要内容，汉语课的教学目标是培养学生的语言技能；功能法出现后，培养学生的语言交际能力成为汉语课教学的最终目标。《国际汉语教学通用大纲》是近年来汉语作为外语教学界出台的一份重要的、标准型的"课程大纲"，其对国际汉语课程总目标的描述是：使学习者在学习汉语言知识和技能的同时，进一步强化学习目的，培养自主学习的能力和合作学习的能力，形成有效的学习策略，最终具备语言综合运用能力。语言综合运用能力由语言知识、语言技能、策略、文化意识四个方面内容组成。语言知识是语言综合运用能力的有机组成部分，是发展语言技能的重要基础；语言技能是语言综合运用能力的重要组成部分，包括对综合技能的运用和对听、说、读、写单项技能的运用；策略包括情感策略、学习策略、交际策略、资源策略等；文化意识包括文化知识、文化理解、跨文化意识与国际视野。也就是说，汉语教学应该以培养学习者综合运用语言能力为最终目标。综合课的主要特点是语言知识和语言技能的综合教学，这一课型特点使之成为培养学生综合语言能力的最理想的场所。综合课上综合语言能力培养的目标具体体现为全面进行语言要素、语用规则和文化背景知识的教学，全面进行听说读写言语技能和言语交际技能的综合训练。

2. 结构、功能、文化相结合的原则

结构、功能、文化相结合的教学原则是对外汉语教学在继承传统和不断吸取各种教学法长处的基础上形成的富有中国特点的教学法体系。"结构"是指语言结构，包括语法结构和语义结构；"功能"是指用语言做事，即语言在一定的情境中所能完成的交际任务；"文化"是指语言教学范围内的文化因素，主要是在跨文化交际中由于文化差异而影响到交际的语言（和非语言）的文化因素以及目的语国家的文化背景知识（程棠，1996）。这三个方面在汉语教学中不可偏废，应紧密结合起来进行教学。刘珣（1997）认为三者之间应该是这样的关系：① 结构是基础。经验证明，在基础阶段通过系统的语言结构的学习，可以使学生迅速获得语言交际能力。② 功能是目的。学习结构的目的是为了交际，所以结构教学要和功能教学紧密结合。③ 文化教学要为语言教学服务。作为语言交际能力一部分的社会语言能力、话语能力和策略能力的培养，都离不开教学。文化教学要紧密结合语言教学，着重揭示语言交际中的文化因素，介绍目的语国家的文化背景知识。将"结构、功能、文化"相结合确立为综合课的一项教学原则，是为了强调无论是知识传授还是技能训练，都要有综合的意识，应尽量避免单一的知识讲解和技能训练。

3. 精讲多练原则

精讲多练是为了提高课堂教学实效。第二语言课堂教学总体上属于技能训练课，因此精讲多练的原则符合第二语言课堂教学培养学生目的语交际能力的基本要求,是二语教学实践性特点的重要体现。在综合课教学中,受传统语文教学及语法翻译法教学的影响,以知识讲解为主的观念和做法还普遍存在,精讲多练原则对此可起到较好的制约作用。

关于精讲多练原则的含义,目前对外汉语教学界还没有一个公认的说法。比较有代表性的观点有:① 钟梫(1965):"精讲"指的是讲得确切、精练,指点关键,掌握主动。确切指的是讲的时候要言简意赅,一针见血;如果说话不利索,啰里啰唆,就不是精练。指点关键,指的是要启发学生思考回忆,教师要抓住关键,不必逐句串讲课文。掌握主动,是说只要不是大讲特讲或是讲些没有用的东西,那么该讲的还是要主动讲。"多练"比较容易贯彻,但要注意安排练习方式,要从实际出发,并不是只要多练就可以了。② 刘珣(2000):"精讲"是对教师的知识讲授而言,知识不能不讲但要讲得少而精,"多练"是指学生在课上、课下要进行大量的练习,培养语言运用的熟巧度。

将之贯彻到综合课教学中,"精讲"需要避免该讲的不讲,或者在讲的过程中用词语去解释词语和大量使用语法术语、对所讲的语法点力求讲全讲细的做法。"精讲"不等于不讲,一般一节课应集中讲解一个或几个问题,不必面面俱到。"多练"要注意避免为了练而练,不管效果和质量的不当做法。"练"要有明确的目的和恰当的方法,要讲究质量和效果。比如,要设置富有层次和启发性的问题,循序渐进地加深学生对课文的理解;要准备较充分的语言材料,让学生就上课的话题进行发言准备;要设计真实有趣的会话情境,让学生充分放松地使用汉语。精讲多练并不固定讲和练的时间比例和先后程序,它的具体安排,应该因学生、因课文、因教学阶段而异。如果是讲授新知识,可先讲后练;如果是从旧知引入新知,可先练后讲。比较难的课文,学习时可能需要教师做较多的讲解指导,简单的就可多安排一些练的活动,教师只做必要的点拨指导。这种种安排,看似形式各异,灵活多变,实则都有一个共同的出发点和一致的检验标准,这样才有利于切实提高教学的效率。

4. 交际化原则

在综合课教学部分强调交际化原则,也是因为在当前的综合课教学中依然存在重知识讲解,轻课堂互动,教师一言堂到底的现象。对外汉语教学的目标是培养学生运用汉语进行交际的能力,而交际能力是在具体的交际实践中形成的。强调课堂教学交际化,就是在教学中要努力使整个教学过程交际化,内容的展示、讲解、提问、引导、启发、训练等都要在师生互动、生生互动的交际过程中进行。让学生充分接触到所学的语言,并通过大量言语交际活动培养学生得体地运用语言进行交际的能力。

课堂教学交际化原则,要求教师在课堂教学中必须有交际的意识。课堂上教师要有时刻调动学生进行语言交际的意识,这种意识越明确、越强烈,学生的活动机会就可能越多。教师要通过听、说、读、写、问、答等多种方式使课堂变成一种交际场所,让绝大多数学生进行相当程度的"动脑"、"动口"等活动。教师要想办法设计活动,让学生在活动中掌握需要学习的知识。要充分利用教材所提供的语言环境,针对课文进行足够而有效的技能训练和语言交际活动,使学生在学习课文内容及有关语言知识时,对相关的交际项目也有所理解和实践,在此基础上模仿课文进行交际,并进而能够结合真实情境进行创造性的交际。

交际化原则还要求课堂教学必须情境化。语言技能主要是通过实践和应用获得的,是在具体的情境中习得的。只有在具体真实的语境中,才能更准确地理解语言形式所表达的真正意义,才能真正习得语言交际技能。而且,设计真实的、优化的情境,还可以调动学生学习兴趣,获取最佳注意力,提高学生的参与度。此外,交际化原则还提倡合作学习。可以采用小组活动的形式来进行交际化训练,从布置任务、到执行任务、完成任务、任务总结,都以小组为单位来进行,迫使学生在任务的各个阶段与小组成员进行合作,通过交际来完成任务。这样的学习将课堂交际活动与课外生活中的交际较好地结合了起来,同时也能发挥学生的创造性,让学生在课堂训练中习得的技能在真实的社会生活中得到实践。

5. 综合训练原则

综合课的教学目标是培养学生运用语言的综合能力,因此,综合课教学应遵循听说读写综合训练、全面要求的原则。但在中高级综合课教学中,跟初级阶段相比,往往更加重视语言要素的传授,而忽视语言技能的训练,主要表现是课堂上老师讲得多,学生练习的机会少,有些教材关于言语技能训练的练习也较少。其实,即使是中高级阶段的学生,其听说读写诸方面也都存在不少问题:"听"的方面,多听不懂新闻广播、电视播音,听正式场合的发言也颇感困难;"说"的方面,中心不明、层次混乱,语言连贯性差,简单句居多,不会使用委婉恰当的表达方式等;"读"的方面,突出的是理解问题;"写"的方面,问题主要是对实用文体不够了解、熟悉,对书面语言特点的掌握、标点符号的正确运用上尚有欠缺(吕必松,1993)。所以,高级阶段的汉语学习不能只注重语言知识和文化背景知识的传授,而应继续充分重视语言技能和交际技能的训练。二语习得的经验告诉我们,言语技能要通过专门的训练才能获得,不是通过言语要素的传授就能自动获得的。言语要素的传授是言语技能训练的基础,但是言语要素的传授不能代替言语技能的训练。因此说,课堂教学进行技能的综合训练是语言学习规律和语言教学规律的体现。综合课无论是作为一门主干课、核心课,还是本身的课程性质,都要求其遵循技能综合训练的原则。

不过,需要指出的是,虽然我们强调综合课上要进行听说读写综合性训练,但是在不同的教学阶段还是应该有所侧重。例如,在零起点阶段,首先要解决的是学生的基本生活语言问题,因此,初级阶段应突出听说训练,但同时要打好语言基础和汉字基础。中高级阶段,学生的基本生活用语问题解决后,就可以有意识地加强书面语教学,突出读写训练,在更高的层次上进行听说读写的综合训练。

第二节 综合课教学的内容(上)

汉语综合课的教学主要围绕课文来讲授语言知识,理解课文内容,并进行听说读写的综合训练,教学内容主要包括语音、汉字、词汇、语法、课文和文化知识。一般来说,这些语言文化知识是按照教学大纲,由浅入深,由易到难,有系统地分级安排在各个教学阶段的教材中的,主要通过课文来体现,通过语言知识点和例句加以说明,通过听说读写的练习使学生理解和掌握。而文化方面的知识则是零散地在汉语教学的各个阶段呈现,有些通过注释进行说明,有些是通过含有文化内容的课文直接进行教学。这些文化因素直接影响学生对汉语的理解和使用,也是汉语综合课重要的教学内容之一。

一、语音教学

1. 初级阶段的语音教学

语音教学是初级汉语综合课的一个教学重点。一般来说,在汉语教学的开始阶段,往往会集中一段时间让学生掌握汉语的声母、韵母、声调以及发音方法、拼合规律等。语音教学一般都安排在初级综合课的开始阶段,教师用约三周的时间来教授语音。主要采取强化性的模仿和操练。这称为语音教学的强制期,也即语音教学的集中期。这一阶段主要的教学内容是《汉语拼音方案》,也就是汉语的声、韵、调教学。但在综合课语音阶段的课堂教学中,只教学生声、韵、调是远远不够的,必须在此基础上,充分重视对轻声、儿化、轻重音、语调、语气、语流音变等语音成分的教学。学生要结合词语、句子的学习进一步学习语音知识,进行语音训练,以形成正确的发音,并熟练地掌握语音的拼合规则。同时,语音教学不能孤立地被看作是语音阶段的教学任务,而应该贯穿于整个语言学习过程。

这一阶段的语音教学一定要做到准确严格地教学标准普通话,并结合学生的特点进行有针对性的训练。初级阶段的语音教学包括展示语音、练习发音、指导发音、纠正发音这几部分。教师在展示发音时可以适当夸张,以便学生模仿;要注意纠正学生的错误,不要让学生错误的读音形成习惯,尤其要纠正语音系统错误和典型错误。语音训练最好放在实际的语言中训练,因为某一个音学生单独念能发准,在实际语流中却未必能发准。在语流中用词语、句子来教语音,这样的语音才自然。此外,语音训练的材料最好与交际有关,有实际的意义,但不必考虑汉字问题,只要学生知道意思就可以了。

2. 中高级阶段的语音教学

初级阶段集中完成了汉语音素、声母、韵母、声调、音节的基本发音训练后,汉语语音教学进入深化期、拓展期。很多语言都是要正确的发音加上正确的语气,才能表达完整的语义。汉语也是如此,如果仅仅有正确的发音,而语气不对,有时不能进行成功的交际。而语气是和语气副词、语气助词、句式、语调等都有关系的,这些项目,在学生进入中高级阶段学习之后才能全面地接触、理解和掌握。还有所谓的洋腔洋调,更不是在短时期就能解决和克服的,需要长期耐心地纠正和学习者不断地自我改进。因此,在中高级阶段,一方面要处理部分学生在基础阶段遗留下来的难音难调,另一方面要在读和说等自然语流中进行语调训练。例如,情感重音在基础阶段涉及较少,在中高级阶段,应该加强对这方面的训练。汉语句子结构中句终字调起点的高低、音长的变化、重音的有无等语调因素是汉语的特点之一,也是对外汉语教学上的难点之一,中高级阶段必须重视汉语语调的教学,并寻求有效的训练方式。此外,纠音也是中高级语音教学的一个重要任务。学生在基础阶段形成的发音习惯、语音语调的偏误,如果在中高级阶段不注意纠正,很容易化石化。教师应加强对正音正调方法、技巧的研究和探索。

二、汉字教学

(一) 汉字教学阶段

汉字的教学主要集中在初级阶段。这一阶段的汉字教学,又可以分成两个小的阶段,一个是语音教学阶段,一个是基本语法学习阶段。

在重点教学汉语拼音的同时,可以结合所学音素、音节,从笔画、笔顺入手,每课教两三个、四五个笔画简单的汉字,这样可以满足学生急于要了解汉字、学写汉字的心理需求,打消他们认为汉字难学、难写的思想顾虑,从而增强学习的信心,促进学习的积极性。"在这个阶段,教汉字要特别注意书写汉字的方法和要领,要把汉字的基本笔画和笔顺规则教给学生,并严格地、明确地要求学生一笔一画地按笔顺规则写。"(李清华,1982)语音阶段这样教学,学生大概能够学会60~80个汉字,这就为进一步的汉字学习打下了一个基础。

在语法学习阶段,汉字相对大量出现。对于课文中出现的汉字,教师可以按照由易到难、循序渐进、符合汉字构造规律的原则有意识地选择、编排教学顺序。也可以进行选择性教学,对于所出现的汉字,一部分要求学生只需认读,不必会写,一部分要求学生必须会写。

根据王碧霞等(1994)的研究,学生的认知策略一般是从形象记忆、笔画记忆、偏旁记忆到字素记忆、框架记忆进而到意义记忆这样一个由低级水平向高级水平发展的趋势,教师可以据此对汉字进行等级分类,要求学生分级掌握。此外,教师在教授汉字的同时可以有意识地引导或调动学生的汉字学习策略。这一阶段应该在利用汉字规律进行比较系统的教学的同时,注意引导学生使用高效的识记汉字的策略。如在大量感性材料积累的基础上,对笔画、偏旁、框架进行归纳,加强学生的理性归纳能力。同时教授必要的汉字文化知识,增进学生汉字学习的兴趣。

当然,汉字学习并不仅限于初级阶段,在中高级阶段,也应该继续有意识地进行汉字知识的复习、扩展和深化,把汉字学习同词汇学习和书面语学习结合起来,有意识地通过学字来扩展词汇。同时要在更高的层次丰富学生的汉字知识、汉字文化知识,提高他们的汉字识别和书写能力,进一步扩充他们的汉字量,增强他们的书面语阅读能力。

(二)汉字教学内容

汉字教学可以分两部分,一是字形教学,一是音义教学。字形教学包括笔画、笔顺、部件和结构方式等。在教学中要让学生懂得或感受到,复杂的汉字,甚至所有的汉字,其字形都是可以分析成固定的、有数的笔画的。课堂上可以讲授一些汉字的常用笔画、偏旁名称,如:点、横、三点水、提手旁等。要强调汉字的笔顺:先横后竖、先撇后捺、从上到下、从左到右、从外到内、先中间后两边、先进去后关门。正确的笔顺不仅是书写汉字的基本要求,而且按固定的笔顺书写汉字更有利于记忆汉字。

汉字是形音义一体的文字,学生在掌握汉字字形结构的同时毫无疑问应该掌握其读音和意思。因此,应尽可能引导学生利用汉字的字形来辨析字音和字义。现代汉字绝大多数是形声字,要介绍形声字知识,强化这些汉字的分析,归纳声旁、形旁的位置及表音表意的特点。为此,还要传授汉字的偏旁部首知识,增强学生汉字部件知识和对汉字的理解记忆能力。在教学实践中,我们发现,对形旁的意义的强调远多于对声旁的注意,这跟学生的认知策略有关,形象记忆处于认知的最低水平,最容易被识记。但从对外汉语教学的实际来看,声旁能为学生认读汉字提供很大的帮助,应该鼓励学生大胆试读。汉字的音义教学是汉字教学的重点,也是一个难点,因为汉字的一个总的特点是"见字不见音",即使是典型的形声字,其声旁的读音也需要记忆来习得。因此,教学中在尽可能利用汉字形旁和声旁表意表音功能的同时,更应想方设法训练学生读音识义的能力,比如,对声旁进行归并和辨识,如"马、妈、骂"、"青、请、清、晴"。也可以通过义场或义类的方式进行归纳总结,如与"口"有关的字有"吃、喝、吸、吐、喂"等;意思相反的字,如"生、死","上、下","左、右"等。

此外，学生典型的汉字错误要在课堂指出，比如缺胳膊少腿或张冠李戴。也可以简单讲讲汉字手写体的书写方式，如"横"一般不是一条平直的横线，而是横向右上方的；"口"并不是标准的四方形，而类似一个上大下小的倒置的梯形等。这样既能让学生写出的汉字更地道，也是在培养他们认读非印刷体汉字的能力。

（三）汉字教学原则和方法

1. 由易到难，分层级教学

综合课的教材往往是"以文带字"，教师在授课时应该仔细研究，打破原有顺序，按由简到繁、由易到难、以旧带新的原则来安排教学顺序。例如，李清华（1982）建议在教授《基础汉语课本》第十一课时，可以打破原来的顺序"留、她、纸、本子、钢笔、铅、桌、椅、英、和、朋友"，而重新排列为：本子、朋友、她、和、桌、椅、英、纸、留、钢笔、铅。其中前六个先教，"本"可以分解为"木、一"两部分，由于学生脑子里有了"木"的印象，就便于教学下面的"桌、椅"两个字。"子"分解为"了、一"两部分，这样就为以后课文中出现"了"字做了准备。"朋"由两个"月"组成，"月"以前学过，可以以旧带新。这样，每个汉字都在复习已学过的形体、笔画的基础上，为以后的学习打下基础，同时这也在一定程度上缓解了学生学习汉字的畏难情绪。

虽然汉字教学的终极目标是让学生能认读、会写用，但让学生听说读写同步发展是一个很难实现的理想追求。现实的情况是任何一个人的文字（词汇）数量都远比他能写出来、说出来的要多得多。随着电脑技术和汉字输入技术的不断成熟，中国人"提笔忘字"的情况也越来越普遍。因此，在汉字教学中，要敢于承认"认"比"写"重要，"认"和"写"不需要、也不可能同步发展。因此，教师对于学生应该掌握的汉字要有层级意识：能写的、会读的、只要求认识的……分层次、有重点地进行教学。

2. 多渠道进行汉字教学

汉字集形音义于一体，一个汉字基本上就是一个语素，许多也是一个词，在教学中应充分利用汉字的这些特点，把汉字教学跟拼音教学、词语教学结合起来。在电脑广泛普及的今天，可以充分利用拼音这个工具，让学生通过拼音和电脑就能接触到大量的汉字。例如，有人主张在基础阶段，可以不要求学生自己书写，通过电脑把拼音转化为汉字就可以。事实也证明，许多非汉字文化圈的学生，利用电脑输入可以很好地完成一些书面练习。但由于汉语同音现象严重，学生常常在提取目标字上出现问题，加上电脑的提取模式尚存诸多问题，因此用电脑及拼音学习汉字还需要进一步研究，但利用多媒体手段进行汉字教学一定是一个不容忽视的趋势。

把汉字教学和词语教学结合起来,是近年来对外汉语教学界逐步达成的一个共识。以往以语法教学为中心的教材中,往往把词作为最基本的教学单位,教材中只有词义没有字义,忽略了汉字(语素)与词之间的关系。这种教学缺少了一个由字到词的认知环节,学生认识不到字词之间的区别和联系,往往出现见字不识词的情况。因此黄卓明(2000)建议"以字带词,词中学字,以'滚雪球'方式积累汉字词汇"。如学习了汉字"生",就可以带出"学生、先生、生命、生活、卫生、生产、生病"等词语。但是,字毕竟只是书写符号,与语素并不是简单的一一对应关系,有的字是一个语素,有的字代表多个语素,有的字不是语素。在结合词语进行汉字教学时,要注意汉字和语素之间的关系,最好只抓住一个语素义进行组词,学生掌握后再引出第二个语素义。

三、词汇教学

(一)词汇教学的阶段

词汇教学是对外汉语教学的重要内容。《高等学校外国留学生汉语教学大纲(长期进修)》里规定初级阶段要掌握的最常用词汇为 764 个,次常用的为 1635 个;中级阶段和高级阶段要掌握的词汇分别为 2850 个、2793 个。汉语综合课承担着学习和扩充词汇的主要任务。不同阶段对词汇教学有不同的要求。李珠(1998)把初级综合课分为两个阶段,即句型语法阶段和短文词汇阶段,第一阶段侧重语法教学,第二阶段侧重词汇教学。第一阶段的词语多为基本词汇,易于掌握且用法简单,因此词语教学是以语法句型为框架,词语嵌入其中。如讲一些句型时,可以通过词语替换的方式一方面练习句型,一方面复习、学习词语。词汇教学的主要任务是要求学生掌握一批最常用的词语的基本意义和主要用法。随着词汇量的增多,词语搭配不当、关联词语误用成为学生常见错误。因此,在初级阶段的中后期就需要开始侧重词语教学。

在中高级阶段,词汇教学的任务是帮助学生扩大词汇量。中级阶段是一个重要的过渡阶段,在学完了基本的语法规则后,学习者有了较强的生成汉语句子的能力,但词汇量的限制却使其无法进行深入的表达;另一方面,随着教学的重点转向词汇教学,每篇课文中都会出现大量的新词语,且大多数词语在意义和用法上都较初级阶段复杂,学生掌握起来比较困难,因此,常常会出现停滞不前或进步缓慢的"高原期"现象。在这个阶段,应该帮助学生通过具体语言环境来了解所学词语,正确理解和运用所学词汇。高级阶段偏重语篇教学,但词汇教学依然是个重点。张捷鸿(1996)指出,高级阶段学生普遍存在的词汇问题在于:一是对已经学过的词汇不能熟练使用,听得懂,说不出;二是能够使用较多的词汇,但往往词不达意,张冠李戴;三是对一些带有社会文化因素的词语理解不了。因此,这一阶段的词汇教学主要是要加强目的语和母语以及目的语近义词之间的词语辨析,理解多义词原义和引申义、比喻义之间的关系,理解词汇的文化内涵。

(二) 词汇教学的原则和方法

1. 注重重点词语的教学

词汇教学应该也像汉字教学一样,要分级要求。词汇教学的目标并不是要能使用所有词语,有些词语固然要会用,而有些词语仅仅认识、理解,或在上下文中能确知其含义就可以。词汇教学的目的绝不应仅仅限于"能说"、"会写"多少词汇,能大量快速地阅读才是词汇教学的主要目标。《高等学校外国留学生汉语教学大纲(长期进修)》对生词的学习也有不同的要求:领会式掌握(听说读写四会)和复用式掌握(一会或两会)。显然,领会式词语和复用式词语的讲解和练习应当有所区别。领会式词语要在精讲多练中让学生加以掌握,复用式词语则必须注意其复现频率。因此,教学中有必要对每课生词分出重点词语,补充例句,介绍用法,并进行大量练习。

重点词语一般是每课后面有词语例释或练习的词语,也可由教师根据学生的学习情况灵活确定。重点词语的学习主要包括:近义词辨析,多义词,学生不易理解和难以掌握的常用虚词和虚词结构,用法比较特殊或义项较多的常用词语,常用的成语、固定短语、文言词、惯用语等。

2. 重视构词法教学

汉语词汇的一个突出特点是复合词占多数,而且复合词的内部构造与句法结构在很大程度上是相似的。汉语复合词的理据性很强,学生比较容易理解。教师在词汇教学时介绍构词法,可以帮助学生掌握生词,扩大词汇量。学生在遇到生词的时候,利用一些构词的规则,也可以明白其意义,从而不影响阅读。例如,掌握了"商"的"商业"义和相关的构词法知识,学生就容易推知"商场、商人、商品、商店、客商、外商"等词语的意义。教师要注重介绍汉语构词法,尤其是偏正式和联合式复合词,因为这两者占了所有汉语复合词的70%以上。解释联合式合成词时,要让学生了解联合式合成词是由两个词性相同,意义相同、相反或相对的语素构成的。这样一来,学生看到"坚强、黑暗、停止、偷窃、紧急"等词语时,就能根据词语中一个已知的语素猜到整个词的意思,认识词汇的数量就可以快速增加。讲偏正式复合词时,要告诉学生修饰语素和中心语素的位置,这样可以帮助学生在只认识部分汉字时猜词。讲授一些构词法,还可以让学生自己意识到并建立汉语词与词之间形式上的联系,尽量运用构词法规律来自学。这种理性的学习,可以充分调动学生的主观能动性,既能有效巩固已学词汇,也能较好地对旧词和新词进行归纳和综合。

3. 灵活选择词语释义的内容和方法

词义教学是词汇教学的一个重要内容。如何释义、如何进行词义教学,是人们广泛讨论的一个重要问题。在教学实践中,教师一般不满足于教材中一对一的释义,因为语义系统非常复杂,不同语言差别很大。刘润清(1993)认为,在精读课上的释义,要保证词汇意义(词典中的词项意义)、结构意义(句子结构和句法关系)、语境意义(根据语境确定的具体意义)、社会文化意义(特定文化背景下人们的观点、态度、价值观等)和语用意义(作者的意图和态度)等五个方面的意义都要体现出来,才是合格的释义。这种看法有一定的道理,教师应该掌握这些方面的知识,教学中尽可能有全面释义的意识。但是,课堂教学时间有限,如果每个词语都这样讲解,课堂教学就成了词汇知识和用法的教学,显然是不合适的。因此,实际教学应根据具体词语的情况灵活而有选择地进行释义,不必面面俱到,而应突出词语的个性特征。根据教学经验,在解释词义时,尤其要注意选用各种方法介绍词语在使用中的位置、组合搭配、适用对象、句式及语用条件等。因为词汇意义学生可以通过词典获得,而这些知识却往往只能通过教师的课堂讲授获得,且这些方面如果讲得不够透彻,学生在使用时很容易出现偏误。至于词语释义的方法,有很多学者有相关方面的研究,主要有:直观法,以图片实物、表情体态或影视录像的方法解释词语;定义法,词典上大都采用定义法释词,但对外汉语教学要考虑学习者的词汇积累和实际接受能力,不能原封不动地将词典上的解释搬进课堂,要进行通俗化处理;关联法,通过上下文语境的关联,新旧词语或语素的关联来释词;联想法,如本义引申释词、文化典故释词和文字结构释词等;对比法,通过两个词语的对比来释词,可以是同义、近义、反义等各种关联关系,或语体、感情色彩等对比。(徐子亮等 2005)

第三节 综合课教学的内容(下)

一、语法教学

1. 正确、客观地看待语法教学

语法规则是长期以来人们对语言使用规律进行的系统总结。要正确理解语言和正确使用语言,就必须掌握这个语言的规则体系。可以说,学习和习得一种语言,不管是自觉还是不自觉的,都是以掌握这种语言的结构规律和表达规律为目的和标志的。不掌握一种语言的组合规律和运用规律就不能算是掌握这种语言。语法具有概括性和生成性,成人一般都有相当成熟的抽象思维能力、逻辑分析能力和归纳概括能力,让学习者从理性上认识、掌握语言使用的规律,对于学习和掌握一种语言可以起到以简驭繁、举一反三的作用。在成人外语教学中进行语法教学可帮助学生更好地理解语言现象，可使他们在学习中尽可能少出偏差，少走弯路，从整体上提高外语学习的效率。

但长期以来，对于语法教学有两种片面倾向。一是语法中心论。由于长期受国外语法翻译法的影响，他们认为语言是知识体系，外语教学应以语法为中心。有些教师把绝大部分时间放在语法知识的传授、分析和练习上，生动有趣的语言材料变成了干巴巴的语言点，甚至把语法教学变成了语法研究。对于学生在练习、使用中出现的所有错误，都是单一地从语法角度去分析。对语法过度地关注压抑了学生正常的语言体验和语言能力的发展。另一个极端是语法无用论。随着教学法理论的发展变化，外语教学受直接法、听说法、视听法、交际法等学派的影响，他们误以为语言的本质是习惯体系，提倡在潜移默化中获取语言知识。但随后人们发现，这样做的直接结果是语言学习者语言质量的下降，这使得人们再次强调语法教学的重要性，认为语法教学在外语教学中应有一定的地位。这次反思使人们有了一个共识：第二语言教学中的语法教学应该是为语言学习服务的，语法教学只是学习语言、形成语言能力的一种手段、一种方法，在第二语言教学中进行的语法教学不应该是单纯为了传授知识而讲解语法，不应该占据课堂教学的中心位置，不应成为语言教学的主要内容。语言技能的训练是课堂教学的核心，语法知识的教学和语法能力的培养，根本上说是为语言能力的形成服务的。

汉语综合课是一门基础课、主干课，语法教学主要通过综合课来进行。如何兼顾语法知识的传授和语言技能的训练，是综合课教学必须重视的问题。如今在介绍、引进新的教学方法、教学理念的时候，不少人在尽力避免提到"讲"的问题，好像教师一"讲"就不是交际型教学法、任务型教学法了，这实际上是一种误解。语法知识的讲解无疑是必要的，特别是综合课上的语法教学。关键问题是语法教学讲什么，如何讲。

2. 语法教学的内容

我们这儿说的语法是区别于理论语法的教学语法，而且语法也不仅仅等同于"句型"或"句法"，所谓的语法点、语法项目，也即语法词（虚词）、词语搭配、语法格式以及语法知识等都属于语法教学的内容。实际上，对外汉语教学的语法研究和语法教学中关注的多是那些零碎的、非系统的一词一语、一个格式一个句式，并且往往侧重在用法上。吕必松（1995）指出，我们应当把语法系统理解为"把词组织成词组、把词和词或词组组织成句子、把句子组织成语段、把语段组织成语篇的规则系统"。因而，需要讲解的语法内容应该包括：① 句法结构规则，主要是组词成句的规则；② 语篇组合规则，主要指组句成段、组句成篇规则；③ 汉语表达规则，主要指语法成分、句法格式以及词语的使用规则，特别是由于文化、心理、习惯等因素造成的汉语独特的使用规则,包括遣词造句、修辞等方面的使用规则。

语法教学是初级综合汉语的重要内容。一般来说,初级阶段语法教学的内容包括汉语的词类、短语、句子的基本成分、单句、复句、特殊句式等。初级阶段要教授的语法项目都是汉语语法最基本的项目,内容很多。因此这一阶段,语法应作为学习的重点内容,通过集中、强化的语法教学,让学生尽快地掌握这些语法知识,使学生认知汉语的结构特点,在自觉的基础上,进行听说读写等语言实践活动,提高交际能力。

对于中高级阶段语法要"教什么"的问题,大家有着不小的困惑。"在目前我们看到的汉语教材中,普遍的情况是,完成了基础阶段的语法教学内容后,'语法'的面目开始模糊起来,究竟叫'语言点'还是叫'语法点',常常说不清楚。"(陆世光等,1990)对此,孙德金(2006)的解释为:"长期以来,对外汉语教学的主体部分是一年左右的基础汉语教学,而不是四年的完整教学,因此在安排语法教学的时候,基本上都把语法压在一年以内。另外,对外汉语语法的整体系统也缺乏本体研究的支持和应用研究的系统思考。这就造成了二年级以上'语法不够,词汇来凑'的局面。"

经过初级阶段的学习,学习者已初步掌握汉语的基本语法结构。但初级阶段所学的语法知识有相当一部分比较零散,如复合趋向补语的引申用法,还需要一点一点教授给学生,并在学习的过程中进行归纳总结。此外,留学生初级阶段所学的语法知识还远远不能满足交际的需要,需要在中级阶段进一步扩展和深化。如各种常用虚词、常用句式和结构、关联词语、多项定语和状语、复杂谓语等。随着学习的进一步深化,到了三、四年级,学生不论口语表达还是书面表达,单句的毛病会逐渐减少,但大于句子的语言连续体中的连接成分、指称词语的替换、承前或蒙后省略等篇章方面的问题会比较突出,因此这个阶段,应该加强篇章语法的知识传授和训练。到了高级阶段,还要进一步提高学生的阅读理解、口头和书面表达能力。前后句子的连接、关联词语的使用、词语的选择,尤其是汉语感情色彩词语的选择以及长句的表达等,都需要在教学中予以重视。

3. 语法教学的重点与方法

语法教学内容广泛,要想在有限的时间里取得比较好的教学效果,就需要教师讲究方法,有所侧重。赵金铭(1996)根据学习的阶段性,提出了自己的见解:① 初级阶段(一年级)是以形式语法为主,辅以简明、适宜的语义说明,主要解决"正误"问题,把词语的位置摆对;② 中级阶段(二年级上)以语义语法为主,用已学过的语言形式加以验证,主要解决"异同"问题,使习得者明了在语义上词语间搭配得合理不合理;③ 高级阶段(二年级下)注重语义理解与表达而不囿于语言形式,特别注意应用的得体,主要解决"高下"问题,在更大的语境下正确使用一个句式。这种观点注意区分不同阶段语法教学的侧重点，不仅可以使不同阶段的语法教学重点突出，总体上也适合学习者的语言水平和语法接受能力。

初级阶段以形式语法为主，也就是初级阶段语法学习的重点是学习、模仿，那么教师的语法讲解一定要能形式化，即教学中要用简单明了的符号写出"公式"，便于学生操练。如"把"字句，要说清楚这个语法点的重点是处置，是关注处置的结果，而且这个被处置的东西是有定的，且"把"字句的禁忌是不能用一个单独的动词煞尾，一定要说怎么样了。因此，操练前呈现给学生的"公式"是这样的：N1 + 把 + N2 + V + HOW + 了。语法形式展示了以后，就要在课堂上进行大强度的操练。此时要注意课堂操练的效率。例如，有的老师会毫无准备地让学生根据"公式"造句，结果学生在冥思苦想中浪费大量的课堂时间，导致效率低下。老师应该给学生恰当的提示，可以是具体的物品或者动作，甚至可以一边比画一边给出动词。操练时要有一定的速度和紧张度，也要有比较大的练习量，让每个学生都能集中精力，以达到强化的效果。

根据中高级阶段教学的特点，我们认为以下几方面应该为综合课语法教学的重点。① 语素教学。在中高级阶段进行语素教学，是为了让学生了解语素的常用义和语素构成词的规则，从而更为有效地帮助学生扩大词汇量，辨析近义词。当然这个教学可以跟词汇教学结合起来。② 词类教学。汉语划分词类的主要依据是语法功能。词类教学的目的是为了使学生明确各类词的语法特征和用法，以及同类词组合分布的特点，帮助学生分析语句的结构，并正确地遣词造句。对于动词，主要应分析其能否带宾语，带什么类型的宾语。对于形容词，应分析其能否与否定词、程度副词组合，能否进入"A 不 A"格式，是与单音节名词组合还是与双音节名词组合。对于副词，应分析其所修饰的成分有何特点，是单个词还是词组或句子等复杂形式，可以与时点词语还是时段词语共现等。对于介词，要分析是用于主语前还是主语后，能否用于动词后，后面可以跟哪类词语或结构。对于连词，应介绍其连接的是什么成分。词类教学不可能一次性解决，而是一个不断补充、扩展和加深的过程。③ 短语教学。汉语词法、语法结构基本一致，无论语素组成词还是词组成短语、短语组成句子，都有5种基本语法结构关系。在短语教学时联系语素成词和句子成分分析，将有助于学生熟悉汉语的表达形式。这部分的重点是一些特色的动词结构，如动补结构、动宾离合词，是学生很不易掌握的部分，在平时的教学中应不断重现，加以归纳总结。④ 句子和语篇教学。句子主要讲授汉语的常用句式和固定格式，对一些学生掌握不好的语法点，如"了"、"着"，还有"把"字句等要进行深化和扩展。语篇主要是指导学生掌握构成语篇的语法手段和词汇手段，具体一般是围绕课文以及所学的语言知识完成说或写的表达训练。

二、课文教学

在中高级综合汉语课本中,课文应该是教材的中心,所有其他的语言项目都是为课文教学服务的。然而,在现实的教学活动中,课文教学却往往受到不同程度的忽视。长期以来我们的对外汉语教学受传统语言教学模式的影响,强调语言教学体系的完整性,一直把语言作为一个完整体系来教授。课堂教学往往是先讲生词,然后语法,之后教师通过句子分析逐段串讲课文,最后完成练习。"这种传统的课文教学以教师为中心,以语法为纲,课文讲解以分析语言为主,课文教学只注重词汇、语法,不重视语篇、内容。这样表面上是教课文,实质是使课文游离于教学之外,没有教课文,因此不可避免会产生只注重语言系统知识传授,忽视交际能力培养;只重理解,不重篇章;只重准确,忽视流利程度的弊病。其结果只能使学生的学习永远停留在语言形式上,而缺乏对整篇文章的综合理解,所以难以尽快建立汉语思维和习惯,更影响了文化和语感的培养,课文教学达不到真正的目的。"(孙克文,2001)孙克文还指出,教师这样的一人堂、满堂灌,不但使学生疲于应付,也会因课堂学生操练少而影响实际掌握。此外,由于教学只关注课文中的语言知识,忽视具体课文的差异,必定导致教学方法单调,培养技能单一。

事实上,课文作为语言输入的载体,有词语、语法、篇章等各种需要处理的要素、要点。字、词、语法等不应是课文教学的全部内容,也不该是课文教学之所以要加以重视的全部原因,课文教学的内容和价值更在于语篇教学。在对外汉语的课文教学中,可以借鉴外语界的语篇分析教学。

语篇分析认为,篇章及其各部分不是结构形式的单位,而是意义单位。语篇分析强调从篇章入手,自上而下地分析篇章各部分之间的关系及它们在表达主题中的作用。语篇分析作为一种教学手段,旨在提高学生的语篇能力,从语篇上让学生最大量地获得文章所传达的信息,并逐步培养其用目的语交际的能力。语篇分析的基本内容包括:① 衔接:衔接具体表现出语篇的表层结构。② 连贯:连贯指语篇中语义的关联,是语篇的深层结构。③ 句际关系:即超句关系,指在连贯的语篇中句子与句子之间在结构上和意思上的联系。④ 篇章结构分析。⑤ 语境分析:即语篇所涉及的时间、地点、人物等情景,这是语篇分析的基础和前提。(薛梅,2000)

从语篇分析的角度进行课文教学,则要求我们对课文的处理不能停留在词句学习的水平上,而要从文章的层次结构和内容上入手,学习并掌握文章所传递的主要信息,逐步培养学生的理解能力。在此基础上再进行适当的内部分析,即对实现篇章的语言手段展开分析,不仅要分析小句的功能,而且要分析构成课文整体的衔接手段、连贯、语法、词汇的运用等。

课文和句子一样,在结构上有相同之处,可以归纳为课文"模式"。叙述文有叙述文的"模式",说明文或论述文等也都各有不同的"模式"。虽然课文的内容千变万化,但同类文章的"模式"相同或相近,如叙述文常用时间链条来贯穿全文,论述文的中心论点和分论点之间有一定的逻辑关系。在教学中不断引导学生发现并学习这种"模式",利用"模式"整体地把握课文内容,对于学生理解能力和表达能力的提高都会有很大的帮助。

综合课课文教学的主要目标是要提高学生的语篇能力。语篇能力从输入的角度看,是要对课文有整体的认识,从输出的角度看,是要会成段表达。在对外汉语教学界,成段表达一直很受重视,但输入环节,即基于语篇的课文分析,则重视不够,主要表现在对语篇结构的分析教学不够。语篇结构包括主述位结构、话题——述题结构、衔接和连贯等几个方面。主述位结构指语篇中主位与述位的展开方式;话题——述题结构反映的是语篇在一定的语境中以某一确定的对象为基础进行信息传输的心理模式;衔接指连句成篇的语言特征,其手段共有四类:(语义)所指、省略与替代、连接和词汇衔接;连贯则是指语篇中句子间深层的语义联系。对于二语学习者来说,他们的逻辑思维能力已经成熟,对于自己想表达的内容的一般逻辑关系大多也是明确的,难点在于如何用已经学过的汉语词语和连接手段把自己想表达的复杂的意思按汉语的方式恰当地表达出来。这是综合课课文教学的难点和重点。

课文教学中还要有语体观。语体是语言在长期使用过程中形成的功能类型,是为适应不同交际目的、交际内容、交际范围的需要而形成的。在一切运用语言的活动中,都存在语体风格的问题。在学生的学习过程中,往往是口语、书面语一起学习,学生自己没有辨别汉语语体的能力,因此教师要有清醒的语体意识,在讲授、训练过程中,根据学生实际和课文实际,将语体的辨别渗透进去。在综合课教材的编写中,一般会注意课文语体的多样性,这为我们在教学过程中贯穿语体观提供了客观基础。在词语学习中,有些词语有比较明显的语体色彩,有些同义词主要是语体的差异,如"应该、得"、"节约、省"等;汉语的许多句式也存在语体色彩的差异,有的在书面语中比较常用,有的则相反。教师应在教学中随时指出所接触词语、句子的语体色彩,或说明某一课文在句式运用上的总体特点。

三、文化教学

语言是一种特殊的社会文化现象,是在特定的社会历史环境中产生和发展的,因此,每一种语言都反映出特定的文化现象。不同文化的相异之处,往往会造成语言理解、学习和运用的困难。因此,在第二语言教学过程中,文化教学是一个不可或缺的部分。"对外汉语教学中的文化因素,是隐含在语言系统中的反映一个民族的心理状态、价值观念、生活方式、思维方式、道德标准、风俗习惯、审美情趣等的一种特殊的文化因素","它主要体现在语言的词

汇系统、语法系统和语用系统之中"。(吕必松,1990)

综合课作为一门基础课、主干课,自然应该是文化教学的主要担当者。综合课教师必须有文化教学的意识,把文化教学作为综合课教学的必要内容之一。但也要注意,综合课的文化教学不同于文化课中的文化知识和思想观念等的教学。综合课进行的文化因素教学,主要是包含在汉字、词汇、语法等语言要素教学和语言技能训练之中。陈光磊(1992)将第二语言教学中的文化因素分为语构文化、语义文化和语用文化。语构文化是指在一种语言的结构本体中所包含和显示的文化。汉语的语序、虚词、量词等在表达方式上都很有特点。例如"友好"描写的是状态,"好友"却是指人的;"屡战屡败"是消极的描写,而"屡败屡战"却反映一种积极的态度。汉语的时间、处所的表达是按照从大到小的顺序,如"年月日"、"里间桌子的抽屉里",这种在描写由大到小、先因后果、从一般到特殊、由已知到未知的排列方式,反映了中国人重直觉体验,善于整体把握的思维方式。语义文化是在语言的语义系统中表现出来的文化因素,尤其是一些惯用语、成语、歇后语、俗语等,既有结构上的民族性,又包含着大量的文化内容。语用文化,指语言交际中由特定的习俗文化决定的语用规则和文化规则。例如,汉语中的称呼语,分为背称和面称两个系统,如果没有这种知识,会影响交际的进行。汉语中的谦敬语、隐私禁忌等也是留学生学习的难点。

由此可见,语言作为文化的载体之一,语言的各个方面都存在着文化因素。对于这些文化因素,母语使用者往往习焉不察,但是对于其他语言背景的人来说,这些常常会造成跨语言交际的障碍。因此,在教学中,如果仅仅教给学生词语的读音、意义、搭配等内容,而不解释其文化内涵,那么,这种教学并没有达到交际的目的。反之,如果教学中注意强调文化内涵,不仅达到了文化教学的目的,而且可以增加学习的趣味性,使学生有兴趣更深入地学习汉语。

那么,在综合课的教学中,有哪些文化因素是需要教授给学生的呢?张占一(1990)认为:初级阶段交际文化因素主要(但不是仅仅)在有关生活习俗的范畴里,到了中高级阶段,交际文化因素在"具有浓郁文化色彩的词语"为主的范围内,如成语典故、警句格言、新词语、习用语、隐喻、缩略语、简称等,以及中国文化所独有的一些特殊审美观念上。赵贤洲(1989)认为,语言课应该关注那些反映差异文化的词语,如:因社会文化背景不同而无法对译的词语,因社会文化背景不同而产生词义差别的词语,因社会文化背景不同而使用场合特异的词语,因社会文化背景不同褒贬意义不同的词语,含有特殊文化传统信息的词语,反映习俗文化信息的词语,有特定文化背景意义的词语,以及不同文化背景造成的文化差异等。胡明扬(1993)从词汇、表达方式和习惯等方面列举了直接影响学习和使用的文化因素:受特定的自然地理环境制约的语汇(如"梅雨、熊猫")、受特定的物质生活条件制约的语汇(如"馒头、窑洞")、受特定的社会和经济制度制约的语汇(如"科举、支书")、受特定的精神文化生活制约的语汇(如"积德、红娘")、受特定的风俗习惯和社会形态制约的表达方式(如问候语、谦辞)、受特定的认识方式影响的语言习惯(如认识事物从大到小)等。

综上,对外汉语要进行教学的文化因素主要体现在汉语的语汇系统、语义系统、语法系统和语用系统中,是跟语音、词汇、语法等要素以及听、说、读、写等技能融为一体的汉语教学内容。如何在语言教学中进行文化教学?李泉(2007)在前人研究的基础上,提出了文化教学的刚性原则和柔性原则。刚性原则包括:① 语言教学的同时也进行文化教学。② 语言教学必须教授的是与语言交际密切相关的文化交际因素。③ 与语言交际相关的文化因素的教学要与语言教学的阶段性相适应(适时);要与文化教学的服务性相适应(适度);要与学习者的真正需要相适应(针对性)。④ 外语教师应持有开放的文化心态(文化的多元性)。⑤ 外语教学应增强对文化差异的敏感性和包容性(跨文化教学)。⑥ 具有不可更改性的文化内容应采用刚性教学原则,如中国人姓名的表述顺序、时间顺序的表述等。文化教学的柔性策略,是指有些文化教学,应根据具体情况灵活处理而不宜绝对化。具体有:① 文化内容的取向应采取柔性策略。一般来说,外语教学所应结合的文化应以当代文化、主流文化、与语言交际密切相关的文化为主,这无疑是正确的,但在教学实践中,对这样的内容取向原则不宜绝对化。② 文化内涵的概况应采取柔性策略。尽量避免进行文化内涵定型化的概括,如果可能就力求用故事来说明文化,用实例来反映观念。③ 文化现象的阐释应采取柔性策略。文化介绍和阐释应尽量避免简单化、标签化、本民族中性化等倾向,应采取多角度、有限定、中外对比、古今联系、不炫不贬的柔性策略。④ 文化特征的理解应采取柔性策略。

第四节 初级阶段的综合课教学

一、初级综合课的教学目标和教学内容

关于初级汉语综合课的目标、任务和教学内容,有关的课程规范和大纲中有比较详细的说明。主要有:牟世荣(1999)的《一年级综合课课程规范》、蔡整莹(1999)的《初级进修班综合课课程规范》和杨寄洲等(1999)的《对外汉语教学初级阶段教学大纲》等。它们对初级汉语综合课的目的与任务、教学内容和要求等进行了具体的描述和相关的量化要求,如语法阶段"学生要学习汉语水平语法等级大纲所规定的甲级语法项目133个,掌握基本常用义项和用法";"学习汉语水平词汇等级大纲所规定的甲级词1033个,要求基本掌握"。但随着

对外汉语教育事业的不断发展,学生来源与学习目的的不断多元化,其规范可能并不完全适合所有的学校,这就需要在具体的定性、定位和定量的描述和要求上进一步科学化,在进一步的研究中形成更具有针对性和共识性的课程规范。

在目前的对外汉语教学界,对于初级汉语综合课的基本目标和基本任务比较一致的认识为:通过一年的教学使学生能够掌握汉语的语音、基本的句型和基本的语法,掌握与语言学习和日常生活密切相关的汉语常用词汇,掌握基本的汉字知识,具备基本的汉语听、说、读、写能力,能够满足日常生活、学习及一般场合的交际需要。为此,整个教学围绕知识传授和技能培训而进行,并以言语技能和言语交际技能的训练为核心,进行听、说、读、写综合训练,尤以听、说技能训练为主。

对于初级阶段的教学内容,多数学校分三个阶段来进行教学:汉语语音(包括汉语拼音、汉字基本笔画笔顺教学)、汉语基本语法(主要通过对话的方式教授基本句型)和汉语短文(通过短文来教授词汇和语法)。这种教学阶段的划分在初级汉语教材中一般都得到了较为清晰的体现。但是,这种教学阶段和教学内容的划分并不是完全割裂的,只是体现不同阶段的教学内容各有侧重而已。

语音教学是汉语综合课的一个教学重点。语音学习是学生汉语学习的第一个阶段,是提高课堂教学质量最基础的一个环节。在语音教学之初,就应该了解自己的教学对象,根据他们的不同特点,采取相应的行之有效的教学方法。比如了解了日本学生和韩国学生在发音上的困难,就可以有针对性地进行教学。在教学上,形象生动的直观教学法可以取得良好的教学效果。

汉语的基本句型主要在初级阶段教授,因此语法教学在初级阶段的对外汉语教学中占重要的地位,是综合课的主要教学内容。在面向成人的外语教学中,教师对语法的讲授可以大大加快学生的学习进程,但一、二年级阶段,语法教学不宜过分强调,更不能大讲语法规则。这个阶段要尽量鼓励学生敢说、敢写、多说、多写,而不必在语法上"斤斤计较",否则容易打击学生的积极性(陆俭明,2000)。在初级阶段的语法教学中,必须突出以听、说为主的四项言语技能的整体训练。因为,在学习某一语法项目时,学生通过听(包括读)理解这一语法项目的用法;通过说(如口头替换、造句等)来模仿它的结构模式、领会它的意义和用法;通过读(注释或例句)进一步加深印象;再通过写或说(例句、造句、具体语境运用等)来实践具体的语言规则。在语法的教学中,要贯彻交际性原则,要尽量为学生设计并提供真实可信的交际情景,让学生学会"在什么时候、什么地点、用什么方式表达最合适"(王德佩,1987)。语法教学要从句型入手,加强语义、语用分析,按照"句型→语义→语用"的路子来进行教授。

在系统的语音、语法学习之后,课文形式基本上变成了叙述体,即短文形式(语音阶段和语法阶段多为对话体)。短文教学阶段,是语法巩固强化和词汇大量扩展的阶段。所谓语法巩固强化,就是要对前一阶段所学的基础语法进行复现式和滚动式的练习,同时加强复句的学习;所谓词汇扩展,是指这一阶段语法教学的比重将逐渐缩小而词汇教学量将迅速加大。对于这一阶段的词语教学,牟世荣(1998)认为面临的困境主要有:词语教学对语言表达的得体性重视不够;母语的干扰影响词语教学;一些虚词(如副词、连词)难懂难教。据此提出的词语教学设想是:加强语篇教学,切实贯彻课堂交际化的教学原则;重视词组的教学;运用简化原则,正确、有效地培养学生的语感,促进学生交际能力的提高。而短文教学,朱庆明(1999)认为主要是语段教学,就是要让学生最终能够围绕一个中心说或写一段话,可以从模仿语段说话或写话开始。在学习一段课文时,教师可以板书适量的提示词语,让学生根据教师的提示进行复述,在此基础上再进行真正的成段表达,即要求学生能够用自己的话准确地表达出自己所要表达的意思。短文教学阶段结束时,学生应能够顺利地读懂一篇文章,并能够利用所学的词句组织出一篇比较完整像样的文章。

文化介绍是汉语教学的重要组成部分,大家对在中高级阶段进行相关的文化教学似乎没有异议,但是对初级阶段要不要和能不能介绍文化,有不同的意见。有人认为初级阶段的语言简单,无文化可言,而且学生汉语水平低,也没有介绍文化的条件。笔者认为,在初级阶段的汉语教学中,应该介绍一些交际文化,如打招呼、问候、致谢等文化背景知识。文化不能仅仅理解为古代的经史典籍、政治思想等,在对外汉语教学中,更应该强调一些习俗文化、交际文化。尤其是一些国人习焉不察的文化,教师在介绍时务求准确,才不致将学生引入歧途。如"你好",不能简单地等同于英语的"hello",要向学生介绍中国的熟人文化。

二、初级综合课的教学方法

关于初级综合课教学方法的研究,涉及的面比较广,有探讨初级汉语综合课具体语言要素教学方法的,有探讨课堂教学某一具体环节的,有论述技能训练之间关系的,这些研究成果有助于进一步加深我们对课堂教学基本方法的把握和思考。

具体语言要素的教学方法,前文综述综合课教学内容时已有所涉及,这里从复习环节出发重点介绍一下初级阶段的汉字教学方法。

在汉语学习的初级阶段,对于非汉字文化圈的学生来说,掌握汉字是一个尤其艰巨的任务。学生在刚接触方块汉字时,很难把握汉字音、形、义学习的先后顺序。由于汉字的表音、变形和表义系统不完全对应,学生往往见"形"无法读"音",见"音"难以与"形"挂钩,而对于将个体汉字所表达的意义与"音"、"形"相统一就更是难上加难。因为这些原因,非汉字文化圈的学生在这一阶段会产生畏难心理和回避心理,很多学生采取了回避字形的学习策略。此外,这些学生在刚开始学汉字时,很难建立方形汉字的概念。有的学生在一个田字格里写几个汉字,有的将汉字的两个部分分别写在两个田字格里。同世界上的很多线性文字相比,汉字需要通过纵向、横向线条和笔画的组合才能完成书写,笔画的细微变化常用来区分不同的字形和字义。初学者在写汉字的时候常常将各种笔画混乱地堆积在一起,拼凑起来像那个汉字就完事,而不去也不会探究这些笔画是如何有序地组合起来的。还有就是初学者很容易遗忘汉字。汉字的特点导致学生常常是学了就忘,很难达到有效记忆。

汉字学习的这些困难除了要求教师在课堂讲解时要有适当的教学方法,也要抓好学生的复习。通过对字、词、短语的有效书写复习,强化汉字的"形",刺激学生的大脑,迫使他们将知觉集中在"形"上,将对"音"、"义"的注意转向对"形"、"义"的注意,并最终将汉字音、形、义统一起来。听写生词是课堂常用的检查学生生词、短语复习情况的手段。听写生词后,教师可以当堂纠错,并对有代表性的汉字的字形进行扩展性复习,引导学生掌握相应的认知策略,找出易混淆字演示给学生。通过扩大辨别的特征,可以促进辨别学习。教师可以用不同颜色区分其关键部分。教师也可以挑出一些需要重点演练的汉字,教师告知本义后重新组词考问学生,让学生利用头脑中已知的概念生成对新概念的理解。教师还可以将同偏旁的字归纳到一起复习、听写,加深学生对部首意义的记忆并提高联想类推新字意义的能力。

课堂教学是第二语言学习最重要的途径,课堂教学可以分为"操练式"教学和"讲练式"教学两种。"操练式"主要为初级教学所采用。"操练式"课文教学一般遵循"听—读—说"的顺序。听是为了了解课文、理解课文;读是为了熟悉课文,纠正发音、流利朗读;说是为了检查记忆,重复重要语句,学会初步表达。在初级阶段,课堂操练活动进行得如何以及操练的数量和质量,直接影响到课堂教学的质量和效率。施光亨(1981)指出,语言学习是一种技能学习,语言教学是一种技能训练。语言训练需要一定数量的实践才能获得。没有数量就没有熟练,就没有语言习惯。操练就是调动学生积极"开口",参与课文内容的学习和有关技能的训练。要注意让每个学习者都有机会参与难度不等的操练,并在各自的水平上有所提高。"学生懂了"或"错误改了"就不再继续操练的做法是不可取的。语言学习的终点不是懂,而是准确、流利,这就需要有足够数量的语言操练。但也要注意的是,操练要有一定的数量,绝不只是盲目的多和快。操练要有质量标准,每一种形式的操练,要达到什么目的,解决什么问题,都应该十分明确,操练之后学生应确实有收获。操练要突出重点和难点,要针对学生可能出现错误的地方进行操练,要善于把新旧知识联系起来进行操练。

以学生为主体的有效课堂教学都很注重课堂活动设计。教师精心设计活动,让学生通过互动性的教学行为来解决某一问题或使学生对所学内容加深理解和体验。在初级综合课的教学中,使用频率较高的课堂活动主要有:① 问答活动。可以是教师问学生群体,教师问学习者个体和学习者之间互问。② 表演活动。以教材原文为脚本进行表演或者根据所学内容自编脚本的表演。③ 小组活动。④ 独立活动。例如学生独立完成课文的复述,或者对所学内容相关话题进行自由表达。

课堂活动可以调动学生学习兴趣,活跃课堂学习气氛,是很多教师都乐于使用的课堂教学方法。但在目前的汉语课堂中也存在一些问题:如课堂活动形式单一,从上课第一天起就一直使用同一种活动形式,学生很快便会对活动失去兴趣。还有,比如"表演活动"只适用于看病、买东西、点菜等情景话题,但是却被有些教师泛化地使用到每一个话题中去,从而并不能营造很好的课堂气氛。另外,不同的学生对同样的活动形式的反馈也不尽相同,性格外向、善于交流的学生可能会将自己的表演才能和语言表达能力结合起来,但是有些内向的学生却会因表演的困难加重焦虑感,课堂活动反而挫伤他们的学习积极性。对于课堂活动,如果教师始终要求全体同学一起做同样的事情、参与同样形式和内容的活动并不合适。因此,教师在备课时,对于课堂活动要充分准备、精心设计,要注意真实性和趣味性相结合,合作性和竞争性相结合,灵活性和针对性相结合。如果提出问题后已经可以预计到回答的内容或所交流的信息是双方都已知的事情,则这个活动的设计是不合格的。

关于汉语综合课教学方法的研究,目前来看大都只是一些列举性的介绍,真正系统、理论的研究还有待大家共同努力。

三、课堂教学设计

(一)教材分析

教学材料:《成功之路·顺利篇》(Ⅰ)第四课。

本教材按照"结构—功能—文化"相结合的方式进行编撰。《顺利篇》(Ⅰ)分为三个单元:日常生活、校园生活、交通旅游;每个单元各有四课,以功能项目的形式呈现;在每一课中围绕功能项目有两篇课文。

教材在语言点的呈现形式上,采纳对外汉语教学早期的"讲练模式",是经过多年教学实践检验,适宜初学者的一种编写设计。在语言点的解释中,改变以往语言点的描述角度,从立足于教师的规则性语言转变为面向学习者的实用性语言,便于学习者理解和运用。在文化方面,本教材用初级汉语有限的语言材料,尽可能多地展现文化点,使学习者在学习语言的同时,自然地感受和了解中国文化。

本教材作为一本综合性语言技能训练教材,以训练语言能力为显性设计,以传授语言知识为隐性设计,将语言知识的学习隐含在语言技能训练的全过程中。因此,编者尽量淡化语言点的知识性描述,代之以直观的插图、表格、练习等,以此最大限度地避免单纯的知识讲授。

教材在练习部分偏重听说,同时兼顾语篇的操练,符合初级阶段综合课教学的要求。

(二)教材处理

(1)语言点的解释是本教材的一个亮点,但关于语言点的操练,需要教师根据班上学生实际情况,有针对性地进行设计。

(2)综合练习部分的练习,可以结合每一篇课文的学习来做,不必等到课文全教完后再集中做。对于练习活页,教师可根据具体情况看是作为预习检查还是作为课后检测。

(3)汉语学习的任何一个阶段都不可忽视对于生词的记忆,本教材在这个方面有所忽略,教师应注意生词的学习和讲练。

(三)教案示例

1. 教学对象

大致掌握了600个左右的汉字,HSK过了2级的汉语学习者。

2. 教学时间及课时划分

本课共用6课时。第1、2课时,教授第一篇课文及相关生词和语言点,完成相关练习;第3、4课时,教授第二篇课文及相关生词和语言点,完成相关练习;第5、6课时完成活页练习、课后短文及活动化练习。

3. 教学内容

本课的词汇、语言点和邀请别人去饭馆并点菜这些功能项目。

4. 教学的重点、难点

(1)本课的重点生词。

(2)"又"和"再",特别是"又"表示"可以预计的重复"这一义项。

(3)"次"和"下",通过学习初步了解动量词的用法和位置。

(4)副词"还是"。

(5)中国的请客文化。

5. 教学目标

学习并掌握如何邀请别人去饭馆吃饭以及在饭馆点菜;学习本课语言点并能准确运用。

6. 教学方法

(1) 教授生词时不平均分配力量,对重点、难点词语,结合课文和例句精讲多练。

(2) 语法点的讲解结合课文内容,在讲解的过程中设置情境进行操练,并通过课后练习检验掌握情况。

(3) 课文要求学生预习,做到了解意思,能流利读出来。

7. 教学过程(270分钟,三次课)

第一次课

(1) PPT展示课本图片,然后提问导入课文。(10分钟)

马丁周末想做什么?为什么?

大卫觉得看电视怎么样?他想做什么?

大卫想去食堂还是饭馆吃饭?为什么?

饭馆在哪里?

大卫为什么想去那家饭馆?他去过吗?

这个晚饭谁请客?

边提问边板书重点词语:

累　无聊　开　味道　不过　AA制

(2) 不看拼音,学生轮流试读这些词语,教师正音带读。(生词部分一共20分钟)

(3) 讲解生词"开"、"不过"。

开:先复习学过的义项"开门"、"开窗户",然后过渡到"开饭馆"、"开书店"等。

不过:简单指出跟"但是"的异同,由于不是本课的重点,不详细讲解。通过完成句子让学生有所了解。如:

这件衣服不太好看,(不过很便宜。)

出去玩很累,(不过很开心。)

外边的风很大,(不过不太冷。)

(4) 给出情境要求学生选择合适的生词填空。

大卫喜欢那家饭馆,是因为菜的(　　)不错。

这个星期有考试,我一直认真学习,所以周末的时候觉得很(　　)。

今天我去爬山了,回来后觉得很(　　)。

我的朋友都出去了,就我一个人在宿舍,我觉得很(　　)。

（5）简单讲解剩下的几个生词。

（6）PPT 上显示课文内容，教师领读，然后让学生一个坐着（演马丁）一个站着（演大卫），看着 PPT 朗读，教师正音、纠正语气语调。（5 分钟）

（7）PPT 显示课后综合练习中"根据课文内容填空"的练习，稍作准备后让学生接龙朗读并填空。这个练习要求学生很快地接上上一位同学，使课堂有一定的紧张度。（5 分钟）

（8）做第一个听录音的练习。（10 分钟）

（9）讲解、操练语言点"又、再"和"次、下"。（35 分钟）

A. 又、再

教师做动作，要求学生说：

老师给了××一本书。

PPT 显示这个句子。再给××一本书，要求学生继续说，由此引出"又"。之后给出情境继续操练"又"，同时在 PPT 上显示出句子。最后引导学生找规律，即这些句子的动词后都有"了"，表示动作是已经发生的。

接着问学生，我今天给了××一本书，还有一本书要明天给他，可不可以用"又"，由此引出"再"。然后给出情境操练，总结"再"用于还没有发生的事情。

让学生找出课文中有"又"和"再"的句子，复习前面内容后引出"又……了"的结构，告诉学生，"又……了"的结构常常用来表示现在已经知道将来要发生什么事情。为什么知道呢？可以让学生回答后教师总结。

B. 次、下

PPT 显示课文句子：上星期山本请我去吃了一次，前天我自己又去了一次，今天再去吃一次。问："我"去吃了几次？引出结构：动词＋数量词＋次。

继续举例操练后引出带宾语的句子，得出结构：动词＋数量词＋次＋宾语。之后继续给情境操练巩固。最后告诉学生，"次"是一个动量词，和数量词结合后放在动词后面作动量补语。

教师做拍手的动作，学生说出句子。教师拍三下，要学生用动量补语的形式说，学生可能会说几次，教师纠正，告诉学生要用"下"，PPT 在出现句子后着重指出"下"用于时间很短的动作。继续做动作，学生说句子：老师笑了一下；老师看了一下手表……

PPT 显示"我要去一（　　）洗手间"，"你可以问一（　　）服务员"，学生填空后问学生为什么用"下"，再次巩固一下。

再出现"我想在宿舍看看电视，休息一下"、"这个蛋糕我可以尝一下吗"，问学生可不可以换成"一次"?引出"一下"在这儿是表示"休息休息"和"尝尝"的意思。

把前面PPT中演练"次、下"的句子中的这两个词隐去,让学生填空读出,进一步加深印象。

(10) 回顾本次课教学内容,布置作业。(5分钟)

A. 抄写本课词语;

B. 熟读课文,准备下节课复述课文;

C. 预习下一篇课文,熟悉菜的名称。

第二次课

(1) 检查作业情况:PPT显示第一课内容,学生齐读;显示"根据课文内容填空"的练习,进行全班复习。然后PPT显示"根据提示复述课文"的练习,先集体练习,然后点名单独完成。(10分钟)

(2) PPT显示菜的图片,要求学生根据预习说出菜名;再鼓励学生说出他们喜欢吃的菜。稍稍补充中国菜系知识。(10分钟)

(3) 要求学生积极发言,说出与去饭店吃饭有关的词语。这个过程教师可以提示,引导学生说出本课的一些生词,同时板书:

服务员 菜单 点菜 特色菜 蔬菜 鸡蛋 汤 果汁 打包 买单

(4) 学生轮流试读这些词语,教师正音。(3、4部分15分钟)

(5) PPT显示课文内容,教师先领读一遍;然后学生分角色朗读(两位扮演顾客的坐着,扮演服务员的站着),教师正音并提醒学生注意语音语调。

(6) 教师就课文内容提问,学生迅速回答。(5、6两部分一共10分钟)

今天谁点菜?

马丁为什么不点菜?

他们一共点了几个菜?

他们点蔬菜了没有?是什么蔬菜?

他们打算喝什么?

剩的菜他们打算怎么办?

(7) PPT显示"根据课文内容填空",学生稍作准备后以接龙方式边填空边朗读。接龙可以从一小句一小句开始到一大句一大句甚至一个句群。(10分钟)

(8) 做第二个听录音的练习。(10分钟)

(9) 讲解、操练语言点"还是"。(20分钟)

PPT 显示书上图片,问:

他们怎么去天安门?

为什么坐地铁去?

那位女孩子怎么说的?

学生一边回答一边在PPT上显示句子,"还是"用颜色标注。继续问:

刚才的菜是谁点的?

马丁为什么不点菜?

所以马丁是怎么说的?

学生一边回答,老师一边在PPT上显示句子,"还是"用颜色标注。继续问:

课文中还有用"还是"的句子吗?哪一句?为什么这样说?

PPT显示书上"语言点注释"的三个例句,继续问为什么这样说。最后总结:有好几个东西或事情可以选择时,"还是"用来表示说话人的选择。用"还是"表示选择时,常常在前面或后面一句话中告诉别人为什么选择这一个。

PPT显示书上的练习,让学生两个一组进行问答,然后课堂汇报。

(10) 回顾本堂课教学内容,布置作业。(5分钟)

A. 抄写本课词语;

B. 熟读课文,准备下次课复述课文;

C. 完成会话练习1;

D. 预习课后短文,准备回答问题。

第三次课

(1) 检查作业情况:PPT显示课文内容,学生齐读;显示"根据课文内容填空"的练习,进行全班复习。然后PPT显示"根据提示复述课文"的练习,先集体练习,然后点名单独完成。(10分钟)

(2) 学生分组,练习点菜。(可以两个学生扮顾客,一个扮服务员;也可以三个或四个学生扮顾客,一个扮服务员。)教师巡视,加以指导。(10分钟)

(3) 摆好桌椅,给学生准备好菜单,让学生进行表演。表演可以从邀请别人吃饭开始。鼓励学生在紧扣课文内容的前提下有所发挥。(20分钟)

(4) 根据学生表演,自然把话题引导到短文中,完成短文练习。(10分钟)

（5）带领学生回顾第四课所学内容。发活页练习，限时完成。（25分钟）

（6）布置作业：带领学生回顾、复习本单元的四课课文，布置课后完成综合测试活页。（15分钟）

8. 教学反思

（1）本课的内容是学习如何邀请别人去饭馆吃饭以及点菜。由于学生已经在中国生活了一段时间，对于这些事情可能并不陌生，因此在教学前应该了解学生真实的学习起点，如果对这些内容已有所掌握，可以增加一些跟这个话题有关的内容，以满足学生的求知欲，提高他们学习的积极性。

（2）"又"表示可以预见的重复，由于是还没有发生的事情，学生容易与"再"产生混乱，不如变成一个"又……了"的结构让学生掌握，同时指出"又……了"结构中的"又"要紧跟主语，就解决了"又"或"再"与能愿动词同现的句子，位置不一样的问题。

（3）本课的语言点中，"一下"、"一次"作动量补语，书上的注释中出现的句子是这样的：

昨天我给你打了两次电话，你都不在。

大卫从后面拍了我一下。

动量补语一个放在动词后宾语前，一个放在了宾语后。这种情况如果不跟学生说清楚使用的条件，学生经常会类推出错误的句子。应该根据学生水平加以处理，如果学生水平不太高，可以把"一下"的这个句子改掉，改成不是表示人的宾语，以跟"一下"例句结构一致；如果学生水平较高，在讲完上述内容后可以再出现书上的例句，告诉学生宾语如果是表示人的，"一下"常常放在宾语后。

（4）让学生进行表演时，容易出现跑题的情况。在指导学生表演时要事先告诫学生，不要说跟去饭馆点菜无关的话，但同时要鼓励大家尽量发挥，对于发挥得好又紧扣所学内容的要及时给予表扬。

第五节 中高级阶段的综合课教学

一、中高级汉语综合课的教学现状

中级阶段的汉语学习者，按照国家汉办《高等学校外国留学生汉语教学大纲（长期进修）》（2002b）的描述，是"已基本掌握了普通话语音；已学过并初步掌握汉语的基本语法结构；领会式词汇量在2000~4000词之间，复用式词汇量在1000~2000词之间；已具有初步的听说读写能力和用汉语进行日常生活交际的能力"的学生。高级阶段的汉语学习者,一般来说,指在中级阶段学习过一年汉语的学生或经测试汉语水平超过中级水平的学生。

初级汉语综合课是汉语学习的起点和基础,学习人数远远多于中高级学习者。因而,初级汉语教学相对而言经验多、成果多。加之学习初期,所学内容比较简单,学习者学习汉语的积极性也较高,学习者能明显感知自己学习的进步和收获。到了中级阶段,大多数学习者会有一种"停滞不前"的感觉,即所谓的"平原期"。这种情况在外语学习中普遍存在,因此中级阶段更要注重提高教学质量,使学生能平稳穿越这个"瓶颈",继续深入学习下去。但是,由于对外汉语教学还是一个新兴的事业,在目前的中高级汉语教学中,存在不少问题,需要我们的教师在教学时能有所注意,积极反思,探索创新。

汉语综合课中级阶段的问题主要有:① 重视生词、语法,忽视课文教学。主要表现在课堂上以词语教学为主,生词和语法的讲练过多过细;而针对课文和语段的训练相对不足,从词到句讲练多,从语段到语篇讲练过少。在讲解的过程中,一般都是先读生词,并逐一进行详细解释,再读课文,逐句解释,然后讲解语法点,最后做练习。甚至有的老师把综合课上成了语法课,没有体现综合课的特点,只顾对生词、语法进行精讲、细讲,而忽视了基本语言技能的综合训练。当然,出现这种情况也跟教材有一定的关系。目前有些教材编写体例比较陈旧,词汇量偏多,语法太细,课文过长,话题过时,难以进行语段操练,课文和练习往往注重系统,忽视功能,只考虑了语法规范而忽视了语言的生活性、时代感……这些因素导致综合课还是以老师的灌输为主,缺乏必要的操练。② 忽视书面语教学。到了中级阶段,学生已经掌握了不少基本词汇,语言表达的积极性也提高了。但是,外国学生一般不太了解汉语语体上的差异,往往在日常口语中用了书面语体,而在书面语体中会用口语语体,特别是书面语中的口语化现象比较严重。这就需要教师在讲解和操练时,注意区分不同的语体并逐步培养学生的语体意识。出现这种情况跟教学法有一定的关系。在初级阶段,以听说为主的教学法有其积极的作用,但以口语听说为主导的教学法训练出来的学生,在书面表达能力方面极其薄弱。到了中高级阶段,书面语的教学应予以足够重视。综合课的教学应在表达方面承担一部分书面语教学的任务。

高级阶段的教学现状为:课堂教学一般按照重点词语讲练,词义辨析,串讲课文并介绍相关的知识、作品人物及主体思想分析。练习主要是词语、语法结构的练习及就课文回答问题。虽然综合课一直强调要进行听、说、读、写技能的综合训练,但在课堂实际教学中,这一教学目的的实现难以得到保证。比如"听",学生在课堂上听到的,不外乎教师对课文内容、词语、文化背景知识的讲解,及其他同学对教师提问的回答(虽有少数配合课文的电影、录像等,但大多不加处理、讲解、检查)。"听"的范围是给定的、狭小的。再比如"说",多为复述课文及回答问题,内容局限在课文固有信息量的来回传递上。"读",高级汉语课的教学目的之一是"培养学生的快速阅读能力",但实际上综合课并未承担泛读、速读的训练任务。并且,从课程的教学目的、方法和课时来看也无法承担。"写",实际做到的只是造句练习和部分课文问题回答,专用文体另有写作课来承担(王晓澎、倪明亮,1991)。这种教学导致高级阶段的学生在听、说、读、写上没能达到应有的要求。学生的现状多为:听不懂新闻广播、电视播音,听正式场合的发言(如座谈会、讲演、业务洽谈会等)也颇感困难。关于"说",常见的问题有中心不明、层次混乱、语言连贯性差、简单句居多等。至于语言的通顺与语言的得体性则更次。与对方意见不一致时只习惯说"不对"而不会使用较委婉、恰当的语句表达。阅读方面,突出问题在理解上。对有关中国社会政治、经济、体制诸方面,对文化传统、习俗民情、心理特征、观念意识在了解和把握上有一定困难。写作上的问题主要在对使用文体的了解、熟悉,书面语言特点的掌握,标点符号的正确运用上。与"说"的问题相近,也有中心意思不明确,层次较混乱,语句欠连贯,用词不恰当,篇章结构混乱等问题。因此说,在高级阶段,学生的语言关并未通过,仍处于语言学习的基础时期。所以,不能只注重于语言知识和文化背景知识的灌输传授,而是应该在整个高级阶段,充分重视语言技能和交际技能的训练。

二、教学建议

从上面的分析可以看出,中高级阶段的汉语教学应该是基础阶段的延伸和发展,整体上仍属于基础性教学。也就是说,中高级阶段的外国学生仍然处在把汉语语言变成言语的过程中,以培养提高交际能力为目的的基础课即语言技能训练课仍然应该占据主体地位。中高级阶段的对外汉语教学是在更高层次上丰富和扩大学生的汉语和中国文化知识,是有意识地培养学生汉语语感的过程,其核心任务是进一步全面提高学生的汉语听、说、读、写能力,其最终目标是培养学生能够自由地运用汉语进行交际。具体教学建议为:

1. 语音部分

通过初级阶段的学习,学生已掌握普通话的基本语音和汉语拼音,但语音错误仍然大量存在。因此,中级阶段的语音教学应有针对性地正音,注重声调、语调的训练,要求学生语音语调标准自然,并能较好地运用重音、停顿等表达语义。高级阶段在继续抓好语音、语调的基础上注重培养学生运用声音技巧的能力,要求学生语音、语调准确自如,并善于运用声音技巧表达丰富的语义。

2. 词汇语法部分

词汇教学是中级汉语教学的一个重点,讲练的重点为:扩展能力较强的词语和结构;同义、近义常用词；多义词；活动能力较强的口语词；褒贬义分明、感情色彩强的动词、形容词等。在综合课的教学中，词语讲解要密切结合课文内容，要尽量设置情境，用句子来解释，以便于学生运用。尽量避免使用术语，如"表示'假设'、'让步'"，"是'委婉'的说法"等，越解释学生越不明白。对于多义词的讲解，不必一股脑儿把一个常用词的几个词义或用法都搬上课堂，结合课文讲解词义并把以前学过的词义带出来就可以了。中级阶段每一课的生词都比较多，所提供的搭配和例句的量也相当可观，还有相当数量的词语例释，很多教师结果把大量时间和主要精力放在了处理词语上。针对这个问题，可以对词语分类处理：第一是那些与外文等值的有对应关系的"领会式掌握"的词语，直接交由学生看，翻译即可；二是把大纲要求中级学生掌握的词语标出来，对其中"复用式掌握"的词语结合课文进行词语搭配，以加深印象；三是一些对句法、语义、语用有制导作用的词语，可以在处理完一个完整的语段后再通过例句、结合课文来讲，让学生领悟，举一反三。高级阶段的教学则要从词语的大量讲解中走出来，因为高级阶段的学生其主要问题不是词汇量不足，而是不能自由运用脑子里已有的词语来灵活正确地表达自己的思想感情和意见主张，完成交际活动。因此，高级阶段的词汇教学不能孤立地讲词语或只是简单地组织遣词造句练习，而应该在相关的上下文语境和真实的交际环境中让学生来运用词语。高级阶段要注重语段教学和训练，在语段训练中进行词语教学。此外，中高级的词汇教学中还需注重口语与书面语的对比，培养学生书面语表达能力。根据吴丽君（2004）的研究，外国留学生的语体偏误主要集中在同义词和近义词的选用上，而近义词中适用于不同语体是其中最重要的一点（比如：头部—头—脑袋）。书面语教学在对外汉语教学中几乎还是一片空白，希望能引起广大教师的重视。

中高级阶段的语法教学相对比较薄弱，主要是我们以往将语法教学主要集中在初级阶段，造成初级阶段语法教学量多、难度大，而中高级阶段只能用词义辨析、词语搭配等来充数。吕文华《关于中高级阶段汉语语法教学的构想》（1993）一文，提出将语法教学按初级、中级、高级三个阶段划分为三个循环周期。中高级两个阶段的语法教学在内容上应与初级阶段互相衔接贯通，并有所补充、扩展和深化。具体而言：① 语法教学必须由以往仅着重于词语和句型拓宽到语素、词组、句群。这五个层面的教学内容按教学的不同等级进行合理安排并有所侧重。五个层面的教学内容应贯穿在教学的各个阶段，并做到上下衔接和贯通。② 从初级到中高级，所学的语法项目或是语法形式的外延拓展了，或是表意的层次加深了，或是用法变化了，对此都应该有计划地进行规范，使同一语法项目从初级到中高级各个阶段由浅入深、由易到难地循序递进。③ 初、中、高三个阶段都应深化扩展语法教学，包括深化句法分析、语义分析和语用分析。也就是说，在中高级阶段的语法教学中，要有计划、有步骤地对初级阶段学过的语法进行补充、扩展和深化,要加强语素、词类和语篇的教学。

3. 课文部分

对于大多数的学生来说,他们学习汉语并不只是为了掌握语法理论和语法知识,而是为了掌握将词组合成句子、语篇以进行有效交际的技能。在中高级阶段的综合课教学中,要培养学生的成段表达能力,首先应重视现成的语料——课文的教学。中高级课本中的课文,每篇都是经过编者精心挑选的原文语料或是稍加改写的文章,是进行语段教学、培养学生成段表达的最佳语料。如何利用课文来进行成段表达训练?例如:通过对课文的阅读,对其中重要的词语、句式的讲练,使学生对课文的基本内容有了充分的了解。在熟读并理解了课文内容后,教师可以把以原文内容为主线的故事或段落内容进行"重组"练习,即教师把课文中所用的重点词语、基本表达方式板书出来,让学生在不改变原文的基本框架和故事情节的情况下,尽可能地用这些词语重新构建原文的内容。此外,围绕课文内容进行讨论,也是中高级阶段汉语综合课常用的训练手段。在理解课文的基础上,先让学生回答与课文内容有关的问题,然后鼓励学生就课文内容提出问题或看法,并从中挑选某一问题进行讨论。这样既能使学生理解课文、掌握词语,同时也能通过彼此间的讨论达到语段交际训练的目的。

三、课堂教学设计

(一) 教材分析

教学材料:《拾级汉语》第8级第三课。

本册教材是系列精读课本中级的最高级,共有8课课文,8周左右的时间可以教完。

每课包括词语、课文、注释、词语选讲、语言点和练习6个部分。每课的词语在50个左右,给出了词性,并在课文中标出了序号,方便查找。每课选取了10个生词进行讲解,有比较丰富的例句。课文题材、体裁广泛,具有较强的趣味性、真实性和时代性。语言点主要是固定结构,解释比较浅显、易懂,学生基本能够自己看懂。练习设计层次清楚,第一部分是对课文中出现的重要词语和语言点的练习;第二部分是对课文的理解以及与课文相关的任务活动;第三部分是与课文内容相关的文章的阅读练习。

(二) 教材处理

(1) 每课生词较多,可以结合文章段落,分几次讲解;文章后的词语选讲可以布置学生预习,课堂通过练习检查学生预习掌握情况,如果掌握得好,就可以过去,掌握不好再一起学习;除了"词语选讲"的词语,教师可以根据实际情况和学生需要适当补充其他重要词语,但不应该所有的词语都精讲。

(2) 课文的处理可以分层次进行:首先要求学生通读全文,知道文章整体结构和主要内容；然后结合生词的预习和复习能流利朗读课文，在朗读的过程中找出不明白的语言点和句子，教师讲解；最后能根据课文内容回答相关问题并就某些问题展开讨论，并能根据提示复述课文，注意用上本课学习的生词和语言点。

（3）本教材的练习客观题较多，但从语言习得的规律来看，主观题和客观题的比例以 7∶3 为宜。因此，教师在教授的过程中要根据实际情况，设计一些跟本课重点词语和语言点相关的练习，帮助学生巩固所学内容。

（三）教案示例

1. 教学对象

大致掌握了 2200 个生词，HSK 过了 4 级的汉语学习者。

2. 教学时间及课时划分

本课共用 8 课时。第 1、2 课时，通读课文，了解本课结构，讲述议论文基本结构并学习 1—16 个生词；第 3、4 课时，学习剩余生词及课文第一部分；第 5、6 课时，学习课文第二部分及课文中的语言点；第 7、8 课时完成课后练习，导入新课。

3. 教学内容

本课的词汇、语言点及议论文的写作方法。

4. 教学的重点、难点

（1）词语：按照，遭到和遭遇，着重，强烈、激烈、猛烈和剧烈，体现，纯粹和纯，全都和全部。

（2）语言点：不至于，以致，因为……所以，宁可……也，虽然……但，就连……都。

（3）分析议论文的写作方法。

5. 教学目标

（1）掌握课文中的主要词语及语言点，能正确运用。

（2）能就课文内容、观点发表自己的看法。

（3）提高议论文的写作能力，能模仿课文写作。

6. 教学方法

（1）教授生词不平均分配力量，对重点、难点词语，结合课文和例句精讲多练；

（2）语言点的讲解可以在学生预习作业的基础上针对偏误进行，之后再根据学生作业完成情况创设情境继续操练巩固；

（3）课文以教师点拨、学生自学为主，通过课堂问、答形式检验学生学习效果，通过课堂讨论和活动加深对课文的理解，通过短文写作灵活运用课堂所学知识。

7. 教学过程(360分钟,四次课)

第一次课

(1) 课文通读。(45分钟)

在学生已经预习的基础上提问(有些问题可以学生两个一组商量后回答):

我们这篇课文的题目是什么?什么意思?作者一开始就提出这个观点了吗?那课文一开始讲什么了?显然作者不同意这个观点,他通过什么来说明这个观点是不正确的?通过这个实验作者得出了什么结论?你认为这个结论有道理吗?作者讲了一件什么事情可以证明这个结论是有道理的?这个还不是作者的观点呀,那他是怎么引出自己的观点的呢?作者通过什么方法来证明他的观点是正确的?

教师一边提问,一边引导学生回答,同时在黑板上写出本文的结构:

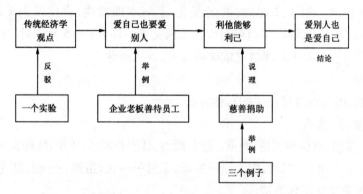

之后与学生一起简单回顾本课的结构以及议论文的写作方法,擦掉板书,学生集体回顾板书内容,轮流说出课文大致内容。这部分要引导学生说出衔接篇章的关联词语并进行强调。

(2) 生词学习。(40分钟)

学生不许看书,PPT显示1—16个生词。学生轮流朗读,其他学生或教师正音。

学生分别就生词中自己难以解决的问题向教师提问,教师可以把问题交给其他学生来解决,学生解释不了或解释得不够完整教师再根据具体情况给予解释。如果学生问的问题都解决了,但可能有的问题学生并没有发现,而教师认为它们还值得引起注意,可以用提问的方式,将问题提出,请学生回答,教师适时给予解释。

主要的词语有:

按照:后面接双音节词语或短语。如:我们按照成绩分班。按照(考试)成绩,我们把学生分成不同的班。按照出发的时间算,他应该已经到北京了。

有利:有两点需要注意。一是"对……有利"等于"有利于……";二是"有利"的反义词是"不利"。

遭:不要单独讲,讲"遭到"这个词语。如果单独讲"遭",学生在使用时经常会忘了"到"。"遭到"和"遭遇"的区别主要在"遭到"后所跟词语为动词,"遭遇"后是名词。

强烈、激烈、猛烈、剧烈:事先布置学生预习时每个词找三个句子,课堂汇总后引导学生从例句中找出差异。

着重:把重点放在某个方面去做。注意其后要跟双音节动词或动词短语。

(3) 布置作业。(5分钟)

A. 熟读课文第一部分,不理解的部分做好标记。

B. 预习剩余生词。

C. 模仿造句练习。

第二次课

(1) 第一部分课文。(40分钟)

学生轮流朗读课文第一部分,学生就不懂的语言点及句子提问,教师解答。主要的语言点有:

各V各的(N):意思学生容易明白,要注意的是V一般是单音节的。通过创设情境让学生用这个语言点造句来加以巩固。

虽然……,但……,所以宁可……,也不……:这个句子套叠了几层关系,比较复杂。请学生上黑板写他们课前已经做好的模仿造句,一边修改一边与学生厘清其间的层次关系,视作业完成情况进行操练巩固。

教师先示范,引导学生用自己的话把课文中的实验讲出来,之后学生轮流讲述,注意关联词语的运用。

口头完成课文后相关问答题。一个问答题可以请多个学生来回答。

(2) 生词学习。(45分钟)

学生不许看书,PPT显示17—50个生词。学生轮流朗读,其他学生或教师正音。

学生分别就生词中自己难以解决的问题向教师提问,教师可以把问题交给其他学生来解决,学生解释不了或解释得不够完整教师再根据具体情况给予解释。如果学生问的问题都解决了,但可能有的问题学生并没有发现,而教师认为它们还值得引起注意,可以用提问的方式,将问题提出,请学生回答,教师适时给予解释。

主要的词语有:

纯粹、纯:两个词做形容词时都可以表示没有杂质,百分之百,但"纯粹"倾向于表示抽象的事物,如~的民主思想、~的利他行为等;而"纯"常常是用来表示纯度的,如~棉、~酒精、~白等。两个词做副词时,"纯粹"多跟"是"连用,表示判断、结论的不容置疑;"纯"限于用在少数几个单音节词前面,一般在公文等正式文体中使用。

体现、表现:"表现"表示人通过自己的行为,主动地把自己的能力、技艺等显示给别人看;"体现"主要表示某些抽象的内容通过具体的事物、行为本身显现或反映出来,不表示人主动地显示给人看的意思。

修建:"修建"是一个偏义复词,"修"没有意思,只有"建"表示施工的意思(多用于土木工程)。表示修理建筑物,一般用"修缮"这个词。

近义词辨析是中高年级学生非常喜欢提的问题,但有的时候可以看出学生明显没有去深究过这两个词,只是随时想到提出来的。教师要对这些提问进行过滤,挑选符合学生现阶段学习水平、确实容易出现偏误的详细讲解,有些只需要单独跟提问学生交流就可以了。

近义词辨析在讲解以后一定要通过大量的练习来检验学生是否已经真的搞明白。练习可以是选择填空,也可以是完成句子等。

本部分的生词有一个选择词语填空的练习,33个词语,20个空格。通过练习检查学生对生词的理解程度,视练习情况对生词进行查漏补缺。

(3) 布置作业。(5分钟)

A. 复习生词,准备听写。

B. 熟读剩余课文,画出语言点及不理解的句子。

C. 用自己的话写出书上那个有名的实验。

第三次课

(1) 听写生词,同学互批,教师把典型错误写在黑板上进行强调。(8分钟)

(2) 第二部分课文。(35分钟)

学生轮流朗读课文。教师就语音语调进行正音。

学生口头回答课文后面的相关问题。

让学生用自己的话复述课文中所举的四个例子。

(3) 语言点。(20分钟)

不至于：表示不会达到某种程度。这种程度一般用动词短语来表示,是说话的人不希望发生的事情。通过对课文例句的详细分析让学生明白"不至于"的用法,再设置一些练习让学生掌握。

以致：用在后一小句开头,表示前面的事情或动作产生的结果,一般是不好的或者说话人不希望的。

（4）课堂完成课后练习二、三、四。(17 分钟)

（5）回顾全课,布置作业。(10 分钟)

A. 复习课文,准备填空、复述。

B. 完成课后练习五、六。

C. 组织分好正反方,明确各自观点,课后准备辩论内容,下次课进行辩论。

第四次课

（1）课文复习。(15 分钟)

PPT 显示有空格的课文缩写,学生根据课文内容填空。空格主要是关联词语和本课出现的重要词语及语言点。

PPT 隐去课文缩写的内容,只出现刚才所填的词语及语言点,要求学生根据这些词语复述课文内容。

（2）检查、处理练习。(45 分钟)

对练习二、三、四的答案,根据学生完成情况进行讲解。

练习五、六请学生上黑板写出答案,集体讲评。随即布置作业：课后对自己的练习进行修改并誊写到作业本上,下次课交给老师批改。

学生进行辩论。辩论时未参加辩论的同学负责记录,等辩论结束后根据记录进行点评。教师负责这些环节的组织工作。

（3）扩展阅读。(25 分钟)

当堂限时完成阅读及练习(一),教师在跟学生对答案的过程中适时讲解阅读技巧。

（4）布置作业：导入第四课,要求预习第四课课文,准备下节课上讲台向同学介绍中国人的"面子"并回答同学的提问。(5 分钟)

8. 教学反思

（1）到了中级汉语的后期,学生的自学能力更强,应该布置学生更多的预习任务,把课堂时间更多地用于练习。因此,本阶段的 PPT 的设计主要是为了检验学生的预习情况,让学生在课堂上能够不那么依赖课本,而是更多地抬头听讲,进行操练并做一些有创造性的活动。

(2)本阶段应该把更多的时间用于语段、语篇的教学,而不是生词、语言点的教学。要让学生多做一些主观练习题而不是客观练习题,以提高他们准确、得体运用所学语言知识的能力。

第六节 汉语综合课教材分析

一、综合课教材概况

综合课作为对外汉语教学的主干课、核心课,其教材承担着系统传授语言知识的任务,承担着听、说、读、写综合训练的任务,因此,综合课教材一般都以相关大纲为依据,系统而重点突出地实现大纲所规定的语言要素教学目标。同时,作为面向成人教学的外语教材,综合课教材也体现着汉语结构规则的系统性和完整性。

目前,综合课教材最主要的结构模式为"结构—功能—文化"相结合的模式。虽然以功能为纲或话题为纲,淡化语法,走交际路子的教材在英语、法语、德语等第二语言教学领域已很普遍,但汉语作为第二语言的教材,依然采取以结构为基础,结构与功能、文化相结合的路子。这样的情况是由汉语本身的特点和成人学习第二语言的认知原则决定的。汉语语言结构在教材中按照系统性和循序渐进的原则进行编排,且不断重现,便于学生掌握跟其母语很不相同的语法规则。从多年教学的经验来看,语法和句型教学不仅不能淡化,甚至有强化的必要。当然,这里所说的强化绝不是指大讲语法理论,而是要把汉语句子的组装规则教给学生。学习语言结构是为了表达一定的功能,达到用语言进行交际的目的,所以结构的教学必须与功能的教学相结合,语言结构的教学必须引向语言功能的教学。再就是"文化"问题。文化首先跟教材课文的内容密切相关,如果课文完全为学习语言结构服务,或者完全以功能或话题为纲,学习者会觉得单调乏味。只有融入了丰富的人文内容的课文,才能激起学生学习的兴趣,使学生有不断深入学习下去的动力。"结构—功能—文化"相结合的教材,遵循先易后难、循序渐进的语言习得规律,体现对外汉语教学培养学生语言交际能力的目标,因此是现在主流的对外汉语教材模式。

目前比较有代表性的汉语综合教材有《新实用汉语课本》(北京语言大学出版社,2002)。全书共六册70课,前四册为初级和中级以前阶段综合课教材,后两册为中级阶段综合课教材。全套教材的目标是,通过语言结构、语言功能与相关文化知识的学习和听、说、读、写技能训练,逐步培养学习者运用汉语进行交际的能力。教学内容采取圆周式的编排,多次循环重现，螺旋式上升；加强功能项目的教学；着眼于非汉字圈汉语学习者的难点，强调由易到难，按汉字规律教学。此外还有《新编汉语教程》（北京语言大学出版社）、《发展汉语》第二版（北京语言大学出版社）、《汉语教程》和《攀登——中级汉语教程》（北京语言大学出版社）、《博雅汉语》（北京大学出版社）等，都是目前国内对外汉语教学界广泛选用的初、中、高级综合课教材。

二、初级教材分析

把比较系统的语法知识传授给学习者，可以帮助初级学习者大大提高学习的效率。基础阶段的综合课教材几乎都是以语言结构为主线，又主要以语法教学为纲，以体现语法的系统性和语言结构的内在联系。因此，衡量一本初级教材的好坏，教材中语言点的确定以及编排顺序是重要的考量因素。杨德峰（2001）认为初级汉语教材中语言点的确定和编排主要有三种模式：大系统化—非系统化、非系统化—非系统化、非系统化—小系统化。

"大系统化—非系统化"指在确定语法点时注重汉语语法的系统性，即从词、词组（结构）、句子到复句，各个方面面面俱到。但在编排语法点时却不注重一些相关的语法点或复句语法点的不同用法，不追求系统性，不把这些语法点编排在一课或连续几课中学习，而是根据课文的需要或编写者的经验来编排它们。北京语言大学的《基础汉语课本》、《实用汉语课本》和北京大学的《汉语初级教程》等属于这一类。这种模式可以展示汉语语法的全貌，便于学生了解汉语语法的系统，但由于太重视语法的系统性，追求大而全，结果是一方面使初级语法复杂化，另一方面也缺少针对性。虽然教材中具体出现的语法点是经过筛选的，但这种筛选一般是靠编者的经验或感觉，很难真正体现语言习得的难易顺序。现在出版的教材已很少采用这种模式。

"非系统化—非系统化"指在确定语法点时不注重汉语语法的系统性，完全根据学生或教学的需要从大纲的语法项目中进行挑选。在编排语法点时也不注重系统性，不把这些语法点编排在一课或连续几课中学习，同样根据课文的需要或是由易到难的原则来编排。黄政澄主编的《标准汉语教程》属于这一类。这种模式主要从学生出发，能使学生真正掌握汉语的语法难点。但也应该看到，编者在选择语法点时缺乏一些具体的、科学的操作方式，同样容易受到主观因素的影响。只是相较于第一种模式，这个模式在确定语法点时具有一定的针对性，能够做到有的放矢，编排上也比较遵循先易后难的原则。

"非系统化—小系统化"指在确定语法点时也不注重汉语语法的系统性，但在编排语法点时却注重相关语法点的系统性，尽可能地把这些语法点编排在一起，因此称为"小系统化"。1999年出版的"汉办"规划教材《标准汉语教程》（初级）就属于这一类。这种模式在确定语法点时有跟第二种模式一样的优缺点,而在强调"小系统化"方面,则有一个很大的缺陷。编者把相关的语法点全部编排在一课之中,一味追求某一语法点的系统性,忽视了学生的语言水平,结果只能是事与愿违。现在的初级教材也极少采用这种模式。

可以看出,上述三种模式的初级教材各有利弊。那么,什么样的教材是比较好的初级教材呢?我们可以通过下面几个方面来衡量:首先看教材选择的语法点是否有针对性,即是否把学生学习汉语的难点挑选了出来,并在课文中进行重点讲练。其次是看展示的语法点是否适度。一些意思或用法比较复杂的语法点,不必把所有的意思或用法全部列举出来,只需把这个语法点比较有代表性的、常见的意思或用法展示出来让学生先掌握就可以了。此外,要看语法编排是否循序渐进,即哪些语法点先出现,哪些语法点后出现,是否体现出了语言习得规律。四是看教材在编写时有没有将复杂的语法项目分散编排。如助动词"能、会、要、想、可能、可以、应该、得"等,是在一课编排还是分散到了不同的课文里面。当然,有分散也必须要有集中,这些语言点讲完后应该通过复习单元或小结的方式适时地加以总结。五是要考察每课出现的语法点的数量,初级阶段每课不宜超过三个,像"把"字句等,更是每课一个就足够了。

三、中高级教材分析

中级阶段综合课具有承上启下的特点,一方面要巩固、强化和深化、细化初级阶段学到的基本语言知识,另一方面也要为高级阶段的学习打基础。这就要求中级汉语教材在编排时要考虑常用词汇、功能项目和语法格式等的有机结合。高级阶段是一个提高的过程。经过初中级的学习,学习者已经较为熟练地掌握了汉语的基本语法和常用词汇,能够满足一般的表情达意的需要,也具有了一定的阅读能力。因此,高级阶段的综合课教材中要融入书面语、语篇等知识,以进一步丰富和深化学生的语言知识,提高他们的汉语阅读理解能力和口头、笔头表达能力。

前已述及,目前我们的语法教学一般是初级一年完成了基本语法的教学,导致中级阶段出现"语法不够,词汇来凑"的局面,反映在教材中就是中级阶段的课本里每课都有大量的生词。赵新等(2006)通过对中级精读教材的分析发现,由于中级教材开始采用自然语料,大多教材的生词量都比较大。根据调查,中级综合课教材每课的生词量应保持在 40~55 个之间,逐册增加。另外,一册中每课生词的数量不能相差过大,应当保持 5~8 个之间。其次是生词等级的控制,这是目前中级教材的大问题,生词超纲现象比较普遍。有些人认为没有必要控制生词的等级,如果控制等级,就会影响语料的生动和恰当,影响学生对语料的兴趣。但要保证中级教材确实是中级水平,就必须控制生词的等级。教学大纲中提出:在教材编写和实施教学中,可根据情况对语言教学内容做一定调整,其中中级词汇的调整幅度为:达纲≥80%,超纲≤20%。也就是说,看一本中级教材是否合适,其中级词汇是否至少占到70%~80%,高级词与超纲词的比例是否至多为20%~30%是一个重要的标准。

  练习也是衡量一本教材好坏的重要因素。翻阅中级综合课教材,我们发现各种教材的练习各有特点,有的练习着眼于语法和词汇,形式有五六项;有的练习着眼于文化和社会背景,只设计讨论题一项;有的练习着眼于汉语水平考试,几乎全是HSK模拟题;有的练习是三者兼顾,既有语法和词汇方面的,也有文化和社会方面的讨论题及HSK模拟题。练习是完成教学任务的一个重要环节,是学生进行语言实践的"基地",因此练习的设计要有明确的目的性,要把课文中的语言点设计成练习题目来反复进行操练。哪些是重点练习,哪些是对比练习,哪些是综合练习,哪些是专题练习,哪些是反复练习,都要精心设计,有的放矢。不仅学生通过这样的练习可以很好地巩固课堂所学,达到教学目标,就是一些还缺乏经验的教师,也可以通过练习知晓本课的教学重点和难点,有针对性地进行教学。为了做到目的明确,综合课的练习,首先应处理好主观题和客观题的关系。主观题的类型有:用指定词语完成句子、用指定词语回答问题、用指定词语完成对话、成段表达、造句、就课文提供的话题进行讨论等。客观题的类型有:选词填空、排列句子以及HSK模拟题等。从语言习得的规律来看,主观题和客观题的比例以7∶3为宜。其次,综合课的练习要处理好质和量的关系。"质"指课文出现的语法点和重要词语在练习中都有体现,"量"指练习的形式多样,数量大。有的教材,练习设计得太少,只有几个题目,且形式单一,这样的教材肯定不会是好的教材。

  高级阶段的教材除了要继续体现语言知识的教学外,应该尽可能地在加大书面语功能项目的教学、加大文化融入的力度、加强知识和交际文化的教学方面下功夫。这些主要通过教材的选文来体现。目前的综合课教材中,大体上比较重视课文的时代性,不再只是选用几十年前的经典文学作品。但是,选文的题材问题处理得不是太好,文学性作品居多,一些实用文体在教材里基本看不到。此外,目前教材还普遍存在的一个问题是课文偏长,不仅教起来会拖沓,消耗学生的兴趣,而且难度和长度不一定是正比的关系。高级阶段应该多选择短小的、题材多样的、书面语特征较重的选文,加强多文体书面语教学。

四、教材的选择和使用

  "选择教材是个慎重而严肃的问题,信手拈来或任意确定一本教科书发给学习者是一种不负责任的态度。要取得好的教学效果,充分利用和发挥教材的长处,选择合适的教材是相当重要的前提和条件。"(徐子亮,2005)选择教材首先必须了解教学对象的现有目的语水平和学习需求(如是希望提高口语还是全面提高),另外还需要考虑学习者是不是来自汉文化圈、有没有汉语背景,是否来过中国或在中国有留学经历等。课程的教学目标和所教课程的周课时量等也是选择教材要考虑的重要因素。就综合课来说,不同阶段的总体目标都是综合传授相关的语言知识和综合训练语言技能,因此应该选择综合教材而不是单项技能训练教材。周课时量也是选择同类综合课教材的参考依据,有助于避免所选教材教不完或不够用。

在选择教材的时候,应该认真阅读教材的前言等说明文字。教材的前言或使用说明等一般都介绍了本教材的目标和编写原则,学生在语言知识和语言技能方面能达到的水平,以及教材的容量、难易程度、学时要求、配套情况、使用建议等。当然,我们也不能只看前言,还要看教材内容,如课文的长短和难易、注释和语言点说明、练习题型和题量等,通过对照,分析其说明跟教材实际情况是否相符。这样才能真正把握教材的真实情况。一部优秀的教材,一般具有这样一些特征:有先进的语言学、心理学和教育学理论做指导,反映先进的教学法;对词汇总量及其分布进行控制,覆盖大纲所规定的语言点,功能意念分布合理;正确处理语言知识的传授和语言技能的培养之间的关系,语言能力与交际能力并重;以第二语言学习心理过程为基础,教材内容与学习者的需求一致,内容的编排符合学习者的学习心理过程,并且注意学习者的情感因素对学习的影响;重视语言材料的处理,在课文的篇幅、句子长短、语言的真实性、题材多样性、内容的趣味性方面处理得当;在注释上应该准确、得当,少用概念术语,简明扼要,注重词的用法及使用条件的说明,例句精当,外文翻译准确、有可读性;有充足的练习,练习应该全面覆盖教学内容,突出本课重点,兼顾各项技能的训练,类型多样,有层次,有内部联系;形式活泼、使用方便、适当配备方便教学的配套教材等。(李泉,2011)

"教师的职责就是选好教材和用好教材,二者缺一不可。"(赵金铭,2007)选好教材只是教学活动的第一步,再好的教材也未必完全适合具体教学对象的实际需要,此外,教学环境、具体的教学要求和目标等也会有所不同。因此,根据具体情况,合理地使用教材,结合教学实际创造性地使用教材,才能发挥教材的最大效益,取得最佳的教学效果。也就是说,即使是一本相当优秀的教材,教师也不可按部就班照本宣科,教师要根据学生的具体情况灵活处理教材。优秀教师的教学实践经验为我们提供了以下一些灵活使用教材的方法:① 根据教学目标和教学实际,对教材内容进行适当的处理。如为了配合单项技能训练课的内容或为了配合课外活动或者语言实践,可以把有关课文或者语言知识点适当提前或者拖后;为了防止教材跟学习者的实际脱节以及避免不必要的重复,可以适当增减教材中的教学内容,包括词语增减、语言点增减、课文增减和练习增减。② 根据实际需要对教材设定的教学重点进行调整。教材中的教学重点是根据预测确定的,而教材的使用者是多种多样的,有些语言知识或功能项目对学习者来说或者已经掌握或者不那么重要,而另一些则可能对他们来讲更为重要,这就需要调整。同样的,某些教材编写者认为学生会感兴趣的话题,对于某一特定的教学对象来说也许毫无兴趣,而教材编者忽略的话题,可能学生却非常感兴趣。还有,某个语言点是否需要细讲、多讲,对不同的教学对象来说,答案可能也不尽相同。凡此种种,都需要教师根据具体情况对教材重点进行调整。③ 根据课文所学以及学生需求,补充相关的语言材料和语料资源。补充一些语言材料,提供语言学习的资源,可以弥补教材在时代性、趣味性等方面与学习者需求之间的差异,拓展和深化课内和课外的教学。国外的对外汉语教学很多没有固定的教材,教师往往从不同的教材上选择合适的材料,或者在一套基本教材之外有多种补充教材。这样处理,教师可以获得更多自我发挥的机会,可以使课堂上的活动和教学方法更加多样化,可以更灵活地对学生的需求做出反应。当然,对于刚刚踏上讲台经验不足的教师来说,还是应该尽可能多地依靠教材。

总之,教师在选择和使用教材时,不应该迷信某一特定的教材,应该按照教学要求和学生需求,对教材内容进行必要的取舍,以满足学生的学习需要,取得上佳的教学效果。

 思考和练习四

1. 初级综合课和中高级综合课各有什么特点?在教学中各有什么侧重点?
2. 综合课教学主要包括哪些内容?请分阶段简要阐述。
3. 具体阐述如何在课堂教学中体现综合课教学原则。
4. 结合具体实例谈谈教学法如何在综合课中灵活运用。
5. 选取课文编写一个初级综合课教案。
6. 选取课文编写一个中高级综合课教案。

第五章 听力课教学

第一节 听力教学相关研究概述

一、听力理解的相关理论

（一）听力理解的本质

杨惠元（1996）认为，听力理解的本质是人们利用听觉器官对言语信号接收、解码的过程。

听的活动，实际上是听者在接收到言语信号后，大脑的高级神经活动对该言语信号进行综合分析的过程，是对信息进行认知加工的主动行为。

听的活动一般可分为四个阶段：① 听觉器官对接收的连续音流进行感知并切分，根据语感将连续音流切分成若干词语、语句或片段；② 把切分出来的语言片段存储在短期记忆中，并不断地与前后的其他语言片段联系起来，逐渐扩展语义理解；③ 经过听辨的语句群以经过筛选形成精练的形式和意思，储入长时记忆；④ 与各时段分别存储的意思逐渐叠加连接，直至领会材料的整体意思。

上述听的活动过程在瞬间得以完成，但在心理加工上则是一个极为复杂的过程。这是在听话人凭借已有的语言知识、语感、背景等经验采取的一系列认知策略的作用下形成的。这一策略包括预测、筛选、印证及修正等。预测是指人们在听的同时，还根据上下文、语境和其他副语言手段(如说话人的动作、表情、语气等)有意或无意地猜测下面即将听到的言语内容。筛选是指听者的注意力大部分集中于最关键的或自己最关心的言语片段，而剔除了许多次要的（或听者认为暂时是次要的）、不影响整体意思以及一些与当前话题无关的内容。印证是指凭借听者自身的经验背景以及接下来接收到的信息对前段接收、预测和筛选的信息进行验证，将正确的理解保持下来，经印证是不正确的理解，便会通过回顾记忆中存储的材料而进行调整，即修正，直至在下文中得到合理的解释。这样，听力理解就变得准确而迅速。

（二）影响听力的因素

在真实自然的交际中，言语信号是快速、连续、线性呈现的，转瞬即逝。因此，接收和解码必须高速进行，既快又准。换言之，衡量听力水平的标志是听话人理解材料的速度和准确度，即常说的反应能力。听力训练的任务就是帮助学生摆脱种种因素的制约，提高这种反应能力。刘颂浩（2001）指出，影响听力理解的因素有语言内的，也有语言外的。郭金鼓（1985）在谈到科技汉语听力理解时指出，影响听力理解的语言因素有词汇量、对科技语言的了解、对语音的适应能力等；非语言因素有学生的文化知识水平和接受新知识的能力、心理和身体状况（情绪、紧张和疲劳程度等）、环境等。郭锦桴（1990）提出，语言知识是言语听力的基础。但言语听力并不仅仅是语音听力，它还包含词汇、语法、文化背景知识等，实际上体现的是一种语言综合理解能力。对外汉语教学作为一种语言教学，应该更加重视语言因素。但对语言因素是如何起作用的，则有不同的观点。总的来说，影响听力的主要因素有这样两点：

1. 听力输入材料的因素

听力材料的情况对于接受者的听力理解有着重要的影响。听力材料本身的一些特点，如语音、语速、词汇、句法、语篇，以及有无视觉辅助等因素，对听力理解都会产生影响。汉语同音词、近音词较多，同样一个音节"gongshi"，可以表示很多个意思，比如"公式"、"公事"、"公示"、"攻势"、"宫室"等，因此近似语音对听力理解影响很大。区分近似语音，必须以培养辨音的能力为基础。有了良好的辨别能力，即使有些词语一时听不明白，也可以凭正确的声音印象记录下来，以便在下面的语境中进一步修正、确认。重音和节奏对听力理解也有影响，虽然汉语中的重音没有区别性意义，但重音形成的焦点，则具有语用上的意义，这会在很大程度上造成外国学生的理解困难；节奏在一定程度上和焦点也有关系，节奏的松紧、配合重音的使用，往往可以表达说话者的主观情绪和焦点信息，话语中所强调的信息往往可以凸显出来，跟上说话者的话语节奏才能跟上其话语内容的推进和关键信息的传递，才能达到正确的听力理解。语速毫无疑问会影响听力。语速过快,听者来不及反应,必然影响对话语意义的理解。语速的快慢有时是一种心理感觉。所谓语速过快,有时并不一定是材料的语速快,而是听者的反应慢。生词、句型和语法现象及已学词语的陌生用法往往是听力理解过程中的主要障碍。一般说来,同一个句子如果有三个以上的生词,整个句子就很难听懂了。因此,听力材料的选择一定要注意难度适当,必须循序渐进,以学生能听懂基本内容为前提,同时要注意扩大学生的词汇量。具体方法可以是在听前印发、讲解即将出现的新词语,使学生听时引起注意。也可以以开卷的方式,让学生学会利用工具书。对于陌生的句型和语法现象,基本上也可照此法办理,但一般以教师讲解为主。

不熟悉的题材、背景知识同样会给听者造成感知和理解上的困难。许多汉语学习者可能都有这样的体会,在听一段材料以后,虽然并未遇到什么陌生的词语、陌生的句式,但就是听不懂。就比如外国学生听相声以后,往往不能理解为什么人们会发笑。产生这种现象多半是由于学生对中国的生活习惯、话语习惯及文化背景了解不够、体会不深,表现在不适应长句子,对词语的言外之意及文化背景理解不清。对付长句子和复杂句子的主要途径,是增强学生使用语法规则的熟练程度,一方面要学会抓主要词语和主要成分,另一方面要善于语言分析。要注意,过多过细的语言分析易养成不良的听说习惯。有些时候,直接释义,坦言用法,使之习惯成自然,反而更有利于学生言语能力的发展。在对词语言外之意的处理上,要认识到,在多数情况下,学生与其说是不懂语言的言外之意,倒不如说他们没有意识和不善于发现言外之意。

听力材料的类型对听力理解也有影响。从形式来看,听力材料可分为单纯声音材料和音像材料;从语体来看,包括书面语材料和口语材料及各种不同功能语体材料。大多数叙述性材料要比评论性材料更易理解。而书面语体的材料因句法上比口语体材料更为复杂,信息冗余度小,更难理解。借助视觉支持的学生对材料的理解情况也比单纯靠听觉的学生要好一些。因此,听力训练初期,一般都从日常会话着手,从视听说课开始。高年级再接触新闻、演讲材料。就材料结构而言,依时间顺序和情节展开的过程进行的描述要比打乱顺序的描述更易被接受。从材料加工程度来看,听力材料可以分为真实语料和加工后语料两种,后者较前者更容易理解,因为听力材料是经过筛选、调整后在专业的录音背景下录制的,语音较标准,语句更通顺,背景更清晰,无杂音干扰。而前者是从社会生活中录制的真实语言材料,说话人因素包括说话人性别、社会角色及其语音、语调特点比较复杂,说话人语流中的迟疑、重复、停顿、联音(包括同化、缩音、省音和连读等)以及节奏变化等有时也会引起学生的感知困难,造成理解上的错误。这种听力材料还存在语音不够标准、常常伴随方言、句法不够规范的问题,加上实时录制造成背景有杂音干扰,会造成学生的听力困难。比如实况听力课程往往就会采取这种听力材料。但是,在学生汉语学习到一定的阶段,在听力教学中引入真实听力材料是有必要的,对这个过程中产生的困难要采取正视的态度,教师要循序渐进地引入不同难度的听力材料,即使是在学生达不到实况听力水平的阶段,也应该尽可能选用原籍人士(不同年龄、性别、身份)在自然场合下的话语作为听力材料,帮助学生学会面对更广泛的社会角色,面对更多类型的交际任务,适应不同交际场合、不同交际对象,因为学习外语的目的就在于同更广大的目的语人群进行更自然、更真实、更直接的交际。

2. 听力输出对象的因素

听力输出对象,一般就是指听话人,在这里具体是指汉语学习者。听话人的文化能力、经验、汉语水平、背景知识、心理状态等都是影响听力理解的重要方面。语用学认为,任何语音单位由静态存在进入动态交际的过程中,便会立即和一定的语境相联系,产生具体的语义。当人们利用语言时,有的社会功能就会受某种语境因素的制约,造成意图与字面意思相脱离。这就是很多人在汉语测试中觉得听懂了但答案却选错了的原因所在。

外语经验包括:一定数量的可感应性词汇;一定数量的具有可使用性的语法规则和话语规则;有关的社会文化背景知识;对外语发音的习惯程度等。储存的经验成分越多,越便于加快反应速度。

听力水平是汉语综合水平的一部分,因此学生的汉语综合水平制约其听力水平。学生的汉语综合水平越高,就越有益于听力水平的提高。首先,良好的语音面貌、较高的对汉语发音的习惯程度,有助于听力的发展。发音准确、清晰,对汉语的语音有正确的感性认识和亲身体验,才能有助于用内部言语快速反应所听材料,大大提高理解的速度。同时,丰富的词汇、运用纯熟的语法规则和话语规则有助于减少听力障碍;足够的文化背景知识有助于提高听力理解过程中的预测、筛选等能力;而较高的阅读能力和口笔语表达能力也都有助于听者在训练中更加得心应手,游刃有余。

听者的心理状态对听力理解的顺利进行同样十分重要。首先,听者对听力训练的喜好程度直接影响注意力的集中,而注意力的集中程度决定外语学习者能否连续接受语音信号并快速进行认知加工。其次,听者的自信心对听的效果也有很大影响。自信心差的学习者在遇到生词和难句时,往往比较容易紧张,一遇到听不懂的地方就思维停顿或是纠缠不放,这样对接下来的部分就听而不闻,若仍不能及时跟上,就会一错再错,直接影响整体的听力效果;心理素质较好的学生,往往能够以正确的态度来对待困难,如果发生错听、漏听或听不明白,会把它们当作暂时性听力障碍跳过去,继续听,这样当对材料有了整体性的把握之后,借助上下文及猜测和推理,许多局部问题会逐步明了,即使仍存在问题,也不会因小失大,因局部失误而放弃全局。有鉴于此,听力教学应注重培养学生良好的听音方法和习惯,在听的过程中应把注意力集中在听关键词和听大意上,而不是集中在听某一个单音或词上,应从听语篇整体内容的角度进行有用信息的挖掘、推理与扩充。

第二节 汉语听力课型研究

一、汉语听力课型的地位和作用

听力课是对外汉语教学中一门重要的语言技能训练课,这是由日常交际的现实需要及听力的特点所决定的。无论是日常交际还是课堂学习,学生都离不开听力理解。很难想象交际的一方如果听不懂对方的话,交际如何进行。高彦德等(1993)调查显示:在华学习汉语的留学生中有56.7%把听力技能作为第一技能,在华使用汉语的外国人中60.9%把听力技能作为第一技能,其中,在华从事外交、商贸工作的外国人把听力作为第一语言技能的高达79.3%和75%。因此,从学习者的需求角度来看,听力课教学占有极其重要的地位。

听、说、读、写是语言交际的基本技能,言语活动的主要形式,也是实现语言交际功能的重要途径。听、说、读、写作为言语行为相互联系和制约,宜进行综合训练;同时它们又具有各自的语言和心理特点,因此分技能的课型教学也是非常必要的。按技能设课是吕必松先生首先倡导的汉语教学模式,他主张打破传统的综合教学模式,按照听、说、读、写四种语言技能分设课型,把不同的语言技能训练集中到相应的课型中进行。

我国对外汉语教学中的听力课作为一门独立课型开始被广泛采用是从20世纪80年代开始的。那时候对外汉语学界越来越认识到成年人学习第二语言的过程跟儿童的母语习得过程是不一样的。成年人的智力和语言能力已经得到了充分的发展,这使其同时学习几种语言技能成为可能。从那时开始,对外汉语学界开始进行按照语言技能分设课型的教学,比如听力课、说话课(后来也叫口语课)。我国对外汉语教学起步阶段时期的汉语预科班教学听力课是"大头"。资料显示,80年代开始,文科、理科、医科的汉语预科班均开设了听力课程,在主流的教材中也都有了听力课系列的教材,且听力课都作为最重要的课型,目的就是为了让预科生加强听力训练,以适应以后进入专业学习的需要。再到后来,随着汉语学历教育的发展,对外汉语教学体系日益发展和成熟,汉语长期进修、学历教育的教学也都把听力课作为"标配",并放在至关重要的位置上。

二、听力课课型分类及主要教学内容

我们在上面论述了听力课作为一门独立课型的必要性,但是语言是一个复杂的系统工程,听力课并不能完全解决听力训练的全部任务,不管是什么课程,只要有学生听力活动的存在,就必然兼带听力训练的功能。因此,听力训练的任务存在于这样三类课型之中:专门的普通听力课程,听力技能和其他技能相结合的课程,比如听说课程、视听课程,以及其他课程中的听力训练环节。

1. 普通听力课

普通听力课是面向一般的汉语长期进修生和汉语专业的学生开设的听力课,是一门重要的必修课。普通听力课一般在初级阶段开设一年,是初级阶段教学的重点课程。一般来说,这个阶段的听力课又可分为语音阶段听力课、语法阶段听力课和短文阶段听力课。在下面的章节中我们还会进一步介绍,这里只简单介绍一下初级阶段听力课的主要教学内容。

语音阶段的教学内容主要是解决零起点或者汉语学习刚刚起步的学生辨音辨调能力,包括听辨声母、韵母、声调、音节,同时也要兼顾学生的语音模仿能力。

语法阶段的教学内容主要是训练学生对词义、句意的理解能力,重点是训练学生理解句子,并能够通过聆听对话,掌握对话的基本含义,了解说话人的主要意图。这一阶段的训练要使学生具备初步的预测能力,训练学生感知重音、语调的作用,培养学生的听力技巧,包括在聆听过程中迅速反应,抓住关键词语、语句,排除生词障碍,捕捉关键信息,等等。

短文阶段的教学内容主要是训练学生理解特定的语境中的词语、句子的意义以及理解言外之意,让学生能够快速准确地抓住关键词语、捕捉主要信息,培养预测、推理、概括总结能力。汉姆莱认为,如果学生连续听 2~3 分钟,大脑就容易疲劳。胡波(2000)认为,如果以 220 字/分钟的速度朗读一篇汉语文章,2 分钟可读 440 字,3 分钟可读 660 字,3 分钟已达到了连续听的最高时限,故将 600 字以上的语料视为超常语料。总的来说,这个阶段的听力语料以 400 字以内的短文为宜。

2. 听说课

听和说在第二语言的学习中占有很重要的位置,无论是在课堂听讲,还是日常生活的交际,都离不开听和说,听是为了理解,说是为了表达,听是被动的,说是主动的。听说课是在听力课中加入了口语训练,使听和说相结合。听和说的语料中生词量比较大,并含有少量新语法,篇幅较之短文阶段要长,每一课都向学生传授大量新信息,对增加学生的语言知识有很大帮助。

初级阶段的汉语听说课,教师给出一定的听力材料,让学生们听完以后复述大意,并可以让学生模仿角色进行对话和小组讨论。高级阶段的汉语听说课,可以采取一些较高要求的听说训练,除了复述课文以外,还可以进行给定话题的讨论,以及即兴演讲。因此听说课的教学方法与普通听力课教学方法区别比较大。听力技能训练重在听记能力训练,语义、语用的深层理解能力训练,概括总结能力和复述能力的训练。

听力和口语的比例一般为6∶4。授课方法是先听后说,说的内容是围绕听力课文回答问题、复述课文和模仿对话,通过听和说的结合,使学生在当堂课上将所听内容运用到口头表达中。

3. 视听说课

汉语视听说课,是将视、听、说三方面有机地结合起来的一门课程。"视"能使教学内容具有直观性,便于理解;"听"加强听力理解,能使学生准确地理解语言,为"说"做充分准备;"说"是目的,把"视"和"听"的内容表达出来。视听说课的教学材料来源于音像教学片以及电影和录像。音像资料的题材多选择中国人文地理及优秀影视作品。提供给学生看的作品都是有影响力、有代表性的作品,而且要求影片的语言清晰、易懂。视听说课应该立足于学生"听"和"说"的语言技能训练上,同时更应该重视增进学生对中国文化和社会风俗的了解,将学生感兴趣的中国文化展现给他们。汉语视听说课集图像、语境、语言和音响效果于一身,生动活泼。电视画面和人物对白为学生的听力训练和口头表达提供了一个真实的语境,使抽象化的听力口语教学变为了具体化。整个训练过程从信息的接受、消化到反馈完成了一个语言活动的全部内容,既重视灌耳音,更重视视听的方法;既重视表达,更重视表达的技巧。学生置身于真实的情景中学习语言,摆脱了学习语言的枯燥劳累,变被动接受为主动学习,变苦差为乐事,从而达到了事半功倍的效果。因此,汉语视听说课颇受师生欢迎。

视听说课是看、听和说三者结合的一种听力教学形式。视听说课主要训练学生对所看的视听材料进行模拟的能力以及在特定的情景中,通过说话人的态度、语气、身体语言等理解说话人要传达的信息和意图的能力,培养学生的观察力和交际能力,提高对口语和熟语的理解能力。另外,还要承担起介绍中国文化的任务。

视听说课要处理好看和说的关系,避免出现只看不说的现象。看影片之前,教师应对影片背景作简单介绍,针对影片的内容给出思考题,观看的内容应有所侧重。

4. 新闻听力课

汉语新闻听力课以电视、广播、报刊等新闻媒体的节目内容为教学材料,通过多媒体教学等方式,来训练留学生听读汉语新闻节目的能力,非常受留学生的欢迎和喜爱。新闻听力课的一部分内容是听人工录制的新闻报道,另一部分是收看电视新闻片段。新闻听力课上学生要学习大量新闻语汇和缩略语等,了解新闻语体,了解新闻表达套路,同时增加对中国社会的了解。课上要训练学生的快速理解能力、抓主要信息的能力、检索监听能力、跨越障碍能力、联想猜测能力、预测能力、记忆存储能力和概括总结能力。

新闻内容题材广泛,长度、难度各异,所以要求教师根据学生的水平,有针对性地选择适合学生需要的新闻内容,并针对每条新闻编写练习。

新闻听力课录音内容的语速以高级阶段的听力要求为准。新闻听力课不同于一般听力课,不但新闻词汇繁多,需要讲解的知识点多,而且很多语料涉及背景知识的讲解,学生由于缺少中国文化背景,对与中国政治、经济、文化了解不多,在听到一些特殊的语料时理解较为困难,这就需要老师课前对语料的背景知识先进行了解,课堂上再进行详细讲解,以便学生领会。一般是一节课50分钟,一周两节课。

5. 实况听力课

功能法的语言教育家汉姆莱(Hammerly)曾就使用真实材料作为听力教材提出了自己的看法。他认为听力教材应有一个"由经过编排加工的材料到未经过编排加工的材料"的过程,也就是由有控制的材料到真实材料的过程。汉姆莱认为在这一过程中,"语体由单一到多样,语音由标准到方音,语速由慢到正常,练习由易到难;辨音—听真伪—根据指令反应—回答简单的问题—听对话,说出人物、场合—听有背景噪音、冗余信息的谈话,听后复述大意"。英国教学专家玛丽·安德伍德(Mary Underwood)认为就是"普通人用普通方式说的普通语言",也就是在人们不注意的情况下录制人们的真实谈话,以此作为听力教学的内容。

实况听力课训练学生听带有方音或有背景音干扰的实际语声材料的能力。语料中生词不多,篇幅也不长,难点来自方音、背景音和语速,尤其困难的是听带南方方音和语速快的人的讲话。这些材料在内容上要有趣,长度要合适,要照顾到学生的年龄;在讲述上要清楚,说话者不要太多,方言口音不要太重,但话语和口音要有变化,语速和停顿正常,要有适量的冗余话;在录音质量上,可听度要高一些,要有一定的背景配音。

实况听力课教学要加强辨音辨调能力的训练,另外要训练快速反应能力和记忆存储能力。实况听力采用的是真实语声材料,学生反映难,但这正是这门课的特点,教师要想办法使学生适应这种听力形式。由于实况听力的特殊性,对理解速度不作规定。

三、目前听力课教学存在的问题

目前,在对外汉语教学中,听力课已经成为一门独立的语言技能课,听力课的重要地位也越来越得到认同。但另一方面,20世纪80年代对外汉语学界开始分技能设课教学以来,听力课一直被认为是一门比较难上的课,即使到今天,这种问题也没有得到很好的解决。问题主要在这样几个方面：

1. 听力课型的设置存在争议

有的学者至今还认为目前"听说分立"的课型存在弊端，有人建议把目前口语"听说分立"的教学模式改为"听说一体"的模式，认为这是将来听力教学模式的发展趋势。还有人认为应该与综合课合并，以读带听。当然很多学者认为听力训练应该独立成课型，强调听力课与其他课型的区别，认为听力课应该是以听为主的，尤其是初级阶段的听力，不应该有太多的语法学习和句型操练，应该分清初级听力课与口语课、综合课的区别。因此，理论上的分歧在一定程度上也影响了听力课的教学模式。有的老师把听力课上成了口语课或者综合课，过多讲解语法知识，把大量的时间用在句型操练上，稀释了听力环节训练的比重。还有些老师只注意在课堂教学中听力材料的输入，教学方法单一，缺少和学生的交流互动，从而使课堂变得乏味无趣，教学效果不好。目前已经有一些专家学者注意到这一点，并提出了对听力课程教学法改革的建议和意见，比如近年来有一些学者注意把一些新的第二语言教学法引入到听力教学中来，如交互式的听力教学法、任务型教学法。

2. 语言输入本质的制约

听力活动的本质是语言输入，这个过程本身是被动的。调查显示，很多学生对听力有畏难感。与此同时，学生主要是被动地聆听，长时间的聆听也容易让学生感到疲劳，主动性、积极性和创造性难以发挥。因此，课堂气氛不像口语课等其他课型那样活跃。

3. 听力训练方法的制约

过分强调听力材料输入的课堂教学方法，相对较简单而陈旧，老师放录音，学生做练习的固定模式已形成，听力成了"放音—做题—对答案"三部曲的重复。在笔者的教学部门中，就遇到过这样的情况：课堂气氛沉闷，学生觉得枯燥无味，有的老师在听力课上总是放录音，最后把学生都放跑了，不愿来上听力课。结果造成教师厌教，学生厌学，教学效果很差。

4. 其他课型的制约

听力理解是在综合课的基础上完成的，经常受到汉语词汇量、语法知识、文化知识的影响，学生短期内听力理解能力难以提高，学生和教师都容易失去信心，从而影响听力课的教学效果，形成恶性循环。

听力理解是听话者积极主动地参与语言交际的过程。在听力理解过程中，听话者要通过调动大脑中的已有知识进行能动的认知和推理，来理解说话者所传达的信息和意图，是一个积极的过程。人的学习与发展是发生在与他人的交往与互动之中的。Lev S. Vygosky 把学习者由概括向具体领域发展的知识称为"自上而下"的知识，而把学习者自己的日常生活和交往中形成的个体经验称为"自下而上"的知识。二者只有通过互动模式相互结合，自下而上的知识才能成为自觉而系统的知识，自上而下的知识才能获得成长的基础。由此看来，应用互动模式解决对外汉语听力教学"费时低效"问题不失为一种明智的选择。

第三节 听力微技能的培养

20世纪80年代，对外汉语教学开始按专项技能训练开设包括听力在内的课程以来，经过三十多年的摸索研究，听力课教学已经形成了系统的微技能训练课程教学理论，影响最大的理论就是杨惠元（1994）总结的8项微听力技能，分别是：辨别分析能力、记忆存储能力、联想猜测能力、快速反应能力、边听边记能力、听后模仿能力、检索监听能力和概括总结能力。微技能的培养对于学生提高听力水平意义重大，下面我们对这8个微技能的培养进行介绍。

1. 辨别分析能力

辨别分析能力就是处理声音信号的能力，通过听觉器官接收的言语信号，在形式上是语音形式的排列组合。只有在连续的语流中准确地分辨语音形式的排列组合，才能正确理解言语的意义。声音包括语音、停顿、音长、音强、重音、语调等，组合成我们所说的外部信号。如果听者对这些外部信号接收错了，也就理解错了。所以在训练时，首先要学会辨别单词中的音位及语流中的语音变化。辨别分析的第一步是培养过滤非言语信号（干扰信号）的能力，以保证言语信号的清晰度，并通过高速的思维活动迅速捕捉住言语信号呈示的信息点。辨别语流中的语音变化，包括升降调、节奏、重读、略读及连续等。这些变化都会引起意思的改变，甚至停顿时间的长短也是一种信号，可反映出说话者的态度。如辨别重音，不但可以找到谈话的关键和中心意思，而且还可以对说话者的真正含义做出推断，达到正确理解。

辨别能力贯穿听力教学的各个阶段。初级阶段特别是语音阶段，听辨声母、韵母、声调、音节，是听力理解的基本要求。在初级语音阶段，听辨训练是听力课的重要环节，一些难点音要强化训练，比如让学生听辨送气音和不送气音的对立：

ban/pan dong/tong ge/ke jiao/qiao chai/zhai

听辨唇齿音和双唇音、舌根音的对立：

fa/ma/pa/ba/ha

听辨舌面音和舌尖音的对立：

jia/za qiang/chang xian/shan

听辨圆唇元音和非圆唇元音的对立：
yi/yu   xing/xiong

听辨前后鼻韵尾的对立：
gun/gong   chun/chong   yun/yong

听辨声调也是重要的训练：
jingyan（经验/精盐）   lianxi（练习/联系）   gaosu（高速/告诉）

词语阶段要让学生听辨语音相近、容易混淆的词语：
展览/蟑螂   辛苦/幸福   年轻/念经   香蕉/想笑

除此以外还有很多，比如儿化、轻声、变调等，都是要重点训练培养的听辨能力。

在句子听辨阶段，要注音句子的语调、重音的听辨。比如："我爸爸的朋友在上海工作了十年了。"要让学生听辨不同位置的重音落点：

我爸爸的朋友在上海工作了<u>十年</u>了。
我爸爸的朋友在<u>上海</u>工作了十年了。
我<u>爸爸</u>的朋友在上海工作了十年了。
<u>我</u>爸爸的朋友在上海工作了十年了。
我爸爸的<u>朋友</u>在上海工作了十年了。
我爸爸的朋友在上海<u>工作</u>了十年了。

进入中高级阶段，特别是在语篇阶段，学生听辨能力的培养就不能仅仅停留在对所收到的言语信号进行辨别分析上，还应该包括辨别分析言语信号的真实性和可靠性，识别优劣，去伪存真，做出判断和认识，杨惠元（1994）就举了这样一个例子：

除夕的晚上，我和小王来到中山公园。一对对青年男女在月光下散步，他们一边唱歌一边跳舞。不少年轻姑娘穿着漂亮的花裙子在鲜花前边照相。

这段话中存在一些漏洞，学生需要听辨语音、理解意义，并根据自己的生活经验，指出其中的漏洞和错误。

2. 记忆存储能力

杨惠元在他的《汉语听力说话教学法》中强调了记忆存储在听力能力培养中的重要性，他阐述了美国教学法专家琼·莫莉（Joan Morley）的观点。她把"听力理解"解释为"听加理解"。她认为，"听"要求接受信息，"接受"要求思考，"思考"要求记忆，不能把"听"、"思考"、"记忆"三者分割开来。其实理解和记忆是对立统一的辩证关系，在理解的基础上记忆可提高记忆的效果，而记忆储存在大脑中的信息越多，越能加快理解的速度，增强理解的深度和广度。俄国生理学家谢切诺夫说过:"一切智慧的根源都在于记忆。"对言语信号接收解码的速度跟已经储存在大脑中的经验成分的数量有关。可想而知,如果人的大脑中目的语的经验成分等于零,那么他就无法解码,听力理解的能力也就无从谈起。因此杨惠元认为,学生在课前必须预习好生词,做到会念、会写、懂意思,甚至会造句。学生预习得越好,课堂教学越顺利。尤其是听力教学,课前预习生词、听课文前讲练生词是十分必要的教学环节。这是因为,词语教学是帮助学生把一个一个的音义结合体(词汇)输入大脑,成为经验成分,并且通过大量反复练习,使这些词语具有可感应性,达到呼之即出的熟练程度。如果缺少这一环节,就会出现学生什么也听不懂的情况,教学就无法进行。

除了引导学生课前预习以外,学生的语言知识存储和积累对于听力理解能力的提高也很重要。这方面包括汉语的特殊句式、构式搭配、习惯用语、双重否定、倒装省略,等等。在实际的语言交际之中,被称作为词的单位并不是总是以同样的形式出现、表示同一种意思,有时会带有些附加成分。随着同学们对语言知识和语法结构的了解越来越多,应该有所选择地听各种类型的语法特征。这样就在大脑中里建起一种机制,即使在停止专门听这样的特征或结构之后,脑子还会继续把所听到的东西加以分类,形成正确的反应。

3. 联想猜测能力

联想和猜测都是人类的普遍心理能力。在语言教学中,联想是指听者接收到一个语言信号后,在自身的语言知识基础上迅速和其他相关的语言信号建立起联系的心理活动,也就是认知心理学上的"激活"。比如学生在听力材料中听到"圣诞节"一词,就会激活跟这个词相关的一系列词语,再比如听到"迟到"这个词,也会联想出围绕这个词相关的一系列词语。猜测是指根据现实的感知和以往的经验,对接收到的语言信号所表达的意义走向做出推测、估计和预测。联想和预测之间有着密切的关系,在心理加工上有着相似的过程和机制。Harvey 在他的交际教学法中说:"交际是一种控制论的过程。说话人和听话人可通过所谓的正馈(feed-forward)结合成一个环,也可以通过反馈(feed-back)结合成一个环。"所以在听音时,可以对 A 和 B 之间的对话内容进行预测。只要 A 一开始发出信息,我们就可以对 B 的前语言现象,即他想说什么进行预测。听者还可以根据他所获得的词的声音进行联想和假设。由于词与词的线型联系特性,使得词的多义性受到局限;而词的搭配又使听者对词义的分析范围缩小。这不仅有助于预测,还有助于辨音。

我们在听外语时都比较怕听到生词,担心生词会影响自己对语段的理解。但是在聆听听力材料时候,难免会遇到生词,听力的即时性又不允许马上查词典,因此学生要学会通过联系上下文对词义进行猜测。在理解和猜测的基础上,学生再根据短时记忆中存储的内容对即将出现的内容进行预测。猜测和预测的关键技巧是培养捕捉关键词和中心句的能力,所谓关键词是指人物、时间、地点、数字等信息,中心句则需要听者进行把握。有人做过调查,相当比重的听力材料的第一句都是中心句,当然中心句也可能在材料的中间和尾部,需要听者监听、筛选并判断,中心句很大程度上会体现出听力材料的主题、观点、情节等关键信息,因此中心句的确定对有效预测和预测意义非常重要。

预测不是胡乱猜测,而是在一定基础上进行的有根据的推断,包括听前预测和听中预测。听前预测是根据听力练习的问题,大致确定材料的类型、人物、地点、时间等细节。听前预测还可以暗示学生已经对听力内容有所掌握,并准备好答题,这样就可以无形中减轻学生的心理压力,缓解紧张和焦虑的情绪。

听中预测则是在听力活动中进行的预测。在听的过程中,我们应当抓取关键词、关键句,不拘泥于个别不理解的字或词;抓语义和段落义,不拘泥于材料本身的表面形式。此外还可以通过判断语气进行预测。

4. 快速反应能力

在真实自然的言语交际中,言语信号是快速连续呈现的,也是转瞬即逝的。因此,听话人必须通过提高听觉器官的灵敏度,特别是提高解码操作的熟练程度来获得快速解码的能力,即快速反应能力。我们在教学中经常会考虑到汉语学习者的水平,尽量放慢语速以适应他们的反应能力,这一点在零起点阶段是必要的,但是如果学生们习惯这种语速,就会和社会生活用语的语速脱节,造成在学校里能听懂,出了学校就听不懂的结果。特别是学生的汉语水平有了一定的基础后,就应该有意识地加快教学语言的语速,直到跟我们的正常语速相同。与此同时,汉语教师也应该尽量减少人为成分,减少过多的语言过滤,让学生多听各种社会阶层、各种职业人群的正常自然的话语,通过反复刺激、反复储存、反复重现、反复提取和反复使用,加快刺激反应的速度,形成条件反射,从而提高学生的快速反应能力。总的来说,在听力文本的输出速度上,我们主张根据学生不同的阶段,分阶段地、有意识地加快语速,既考虑到学生的反应水平,也要在学生实际反应水平上略加难度,这样的强化训练有助于学生快速反应能力的提高。

5. 边听边记能力

俄国生理学家谢切诺夫说过:"一切智慧的根源都在于记忆。"记忆活动包括三个阶段:感知记忆—短时记忆—长时记忆。听力课既要训练感知记忆和短时记忆,还要通过反复再现训练长时记忆。感知记忆和短时记忆对大脑处理连续音流中的各个片段使之联系成可理解的意思至关重要;借助于长时记忆,储存在大脑中的经验成分才会增多,记忆信息越多,越能加快理解的速度,增强理解的深度和广度。就一篇听力材料来说,学生在聆听过程中听懂了,这只能是进入感知记忆阶段,如果不能及时将其转入短时和长时记忆,那么听懂的信息就很快会被遗忘,因此需要让学生在聆听过程中,将听到的语言信息,特别是关键信息记录下来,把转瞬即逝的声音符号转化为文字符号,以供随时查阅。这就是要训练边听边记的能力,也叫作同步听记能力。

训练同步听记的能力,是要培养学生将重要信息,如材料中出现的有关时间、地点、人物、性能、数量等内容及时用学习者最熟悉的语言或符号(不必拘泥于目的语符号)摘录下来。这样做能使感觉记忆及短时记忆的信息不被迅速遗忘,有助于对听力材料的整体理解和细节记忆,并可帮助把必要的内容转入长期记忆,作为经验成分储存在大脑之中。同步听记不是听写,应以记重要信息点为主。至于其他空白内容,学习者可利用自己的外语经验加以填补。

那么哪些信息是同步听记的要点呢?一般来说,事件的相关信息,比如人物、时间、地点、话题、基本情节都是应该边听边记的。如果有对话、议论等环节,要注意听记相关人物的观点、情绪、意愿等个体特征。如果是说明性的材料,要注意听记相关对象的特点、性能、价格等信息,随听随记。听记的时候不要纠结于某个字词,不会写可以用拼音记录,或者是用自己熟悉的字词代替,甚至可以使用自己的母语听记。此外,要告诉学生不要试图将听到的句子完整地记录下来,要学会记主要信息。比如《汉语中级听力教程》中的一段课文:

坐了三天汽车到西双版纳,在一个地方有个小姑娘在卖杏儿,八分钱一个,我说:"五分!"她摇摇头。"就五分!""八分!"她很固执。我突然看见了她那双无邪的大眼睛,再也无法讨价还价了。"好,要两个。"我那种东北人的豪爽劲儿又上来了,扔给她两毛钱,"不用找了!"抬腿就走。她追上来揪住我的衣襟,"给!"还是那双眼睛,我一时不知说什么好,只好接过四分钱来。

在听记中,可以把相关的人物、地点、事情、价格记下来,比如"三天汽车"、"西双版纳"、"小姑娘"、"卖杏"、"八分"、"五分"、"摇头"、"不还价"、"要两个"、"两毛"、"不用找"、"四分钱"。这样课文的基本大意就出来了。

6. 检索监听能力和概括总结能力

检索监听就是带着一定的目的去听。如听天气预报时,人们往往特别注意表示地点和数量的信号,即关心某地的气温情况。在听体育比赛转播时,特别注意比分、犯规队员或进球队员的名字及号码等。因此,教师可在听前向学生提出一些问题,让他们带着问题去听。问题解决了,表明训练目的已达到。训练检索监听能力关键是教会学生排除消极因素的干扰,控制不必要的联想,集中注意力,养成良好的听话习惯,善于捕捉关键词。从功能上看,检索监听则是根据标记去捕捉特定信号。比如《汉语中级听力教程》中的一篇课文:

我喝茶上瘾是近几年的事。喝茶大致经历了三个阶段。第一阶段是什么茶都喝,有茶味就行,完全是为了解渴。在云南军营时,主要喝滇南产的大叶粗茶,有时买一斤稍好的"白兰花茶",被那花香所陶醉,喝起来更猛烈一些,在解渴之外,也曾隐隐感到茶的魅力。但仅仅是"隐隐",因为军营中一律用菜锅烧开水,茶叶的主要作用就成了消除开水中的怪味,除此之外,想真正喝出茶的味道来,只有靠浪漫主义的幻想。从云南回到北京以后,喝茶也进入了第二阶段,只喝绿茶,无论是云南的滇绿,安徽的屯绿,还是江浙的龙井和碧螺春,我都喜欢,为什么只喝绿茶?是因为绿茶加工过程尽管工序很多,但是却防止了茶叶发酵,保持了叶芽的天然绿色,泡出茶来,碧绿清澄,清香可口,还有明目清火的作用,叫人越喝越爱喝。

福建的乌龙茶是介于绿茶和红茶之间的一种半发酵的茶。它既有红茶的甘醇,又有绿茶的清香,饮后满嘴甜香,回味无穷,给人以一种特殊的美的享受。我是在一个偶然的机会遇上它的,并且很快上了瘾,从此,我的喝茶史也就进入了第三阶段。我的乌龙茶瘾完全是被我的朋友张青培养起来的。当时我们都在鲁迅文学院读书,同住一室,张青从福建来,先拿出一套极小的茶具,然后用一杯杯乌龙茶冲走了我对绿茶的感情,乐颠颠地拜倒在乌龙茶的世界里。偶尔弄到一点"大红袍",拿出来招待客人,总要心疼好半天,乌龙茶就这样征服了我。我家中现有两套饮乌龙茶的茶具,喝乌龙茶一要杯子小,二要真正的开水,三是讲究程序。比如第一道水是不入口的,称为"洗茶",实际上是用这道茶烫杯子,烫杯子时,茶香开始随水汽弥漫,满屋子里都是茶的清香。程序虽然如此,可我一直不明白为什么要倒掉第一道茶汤?不久前,去了一趟武夷山,在武夷岩茶的产地买茶时,一位出售茶叶的姑娘告诉了我,我才知道洗茶敢情只是图个清洁。

这篇听力课文还是有相当难度的。在听前应该给学生一些问题:

(1)"我"在北京时为什么只喝绿茶?
(2)乌龙茶有哪些特点?
(3)"我"的乌龙茶瘾是怎么培养起来的?
(4)喝乌龙茶有哪些讲究?
(5)喝乌龙茶第一道茶汤为什么要倒掉?

这些问题贯穿全文,是标记性的信息,让学生带着这些问题去听,有利于学生监听检索关键信息,有助于更好更快地理解文本。

听力教学的一个重要目的,就是训练学生感知语言材料的主旨,捕捉说话人谈话的主题,而不是单一的词语或句子。其重点之一是语言材料的主要内容,重点之二是内容的深层含义。概括总结能力的培养即训练学生感知语言材料的主旨,捕捉说话人的主要意思的能力。由于短时记忆的容量有限,学生只能记住语料的大概意思,而很难记住确切的语言形式。概括总结能力的提高同样不是一蹴而就的,必须经过长期不懈、循序渐进的训练。因此,从开始阶段就必须重视句义理解的训练,锻炼学生抓住整个单句意思的能力,其后再过渡到捕捉语段直至整个篇章中的关键句子和主题。在教学中,我们要求学生在听两遍至三遍后,借助背景知识、上下文语境、逻辑判断和言语习惯,将所听语段的主要事件和主要内容口头表达出来。

杨惠元(1996)在谈到听力训练中的概括总结能力时说道,有时候听完一篇短文让学生说说其中最主要的内容,结果大都说的是一些细枝末节,只言片语。有的学生几乎能把文章的字句复述下来,可就是说不到点子上。因此,他主张概括总结能力的培养,即抓要点的训练应该从一开始就强调,并且要贯彻听力教学的始终。所谓要点包括两个方面,一是语言材料的主要内容,二是主要内容所蕴含的深层意义,即中心意思或主题思想。抓要点的练习可以从单句训练开始,再过渡到成段的话语,最后训练学生概括总结全篇的主要内容和中心意思。

7. 听后模仿能力

从严格意义上来说,杨惠元谈到的听后模仿微技能并不能算是听力的技能,而是通过复述听到的语音、词语、语句来增强这个语言单位在大脑中停留的时间,从而加强记忆,有助于听力水平的提高。因此,听后模仿是一种把感知记忆转变为短时记忆和长时记忆的能力。比如如果听者对某一信号的内容把握得还不十分完整,想再次证实自己的理解或者关注与之有关的情节的进一步发展,他们在听的过程中往往有意地去捕捉某些特定的言语信号。当相同的信号在下文或在复听上文时再次出现,听者就可从记忆中及时提取已存储的信号与之进行对比,以判别是否为自己所需的信号。一旦捕捉到自己所需的信号就可对它进行再次理解的活动。例如,听者特别关注一个叫"张晓霞"的关键人物,当他把"张晓霞"这一信号储存在大脑中后,在继续听的活动时,他就会对"张晓霞"这一信号特别敏感,一旦出现就及时捕捉住。同样,听者完全有可能在听到"属国家保护的一、二类动植物有灵猫、云豹、华南虎和香果树、铁杉等"时没有听清或没有及时对具体的动植物信号做出反应。但是,如果他及时地将所听出的"国家保护的一、二类动植物"等信号(或其中的部分信号)及时存储,并进行听后模仿,那么当听下文或复听上文时,他就会特别注意这些信号。一旦这些信号出现,便会立即引起他的注意,从而倍加注意这些信号后面即将出现的其他(上次被听者忽略的)信号。

第四节 初级阶段的听力教学(上)

一、初级阶段听力课的内容及要求

国家汉办(2002)主持编写的《高等学校外国留学生汉语言专业教学大纲》把初级分成两个阶段,对"听"的教学分别规定:

一年级上:对所听的单句、会话或短文的语音、语调、语气具有初步的辨别、理解能力;能够听懂教师授课内容和关于简单日常生活话题的问答,具有初步的汉语感受能力。收听不含生词及新语法的 400 字以内的会话或短文,语速为每分钟 160~180 字,正确理解率为 80% 以上。开始培养收听课文录音及其他听力材料的兴趣,每周收听时间不少于 50 分钟,半年内不少于 12 小时。

一年级下:对所听的会话或短文的语音、语调、语气具有基本的辨别、理解能力;对所听材料具有初步把握内容大意和要点的能力;能够听懂教师授课内容和社交活动(如祝贺、约会、告别等)的讲话或会话。收听生词不超过 3%、无关键性新语法、语速为每分钟 160~180 字的普通话录音材料,正确理解率为 80% 以上。初步形成课外听磁带录音和收听、收看汉语广播电视节目的习惯,每周收听、收看时间不少于 1 小时,半年内不少于 16 小时。

国家汉办(2002)主持编写的《高等学校外国留学生汉语教学大纲(长期进修)》,对初级阶段"听"的教学目标规定为:

能基本听准普通话的声、韵、调,能听懂教师用较慢的普通话所做的讲解;具有初步的猜词能力,在具体的语境中能听懂日常生活中如见面、介绍或购物时的简单谈话,了解他人对某一事情叙述的基本内容,理解说话人的主要意图。语速为 120~140 字/分钟。

从上述的大纲要求可以看出,对于一年级的初级阶段的留学生来说,听力课程要重点培养他们对语音、语调、语气的分辨能力、能够听懂一般性、日常性会话或语篇。初级阶段听力课跨度较大,初级阶段听力课程开设一学年,跨越了从零起点语音听力教学到简单短文听力教学的阶段,因此可分为语音、语法、短文三个教学阶段,下面我们重点介绍《对外汉语教学初级阶段课程规范》(王钟华)中对于初级汉语听力课的规范和要求。

1. 语音阶段

这个阶段主要训练学生辨音辨调能力、对语流音变的适应能力及掌握根据语调变化所体现的交际功能能力等听力理解的微技能。教学时间较短,却是听力理解的基础。辨音能力的训练应贯彻始终。

（1）声母、韵母的辨别。留学生普遍的难点在 z、c、s（舌尖前音）、zh、ch、sh（舌尖后音）和 j、q、x（舌面前音）这三组音上，还有送气音与不送气音等。

（2）声调的辨别。因声调有区别意义的重要作用，声调的分辨能力最重要也最难。此阶段声调听辨应占突出地位。

（3）音节感受能力。首先掌握构成汉语一切语句声调的单元即单音节的声调，进而掌握双音节及多音节的连续变调（如三声变调等）。

（4）轻声、儿化的感知。使学生了解轻声、儿化可以区分词性，辨别词义。儿化还可表示感情色彩。

（5）适应语调变化。在掌握单音调和连读变调模式基础上，掌握按句法结构和语言环境的需要所组成的语调。熟悉各音节和各音节组合的长短快慢和调域宽窄高低变化。感受汉语韵律节奏的特点。

本阶段听力速度要求为每分钟 120～130 字。

2. 语法阶段

此阶段听力理解不仅包括对词义的理解，更主要的是对句法结构及其所表达的意义和各种句式的变换形式的感知理解。重点是对句子及对话的理解。听力技能训练的重点是记忆储存能力和联想猜测能力。

（1）在一定语境里各种问句的语调。

（2）句子的逻辑重音、语调及其重音位移的语义变化。从语音上看，语调核心或重音所在的地方往往是话题信息的中心。

（3）理解句法结构及意义，掌握组成线性序列的语言成分之间的组合关系（如"他汉语说得很流利"）（S—O—V 得—形）和语法单位系统中具有某种共同特征，能够互相替换的聚合关系（如"他汉字写得很好"、"他练习做得很认真"）。讲解的任务由综合课承担，听力课要在一定的语境中加深理解和运用。

（4）抓关键词语，注意句重音，跳跃生词，捕捉核心信息，这是第一遍听录音时粗听的要求。如 A 问："你等了一会儿，他就来了吧？" B 答："不，我等了差不多一个钟头他才来。"若抓住了"就"和"才"这两个词，问者认为"他"来得早，答者认为"他"来得晚，就很容易理解。

（5）在粗听基础上，抓重点词语及人物、事件发生的时间、地点的提示，达到完全理解话语的目的，这是听力技能训练课精听的要求。应训练学生边听边记要点的能力。

（6）建立快速反馈能力，培养学生用汉语思维。此阶段听力语速为每分钟 140～150 字，不能因为学生暂时听不懂而降低语速。将听后回答问题、听后说作为检查听力理解的主要方法,是较简便易行的培养快速反馈能力的手段。

3. 短文阶段

在学生掌握汉语基本句法结构的基础上,要求通过特定的语境加深对词语的理解,并能听懂较长的对话和语篇,逐步养成条件反射式听觉理解能力,听力技能训练主要是联想猜测能力和综合概括能力。这是初级阶段听力理解的最高层次。

(1)从句子的表层意义理解其深层意义(言外之意)。此阶段学生词汇量增加很快,在大量的语料中加深对所学生词的理解,如应理解"北京的古建筑一年也看不完"的深层含义是"北京的古建筑很多"。

(2)听懂较长的对话或短文故事离不开对关键词语和细节的捕捉,同时应训练学生做"信息转换"的练习。边听边记,把听到的信息转换成表格、图形、符号等,以减少长期记忆的压力。例如,关于地理知识、物品价目、统计数字以表格为宜,问路、位置、指示方向可以用地图路线,故事情节用图画为好。

(3)抓关联词语、过渡句和已知信息,培养预测推理能力。这是本阶段提高听力理解力的重要内容,一种是通过复句句群关联词语、过渡句,当听到"如果要是",可预测下文有表示条件和结果出现,听到"有一天、有一次、一天晚上"等可知即将讲述某一具体事例;第二种是以已知信息推测新信息。如听以下内容:

聂耳是中国一位有名的音乐家,他很小就爱好音乐。有一天晚上,妈妈带着他和哥哥一块儿去散步,回到家里已经很晚了,该睡觉了,可是聂耳却又不见了。妈妈和哥哥到处找他,哪儿也没找到。他去什么地方了呢?(《听力练习》56课)

教师让学生猜猜"聂耳去什么地方了",学生可能有不同的猜测,然后继续听录音"第二天早上才知道,原来他到附近的河边去练琴了"。学生可检验自己猜测是否正确。

(4)在语流中靠关联词语组合的复句、句群所占比例较低,常见的是靠意合的"流水句"。训练学生注意按时间先后顺序的话语连接形式。从接受信息的角度讲,很多连续性话语,是靠话题及其对话题的说明连在一起的,即其中存在一个信息中心话题,作为叙述的出发点,另一些句子是环绕这个话题进行说明的。引导学生紧紧抓住说明话题的句子语义的重心。比如《听力练习》70课中有这样一篇短文:

孙中山先生生于1866年,广东香山人。孙中山从青年时代起就受到西方进步思想的影响。他看到清朝政府腐败,决心推翻清朝政府,改变中国的社会制度。1894年他在国外建立了革命组织,提倡"三民主义"。他还和同志们一起办报纸,猛烈抨击清朝政府的腐败和卖国主义,多次组织反政府起义。1911年在孙中山先生的领导下,在武昌又一次举行了革命起义。这次起义,推翻了清朝政府,结束了中国两千多年的封建统治。武昌起义那年按照中国农历算,是辛亥年,所以人们把孙中山先生领导的这次革命叫作"辛亥革命"。

"孙中山先生决心推翻清政府"是本文的话题。接着用以下事例进行了说明:① 在国外建立革命组织、办报纸;② 多次组织反政府起义;③ 1911 年举行武昌起义(辛亥革命)。

(5) 听后要求学生概括大意,能用简单的句子进行口头复述或听后写。培养学生概括总结能力和成段表达能力,此阶段的反馈能力要求更高。

(6) 文化背景知识的介绍必不可少,以弥补情景之不足,减少非语言因素造成的理解障碍。由于文化的差异所造成的听力理解困难在这个阶段是比较明显的。比如若不向学生介绍中国传统的"男大当婚,女大当嫁"的婚姻观念的影响,学生就不易理解"女儿过了年就是30 岁的人,可还没结婚,这事放在谁身上谁也着急"这段话的意思。因此,教师上听力课时,有必要作涉及听力材料的文化背景知识介绍,这是突破听力障碍的关键。

本阶段听力语速要求每分钟 160~170 字。关于本规范所定听力语速是对教师的最低要求,避免为迁就学生而降低语速。在实际教学中除语音阶段外,均采用一般正常语速,以适应语言交际的需要。

第五节 初级阶段的听力教学(下)

前一节我们介绍了初级阶段听力课教学的目标、要求和规范,本节将详细讨论该阶段听力课主要的教学方法。相应地,我们也将其分为语音、语法、短文三个部分分别讨论。

一、语音阶段的教学法

语音阶段,听力教学的重点是辨别声、韵、调的能力和听后模仿能力,语音听辨的过程很重要,但也容易让学生感到疲劳和枯燥,因此纯语音阶段的训练不宜太长,零起点的纯语音听辨阶段一般在 20 课时左右。更多的语言训练应该贯穿在整个教学的过程中。语音阶段的教学方法应该灵活多样一些,决不能简单地放录音然后对答案,应该采用以听为主,听读、听说、听写、听做结合的综合教学的方法。

1. 听后模仿

让学生听录音,一般一遍到两遍即可,对于一些难点音的听辨,视课堂上学生的反应教师可以灵活掌握放录音的次数。听后让学生模仿,个别模仿、多人模仿以及全班集体模仿的策略穿插使用。

声母听辨并模仿:

b p d t g k

j q z c zh ch

韵母听辨并模仿：

an en ian in

uan uen üan ün

声调听辨并模仿：

zān zán zǎn zàn ā á ǎ à ē é ě è ī í ǐ ì ú ū ǔ ù ō ó ǒ ò ū́ ú̄ ǔ̄ ù̄

shēn shén shěn shèn

音节听辨并模仿：

音节听辨往往结合不同声调的音节组合分阶段集中进行：

一声+一声：当家　出发　冬天

一声+二声：家人　公德　支持

一声+三声：操场　开始　黑板

一声+四声：高兴　声调　说话

二声+一声：国家　同屋　时间

二声+二声：人民　学习　食堂

二声+三声：男女　词典　结果

二声+四声：学校　劳动　学院

四声+一声：教师　大家　信息

四声+二声：教材　大人　地球

四声+三声：报纸　历史　汉语

四声+四声：大陆　用力　睡觉

"三声+各声"的听力训练放在其他各声组合结束后再进行，三声变调是个难点，要特别注意让学生听辨三声调值的变化：

三声+一声：老师　北京　火车

三声+二声：女孩　五十　起来

三声+三声：骑马　领导　展览

三声+四声：马路　早饭　武术

听辨语流音变并模仿：

"一"的变调：

一本　一封　一份　一切　一堆　一个

"不"的变调：

不想　不说　不行　不要　不信　不过

儿化变调：

大伙儿　小孩儿　红花儿　打球儿

轻声变调：

儿子　桌子　石头　外头　前面　下边

复杂三声变调：

展览馆　李厂长　小老虎　演讲稿　请你给我找找雨伞

2. 听后填写

听音节后画出所听到的声母（画线的为需要画出的声母，下同）：

z̲a/zha　ca/c̲ha　f̲an/wan　ai/h̲ai　dong/t̲ong

听音节后填声母：

t̲eng　g̲uo　s̲an　f̲u

听音节后填表，把符合声调组合的词语标号填入表中

1 搬家　2 京剧　3 下班　4 胜利　5 冰箱　6 第一　7 树叶　8 天气　9 大家　10 进步　11 交通　12 世界　13 相信　14 教师　15 希望　16 公司

一声 + 一声	一声 + 四声	四声 + 一声	四声 + 四声
1	2	3	4
5	8	6	7
11	13	9	10
16	15	14	12

听辨并判断，判断每组的读音是否相同：

le/re　bang/fang　song/xiong

听辨并选择，听一组音，选择你听到的音：

听力/挺立　风帆/芬芳　年轻/念经　商量/山羊　潜艇/墙体　叹服/烫糊

听辨并记录，让学生听写所听到的音节或音节组合：

我们　夏天　但是　星期　一会儿　柳树

听写训练从单音节逐渐过渡到多音节，再到句子。

二、语法阶段的教学法

这里的"语法"不是我们一般意义上的语言要素中的"语法"概念。听力教学中的语法阶段,涵盖面更广。语音阶段训练的重点是学生对语音听辨的准确率,而进入语法阶段,则是要通过学生对语音的听辨、听记激活其大脑中存储的词汇、句子以及其他言语信息的意义,也就是说建立从语音形式到意义形式的关联。因此此阶段的训练,包含了从词语意义、语句意义到简单对话意义、语篇意义的听辨和理解。胡波(2007)认为,语法阶段的听力训练,要注重"自下而上"和"自上而下"的听力理解策略。他认为,"自下而上"的理解策略即进入大脑中的信息最开始是一些基本的具体图式,它们会合成较大的高层次图式,从而激活大脑中的图式网,产生理解。这种理解策略使听话者更多地注意到话语中的新信息以及与他们设想的话语的内容和结构不相符的信息。"自上而下"的理解策略即在话语理解过程中,大脑中高层次的图式预测输入的信息,并不断对这种预测给予肯定或否定,这种信息处理方式可以加速信息的吸收或同化。"自下而上"的听力理解策略是可以学习和培养的,目的就是要训练学生掌握一定的听力理解技巧,从而更自如地运用"自上而下"的理解策略,达到提高听力理解水平的目的。

因此,语法阶段听力教学的重点内容是:排除近似语音的干扰,准确理解词义;重音、停顿、句调在表意中的作用;时间、数字、方位等重要信息的听识、存储;句子结构、语序的听识和对意义的判断。

1. 排除近似语音的干扰,准确理解词义

近似语音是学生理解语义的突出障碍之一,随着学生词汇量的增加,近似语音的干扰会更明显,特别是在语流中对近似音的辨别不当,会影响学生对语篇的理解。因此在听力训练中可以把近似音放到一起,集中听辨。比如听录音,学生判断是否跟看到的一样:

录音:请你不要担心。 学生看到:请你不要当心。(×)

录音:这是他的吗? 学生看到:这是他的马?(×)

2. 听辨重音、停顿、句调的表意差别

重音是句子语法结构在传递信息时产生的重读音节,具有区别语义和表达焦点信息的作用,比如让学生听辨一组句子,说明不同重音落点造成意义上的差别:

我想起来了。(我想起床)

我想起来了。(我明白了)

停顿的不同也会产生意义上的差别,比如让学生听辨一组句子,并说明不同停顿方式造成的意义上的差别:

这封信我写/不好。（不赞成自己写）

这封信我/写不好。（没有把握）

　　汉语的句调可以表示陈述、疑问、祈使、感叹的语气，还可以通过综合运用这些语气成分，表达兴奋、愤怒、惊诧、讽刺等更为丰富的语气，语气的把握对学生正确理解句义非常重要，把握不准，就很有可能造成误解，比如在实际教学中，我们就发现，学生对反问句，特别是双重否定的反问句听辨的情况就不是很理想，例如：

我不是不得不参加吗？

　　句调的训练方法很多，听后模仿、听后说意义、听后回答问题等都是常用的方法。

3. 时间、数字、方位等重要信息的听辨训练

　　时间、数字、方位是言语内容中的常用信息也是重要信息，因此是听力训练中的重要环节。对这些重要信息的听辨训练既要有听记理解的训练，又要有综合运用的训练。前者的训练比如听写时间、数字和方位，听后填空、填表、填图等，后者的训练比如听后判断、听后计算等。举例说明：

听录音后将数字填入空格：

他们的孩子出生在_____年。

我家的电话号码是_____。

他妹妹身高_____。

我家住在淮海路_____号_____门_____室。

从北京到广州有_____公里，坐火车需要_____小时。

听对话后选择正确答案：

录音：三个半小时以后，你六点半来找我。

问：现在几点？

选项：A 三点半　B 三点　C 六点半　D 十点

录音：小红身高1米56，她的同桌比她矮10厘米。

问：她的同桌身高多少？

选项：A 1米46　B 1米56　C 1米66

4. 句子结构、虚词、语序的听识和对意义的判断

　　汉语的句式丰富，语序和虚词是重要的语法手段，不同的语序和虚词，句子表达的意义差别很大，如"了、着、过"对句子时态的区分，再比如小句语序的不同也会产生不同的理解，常用练习的方式有听后判断两句是否意思相同、听后选择正确的同义句，等等。我们举个

例子：

  仔细听 AB 两句意思是否相同：
  A 昨天一辆自行车撞了汽车。
  B 昨天一辆汽车撞了自行车。（×）
  A 我们明天下午两点在学校门口集合。
  B 明天我们下午两点集合，在学校门口。（√）

5. 简单对话、简单课文的听力理解

  这一阶段的是语法阶段训练的最高层面，最重要的目的是要在继续训练学生语音听辨能力的基础上，强化其记忆存储的能力，逐渐训练学生的联想猜测能力，让学生初步具备一定的概括总结能力。这一阶段最重要的训练方法就是听录音后回答问题。教师应该设计不同类型的问题，从不同角度强化学生的听力理解能力。

  我们以《发展汉语·初级汉语听力（上）》第二十课的课文为例，这一课的课文主题是"中国的节日"，涉及中国节日的名称、时间，也涉及放假时间的计算，听课文后可以采取这样的训练方式：

  听一遍录音后用提问的方式帮学生把课文大意串联起来，并加强一些重要信息的存储：
  哪些节日是全民的？哪些节日是部分人的？
  你听到了哪些节日？这些节日是哪一天？（让学生尽量说）
  不放假的节日是什么节？
  一般什么时候过春节？春节放几天假？

  再听一遍录音后让学生把听到的节日填入表格相应的位置中。然后提一些稍微复杂的问题，比如"黄金周"有什么好处？"黄金周"为什么选在"五一"、"十一"？等等。然后放录音让学生听辨一些句子，看是否和课文意义相同。最后让学生谈一谈自己国家的节日特点和听力课文中谈到的中国节日特点有什么不同。这样就可以把学生听辨、记忆、联想猜测和概括总结能力都调动起来了。

三、短文阶段的听力课教学

  初级听力课教学的最高层级就是短文阶段。

  短文阶段的教学方法和语法阶段，特别是语法阶段的对话、简单课文的教学方法有很多共通的地方。这里不再赘述。我们在这一部分重点谈一谈短文阶段的"精听"和"泛听"问题。

  目前，不少汉语听力教材中，每一课的课文处理都分成精听和泛听的环节，对外汉语听力教学区分"精听"和"泛听"也是符合第二语言学习规律的科学的方法。在听力训练过程中,我们发现有的学生只注意细节的捕捉,而不注重整体的把握,一段语料听完后,虽然能回答针对细节的提问,但对全文的意思没有足够的理解;反过来如果只抓主要意思,只强调量的积累,没有有重点的"精听",那听力的提高也是有限的。所以我们训练学生的听力其实是要训练他们既具备"精听"的能力,也同时具有"泛听"的能力。"精听"训练重在听力基本能力的培养,是提高听力水平的关键,而"泛听"训练重在听力技巧的培养,让学生跳跃生词障碍,在语流中抓住关键信息,总体上理解和概括听力内容,同时也可以避免长时间"精听"带来的疲劳感。"精听"重"质",要发现细微的语义问题,通过精听精练提高听力;而"泛听"重"量",虽然只要求掌握主旨大意,但有量的要求,学生必须大量接触汉语听力材料,通过量的积累达到质的突破。

我们的听力教材中,精听课文是主体,泛听课文是附带,使用的语料属于主题相近、但根据各自的要求而选择的不同语料。学生以精听课文的学习为主,泛听课文在相似话题上进行补充,能起到增加学生听力输入量的作用,也能起到检验学生精听效果、复习精听内容的作用。要培养学生精听的能力,一般的训练形式有根据短文内容回答问题,判断句子正误等。教师也可以采取对语料中的一些细节如时间、地点、人物关系、人物身份等进行提问,让学生带着问题有目的地进行精听的方式训练,也可让学生边听边记,在听后再提出问题,让学生根据记忆和记录的内容进行回答。还可以让学生跟读对话或短文中的某些句子,因为要完整跟读就必须听清每一个词语,这实际上也是一种精听。而泛听主要的练习形式有复述短文大意,回答一些关于语料大意的问题,这类问题的表述通常为:"这段话告诉我们什么"、"这句话什么意思"等。在现有的听力教材中,偏重于精听,很多问题的设计都是针对细节的,这样很容易使学生只注意部分词或部分内容,而缺乏对整段语料的完整理解。因此在教学的过程中可以让学生在听第一遍的时候尝试用自己的话概括对话或短文内容,再听第二遍甚至第三遍完成课本规定的练习。也可在学生做完教材设计的练习后,将已知的细节串联起来,并补充出其中没有的部分,扩展出整个短文内容。这样的泛听训练既可增加学生的学习兴趣,也能培养学生注重听力材料整体理解的好习惯。

总之,在实际的教学中,切忌精听、泛听课文平均用力,把泛听上成了精听。应有侧重地引导学生在不同层面上综合训练听力水平。

第六节　中高级听力教学

一、中高级听力课的教学内容和目标

我们之所以把中高级听力课的教学合并在一起，是因为目前对外汉语学界对听力的中级和高级的区分存在分歧。从课程的设置来看，《高等学校外国留学生汉语教学大纲（长期进修）》中对于初级汉语听力课的课程设置是相对比较明确的，但是中高级听力课的课程设置则有很大的弹性，中级和高级汉语听力课采取必修和选修相结合的方式，课时规定也不明确。因此，有不少学校并没有开设高级汉语的普通听力课，转而改成新闻听力、实况听力等选修课程。而《高等学校外国留学生汉语言专业教学大纲》在课程设置上也存在这个问题，在一年级开设初级汉语听力课，分上、下学期开设，而在二年级则没有专门设置独立的听力课程，变为汉语听力口语课程和新闻听力课程，三、四年级都没有明确的听力课的设置。因此，按照我们的理解，初级汉语听力是基础，是必要的环节，一般意义上的汉语听力技能的培养应该在这个阶段完成。二年级以后是汉语听力的进阶教学，有条件的学校可以开设中级汉语的普通听力课，并开设和听力相关的课程，比如听说课程、视听说课程、新闻听力课程，再高年级则要视情况而定，开设专门的高级汉语听力课程，或者是实况听力课程，多为选修课程，不是刚性要求。本章探讨的主要是普通听力课的教学，因此将中高级听力课的教学合并在一起。

国家汉办（2002）主持编写的《高等学校外国留学生汉语教学大纲（长期进修）》，将中高级阶段"听"的教学目标规定为：

中级阶段：能听懂用标准普通话或略带方音的普通话所作的、语速正常（180~220字/分钟）、有关一般日常生活和社交活动的会话、一般性交涉或业务交往的谈话、大学入系基础课程的课堂讲解、题材熟悉的新闻广播等。

高级阶段：能听懂用普通话或略带方音的普通话所作的语速稍快的、内容较复杂的讲话或会话，以及语速正常或稍快的广播、电视中的新闻类节目，语速为200~240字/分钟。

国家汉办（2002）主持编写的《高等学校外国留学生汉语言专业教学大纲》对中高级阶段的"听"的教学分别规定：

二年级：对所听材料的语音、语调、语气具有较好的辨别、理解能力；具有初步辨别词义、句式特点和语体风格的能力；能够听懂教师讲课和其他人关于日常生活方面的讲话或会话；能够基本听懂一般性浅显汉语广播电视新闻和大中型广播电视节目，具有概括所听

材料主题和信息要点的能力。

收听生词不超过3%、语速为每分钟180~200字的记叙性听力材料,正确理解率为80%以上。

基本养成课外收听、收看汉语广播电视节目的习惯。每周收听、收看时间不少于1小时,一年内不少于35小时。

三年级:对所听材料的特点具有初步的辨别、理解能力;能够听懂教师授课、一般性社会科学知识讲座和社交会话内容;能够听懂一般性中国广播电视新闻,具有跳跃障碍、总结概括所听材料主要内容、信息要点以及吸收新词语、新用法的能力。

收听语速为每分钟180~240字的多种语体的听力材料,正确理解率为80%以上。

养成课外收听、收看汉语广播电视新闻等节目的习惯。一年内收听、收看时间不少于40小时。

四年级:对所听材料具有概括信息要点或主题及段意的能力;能够听懂用汉语普通话或略带方音的普通话所作的教育、文学、经济、法律、社会、文化、艺术等方面的讲座或报告;能够听懂关于一般性工作交谈与洽谈的内容;能够听懂综合性汉语广播电视新闻及其他大众性节目;能够在交际过程中自觉地提高听力水平。

收听语速为每分钟180~280字的多种语体材料,正确理解率为80%以上。

收听、收看中国广播电视新闻及其他节目已成为自觉习惯。一年内收听、收看时间不少于60小时。

《对外汉语中高级阶段课程教学规范》(陈田顺1999年编写,下文简称《规范》)对中高级阶段"听"的培养目标是:

本课程是为已经完成现代汉语基础教育一年的学生和已经掌握2500~3000个常用词和基本语法的汉语学习者所开设的。它是汉语言专业(四年制本科)二年级的一门必修课。这一阶段听力技能的训练侧重于对句子、语段及篇章的整体理解。中高级阶段的听力教学的目的是通过训练使学生能听懂语速正常的、内容熟悉的连贯性讲解,基本具备在高等院校听基础课程的能力,在日常交际中,能够大致听懂语速正常的一般性会话及一定范围内的工作用语。听力教学以听200~300字的语段为起点,最后到听800~1000字的篇章。

二、中高级听力课程重点培养的能力

赵菁就《规范》中对中高级听力课程重点要培养的能力进行了解读:

1. 捕捉主要信息的能力

要求学生在两三分钟的信息输入中捕捉到几秒钟的"要害"信息,排除冗余信息。

2. 联想机制的应用能力

在学生的头脑中,一个概念痕迹的唤醒,一条信息的输入,会迅速产生无数信息的传递和联系,直到形成联想的思绪。因此,应有意识地引导学生对输入大脑的信息流进行加工、编码,使信息纳入已有的知识网络或组成新的网络,在头脑中构成无数信息的链,这样才容易形成更多的经验联想,加大思维的联想跨度。

3. 跳跃障碍的能力

在听的过程中,某些陌生的词语不可避免地会分散学生的注意力,学生会因这一两个词而"卡壳",漏掉后面的整段的内容,这跟习惯有关。初级阶段的句型教学使他们养成了一种习惯:搞懂每一个词语的意思。因此,一旦遇到不懂的或遗忘的词语,他们就绞尽脑汁地去想,直到想出来,才能去接受新的输入。中级阶段所要培养的习惯是要学会在不完全知道句子里的语法结构和词项的情况下,理解所听到的话语,把词语放到句子中去理解,把句子放到篇章中去理解。

4. 快速反应能力

在真实的交际中,言语信号是连续、快速地输出的,这就需要听的人加快对信息的解码的速度,具备一种快速地吸收、消化的能力,这种能力的获得必须要经过特殊的、专门的训练。反应速度的快慢直接关系到交际的畅通与否、气氛的融洽与否,对实际的交往十分重要。

5. 语言上的变通能力

要理解一段话语,必须把语言信息暂时存入自己的短时听觉记忆中,直到将它进一步处理,与储存在长时记忆中的语言信息对应起来为止。解码的过程中,要对所获的信息进行检索、分类、归纳。解码速度的快慢跟储存在大脑中的已获得的经验有关,通过词语的再现,可以丰富已有的经验成分,通过词语的不同方式的组合,语境的变换,可以丰富学生的经验成分,增加他们在语言上的适应、变通能力,以及他们的辨认、替换、联想、组合能力,这正是获得熟练听力的关键。

听力的训练方式按照训练目的分为专项技能训练(如捕捉主要信息的能力,跳跃障碍的能力等)和多项技能训练。按照检测手段分为填空、回答问题、判断正误、多项选择、听后复述等。

6. 对语言的感受能力

语感是以潜在的方式存在于人们头脑中的感性认识。它包括:对语音语调的高低曲折变化、语速的快慢、语气的轻重缓急、节奏的强弱的识别,对各种噪音、口音的辨别,对讲话的方式、口吻的熟悉,对说话人内在情绪、说话人所在场景、周围气氛的敏感程度。它可以使人对语句、话语进行一种直觉判断,这种直觉对于最终理解话语有很大的帮助。

7. 综合分析的能力

这项能力包括对话语的分析能力,对篇章的划分、归类、概括、总结能力和深层的理解能力。解码的同时,大脑还要对通过感知所获得的外界信息加以分析、判断,并做出反应,要运用系统整体性思维方法,将所获得的信息进行分析、归纳、演绎。理出文章的脉络和框架,迅速将其归结为几块、几点加以记忆。另外,对话语、篇章的理解不能只局限于表层含义的理解,更重要的是对深层含义的理解。学习者的注意力不是停留在言语这一层面上,而是应被引向它的交际意义这一层面上来。

三、中高级听力训练的原则和步骤

《规范》阐述了中高级听力训练的基本原则:

1. 言语材料输入原则

在技能输入上我们认为输入的语言水平应稍高于学生的接受能力,形成学生水平与实际输入的语言内容的一种落差。这样,学生才可以在不断提高自己的基点的同时,又不会因障碍过多而挫伤学习的积极性,才可把注意力集中在信息上而不是生词上。因此,本课程确定了生词最高不能超过7%的标准。

2. 课堂输入原则

低屏蔽效应和低焦虑环境是制造最佳听力效果的有效策略之一,为此,在听之前,教师必须做听前的"导入"。即:输入与听的内容相关的背景信息、词语信息(在句式中输入),为学生提供视听线索,帮助学生进入语境并缓解学生的心理紧张状态。

3. 针对性原则

训练是有针对性的专项或多项技能的训练,有明确的目的、要求、方法和检测手段。教师要按照不同的训练类型来进行有侧重点的训练。

4. 交际性原则

训练注重对交流信息的把握,有意识地训练学生掌握从句子中、语段中获取信息的手段,把学生的注意力引到话语的交际意义上来。

5. 检测原则

检测一方面是为了考查学生对所听信息的接收程度,另一方面,也是信息自身的一种反馈,检测应遵循这样一种原则:从整体到局部层层设问,也就是考察从篇章理解到段落理解到句理解、词理解的程度。

中高级的听力训练包括这样几个步骤:

（1）教师要检查学生对关键信息的接收程度，教师的提问或练习。要围绕测试学生对整个篇章的理解力来分层次、分步骤地进行。

（2）教师要进行梳理的训练，训练的要点在于帮助学生理清文章的脉络，使学生养成在听的同时，自觉地将所听的内容进行整理、归纳和分类的习惯。

（3）教师要检查学生对教学规定的有关信息的接收情况，要让学生有选择、有重点地听一些新词语、新句式或有疑问的地方，有意识地丰富学生对这些内容的经验。

（4）教师要检查学生对细微处的掌握程度。成年的语言学习者一开始往往不耐烦顾及那些能使自己的目的语完善的微小细节，到了中级阶段，就要提高表达的精确性、语法的准确性、理解的正确性，使学生获得的目的语趋于完善。

第七节 听力课教案设计

一、初级汉语听力课教案设计

（一）教材分析

教学材料：《发展汉语·初级汉语听力（上）》第十二课。

《初级汉语听力》（上、下）是为母语为非汉语的零起点汉语进修生编写的一套听力教材。全书共四册，每册各有 24 课，另附单元练习四套，即每六课书之后附一套单元练习。《初级汉语听力》每课书约为 2 课时的教学内容，按每周 4 课时计，上、下册可供一学年使用。

该教材参照《高等学校外国留学生汉语教学大纲（长期进修）》，内容涉及见面、介绍、购物及学习等日常生活中急需的简单谈话，希望通过强化性的训练，使学生具备理解说话人主要意图的能力。每册均设计了数量较为充足的练习题，并且注重练习的实用价值，其中上册的语音训练贯穿全书，以突出语音教学在基础听力教学中的重要地位。教材的词汇以 HSK 词汇大纲中的甲、乙两级词为主，其中上册多为甲级词，考虑到非零起点的学生可能直接使用下册，上、下册部分生词有重复。

上册每课分为语音、听力理解及课文三部分，另有两部分生词。第一张生词表为本课课文部分的生词，第二张生词表，即"预习下一课生词"中的词汇，是下一课"听力理解"中出现的生词。这部分生词采用课上讲解抑或是学生自习的方式，教师可视情况决定。课文部分的语段，根据学生的学习进程由短而长，每课设置的语段数量不一，同时，为了增加输入内容的丰富性，几段课文在内容上不一定有必然联系，但每课书的听力语料是数量充足的，如果当堂不能全部完成，可考虑留为作业。上册的练习题型主要有：听回答，选择正确的问句；听问句，选择正确的回答；判断正误；选择正确答案；快速回答；填空；等等。练习题设置当中，尽量避免题型单一化，希望通过不同题型的练习，通过从不同角度的提问，增强学生对汉语语法和汉语交际特点的熟知程度，同时训练其快速反应能力。第六课、第十二课、第十八课、第二十四课之后所附单元练习，实际为一张试卷，可看作是对这一阶段学习内容的总结，亦可视为检测。

（二）教材处理

本课教学内容量较大，课堂教学可以适量删减，将部分内容以作业形式布置给学生。比如预习下一课的词表可以让学生在下一课之前自行预习。再一个就是三个听力课文的容量也较大，考虑到课时安排，可以把第二个课文或第三个课文的听力练习留为作业。

（三）教案示例

1. 教学对象

一年级（上）留学生。

2. 教学内容

根据教材编排和要求，基本完成以下内容：

（1）语音部分：语调练习。

（2）听力理解部分：听句子，辨别是否意思相同，完成第一大题 1 到 5 题。听录音，选择正确答案，完成第二大题 1 到 11 题。

（3）课文部分：听三段短文，分别回答短文后的练习。

3. 教学目标

（1）学习、掌握声调。

（2）学习相关语言点并能理解运用。

（3）能理解相关句子和语篇的较为完整的意思。

4. 教学重点难点

（1）"一"的变调；听写声调；声调归类。

（2）"很"和"最"的用法比较；转折词语"不过"的用法讲解；"再"用法讲解。

（3）了解、掌握间接回答。

5. 教学安排

（1）第一课时，学习语音部分及听力理解部分。

（2）第二课时，学习课文部分及完成课后练习。

6. 教学过程（80 分钟，两次课）

第一次课

（1）组织教学。(3分钟)

师生问候；

宣布本课教学任务及要求。

（2）复习及导入新课。(5分钟)

复习上节课学习的词语和语法点；

听写布置的拼音。

（3）新课学习。(30分钟)

A. 语音部分。

a. 仔细听"一"的本调,然后听"一"与其他词语组合时的声调,有什么不同。

先听第一遍,让学生尽量写下声调。再听第二遍,在黑板上写下听到的声调,再和学生一起找"一"变调的规律。

规律："一"单念和在序数中,读第一声。

"一"在第四声前面,一律变为第二声。"55+51"变为"35+51"。

"一"在非第四声前面,一律变为第四声。"55+非四声"变为"51+非四声"。

b. 听写语音部分的三、四、五题,第五题听写完后老师带学生读,注意学生声调是否正确。

c. 听录音,将词语按声调分类,采取分组合作的方式,比一比哪组做得更好。

B. 听力理解部分。

a. 第一大题：判断两句话是否相同。

听第一遍录音,由学生判断。

再听一遍,逐句听,判断正误并进行讲解。

第1题,"北京市一个很大的城市"与"北京有一千多万人",两者意思不等同。

第2题,注意讲解"很"和"最"的使用。

第3题,A句为疑问句,没有回答；B句为陈述句,给出了答案。

第4题,A句关联词"因为"的使用,B句关联词"但是"的使用。A句强调的是骑自行车不会堵车,B句强调的是我没有自行车。所以两句话不相同。

第5题,A句出现"也"表示学汉语与和朋友两件事都可能发生。B句出现否定副词"不"表明晚上只学习汉语,所以两句话意思不同。

答案：1(×) 2(×) 3(×) 4(×) 5(×)

b. 第二大题：听录音,选择正确答案。

听第一遍录音,由学生判断。

听第二遍录音,逐句放,然后请同学复述,个别难懂的句子可以重复听,直到听懂为止。检查第一遍的判断,对判断为错误的句子要求学生能够指出错误所在。

第1题,注意"太……"用法,早上上课太早,使得说话人没有时间吃午饭。学生很可能会选择选项A。需要解释早上有课不能说明就不吃早饭,如果很迟上课的话是有时间吃早饭的。

第2题,较容易,但要注意本题提问的方式,很多学生都会不注意选错。

第3题、第8题都出现转折词语"不过","不过"大致相当于"但是"。第8题中女的认同男的观点——有汽车很方便,但是女的还认为有很多汽车就会造成堵车。

第4题要注意的是"周末"这个词语理解有误,可能会理解为星期天,此处的周末指的是星期五,后面女的又说下班的时候,人肯定多。星期天为法定假日,不用上班。由此更能说明今天为星期五。

第5题,男的问"去哪玩",女的回答"颐和园和故宫都可以"。问题问的是去哪玩,学生很容易想到颐和园和故宫。但需要注意男的接下来说"去故宫吧",女的同意了。说明最终去的地方是故宫。

第6、7题都涉及间接回答的问题,第6题,男的问女的要不要一起去超市,女的没有直接回答去不去而是说要等朋友,第7题,男的问要不要去食堂吃,女的没有直接回答去不去,而是间接说食堂的饭不好吃。这两题有一点难度,需要转个弯,可以多听两遍。然后跟学生简要说明在日常生活中拒绝他人时可以使用间接拒绝的方式。

第9题,注意"……以后……"的使用。

第11题,注意对"太累了,明天再去"这句话的理解。这句话说明男的今天由于太累了,不想散步,明天会散步。可以举例,设置情景让学生理解。

1—8题答案:B A B B B B B A 第9题 C C 第10题 B A 第11题 B A A

(4)总结。(2分钟)

复习本节课学习的知识点。

作业:下节课请同学说一说自己国家每天都主要吃些什么。

第二次课

(1)导入新课。(7分钟)

复习上节课的语言点;

请同学说一说自己国家每日的饮食。

(2) 新课学习。(30分钟)

课文一

根据课文和课后习题的编排,课文一共分为四个环节。拟一共听四遍短文,某些句子可多听。

第一环节:听全文并尽量回答老师在黑板上提出的问题,并尽量说出听到的内容。问题分别为:①谁和谁在谈话,今天星期几。②谁请谁,他们去做什么。③在英国时多久去一次麦当劳,在中国呢?第一问题中星期几和第三问比较难,可以先不回答。请同学尽量说出自己所听到的细节。此项练习主要训练学生在语篇中抓细节的能力。

第二环节:先看课后练习第一题,带着问题再听一遍录音。听完回答之前没有回答出来的问题和完成第一题。此项训练学生检索监听的能力。

学生选择完后,再听录音,此时要在答案的地方停顿,来回听。第1小题中问谈话的时候星期几,学生会听到星期一,然后直接选择答案B,但文中说的是周末愉快!星期一见。这与问题不符合。在第1小题答案的地方要重复听,并解释"周末愉快"是祝福语,说明周末还没到,星期一见指的是星期一再次见面。这里只能选择答案A。第2小题,问玛丽可能是哪国人,文中并没有直接地说出,但玛丽说她在英国……在中国……,可以推断她应该是英国人。第3小题文中直接提到玛丽不常去麦当劳。第4小题文中提到中国麦当劳便宜,虽没有直接提到方便,但文中出现"在中国麦当劳太多了",可推断很方便。第5小题文中直接提到玛丽一星期大概去四五次。

这一大题中第1、4小题较难,其他小题都是细节题,难度不大。

第三环节:听录音,判断第二题意思是否相同。此处要注意第4小题中谁请谁的问题。第5小题中"经常"与"常"意思相同。

这一大题,主要考查学生思维转换能力,相对第一大题,难度更高一级。需要详细讲解。

第四环节:重听全文,请学生两两一组复述课文。

课文二

课文二与课文一的环节大致相同,但多了一个导入的小环节。

导入的方式是讨论现在在中国一日三餐的情况,并且比较中国每日饮食习惯与自己国家有哪些异同点,然后引入课文二玛丽和雅芳对一日三餐的对话。这个环节的设置考虑了教材内容的编排。课文二后面的练习主要是对文中细节的考察,导入的环节可以让学生在限定的范围内更有针对性地获取文章的主要内容,为听正文做铺垫。

同时,课文二还需要注意的点主要有第一大题中第1—4小题的提问方式。第二大题中"十一点以后、十二点以前睡觉"还有哪些相近的表达方式;范围副词的位置。

课文三

根据课文及课后习题安排，课文三一共分为四个环节，拟一共听四遍，某些句子可多听几遍。第二大题是重点，着重讲解。

环节一：听短文，回答黑板上提出的问题。问题有：①雅芳什么时候睡觉。②雅芳饿的时候吃什么。③雅芳的朋友建议睡前喝什么。④玛丽睡前为什么喝啤酒。带着问题，听全文，③④较难，可以不用急着回答，听第二遍后再回答。

环节二：先看第一大题的问题及选项，然后听短文，并选出正确答案。第一题的两个小题，比较容易，都是细节题。回答之前没有回答出来的问题。

环节三：先听短文，回答第二题的问题，在听的时候可以简单记下答案。不一定要写汉字，可以是拼音也可以是自己的母语。1—3 小题只要回答相应词语，比较容易。第 4 小题要回答一句话，有点难度，可以先拆成几个用词语或短语回答的小问题，再连成一句话。

环节四：练习三主要考查的是量词的使用。只有四个小空，每个空都是填相应的量词。之前已经听了三遍短文，这里的填空比较容易。在做完练习后可以适当地进行一点量词的练习。如可以对教室里的桌椅等进行名量搭配练习。

(3) 总结。(3 分钟)

复习所学的词语和语法点；

布置课后作业。

二、中级听力课教案设计

（一）教材分析

教学材料：《汉语中级听力教程》第十一课。

该教程的教学对象是已经具有初级汉语水平，掌握了汉语甲级词和部分乙级词(1500～2000 个词)的中级学生。应该说学生在"听"的方面的进步并不只是靠听力这样一种课程来解决的，但听力课程却能够在"听"的方面集中训练，使学生能够熟悉一般所接触到的靠"听"来接收的信息，掌握一些"听"的技巧，从而提高"听"的能力。由于听力本身的特点，课文长、生词量大都会引起疲劳，使兴奋度下降，从而影响到学习效率甚至学习热情。因此本教程在课文长度和生词数量上予以有效的控制；课文内容力求新颖、丰富，同时又与学生生活内容接近，突出其实用性。

（二）教材处理

该教程分上、下两册（每册又分为"课文"、"生词和练习"两个分册），各 15 课，适合 4 学时/课；每课由生词、攻克生词、课文、练习、补充练习、快速朗读的课文等六个部分组成。

1. 生词

每课生词控制在 25 个左右,收录部分乙级词(虚词及用法比较复杂的形容词和动词)以及个别丙级以上的词。

2. 攻克生词

此为本书的一个重要特色。每课均有几个需要重点理解的词语,出现在常用的自然语句中(主要为单句),希望能够贯彻"句本位"原则,使学生通过听来理解词义,并理解句子的真正含义。

3. 课文

上册课文一般在 600 字以内,下册一般也在 700 字以内。上册课文内容可分为三类,第一类为学生常常接触到的事务性活动,第二类为学生日常生活内容,第三类为较深一些的话题,突出知识性、讨论性。课文有对话和文章两种形式,对话为作者自编,文章则有原文作为依据,以训练学生的多种适应能力。下册相应增加了讨论性话题内容。另外,我们认为新闻听力的任务一般由其他课程完成,因此新闻听力不是本教程的重点。

4. 练习

本教程以精听为主,练习类型以客观性问题居多,如判断正误、填空等。一般的问句为:"这句话是什么意思"、"下面哪句话正确"、"说话人是什么态度"、"根据这句话,我们可以知道什么"等。所有的问题选项都有四个,答案是唯一的。我们希望教师在授课时不必拘泥于"听",也可以采用"说"的形式。特别是学生在选择了错误答案时,用讨论的方式,将课文中的显性信息和隐性信息找出来,引导学生向正确答案靠近,这样的效果会更好一些。

5. 补充练习

本书除课文练习外,还增加了补充练习,与 HSK 形式一致,主要取课文中出现的惯用语、句式,然后展开,有单句及男女对话形式,要求学生通过选项回答问题。每课有四到五个这样的补充练习。

6. 轻松一刻

下册中增加这一内容,可作为泛听材料。

(三)教案示例

1. 教学对象

二年级(上)留学生。

2. 教学内容

根据教材编排和要求,基本完成以下内容:

(1) 学习 25 个生词；语法点"还不如不……"、"说得倒容易"、"不仅……而且……"。

(2) 听录音选择正确的答案，且巩固前面学习的生词。

(3) 课文：听课文回答问题；听录音选择正确答案，共 12 题；跟读句子听写词语，6 个填空。

(4) 补充练习：4 段对话，分别回答对话后的提问。

3. 教学目标

语言知识方面：

(1) 对 25 个生词和两个语法点的学习，根据听力课的特点，要求做到领会式掌握。

(2) 能理解相关句子和语篇的较为完整的意思。

(3) 通过补充练习，对前面学习的知识进行强化、巩固。

听力微技能方面：

(1) 借助特定的语境及上下文，训练听音、辨音、记音能力，对以上词语及语法点有更深理解，并学会如何运用。

(2) 通过听短文及练习，训练学生在语篇中抓细节、捕捉重要信息、概括总结和检索监听的能力。

4. 教学重点难点

(1) 重点生字词的学习、掌握（"倒是"、"一般来说"、"造成"、"干脆"等）。

(2) 较长篇幅短文的理解。

5. 教学安排

第一、二次课，生词、精听部分、泛听部分。

第三次课，补充练习。

6. 教学过程(120 分钟，三次课)

第一、二次课

(1) 组织教学。(2 分钟)

师生问候；

稳定课堂纪律。

(2) 复习及导入新课。(10 分钟)

复习：学生自由选择上节课学习的生字词和语法点说一段话(必须选择 5 个以上生字词)。

导入新课：询问学生今天是怎么来学校的，花了多长时间。

讨论你所在的城市现在的交通(提到堵车时进入正文的生词的学习)。

(3) 新课学习。(65分钟)

A. 学习生词。(10分钟)

根据生词在精听部分(即克服生词)出现的顺序进行重新排序,在黑板上板书新的生词排列顺序,剩下来在精听部分没出现的词语再单独讲解。

板书：赞同 赶时间 单向 双向 改造 倒是 随时 彻底 说不定 差别 干脆 恐怕 堵车 交叉 空跑 保证 别提了 后悔 拥有率 通行 造成 车速 事故 一般来说 网上(剩下的词语)

讲解：

赞同：同意(后面一般是观点、建议等)。反义词：反对。例子：汤姆说汉语有点难,但很有趣,大家都赞同他的观点。

赶时间：规定时间内做好、做完。情景学习,平时老师都是坐公交车来上班,但今天起来晚了,为了赶时间,老师是打的到学校的。

单向、双向：通过在黑板上画图讲解学习。

改造：对原来的事物进行修改,变得符合需要。例子：这辆自行车很旧了,有些零件都坏了,王师傅对它进行了改造,现在特别好骑。

倒是：确实(表示让步)。例子：坐地铁上班倒是挺方便的,但是人很多,太挤了。(让学生举例)

随时：任何时候。例子：我今天不用上班,你随时都可以来找我。(注意：用"随时"的句子带有不要客气的语气)

彻底：一直到底。例子：怎么样才能将堵车这个问题完全解决呢? 意思是：怎么样才能彻底解决堵车这个问题呢?

说不定、恐怕：或许、可能。

干脆：利用情景教学来讲解。

保证：a保证b,即有了a才能实现或者达到b。

别提了：一般说的都是不好的事,带有不满意的情感。

例子：a:你怎么迟到了?

b:别提了,今天堵车,迟到了三十分钟。

后悔：上学的时候,早上想多睡一会,没有吃早饭,现在胃经常会痛,很后悔之前不吃早饭。(学生举例)

(没有讲到的词语,会在答题时顺带讲解)

B. 攻克生词环节。（15分钟）

总共15题,根据题目内容、难度及学生水平,决定部分题为老师讲解、学生讨论的重点题目。拟第2、5、7、11、14题为重点。这几题老师讲解或引导学生讨论。

第2题：理解题中"赶时间"的含义,即在规定时间内完成课本内容。两个选项中选项B符合题意。

第5题：生词"倒是",关键句型"……倒是……,但是……"（让步句）。

第7题：生词"彻底",关键句型"等问题彻底解决"（问题开始处理了吗；问题都解决掉了吗）。

第11题：生词"恐怕",关键句型"要是……就……"；"如果……就……"（明天一定下雪吗；明天他们来不来、为什么）。

第14题：生词"空跑",关键句型"……,不过……"；"不仅……而且……"。学生在听到空跑不仅浪费,而且造成堵车后,很容易选择选项B,"不仅浪费而且造成堵车"仅仅是对空跑的解释说明。大意应该是这里出租车便宜,到处都是,不过空跑的不少。

C. 课文。（40分钟）

板书本课题目,讲解"还不如不"的用法。

比较："还不如"和"还不如不"。

还不如：开车太堵了,还不如坐地铁呢。	坐地铁。
食堂的饭不好吃,还不如去饭店呢。	去饭店。
a还不如b呢。	选b。
还不如不：开车太堵了,还不如不开呢。	不开车。
食堂的饭不好吃,还不如不来呢。	不来食堂。
a.……,还不如不……呢。	不选a。

让学生说一说"还不如不买车呢"是什么意思,发挥想象,讨论一下,为什么不想买车呢。然后引入泛听部分的课文。

根据教材安排,与课后三种类型的习题相呼应,泛听部分分为四个环节。拟一共听五遍短文,有些句子多听。

环节一：听全文,回答黑板上的问题。

a. 不看书先听第一遍,从整体把握全文意思,尽量说出自己所听到的细节部分。此项练习主要训练学生概括总结能力和语篇中抓细节能力。

b. 根据黑板上的问题再听课文,问题有：① 谁买了汽车？② 买了车后,心情的变化。

③为什么买车却不开？④汽车不是很多,但为什么还是堵车？⑤双向通行为什么造成堵车？⑥网上有哪些解决堵车的建议？以上所提出的问题并不需要都回答出来,主要希望学生能够按照要求,重新梳理短文。较难的问题可以在后面的练习中回答。

环节二：听课文,简单回答问题。

两个问题较简单。第一题是细节题,答案是：很高兴。第二题是需整体把握的题目。学生需要理解短文的大意,在板书中已经给学生梳理了文章,所以难度不大。答案是：堵车问题。

环节三：①听录音选择正确答案,此大题的1、2、3小题主要考察的是学生的细节把握能力。答案集中在短文的第一部分。拟第3、4小题为难点。

先听课文的第一部分,然后听录音,选择答案。在学生做出判断后,再听短文,此时,当放到出现答案的地方停顿。学生不理解,此处可以重复听。

第3小题：此小题较难,文中与答案有关的地方,有很多数字。文中直接提到已经超过200万,可排除选项A、B,文中提到,按照这个速度,用不了多久,第300万辆汽车就会出现了。一些学生可能此处理解有困难。要进行反复听练。

第4小题：注意提问的方式是哪句话不正确。四个选项在文中都没有直接的出现,需要学生思考。选项A可以从"堵车"这个词语判断有了自己的车并不是很方便,但其他三个选项在文中很难找到对应的话,需要反复听练。

②先听课文的第二部分,再听录音,选择正确答案。在学生做出判断后,再听短文,此时,当放到出现答案的地方停顿。学生不理解,此处可以重复听。

与上一题相比,此题较难,选项无法在文中直接找到相应句子。每题都要进行详细讲解。

第1小题：是考察对课文第二部分的整体把握能力。选项A、B为无中生有,文章并没有提到。选项C指的是过去,现在平时也很堵。选项D为正确选项。文中提到咱们汽车拥有率在世界上还是很低的,说明这个城市的汽车并不多。

第2小题：堵车的原因,文中直接提到单向通行的路太少了。

第3小题：注意提问的方式,哪个不是单向通行的优点。在听此部分时要注意"如果单向通行,就……"后面都是单向通行的优点。

第4小题：此题是问谈话者的态度。要找跟态度有关的词语,此部分男的只说了专家的观点,对于这个观点好不好,男的并没有任何表示。

③先听课文的第三部分,再听录音,选择正确答案。在学生做出判断后,再听短文,此时,当放到出现答案的地方停顿。学生不理解,此处可以重复听。

这一部分的练习比较简单，在文中很容易找到相应的语句。拟第 4 小题为难点。

第 4 小题：此题和上一部分练习的最后一题一样是问态度的，文中表现女的态度的语句是"你说得倒容易"。这句话学生理解起来比较困难。这句话其实省略了后半句"做起来很难"。整句话就是"你说得倒很容易，但做到很难"，这表明女的认为男的的建议听起来很好，但很难实现。所以女的对男的观点表示怀疑的态度。

环节四：跟读句子并填上正确的词语。

此题较为容易，只是要巩固这节课的生词。可以听两遍，第一遍学生写下自己所听到的内容，可以是汉字也可以是拼音。再听第二遍，学生修正答案，尽量都写汉字。

(4) 总结。(3 分钟)

复习所学的词语和语法点；

布置课后作业：课后对比中国与本国交通状况，思考什么是造成交通堵塞问题的主要原因，你有什么好的建议。

第三次课

(1) 组织教学。(2 分钟)

师生问候；

稳定课堂纪律。

(2) 复习及导入新课。(5 分钟)

复习：学生自由选择上节课学习的生字词和语法点说一段话（必须选择 5 个以上生字词）。

(3) 新课学习：补充练习。(15 分钟)

补充练习主要是对上节课学习的生字词、语法点及语句的强化、巩固。主要分为三个小环节。

第一小环节：学生先预览所有选项，读懂选项意思。然后听录音，尝试选出答案。这一环节，主要是让学生对每一段话有一个整体感知，并不需要都回答正确。

第二小环节：再听录音，但采取一题题听的方式，这样可以留给学生足够时间进行思考，不明白的地方，老师进行讲解。拟第 4 小题为重难点。

第 1 小题：复习了生词"别提了"，"别提了"说明男的对这次旅行不是很满意。原因：站着回来的；太困了，上课一直睡觉。

第 2 小题：第一小问中，根据对话，女的说家具的年龄和她差不多，男的说有的家具是他自己做的,可以判断出男的比女的大,并且大很多。选项中符合条件的只有选项 C 父女关系。

第 3 小题:复习了语法点"说得倒容易"。第一小问,从"说得倒容易"可以判读出女的认为一年内很难考过 HSK 七级。第二小问,男的认为女的一年半内考完 HSK 七级要比他两年考完强多了。因此男的认为自己用的时间比较长。

第 4 小题:此段对话较长,问题较多,需多听几遍。听第二遍时根据老师提的问题来听。问题有:① 男的为什么要买自行车?② 女的认为买新的自行车有必要吗?为什么?③ 买二手自行车怎么样?

听第三遍,然后根据问题来选择正确答案。第一、二小问比较容易。第三小问,要注意选项 A,新车不是不好卖,而是骑过后卖的价格不高。第四小问:学生在选项 B 和 C 之间判断有些困难。文中男的说"这样说也有道理",说明他赞同女的的观点,但并不表明他认为女的的观点特别好。

(4) 课堂讨论。(15 分钟)

分组交流上节课留下来的问题(对比中国与本国交通状况,思考什么是造成交通堵塞问题的主要原因,你有什么好的建议),然后请各组选举代表进行观点阐述。

(5) 总结。(3 分钟)

对讨论的内容进行简单总结;

布置课后练习。

第八节 汉语听力教材分析

在对外汉语教材中,听力教材的研制和发展相对落后,这种相对落后既体现在"质"上,也体现在"量"上。对外汉语听力课一直被教师和学习者认为是一门比较难上、没有意思的课,其重要原因就是听力教材单一、陈旧、枯燥。总的来说,听力教材占整个对外汉语教材编写出版的分量较小,初级阶段的听力教材数量更少。从教学反馈的信息来看,教师普遍反映很难选到一部好用的听力教材,学生大多觉得教材语料枯燥不实用,难以引起学习兴趣。研究者也大多认为听力教材编写的历史不长,经验不足,目前的听力教材还存在诸多问题。因此,怎样编写初级阶段对外汉语听力教材是对外汉语教学研究中的一个重要的课题。国家汉办(1998)在《全国对外汉语教材工作会议纪要》中指出:"更新传统观念,打破教材编写陈规,突破已有的编写框架,推出合乎时代需求的精品教材,成为摆在对外汉语教学界面前的突出任务。"

一、初级汉语听力教材现状与分析

刘峰(2004)发现,从1954年到1994年,国内共正式出版单科对外汉语教材113种,听力课教材只有13种,占11%。以上的统计是总的听力教材的数量。近几年听力教材的数量有了较大的增加,干红梅(2004)的调查统计显示,听力教材有43部,但具体到初级听力教材,数量不多。总的来看,现有的初级听力教材不仅数量少,不能满足对外汉语教学的需要,而且质量不高,基本上还是沿用传统的教材编写模式编写,存在着很多问题,严重影响了教学质量及学生听力水平的提高。主要表现在以下几个方面:①知识性、趣味性不足,缺乏真实性;②练习的设计不科学,形式单一;③课文的量不足。金志军(2006)经过调查发现,从1982—2005年一共有32本,而其中真正有涉及对外汉语初级听力的仅为14本。

我们选取比较有代表性、使用比较广泛的初级汉语教材做一些介绍:

(1)《汉语初级听力教程》,林欢、刘颂浩编,北京大学出版社1999年出版。本教材以功能为纲,前八课课文分为生词、准备、练习三部分,第九课以后的课文分为生词、练习两部分。练习设计有独创性,语音练习贯穿始终,用来进行语音练习的词汇大都是后面一课的生词,练习中除练习词外,基本没有生词,学生能大致了解句子的意思。这种了解又为学生猜测词义提供了可能。《汉语初级听力教程》在编写时不追求与精读教材的配套,因此在词汇的选择上比较自由。

(2)《发展汉语·初级汉语听力》,么书君等主编,北京语言大学出版社2004年出版。该教材也体现出以功能为纲的编写思路,上册一共24课,每课书分为三部分:语音,听后模仿或理解,以及课文部分。教材的听力语料数量比较充足,在实际教学中可以灵活掌握,当堂不能完成的听力训练,可以作为作业留给学生。下册也是24课,每课分为听单句、听对话、听课文三部分,内容围绕学生生活需要设计,在内容的设计上,努力体现同一话题难度上的螺旋式上升。第6、12、18、24课之后所附单元练习是模仿HSK考试的实体。该教材的练习题型比较多样,听后选择、听后判断、听后回答、快速回答、填空、填表、连线等,可以增强学生对汉语语法和汉语交际特点的熟知程度。

(3)《汉语听力教程》,杨寄洲等编,北京语言大学出版社2000年出版。该教材是为零起点的外国学习者编写的初级听力教材,分三册,共96课。属于单课制,每五课后有一课为复习课。第一册的第一课到复习(二)共12课,为语音教学阶段;第十一课到第二册结束共48课,为语法阶段;第三册共36课为语篇阶段。第一册共30课,第一课到第五课结构相同,每课分为三个部分:第一部分为声韵母练习,第二部分为声调练习,第三部分为语音语调练习。从第六课开始,每课分为两部分:听力理解练习和语音语调练习。每课练习前面集中列出了本课生词。第二册共30课,每课分为三个部分:听力理解练习、语音语调练习和泛听练习。每课练习前面集中列出了本课生词。第三册共36课,每课分为两个部分:语音语调练习和泛听练习。每课有题目,各部分围绕中心话题选择材料,以较长篇幅的对话和短文为主要内容,每篇对话或短文前列出生词。总体上来讲,该教材的内容包括音素、音节、词、词组、单句、对话和短文,主要以练习为主,没有安排"预听"部分,除生词以外,也没有安排其他的讲解部分。

二、中高级汉语听力教材现状与分析

21世纪以来,中高级的汉语教材越来越多,类型也越来越丰富,据齐沛(2003)的统计,从新中国成立后到1999年12月止,"机检系统"共搜集到国内正式出版的对外汉语教材408种,中高级教材比例大幅度上升,"1949年至1994年间对外汉语教材初级、中级、高级的比例为3∶2∶1,而1995年至1999年出版的对外汉语教材初级、中级、高级的比例为2∶2∶1",中高级教材的研制和编纂明显日益受重视。我们以中级听力教材为对象,介绍几本有代表性的教材。

(1)《汉语中级听力教程》,潘兆明主编,北京大学出版社1994年出版。该教材课文内容从外国学生可能接触到的语言文化现象出发,力图客观真实地反映中国的文化习俗、生活习惯和中国人的性格心态、人情世故等,使学生在提高汉语听说能力的同时,也能加深对中国文化的了解。该教材分上、下两册,各24课。上册注重功能项目的介绍和学习,每课由短文和对话两部分组成,目的是使学生能听懂汉语的不同语体的表达形式。下册则加强对新闻、广告等传播媒介语言的训练。上册的短文和上、下册的对话是自编的,下册的短文大多根据报刊文章改写。生词的出现与分布,主要依据《汉语水平考试大纲》(HSK)所列分级常用词,也参考了《汉语初级教程》(北京大学编)等,以使生词的出现率较为科学。练习的编写,本着由易到难的原则,考查学生对课文的理解。在课文练习之后,还特别提供一些实景录音作为泛听材料,以期通过自然的活的语言,强化学生的汉语语感。

(2)《汉语中级听力教程》,刘士满编,北京大学出版社2004年出版。该教材分为"生词和练习"与"课文"两个分册,配套使用,编写原则与思路在第一版基础上有所拓展和完善。全书共15课,每课分为生词、攻克生词、课文、练习等部分,生词配英文及日、韩文翻译。该教材所有话题与场景均来自现实生活,实用性与趣味性相结合。攻克生词部分以简单自然的语句练习帮助学生理解课文中出现的重点词语;练习部分特意设置与HSK相一致的专项补充练习。该教材"生词和练习"分册附有词汇总表。

(3)《中级汉语听和说》,北京语言文化大学主编,北京语言大学出版社1999年第二版。该教材是北京语言文化大学的精版教材之一。这是一本听力兼口语、以听力为主的教材,听力和口语部分区分明显,大部分学校只是把它作为听力教材使用,本文只就其听力部分进行比较。全书共32课,每4课为一个单元。每课共3篇语料(1篇精听、2篇泛听)。每4课后为单元练习,单元练习由短文、长段对话和简短对话构成。

(4)《新中级汉语听力》,刘颂浩、马秀丽编,北京大学出版社2003年出版。该教材一册有10个单元。每单元分为课文一、语言练习、课文二、课文三和专项练习四个部分。课文一、二为精听部分,课文三和专项练习为泛听部分,其中语言练习主要是精听部分的词汇,专项练习主要是相关表达法、词汇和技能练习。

三、汉语听力教学编写的思考

汉语听力教材编写的重点有两个:语料的选取和练习的设计。

(一)语料选取

1. 初级听力教材的语料选取

刘若云、林柱(2010)对比了五部初级汉语听力教材的语料,发现目前听力教材的一些问题:有的教材没能很好地处理语料长度的跨度;有的教材长语料和超长语料太多;有的教材语料的平均句长过长;有的教材非常用词数量过多、跨度较大;有的教材语料的难度系数过大,语料编排没有遵循循序渐进、由易到难的原则。

在控制语料难度方面,刘文提出的一些意见值得我们参考,认为可以把初级听力教材分为初级上、初级中和初级下这样三个阶段:初级上的短语料占90%,中语料占10%;初级中的短语料占80%,中语料占15%,长语料占5%;初级下的短语料占70%,中语料占20%,长语料占10%。语料中的非常用词数量不能太多,要随着学习的深入逐渐增加,不能跨度太大,语料中的长句也应该尽量控制。这样可以有效控制语料难度,同时体现出循序渐进的教学原则。

在语料题材方面,周小兵、赵新(1999)认为课文题材应该广泛,包括社会生活、人生家庭、婚姻爱情、人际交往、民族风情、文化教育、自然科学、环境保护等。因此,听力课文选取语料时,要多用贴近现实生活的题材,突出实用性,这样才能激发学生的学习兴趣,取得良好的教学效果。在保证日常对话体和记叙体比例占优势的前提下,其他体裁要有合理的比例,以满足学生实际生活的需要。再者就是要保证语料题材的现代性,一些老教材在改版时一个重要的任务就是要更新语料内容,把一些陈旧的、过时的语料剔除出课文,选取当下具有时代性话题的新语料,新编教材更是如此。

目前中高级听力教材语料有三个特点:①语料组织编排以主题为主导;②听力教材语

料以培养学生的交际能力为最终目标,语料与听力技能的相关性不高,教材不以培养 HKS 应试技能为主要目的;③ 中高级听力教材语料对精读教材语料的依赖减弱,具有相对的独立性。

于红梅(2005)调查了五本中级汉语听力教材的语料发现,有的教材语料整体偏短,长语料数量偏少,与初级区分不明显;有的教材超长语料比重过大,语料长度方面的跳跃性过大,增加了教学难度。

2. 中高级听力教材的语料选取

中高级听力教材对于长短语料的选择应该更加灵活多样,不要过于强调某一种。为了达到不同的技能训练目的,长、短语料应相互搭配。比如主课文以长语料为主,在语言练习和专项练习中则多以短语料的形式出现。每部教材的编写总是有一个整体的布局构思,每部教材都是一个有始有终的整体。如果一部教材编得太长,因为课时的局限无法完成教学任务,那么教材的整体性就无法体现,容易"虎头蛇尾"。因此,教材在编写之初就应考虑到课时的安排,力争保证教材的完整性。

中高级教材的语料题材仍然要以学生日常生活的题材为主,突出实用性。有些题材在初、中、高级都是共享的,但在中高级的听力教材中,内容更广,意义更深,引导学生走向更真实的话语环境。同一个交际行为,在不同的语境下针对不同的对象使用的交际语言也是有区别的,展现丰富多彩的情景、角色、语体风格,让学生听到各种角色在不同时间、场合面对不同的对象说的得体的话,体会其中的差异,学会听出言外之意,学会得体地表达。这是中高级阶段的听力教学要重点解决的问题。

(二) 练习的设计

练习设计的质量直接影响听力教学的效果。综合上述考察,练习的设计应当注意:

1. 适量性

现行教材练习的量化标准大多是根据教师的主观认识和经验确定的,缺乏科学的依据,因此量化标准很不一致,甚至存在较大差距。这就难免使教材题量安排带有一定程度的盲目性和局限性。有些教材练习总的题量过少,不能满足教学的需要;有的题量过多,给学生造成不必要的负担。因此,给教材练习以科学定量势在必行。

2. 灵活性

听力课历来被认为是比较难上的课,容易陷入枯燥乏味,因此趣味性的灵活练习非常有必要。趣味性对于练习来讲,主要体现在形式的多样性上。练习方式灵活多变,既要有客观性题目,也要有主观性题目。语音阶段,可以大量利用图片来代替文字材料,作为选择题的选项,或直接要求学生在图上标注记号等。既可以说,也可以写,还可以做。既可个人练,也可小组练。

3. 全面性

练习的设计要考虑覆盖不同的知识点和技能。练习的内容要全面,要让学生做完了练习,做对了练习,就基本上掌握了本课所学内容。对于听力技能也要以保证有效地训练到每种听力微技能为目的。陈钰(2006)调查显示,目前中级听力课堂上最常用的练习类型依次是词语填空、多项选择、听后判断和回答问题四项;其次是复述内容、听写句子;最少使用的是填表画图、模拟表演和听后讨论解决问题等类型。这种练习类型的排序,一方面是受到听力课堂测试化、技能训练孤立化的影响;一方面也是受到教材的影响。这样看来,中级阶段的练习设计跟初级阶段差距不大,应该在中级乃至高级阶段进一步增加听后表达的练习环节,也就是说要在练习的设计上也体现出中高级的水平特征。

4. 明确性

练习的题目指令要精心编写,不能含糊其辞。每道练习题都有一定的目的,编写者应当对每道练习要达到的目的十分清楚,要排除与练习目的无关的因素,让练习指令的指向性和针对性明确。

5. 层次性

首先,在不同的阶段,要采取不同的练习形式。练习的设计原则上也应保证输入类练习先于和多于输出类练习。初级起步阶段,模仿记忆类的输入类题目是必要的,到了一定的阶段以后,练习中则必须有足够的输出类题型,以侧重培养学生的交际能力,使所学知识转化为实际的言语技能。对零起点的学生,由于他们大脑中储备的言语信息实在太少,只能大量采取模仿练习和机械性练习。有些教材的练习偏难,跳跃性太大,学生做这些题目耗时费力,收效甚微,这就挫伤了学习者,特别是初学者的积极性。在同一阶段,同一课,练习也应当是层次丰富的,有较容易的练习,也有难度较大的练习,有交际性的练习,也有语言点的练习。

思考和练习五

1. 影响听力理解的因素有哪些?
2. 听力课有哪些具体的课程形式?各有什么特点?
3. 举例说明听力微技能的培养方法。
4. 阐释初、中级听力课教学能力培养的目标。
5. 选取课文编写一个初级听力课教案。
6. 选取课文编写一个中级听力课教案。

第六章 口语课教学

第一节 口语和口语教学概述

一、口语的特点

口头语言是人类语言最典型的语言形式。人类语言分为有文字语言和无文字语言,但一定是有声的语言,人类语言的产生是以口头语言的产生为标志的。语言是思维和交际工具,最终是以口头语言的形式体现出来的。口语的一般特点是:

(1)与书面语和体态语言相比,口语最大的特点就是以声音作为信息载体。它由人的发音器官发出,以空气作为介质而传播,被交际对象的听觉器官接受,经大脑皮层听觉语言中枢处理而被理解。它的发出,必须以大脑皮层言语中枢和发音器官的健全为前提、以言语技能的掌握为基础。

(2)表现力较强。口头语言是人类表达信息的最基本的手段。口语表达通过语音、词汇、语法的形式表达,同时还可辅以语速、语调、节奏、重音等综合技巧来增强表现性。例如"他来了"这句话意思很简单,但口语却可以表达出很多种情感状态(欢喜、惊奇、热情、冷漠、期待)。这是书面语言所不能比拟的。

(3)表达速率快。一般口语表达大概为每分钟150~200字,因人而异,有的人语速较快,有的人则相对较慢,但总体上是表达速率很快的一种交际方式。由于口语表达速率快,因而口语交际中会有较大的时间冗余量。对外汉语教学的过程中,教师可按照自己的意图和学生的情况调整语速、节奏等,以达到表达明晰和便于学生理解的要求。对外汉语教学,特别是初级阶段的教学,应采取低语速口语。由于对象的特殊性,要求时间上给学生留下一定的理解消化的余地,故语速要稍慢一些,一般为每分钟 100～120 字。中高级阶段可以适当加快语速,直至接近使用母语者的语速水平。这里说的语速不是指讲某一句话的即时语速,而是指一个语言片段的平均语速,语句中的停顿也计算在内。

(4) 机动性强。口语表达是一种最方便、机动性最强的表达方式。在对外汉语教学过程中,师生都可以较方便地将口语表达与书面语言、体态语言、微表情相配合,进一步提高表达的准确性和感染力。口语表达以声音为信息载体,最大的特点就是"转瞬即逝",交际双方必须有高度的注意力才能完整准确地接受信息,稍有疏忽,就会丢失信息,造成理解困难和交际障碍。这特别要求教师要善于察言观色,根据学生理解的实际情况适当地停顿、重复或调整语速,适应学生的理解速率。

(5) 情景化程度高。口语比较直接、感性,往往不假思索,脱口而出,缺少心理加工和过滤,更接近真实心理。口语比起书面语更具有情景性,用词范围相对狭窄,交际中常伴随重复、脱节、颠倒、补述等现象,同时语气词使用较多,话语冗余信息也相对较多。

二、口语教学在对外汉语教学中的地位

1. 口语教学的重要性

口语教学在整个对外汉语教学体系中占有非常重要的位置。首先,它是一门基础课,除了作为单项技能的口语课以外,其他课型比如精读课、听力课、阅读课等也离不开口语教学环节;再者,它是留学生由语言知识的掌握到具体的实际运用之间的一座桥梁,留学生学习汉语最基本的用途就是要会"说汉语",因而具有强烈的实践意义。吕必松先生(1996)指出:"口头表达训练是促进语言习得的手段之一。在对外汉语教学中,过去只是在初级阶段开设一门口语课,以会话体为主,现在有些学校,虽然开设了中级口语、高级口语或类似的课程,但是对这门课的性质和任务还缺乏统一的认识,还没有形成口头表达训练的明确目标和完整体系。"学生通过口语课来了解自己对于汉语基础知识的掌握程度、反应能力,口语课老师则通过教学过程评估留学生的学习情况以及其他汉语课的教学效果,这种教学过程是一个有序整体,而其中的各个环节也会更加紧密有效地结合在一起。第二语言教学的技能培养一般分为听、说、读、写等几个方面,从语言交际的角度看,听说技能的培养更为重要,大量的交际活动是通过口头表达来实现的。显然,口语水平是判断留学生汉语水平的重要标准。

语言的四项技能是指听、说、读、写技能,即听话理解能力、口头表达能力、阅读理解能

力、笔头表达能力,我们一般也称为听话技能、说话技能、阅读技能和写作技能。语言技能实际上就是个人运用语言的能力。这里的语言是指说话人可能表达或理解的内容,是个人说的话,具有信息属性,而不是指代码属性的语言系统本身。所以,准确地说,语言技能应该称为"言语技能",但人们习惯在用词上以"语言"代替"言语"。

语言的四项技能之间存在着必然的联系。它们共同构成一个完整的系统并且共同发挥系统的功能,一个完整意义上的语言能力,四项技能缺一不可,不能割裂。四项技能中,听和读两项主要是接受型或叫输入型、理解性技能,是四项技能中的先行性技能,其共性就是对输入信息的解码,在信息加工过程和特点上具有一致性。说和写两项技能主要是创造型或叫输出型、表达性技能,其共性是要辨认信息、匹配信息、处理信息和输出信息,虽然也有理解过程,但重点是对新信息的处理和表达。

一般语言教学法理论认为四项技能中的"说"是基础和核心,是语言技能综合运用的标志性技能,其他各项技能都是依靠说而建立起来的。其中的听与说同样重要,两者组成传统意义上的听说技能,而随后是读和写。所谓"听说领先、读写跟上"就是源于这样一种对技能训练的认识。但也有人提出四项技能中的阅读技能,从接受、输入角度是最容易接受的,所以曾提出了"从读入手,以听说为重点"的技能训练方式。更新的技能训练方式是从信息加工的特点出发,把四项技能分为接受型和创造型两类来组织教学。

2. 口语教学对其他语言技能训练的促进作用

口语能力对其他语言技能产生影响,可以表现在语言总体水平上,也可以在单项技能训练中体现出来。例如,对听力来说,口语表达的质量对听力的质量有着很大的影响。一个人所说的语音、语调不正确,听别人说话时也会有困难。说得正确有助于提高听力理解能力。

口语表达能力对写作也有很大的促进作用。说和写虽然属于不同的表达方式,但它们有共同规律可循。写文章基本是用文字记录自己的话。特别对初级阶段的学生,在写作时,其内部语言往往是和口语一致的。中国晚清诗人黄遵宪的诗句"我手写我口"也是这个道理。学生说过的话再用文字写出来是进一步训练思维的能力,使说出的话主题明确、内容集中、条理清楚、层次分明、用词准确、语句通顺,是巩固和提高说话训练的成果。

口语是书面语的基础,口头语言的发展必然促进书面语言的发展。一个人口头表达能力强,"出口成章",写起文章来,一般地说也能"下笔成文"的。此外,口语对写作的辅助作用还体现在:第一,从心理上减轻或消除学生的写作恐惧感、缓解写作的难度。第二,写作能借助口语语感,力求优美的表达。

口语对阅读也有很大的帮助。阅读是读者与文本的交流对话,是书面语学习的主要渠道。如果阅读中的感悟、理解主要是借助内部言语进行的话,那么将读的结果表现出来就必须把内部言语转化为口头(或者书面)言语,而内部言语作为阅读中的思想媒介,也只有通过外部言语的训练来提高。因而通过听说的训练,进一步地领悟教材,就显得十分重要。外部言语包括口语和书面语,而对书面语的训练,其中最主要的方法就是通过口语的提高来促进书面语的成熟。因此,口语对阅读来说有其一定的意义和价值。

总之,口语表达能力和其他语言技能的训练是密切相关的,口语表达能力会对其他语言技能产生促进作用,其他语言技能的训练也同样能够促进口语表达能力的提高。

三、对外汉语口语教学的现状

1. 留学生个体差异大

对外汉语教学中,学习者来自不同的国家和地区,因此学习者的知识水平、文化背景、经历、职业、性别、年龄、思想状况、学习动机、兴趣爱好等方面都不相同,而这些因素都会对教学方法及教学效果产生直接的影响。

2. 分班不够细致

对外汉语教学中,通常情况下首先是根据学习者的汉语水平进行分班;其次,在教学条件允许的情况下,也应考虑到国别的因素进行分班。而目前很多学校很难做到这一点,而只能采取混合编班的形式。在这种情况下就不能完全考虑到学习者的文化差异、学习目的等因素,这也会增加口语教学的难度。

3. 口语教学方法单一

这主要表现在教学中过多强调以教师为中心,学习者处于被动状态,不易激活其主动性和积极性,缺少有针对性的、适应性的教学方法。

4. "交际"意识不够强

很多口语课过多地进行传授知识,没有侧重培养学习者运用知识的能力。只讲语言的形式和意义,不讲语言的用途。必须将交际性作为教学的主导原则,以语言的应用及交际能力为出发点。将语言能力与交际能力有机地结合起来,是口语课的重要任务。语言是人们互相交流和理解的重要桥梁,是社会文化的产物,深入了解语言所表现的文化内涵,是将语言知识转化为交际能力不可缺少的条件。而一个人对语言的掌握最终要表现在语言技能和语言交际技能上,所以在口语教学中应该强调从交际需要出发,通过交际过程掌握语言形式,把语言知识转化为语言技能,再把语言技能转化为语言交际能力。

5. 教学中过多使用媒介语

特别是在初级阶段,教师常常过多使用媒介语进行教学,虽然媒介语不可能实现完全不使用,教师可通过一定的对比和翻译来进行教学。但从教学效果出发,应把媒介语的使用减少到最低限度,除了十分必要时恰当使用某种媒介语以外,尽可能使用目的语,其语速和用词等要适合学习者实际接受水平。这样可帮助学习者直接、有效地接受目的语,也就是我们所说的"从目的语到目的语"的教学方式。

第二节 对外汉语口语教学的基本方法

语言教学传统上把语言能力的培养分为听、说、读、写四项技能。其中,口语教学的目的,就是要培养学生的口头表达能力。口语教学既是培养学生口头表达能力的需要,也是促进语言习得的需要。口语课应该围绕"说"这个中心展开,给学生机会说,鼓励学生说出来、说得好是口语课成功的基础。口语课实际上是一门综合课程,语音、语汇、语法、语用都在话语表达中显现出来,如何突出口语练习的重点,而不是把口语课上成语法课,是口语课经常遇到的问题。教师在口语课中不仅是一个知识的传授者,更是一个组织者。如何让课堂生动有趣,引导不同文化背景、不同性格的学生可以在课堂上尽量积极主动进行口语训练,都是口语教师要解决的问题。

处于不同阶段汉语水平的学生,口语的学习要求和目标是不同的。即使在同一个班级,学生由于汉语水平的参差不齐,口语教学的适应性也有很大差异,特别是一些流动性比较大的班级。因此在口语教学中,要解决水平差异性所带来的教学矛盾,就涉及实际教学中的针对性原则。有几个针对性的问题需要认真解决：① 针对课型。口语课讲究"精讲多练",《国际汉语教师标准》规定口语教学的第二条原则就是"注重精讲多练,提高学生开口率"。讲、练的比例是3∶7。因此,要求教师要尽量简化对语法点的讲解,以功能练习带动学生开口表达。② 针对层次。对于处于口语初级水平的学生而言,口语课的目标是尽快掌握更多的基本日常用语,所以常用词汇、句式是教学重点。对学生的要求也是尽量让其理解基本内容,有限扩展,否则会稀释教学重点和核心内容。而对于中高级水平的学生来说,口语的基本交际已经没有问题了,因此应该把口语表达的重点和难点放在文化交际、特定专业领域口语等较复杂的交际内容上。相应地,口语教学方法就应该从简单的重复、模仿、复述转向话题讨论、专题训练等综合方式,鼓励学生综合表达自己的态度、见解和评价。③ 针对学生。对外汉语教学班级里的学生往往是多语言、多国别、多文化的,即使具有较为相似背景的学生兴趣爱好、信仰习惯等也各有不同。对于非零起点的学生来说,还存在汉语基础背景的差异,有的学生是在自己的国家学过汉语,有的则是到中国以后学习过汉语,等等。这些就要求教师在实际教学中对学生的情况有所了解,有意识地加强教学的针对性。以口语课的课堂表现来说,欧美学生相对外向,自我表现欲较强。亚洲学生,比如日韩学生,相对内敛一些,如果教师总是让愿意开口的学生来表达,那么一些较沉默的学生就总是得不到表达的机会。这个时候教师应该多鼓励后一类型的学生多开口,特别是遇到较合适他们的话题时,更要不失时机地鼓励他们。下面介绍对外汉语口语教学中一些基本方法。

一、交际法

交际能力这一术语最初是由美国社会语言学家海姆斯(Dwell Hymes)提出来的。从某种意义上讲,它是对20世纪50年代末美国转换生成语言学家乔姆斯基(N. Chomsky)提出的语言能力概念的一种修正。交际式教学法是指以学生为主体,学生在教师的监控和引导下与教师交流沟通,并在交流和沟通中领悟、练习并储存于记忆之中的教学方法。成功达到人际交流互动的最有效办法就是通过交流互动本身去学习,因此有效的师生交际互动是成功的语言课必备的条件,是帮学生提高语言能力的重要方法。汉语口语课的性质特点决定了在口语课上采用师生交际互动的教学方法有着其他课型所不具备的有利条件:① 主要目的就是培养学生的口语交际能力。② 学习汉字和语法的压力较小,学生有较多的开口机会。③ 具有真实交际所需要的自然语境,比以学习语言结构和语法规则为主体的形式语境更有利于学习口语。④ 学生在交际过程中准确得体地表达出自己的思想时会有很大的成就感,这种成就感可反过来促进他们的学习积极性,使他们更加积极地参与到交际互动的活动中,从而提高他们的汉语口语能力。由此可见,师生交流互动的交际式教学法是很适合口语课的方法。

口语课的最大特点在于其交际性,最终目标就是使学生能够把语言知识正确地运用到口语交际中。所以,口语教学中应该通过大量实例,让学生掌握语言点的正确用法,而不是对其进行简单释义,特别是简单堆砌外语中的对应词。如某教材上对"神不知鬼不觉"的解释是"所有人都不知道",结果学生造出一个句子:"老师问了一个问题,神不知鬼不觉。"这就是简单释义造成的后果。特别是一些语义比较宽泛的词语,更不能仅仅释义,比如"弄"、"搞"一类的词。必须通过真实语境的举例,让学生在交际中掌握其具体的用法。在初级口语阶段,语篇表达通常不是学习的重点,但越来越多的学者认为,在初级口语阶段,也应该适当加入成段表达的训练环节。因为不少留学生在进行简单句表达层面是比较适应的,一旦遇到成段表达,就会有很多简单句中不会出现的语法问题,语篇衔接能力较差。所以从初级口语阶段就应该逐渐增加这个训练环节。初级口语的训练重点是"造句",并开始尝试语篇表达;进入中高级口语阶段,"造句"不再是训练重心,语篇表达将占据主导地位。

还有一点值得注意,教材内容永远滞后于社会生活。教师在口语课上应注意对教学内容加以适当扩展,尤其是一些课本上没有但又非常有用的最新词汇。一些版本较老的课本上有部分已经被社会生活所淘汰的生词,可以适当进行淡化,一带而过,比如某教材上讲到"通信工具"时还把"BP机"作为生词,这时可以把这个词一带而过,同时补充一些相关的新词语,这是教学内容的与时俱进。教材中的生活常用词和非常用词也要注意区分,特别是同义词,比如"马铃薯"和"土豆"、"专营店"和"专卖店"等,要让学生掌握哪些是日常口语中的常用词,要优先掌握,哪些用得相对较少,可以一般性了解。

二、纠错法

纠错是口语训练中的必要环节。很多学者认为,对留学生语言学习中的错误要有"包容性",是指对外汉语教师对学生口语训练中出现的错误要有一定的包容力。这集中体现为对外汉语教师如何给学生"纠错"。"有错必纠"和"小错不纠"是对外汉语学界争论的老话题。在口语教学过程中,我们一方面希望学生积极表达,充分发挥自己的语言能力;另一方面我们又不能对于学生出现的各种错误视而不见。口语表达中的错误是不可避免的,需要进行纠正,但如果纠错不当,则很有可能会严重地挫伤学生在口语课堂中自我表达的积极性和自信心。

交际教学法和现代认知主义教学法对于学生口语错误的态度过于宽容。强调鼓励学习者张口,倡导流利甚于正确,教语言而不是教语言知识的原则。其对于培养学生学习汉语的热情与自信心和在一定程度上提高汉语语言交际能力,尤其是日韩留学生,确有一定的帮助,其负面效应是容易使错误的表达定式化。而行为主义的语言教学法则走向对立面,对于错误的态度则过于苛刻。这一学派理论认为外语学习是不断地刺激—反应的结果,是一种习惯的建立,而错误很可能会转化为一种消极的强化因素,使学习者建立错误的习惯。出于这一考虑,他们主张错误应被严厉禁止。过度苛刻会打消学习者的积极性和热情,使学习者产生挫败感。

评价语言口头交际能力的指标是准确性、流利性、得体性和多样性,而要达到这样的指标十分不易,学生要不断地经历错误、纠正、提高、再错误、再纠正、再提高的过程。在这个过程中老师如何纠正错误,则起到关键作用。教师在纠错时应有意识遵循一定的原则,选择适当的时机,以温和、宽容的态度纠正学生的错误。国内外学者对语言错误的研究关注较多,对于口语交际能力的培养的关注度也较多,但对于如何矫正口语交际中出现的错误,关注度就明显偏低。一堂成功的汉语口语课,绝对不是完美的。无论是初级口语还是高级口语,错误都是不可避免的。同时,我们也要把纠错作为汉语口语课的一个重要步骤。一方面鼓励学生多说，另一方面在学生出现错误后要认真仔细地纠正，不纠正就可能成为固定性的错误。包容学生的错误，不代表对各种错误视而不见。教师纠错应采用一定的技巧。

首先，要"因生而异"。对于不同阶段的学生采取的纠错态度是不同的。初级阶段的学生掌握的语法和词汇非常有限，所以在表达中难免会较频繁地出现错误，这时应以鼓励为主，即使纠错也采用温和的方式，先肯定和表扬，再指出错误，尝试予以纠正，以可接受和不伤害学生积极性为原则，旨在培养他们对汉语的兴趣和口语表达的成就感。中高级阶段之后相对要严格一些。学生在进入中高级阶段后已经基本上跨越了初级阶段的羞涩和焦虑，对口语中的错误也不会过于恐惧，这时教师就可以提高要求，对学生表达中的错音、错词、病句纠正提出具体的要求。对于来自于不同国家和不同性格的学生所要采用的纠错态度也是不同的。很多来自东方的学生，尤其以日韩留学生为代表，在上口语课时都相对内向和被动得多，不太爱开口，因此对他们的纠错就应该更加谨慎一点，相对地减少纠错次数，以肯定为主，提高他们的课堂参与度。防止他们轻易不开口，开口就纠错，以后更难开口。

其次，要"抓大放小"。教师不能陷入在口语课上忙于纠错的窘境，常见和多发的表达错误要重点纠正，而对于学生在口语中所出现的并不妨碍表意功能的错误或者非系统性的错误，可能在以后的语言学习和使用中自行改正的错误，我们则尽量不纠或少纠。我们应该区分系统性错误和非系统性错误，前者是指学习者尚未掌握或尚未完全掌握目的语的某些用法而出现的错误。这类错误会在学习者运用语言时反复出现，学习者本人一般很难发现和改正，这种错误需要老师在课堂上及时纠正。而非系统性错误是指学习者由于某些特定因素，如粗心、注意力分散、误解或者环境因素等导致的语言错误输出。这种错误偶然性比较大，学习者一般能很快意识到并自行纠正，或者换个时间、环境可能就不会出错。这种错误就不必深究，要相信学生语言能力中的自我修复功能完全可以慢慢消化这些错误。

再次，要掌握时机。教师要把握好纠错的时机，即什么时候即时纠错，什么时候延缓纠错，就是要选择合适的时机进行纠错。对于学生出现的错误，教师应做出恰当的反应。有时学生自己可能意识到自己的错误，并能够加以改正。也可能学生能够意识到自己的错误，但不知道如何改正，或者是不能意识到错误而无法加以改正。这个时候就需要教师进行纠错。一般情况下尽量不打断学生的发言，可以把错误记录下来，等到学生发言结束后再一一指出。在话题表达训练时，一般也不要打断学生的思路，让学生完整表达结束后再进行干预。话题训练结束后，除了个别的纠错以外，还可以选择明显的尤其是有普遍性和代表性的错误有计划、有重点地纠正学生的共同错误，集中展示相应的正确形式并加强练习，直到学生能基本掌握为止。总的来说，优先引导学生自我纠错，教师可以在口语课堂中收集学生的错误并进行分类,在适当的时候将较为集中的错误展示出来,让学生讨论,找出错误进行纠正。这种自我发现的纠错方法不会损害学生的自尊心,反而会促使学生成为积极主动的思考者,在发现中提高学习的自信度和满意度,逐渐提高语言的敏感性,发现和纠正语言运用的错误。而对于那些学生经常出现并且没有能力改正的错误,教师不是简单地指出错误并给出正确形式,而是要对错误进行客观分析,找准原因,运用不同的纠错方式,鼓励学生进行反复操练。

最后,要"防大于治"。纠错对犯错来说是后续性措施,如果能够在犯错之前就能采取一定的措施,就可以让学生少犯错误,这样一来,纠错自然就会少一些。口语表达中的错误很多时候不是单从词语、句型角度能解释的,很多错误在书面角度不会犯,进入口语表达层面才会出现。因此培养学生的语感就很重要了。应合理组织教学活动,指导、帮助、促进学生汉语交际能力的提高。培养学生的语感在提高学生的口语表达能力和准确度上有着至关重要的作用。有学者指出:"语感是人们对语言符号的一种直觉,是一种高级的语言定势。凭着语感,人们可以不假思索地理解别人说话的意思,辨别词义的细微差别和感情色彩;从语句或语段的开头立即预测出整个话语的意思;同样可以不假思索地运用语言,准确而得体地表达思想感情。两个语言知识大体相同的人由于语感的差异,他们的语言理解和语言表达水平会有明显的高下之别。"教师在进行教学时,应该反复灌输正确的语言形式,可以通过大量的练习来达到消除或减少错误的目的。应为学生设置有效的语言环境,引导、督促他们增大培养语感的力度,并选取适量、适当的学习材料,要求学生大声朗读、跟读,乃至背诵,并使之形成习惯,为培养良好的语感打下基础。一个经验丰富的教师,应该对学生的某些错误有自己的预判,在语言点讲授的时候就有意识地把错误例子拿出来进行对比,让学生从一开始就知道应该怎么用,怎么用是不对的。这样就会在日后的语言使用中少犯错误。

三、趣味法

口语课还应当采取一些具有趣味性的教学方法。语言教学陷入机械操练就会显得枯燥无味,久而久之很难有较好的学习效果。口语老师可以教给学生们一些俗语、惯用语、歇后语。比如"走后门"、"走弯路"、"爱面子"、"炒鱿鱼"、"狗拿耗子——多管闲事"、"竹篮打水一场空"等非常具有生活化气息的词语,能够调动学生的兴趣,又能丰富学生口语表达的语言知识,我们在实际教学中的使用效果非常好。口语教学中还可以穿插一些中国文化方面的内容。我们在初级汉语中后期和中级阶段,在口语课上增加了"每周学成语"的环节,每个星期都给学生介绍几个成语。这些成语主要来源于历史、神话、寓言,如"愚公移山"、"破釜沉舟"等,让学生在课上通过讲故事的方法向其他同学介绍这些成语的历史和含义以及自己的理解,这样的训练既有利于学生口语表达能力的提高,在一定程度上也有利于他们对中国文化的了解。口语课上还可以穿插一些小型活动,尽量使全体同学都能参与。比如才艺表演、猜字谜、脑筋急转弯、讲笑话、唱中文歌,等等。比如《发展汉语·初级汉语口语(下)》第45课"谈谈不同国家的文化传统和风俗习惯"就是一个很好的练习和拓展的话题。我们可以适当拓展一些对中国的传统节日的介绍,还可以适当介绍这些节日的习俗和由来等。当一些节日被若干国家共享的时候,尤其是一些亚洲国家有着相同的节日,如春节、端午、中秋等,可以让学生对比一下各自国家和中国的这些节日的不同习俗。为了不使其他一些国家的学生有被遗忘的感觉,还可以安排这些国家的学生介绍一下本国的重要节日。这也是口语课练习的好方法。

口语教学的最终目的是学以致用,能在日常交际中加以运用。而目前的一些口语课本存在部分内容较难、较偏的问题,一些词语的选择在日常交际中并不常见。如某本口语教材的一篇课文中出现了如下一些词句:"啁啾"、"安谧"、"恬然"、"淅沥"、"梧桐更兼细雨"、"帘外雨潺潺,春意阑珊"。虽然是高级口语教材,但是这些词的选用更应该出现在精读课本而非口语课本中。这种时候,老师在上课时就不应照本宣科、平均用力,而应有所取舍、分清主次。着重教授日常生活中常用的词,而口语中很少出现的词句,则不应占用课堂太多时间。

四、综合法

口语课应该充分利用现代化的教学手段和多样的教学方法为口语教学提供新手段,这对提高口语教学的效果有重要的促进作用。教师可利用多媒体课件、DVD等各种影像资料,为学生提供更多的直观信息,防止学生反复机械操练而产生倦怠,使口语课避免枯燥、乏味之感,也可调动学生的兴趣;同时也可根据学习阶段鼓励学生自己制作和口语训练相关的图片、动画或影像等,通过 roleplay、groupwork、pairwork、freetalk 等不同形式的课堂活动进行教学。为调动学习者的学习积极性,教师还可以组织各种形式的语言实践活动,比如在口语课上增加自我表达的环节,让学生自由选择演讲、朗诵、评论、谈感想等,中高级阶段还可以把一些课文改编为小组活动、辩论等形式,这些活动都是口语课教学不可缺少的辅助活动。

口语课不同于语法课,不仅要讲解知识点,更要让学生掌握语言技能。因此,口语课的教学模式可以适当灵活一些,根据课文的不同,变换教学模式。教学模式过于单一,学生难免会产生疲劳和倦怠。口语课的一个主要任务是口语表达,包括课文朗读和自我表达,这样就可以采用多种方式,比如教师示范朗读、学生跟读;学生分段接力式朗读,教师纠错;学生听读结合;教师示范朗读,学生复述;分角色表演式朗读;等等。交际性话题训练也是口课常用的教学方法,初中级口语课根据课文所提供的话题进行训练,也可以适当扩展话题,把跟课文话题相关的功能项目扩展进来,围绕话题进行课堂讨论、讲演、对话等。高级阶段可以加强叙述体口语表达的环节,锻炼学生准确表义能力的同时加强其语篇表达的能力。

第三节 初级阶段的口语教学(上)

一、教学目标和教学内容

《对外汉语初级阶段课程规范》(王钟华主编,1999)对初级阶段口语教学目标的规定是:

初级阶段的口语教学目的不是要求学生系统地、详尽地掌握有关汉语口语的知识,而是让他们尽快地掌握汉语口语这一工具。培养他们在交谈中能以贴近中国人的话语及语速(每分钟150~160字)随想随说,语音、语调正确自如,词汇、语法使用合理恰当,符合汉语的口语表达习惯,使汉语真正成为学生的第二个口头交流思想的工具。

国家汉办(2002)主持编写的《高等学校外国留学生汉语教学大纲(长期进修)》,对初级阶段"说"的教学目标的规定是:

能比较准确地发出单个字、词的音,句子的语调虽有明显的母语影响但所表达的意思连贯,基本上能让听话人理解;能进行日常生活中诸如见面、介绍、祝贺以及询问、购物等基本口语交际,能用已经掌握的简单词汇表达自己的意图或叙述某一事情的基本内容,句子错误率不超过30%。

国家汉办(2002)主持编写的《高等学校外国留学生汉语言专业教学大纲》把初级分成两个阶段,对"说"的教学分别规定是:

一年级(一级):对汉语普通话全部声、韵、调具有基本的模仿和运用能力;能够用完整的语句提问并回答;能够按词重音、句重音要求朗读浅显短文,朗读速度不低于每分钟120~140字;经过准备,能够简述一件事情的始末,表意基本清楚,说话语速不低于每分钟100~120字;能够简短问答和陈述最基本的日常生活与学习等话题,具有初步的会话能力。

一年级(二级):具有正确运用汉语普通话全部语音要素的能力,说话语调、语气基本正确;能够就所接触的语言材料内容,进行会话式问答或讨论;能够较流利地朗读记叙文和日常应用文,朗读速度不低于每分钟140~160字;经过准备,能够比较完整地叙述一件事情,说话速度不低于每分钟120~140字,能够就一般日常生活和学习话题用所学过的功能项目表述自己的意见。

《对外汉语初级阶段课程规范》对初级阶段口语教学的任务有如下的规定,我们介绍一下并做一些阐释。

1. 理解能力

每堂口语课都有一定的教学内容,让学生理解教材是首要任务。教师要善于使用比较、分析、归纳、解释的方法培养学生的理解能力。

2. 捕捉能力

在言语交际中,捕捉对方话语的主要信息,是交际通畅的前提。在交际过程中,A 方常常会以长信息的方式发话,B 方则不一定需要以长信息的方式回答。如《汉语 301 句》第 39 课中的对话:

A:是啊,出门跟在家不一样,麻烦事就是多。这几个包都是要带走的吗?

B:是的。

可以看出,口语对话中抓住核心信息和有用信息非常关键。

3. 发问能力

在交际中,发问和应答同等重要。但是应答明显比发问容易很多。培养学生发问能力对于提高学生口语水平至关重要。

4. 对话能力

初级口语课所使用的教材多以对话体为主要形式,如《汉语 301 句》整本教材都是对话形式。对话能力是学生交际的基本功。在一定的情况下,一个人如何问,另一个人如何答,是最初的口语能力的培养。

5. 成段表达能力

这个能力是初级阶段口语教学的最高标准。在经过最初阶段的口语训练之后,应逐渐加强成段表达能力的培养。使学生在具体的语境中说出一个语篇,句子间衔接顺畅,完整表达一个意义。

总的来说,初级阶段的口语教学就是要求学生能初步学会运用汉语口语这一工具。

二、初级阶段口语课教学方法

下文介绍初级阶段口语单项技能的教学方法。

(一)语音教学法

语音是学习语言的基础,只有学好语音,才能谈得上掌握其他各种语言的技能。普通话里的 21 个声母、39 个韵母的发音和 4 个声调的变化,以及汉语特殊的语音规则,如轻声、儿化、变调等都是留学生在初级阶段的汉语学习中应该掌握的,这是留学生操一口地道的汉语的前提。目前的语音教学基本上是成功的,教学一般遵循单音—音节—语流的顺序。吕必松在《对外汉语教学概论》中提出了以下方法:"以音素教学为纲、以话语教学为纲、音素和话语教学相结合。"以音素教学为纲是目前对外汉语教学界主要采用的方法。这种教学方法较利于初学者对汉语语音的识记。在具体的语音教学中,我们可运用图表演示、反复示范、循环模仿等方法,部分难点音如"ü"、"f"等,可以通过夸张示范、强化对比的方式,必要时可以辅以手势、体态的演示。我们在一些示范课上看到有的老师在语音阶段教学讲到元音"e"时,会给每个学生发一个小镜子,让学生观察自己的开口度和唇形,也收到了较好的效果。无论运用哪一种方法、哪一种具体方式,都应把重心放在音素的发音部位和发音方法上。关于语音教学,学界主要有两种意见,一种是重视单项训练;程棠(1996)、陈贤纯(1999)基于实验分析,目前更倾向于另一种意见,即结合句子、会话,重视语流中的语音训练,主张声、韵、调训练与句子训练相结合,这样既能突出句子整体训练,又能针对学生实际抓重点。声调是绝大多数留学生学习的难点。根据四声的难易程度,在四声的习得顺序上主张不一,究竟哪个方法可行,只有在具体的教学实践中针对不同的教学对象才能体现出来。

(二)词汇教学法

1. 展示生词的方法

展示生词就是把所要教的生词通各种方法介绍给学生,并让学生认读,从而使学生对所学词的形、音、义有所了解,最终目的是让学生掌握词语的意义和用法。展示生词可以通过PPT或者现场板书进行直接展示,也可以采取黑板听写的形式展示出来。可以请一名学生在黑板上听写,其他同学写在练习本上听写,也可请学生轮流在黑板上听写。听写完毕,教师纠正板书上的错误,也可以请其他学生进行纠正,要特别提醒学生生词容易写错的地方。最初阶段可以是老师念一个词让学生听写一个词,到了一定阶段,也可以是老师说词义,让学生听写该词。例如:老师念"礼物",学生写"礼物",也可以是老师说"为了向别人表示尊敬或感谢别人送的东西",让学生写"礼物"这个词。

2. 认读生词的方法

展示生词环节结束。教师对每个生词做示范朗读,学生跟着教师念。领读可以借助听写材料或者PPT展示,也可以直接打开书上的生词表,然后教师请学生进行认读。学生集体认读或轮流认读黑板上的生词,再请个别同学进行认读。可先按生词表的先后顺序认读,然后打乱顺序认读,以检查学生是否真正掌握了读音。

3. 解释生词的方法

解释生词就是将所要教生词的意义及用法给学生加以解释。词的用法包括词的语法功能、词在句中的位置、词的语境义、词的搭配、词的使用范围等。解释词汇的技巧可以大致分为两类,解释词义的技巧和解释用法的技巧。

(1) 直观释义。直观法适合解释一些意义较具体的词语,比如向学生展示实物,比如学习"书、橡皮、铅笔、圆珠笔、杂志、报纸、苹果、菠萝、桌子、椅子"等生词,教师可出示实物。也可以通过图片进行释义,如讲到颜色词时,可利用"红、黄、绿、白、黑"颜色的图片。一些直观动作类的词语也可以利用图片,比如"冬泳"、"晒太阳"等。

(2) 旧词释义。用学生已经学过的汉语词汇来解释新词。在解词时,教师可以先启发学生用已经学过的词自己释义,然后再给以归纳、纠正。例如讲新词"恰巧"时,可以引导学生用学过的同义词"正好"来释义。讲"当即",可以解释为"马上"、"立即"。又如讲"叔叔"、"伯伯"一类的亲属关系词时,可以这样做:

老师:××,你有叔叔吗?
学生:有。
老师:请你告诉我,叔叔是爸爸的……
学生:爸爸的弟弟。
老师:很好,那伯伯呢?
学生:爸爸的哥哥。

用学过的汉语词汇释义,不但可以帮助学生摆脱汉外词语对译的缺陷,还能够达到温故知新的作用。

(3) 语素释义。语素法就是让学生根据语素推测词义,教师在教生词时,应当引导学生对新词中学过的语素意义进行回忆,并根据旧语素的意义来推测新词的意义。比如学习"服装店"一词,"服装"和"店"都是学生学过的词语,教师引导学生回忆这两个的意思,从而推出"服装店"的意思。还可以让学生说出一个含有与所给词相同语素的词,训练对不同词的聚合、组合关系的把握。比如给出一个语素"菜",学生可能会说出各种词语,如"蔬菜"、"青菜"或者是"菜单"、"菜场"等。用语素法来教生词,可以培养学生根据语素的意义推测词义的能力,对于提高学生的阅读能力也很有帮助。

(4) 联想释义。说出与指定词语相搭配的词或其反义词。比如学到"极其"这个词的时候,可以用学生已学过的"很"、"非常"解释,但要指出"极其"表示的语义比"很"和"非常"程度更高。再比如讲到"漂亮"这个词,可以用"美丽"这个近义词来解释,进而可以让学生说出和"漂亮"搭配的词语,学生可能说出"这个女孩很漂亮"、"学校很漂亮",甚至说出"麦克写汉字很漂亮"。教师进而可以继续发问:和"漂亮"意思相反的词是什么?

(5) 表演释义。表演法适合解释一些具体明确的动作类词语,可通过教师或学生的表演来进行解释。比如汉语有很多表示以不同方式、携带东西的动作的词,像"开/关(门窗)"、"翻(书)"、"举"、"端"、"拉"等词语就可以通过教师的表演或者请学生表演的方式使学生准确地理解词义。再比如讲解趋向动词"来"、"去"、"过来"、"过去"、"进来"、"出去"等,用表演释义可以达到较好的效果。

(6) 语境释义。语境释义就是让学生在词的实际语境中体会理解词义。比如教"正好"一词,可以设置下面两种语言环境:

① 老师:我正有事要找麦克,这个时候,麦克就来了,所以我们可以说,麦克,你来得……
　 学生:正好。

② 老师:老师今天穿了一件新衣服,漂不漂亮?
　 学生:漂亮。
　 老师:这件衣服大不大?
　 学生:不大。
　 老师:这件衣服小不小?
　 学生:不小。
　 老师:所以我们可以说,老师的衣服……
　 学生:老师的衣服正好。

(7) 用例句释义。要注意选择贴近学生熟悉的场景、事情、生活的句子。这样讲解起来,学生会感到亲切、有用,学起来热情高、有兴趣。同时,要尽量避免在例句中出现过多学生不熟悉的词语,以使学生易于从中体会所释词的含义。比如讲"怪不得"一词,教师可以给出几个例句:

① 怪不得最近没有看到麦克,原来他已经回国了。
② 怪不得教室里这么冷,原来教室没开空调。
③ 玛丽每天学习都很努力,怪不得考试成绩这么好。
④ 这个课文太难了,怪不得他看不懂。

从例句的分句中体现的因果关系,学生会很容易掌握"怪不得"的意思,同时也掌握了这个词的用法,以及常见的语境搭配(和"原来")。

释义过后就是解释生词,解释生词用法最常用的就是通过词语搭配实现。通过词与词之间搭配,解释词的用法,比如"怪(形容词)"含有"很"的意思,常与"的"形成前后搭配"怪……的"。另一种是像讲"戴"这个动词,可以引导学生将其与相应的名词搭配成"戴帽子"、"戴围巾"、"戴项链"、"戴手表"等。

具体的生词用法训练应该通过词的实际运用(比如造句、用指定的词语提问回答、对话等)来帮助学生掌握生词的用法。最常见的方法就是造句练习。学生用教师指定的词语,模仿教师所给的例句做造句练习。这种练习的目的是为了使学生通过大量的模仿练习来掌握词的用法。由于教师除了指定用来造句的词语以外,还给了用来模仿的例句,因而带有一定的提示性与限制性。

总的来说,生词教学的方法应根据具体情况来选择。指读法最直观,尤其适用于零起点及稍高于该水平的留学生。在初级阶段,对于意义比较具体的词,宜采用提供实物或利用动作帮助留学生理解的方法。但是对于意义较抽象的词来说,宜采用设置情景来理解的方法,而不宜采用以另一个抽象的词解释生词的方法。而释义法、联想法等适合学生复习、巩固,扩展词汇量,掌握词汇用法。

(三)句子教学法

对零起点的或学习汉语时间较短的留学生宜采取机械练习法,以模仿为主,模仿的内容包括句子重音、语调、语速、停顿等。教师应该反复示范,让学生跟读、齐读、个别读,并适时纠错。在模仿的基础上,增加一些句式变换,让学生掌握同义句式。在基本掌握句子的基础上再增加对句中的词语进行替换的练习。当留学生口语具有一定的基础后,可以增加造句法,即用指定的词语造句或将句子补充完整。当留学生具有一定的词汇和语法知识的储备后,可以使用交际法,具体形式有情景问答、自由问答、根据指定功能设计回话,等等。

1. 机械练习

机械练习是指模仿、重复、替换、扩展等不大需要理解参加的练习方法。

机械练习的目的是要强化学生对句子语法点的理解和掌握。同时教师也可以利用这种练习纠正学生的语法、语音、词汇错误。

在机械练习中,应当注意:

(1)所说的句子一定是有意义的,有交际价值的。因为任何人都不需要说没有意义、没有交际价值的句子。另外,心理学的研究表明,没有意义的学习只能存留在短时记忆里,达不到掌握所学内容的效果。

(2)选择最适合做机械练习的句型或结构框架。句型要明确、实用,是学生在真实交际中会用到的句型结构。尽量不要增加陌生的语法结构,重点突出所练的语法点,避免使用生僻的词语。

机械练习包括重复练习、替换练习、扩展练习等。重复练习是为了使学生巩固所学的句型,替换练习是为了训练学生的词语聚合能力,扩展练习是为了训练学生的词语组合能力。

重复练习是要学生模仿教师说出的含有所学语法点的句子。具体形式可以是教师先领读一遍句子,然后学生跟着教师说出这个句子。也可以是"老师—学生A—学生B—学生C……"式的重复。在重复练习阶段,应当要求学生尽量练到流利为止。在重复过程中,教师应不断对学生重复地纠正,特别是语音、语调给予肯定或者纠正。

2. 替换练习

在教师用所学语法点说出一个标准的句子之后,说明替换的位置,然后由学生选择可替换的词语说出所要求说出的句子。

替换练习包括:

(1) 近义词替换练习。用近义词替换句中的某个指定词语。

比如课文中有一段话:

保罗:请问,这儿可以用外汇换人民币吗?

职员:可以。您有美元、英镑还是欧元?

这里,可以问学生"美元"可以换成什么词?学生可能会想到"美金"这个词。

(2) 词语替换练习。还是上面一段课文,"这儿可以用××换××吗"。就可以进行各种替换。

练习时,教师先说出第一个完整的句子,学生跟着说一遍;然后教师指出替换的位置,学生说出合格的句子。替换可以是句子或对话中的一个词或词组,也可以是多个,两个为宜。例如:"我骑自行车去天安门。""我"、"自行车"和"天安门"可以进行同步替换,形成"谁怎样去哪儿"的句型。

学生可以替换出"我坐火车去上海"、"他坐旅游车去长城"、"小明打的去电影院"等。

(3) 分句替换练习。用句子或分句进行替换。这种练习适用于复句教学。例如:老师给出一个句子:"他因为病了,所以今天没来上课。"进行替换:

他因为病了,所以……

他因为……,所以今天没来上课。

进而进行关联结构的替换:

原因:有事　　　　　结果:不能去春游
　　　下雨　　　　　　　　很早就到学校了
　　　没做作业　　　　　　回家很晚

3. 扩展练习

通过不断增加词语或句子,加长所说话语的长度,以达到使学生能流利地说出包括所学语法点的句子的目的。扩展练习主要有词语扩展和句子扩展,在练习中不断地添加词语,增长句子的长度。

这种练习常常用于刚开始学习一个结构较长的语法点时,也用于在练习进展中遇到的较长、较拗口的句子时。一般首先是由教师给予词语提示,然后不断扩展。如:

漂亮—漂亮的女孩——个漂亮的女孩——个20多岁的漂亮的女孩—我昨天看到一个20多岁的漂亮的女孩—我昨天在学校门口看到一个20多岁的漂亮的女孩。

这就完成了从词语到词语扩展再到完句的过程。在扩展的基础上,让学生做完成句子的练习,一些较长的带有定语、状语的结构,学生既难上口,又难以确定词语的顺序,就可以进行这样的练习,培养学生用汉语思维的能力和记忆力。注意做这种练习时,应当不断提高说话的频率,以达到熟练的目的。

(四) 简单的成段表达教学法

这是初级阶段向中级阶段过渡的必要环节。要训练学生在句与句之间建立起先后、解说、因果、推理、假设、转折等关系。集中体现为使用关联词语连接句子。在初级阶段主要是进行较简单的成段表达训练。可以通过这样的方式进行训练:看图说话、命题故事、复述短文、转述事件,等等。在此阶段练习时,我们应重点关注句与句之间的连接是否合理,关联词使用是否得当。

复述是课堂教学常用的方法。复述练习是让学生重复教师口述或教材的段落或课文。复述练习可以采取多种方式,比如完全复述,在听了教师演示的简单对话或叙述后,让学生准确地或者是基本准确地进行对话或叙述;缩简复述,让学生概括地说出教师的叙述或课文的内容;看图复述,听过叙述后根据和叙述相关的一张图片,进行复述;扩展复述,教师说出一个故事或对话的情景或梗概,学生据此进行发挥,进行对话或叙述练习。分角色复述课文,比较适合对话体的课文,让学生按课文或对话中的人物,分角色进行复述。

我们节选《发展汉语——初级汉语口语(上)》中的第二十二课"在饭馆儿"的对话片段加以说明。第一,在屏幕上展示所讲内容全文,使学生通过朗读理解全文内容。

(情景:保罗、大卫、金文正去一家北京风味的饭馆儿吃饭。)

服务员:欢迎光临!请问,您几位? 保罗:三位。服务员:请这边坐。这是菜单,请看看要点什么菜。保罗:先生,您帮我们介绍几个北京的特色菜吧。这个菜单我们看不太懂。服务员:好吧。您几位可以尝一尝京酱肉丝、宫保鸡丁、糖醋鱼,还有鱼香茄子和西红柿炒鸡蛋。保罗:好吧。

第二,展示全文中部分文字信息,将重点词语隐去,使学生掌握全文中的重点、难点词语。

服务员:欢迎＿＿＿＿！请问,您几位? 保罗:三位。服务员:请这边坐。这是＿＿＿＿,请看看要＿＿＿＿。保罗:先生,您帮我们介绍几个北京的＿＿＿＿菜吧。这个＿＿＿＿我们看不太懂。服务员:好吧。您几位可以尝一尝＿＿＿＿、＿＿＿＿、＿＿＿＿,还有＿＿＿＿和＿＿＿＿。保罗:好吧。

第三,展示全文中部分文字信息,将重点句型隐去,要求学生掌握全文中的重点句型。

服务员:＿＿＿＿! 请问,＿＿＿＿? 保罗:＿＿＿＿。服务员:＿＿＿＿。这是＿＿＿＿,请看看＿＿＿＿。保罗:先生,＿＿＿＿吧。这个＿＿＿＿我们＿＿＿＿。服务员:好吧。您几位＿＿＿＿、＿＿＿＿、＿＿＿＿,还有＿＿＿＿和＿＿＿＿。保罗:＿＿＿＿。

第四,不展示全文中任何信息,使学生能够背说全文。

进行复述练习时,可以让学生严格按课文复述,也可以灵活掌握,在句子语法点得到保证的情况下,可以让学生自由发挥。

第四节 初级阶段的口语教学(下)

一、综合技能的教学方法——情景法

传统的口语课教学模式中,教师是课堂教学的主导,课文是课堂教学的内容,由"教师"扮演"施动者"角色,学生扮演"受动者"角色。整个过程就是将课本知识传播给学生,"受动者"常常处于静止的接收信息的状态,按照既定的提示与要求进行合乎规范的反馈。而理想的口语课模式应该是将教学双方放置在一个平等而开放的循环系统中,"施动者"首先提供一条信息后,"受动者"改变其静止的接收状态,即在进行消化、思考、选择、创造等诸多环节之后再用口头表达或者身体语言进行反馈,其状态是参与性的、互动性的,然后再进行有选择的接收以及合理的联想和创造。"施动者"也通过"受动者"的反馈,调整自己传播信息的强弱,甚至传播的趋向与内容。

口语课教师的任务不仅是传授口语知识,更重要的任务是训练口语交际能力。最有效的教学方法就是创造生动、具体、真实的语言情境。情景教学适用于口语教学的多个环节,在语境中解释生词、练习句式、进行功能训练,都可以收到较好的效果。虽然目前的口语教材形式上虽然大多采用对话体,但仍然不能体现生活中对话的自由性、临时性等特点。为了

解决这个问题，教师可以将课文中的情景进行扩展，把实际生活中会发生的相关场景补充进来，比如将购物、告别、看电影、问路、拜访、乘坐交通工具等专题组织进来，补充相关的材料，建立多种情景让学生学习，让学生在真实的语境中感受地道的汉语口语。

一篇完整的口语课文通常体现一个话语功能项目。教师不可能一次性将整篇口语课文介绍给学生。教师必然对课文话题的情景进行再设计，也就是在一个母情景下再设计出便于成段演示的具体的子情景。以北京大学出版社出版的口语教程《中级汉语口语》第三册第十六课为例，本课母情景为"告别"，可将其课文分为三个子情景，第一个子情景为"表达马上要回国了"，第二个子情景为"为什么现在要回国"，第三个子情景为"回国前的心情和对中国的印象"，再往下还可以有其他的子情景，如"准备一些中国特色的工艺品或礼品带回国"、"送别的时候"等。这种对母情景的再设计有益于难点分散，有益于让学生循序渐进地、滚雪球似的掌握在一个大的语境中的口语表达技能。

子情景设计好之后，下一步就是开始进行具体交际训练。在让学生进行实际训练之前，教师应首先进行每一个子情景的演示。演示的方法有几种：其一，教师可利用图片、实物、影像片段、PPT等进行演示。其二，教师可自身作为交际的一方进行演示，教师可与班内交际能力较强、语音语调较好的学生进行演示。进行这一步就是为了明确地告诉学生，在这样的一个子情景下，交际双方应如何表达。演示过程中，教师可将本子情景中出现的重点词语、句型以及特别的口语表达形式等展示在黑板上或者PPT上，有助于学生运用上新内容，避免学生就易避难。若遇到学生不明白的词语或口语表达方式，教师可加以说明，随后让学生做模仿练习。这种模仿练习比较常见的就是在课堂上将全体学生分为交际双方的角色或多个交际角色进行"合唱"型练习。教师在每组练习结束后进行点评，发现问题及时纠正。也可以以接力的方式进行练习，也就是某一子情景几个人以接力的方式来完成。无论采用哪种方法，都既要控制好时间，保证教学的正常进行，同时尽可能调动全体学生开口的积极性。

情景法的最终目标是解决课文知识和真实生活内容的接口问题，最大限度地在课堂上再现生活口语。每篇课文中的功能专题，比如"谈家庭"、"谈交通"、"谈天气"等，只能围绕几个、最多十来个基本句子展开。学生即使全部背下来仍无法满足基本的交际需要。尽管学生所学口语可以进一步在扩展替换练习中得到强化，但如果这种练习没有结合他们的实际生活经验，没有激发他们的主观能动性，仍无法触类旁通。在句型教学中引入现实的交际场景可以使模式化的语言材料还原到真实可感的氛围中去。除了课文教学以外，生词教学也可以多尝试运用情景法。比如《汉语会话301句》第二十四课中，生词表集中出现了"糟糕"、"可惜"、"遗憾"这几个表达情感的词语,就可以用创造情景的方式让学生练习用这几个词表达情感。比如我们可以有意设置一些可以让学生即兴对答的环节。老师说:"我的钥匙找不到了!"学生可能会回答地说:"真糟糕!"老师说:"我今天晚上要去参加一个重要的会议,不能跟你们一起去看电影了。"学生也能用"真可惜"、"太遗憾了"之类的句子进行回答。这种应答不仅让学生学习了词语,还给他们提示了运用的场合,为进一步实际运用打下基础。情景式的会话练习要防止学生采取分角色朗读式的形式,有的学生会尽量使用课文语句,这对提高交际能力起不到有效的作用,反而会造成一种心理依赖。学生一旦脱离书本,离开自己"扮演"的朗读或者背诵的角色就难以进行交际。我们要让学生做会话练习前先熟悉掌握已学的句型,鼓励他们在练习过程中根据实际生活对内容进行"改编"。如课本上很多话题都是学生生活中常用的对话,可让学生用来作为表达自己的具体愿望的基础材料,进而即兴发挥,创造出和课文相关又不相同的会话练习。其实学生很愿意在了解一般用语并做了一些句型练习以后,用自己的生活实景完成对话内容。

二、初级口语课堂教学设计

(一)教材分析

教学材料:康玉华、来思平《汉语301句》第二十八课。

《汉语301句》是为初学汉语的外国人编写的速成教材。该教材一共40课,另有复习课8课。40课内容包括"问候"、"相识"、"天气"等交际功能项30个左右,生词800个左右以及汉语基本语法。每课分句子、会话、替换与扩展、生词、语法、练习等6个部分。该教材注重培养初学汉语者运用汉语进行交际的能力,采用交际功能与语法结构相结合的方法来编写。将现代汉语中最常用、最基本的部分通过生活中常见的语境展开,使学习者能较快地掌握基本会话301句,并在此基础上通过替换与扩展练习,达到能与中国人进行简单交际的目的,为进一步学习打下良好的基础。

(二)教材处理

(1)本教材注重交际功能,特别是常用的、基本的情景交际,但是情景较偏重校园生活,场景有些单一,在教材中应适当丰富一下场景,特别是当下的、具有时代性的话题场景。

(2)生词释义的环节要注意时间安排,重点突出,不宜平均用力。

(3)听说结合,在课堂上加强听述能力的培养,此外,在练习环节上要加强分角色的对话训练。

（三）教案示例

1. 教学对象

零起点的海外汉语学习者。

2. 教学内容

本课的生词、句式和"比较"的功能项。

3. 教学目标

（1）让学生能够准确掌握生词的意义和用法。

（2）让学生能够准确掌握比较句的基本句式用法。

（3）让学生能够准确掌握课文中出现的几种特殊结构或短语的用法。

（4）让学生熟练运用所学词语、短语和句式进行会话。

4. 教学重点

（1）学习生词，掌握意义和用法。

（2）学习并掌握比较句的几种相关句型的用法。

（3）学习并掌握数量补语的用法。

（4）学习用相邻的两个数字表示概数。

5. 教学过程（120分钟，三课时）

（1）复习上一课所学的内容，导入新课。（5分钟）

教师带领学生进行复习并对话，我们上一课学的是"你不要抽烟了"，为什么不要抽烟了？因为抽烟对身体不好。小王经常抽烟，所以经常咳嗽，身体不太好；老师从来不抽烟，所以身体比较好。那么老师的身体和小王的身体（辅助比较的体态）……预习过新课的学生会说出含有"比"的句子。导入新课完成。

（2）学习生词。（20分钟）

生词共22个，PPT展示。请3个同学轮流朗读生词。朗读完毕，再请3个同学轮流朗读。教师纠正语音语调。

教师带领学生齐读生词。按生词表顺序读，再打乱顺序读。注意难点音"雨"、"预报"以及"有时候、暖和、凉快"（轻声）。齐读完毕，请学生个别认读。

重点生词：

介词（动词）：比

生词部分不用过多展开，放到句型讲练中。

形容词：高、胖、瘦、旧、暖和、凉快

使用语境教学法讲授,让学生造句,注意反义词的扩展教学。

一组和天气有关的词语:

气温(用搭配用法和"天气"进行区分);冬天、夏天、秋天、春天;下(雨、雪)、刮(风)(注意这两个动词在天气类词语中的搭配辨析,不要过多扩展用法,比如"下棋"、"下命令"等);度(讲解其量词用法,和数词的搭配,扩展相关词语"零下")。

(3)句子教学。(30分钟)

A. 本课一共8个基本句。我们在教学中再补充一个基本句。

B. 语法讲解重点。

用"比"表示比较。介词"比"可以比较两个事物的性质、特点等,基本句型是 A + 比 + B + AP(形容词或形容词短语)。

基本句例句:

  他比我忙。

  他二十九岁,我十九岁,他比我大。

  今天比昨天暖和。

动词成分比较的例句:

  他唱歌唱得比我好。

  他跑得比我快。

基本句扩展,用程度补语,说明差别的程度。例句:

  他比我大一点儿(一些)。

  他们班比我们班的人多得多。

  他跳舞跳得比我好得多。

  这儿比东京冷多了。

  明天比今天还冷呢。

注意:如果要表示差别程度不大,可以用"一点儿"、"一些";用"比"的句子里不能再用程度副词——"非常"、"很"、"特别"等,告诉学生在比较句中表示程度比较高的方法。

表示比较结果相同,例句:

  那儿的天气跟这儿一样吗?("跟"可以换成"和")

介绍差量的比较,引入数量补语在比较句中的使用,用"比"表示比较的形容词谓语中,如果要表示两事物的具体差别,就在谓语后边加上数量词作补语。例句:

  东京的气温比这儿高五六度。

他比我大两岁。

他家比我家多两口人。

他比我高2公分。

你家的房间比我家多一间。

用相邻的两个数表示概数。把两个相邻的数字连在一起,可以表示概数。

例句:北京的夏天不太热,大概三十二三度。

练习:零下二十二三度;二三百人;五六个房间。

基本句教学重点在句型操练,不要上成语法课,要强调学生的语音语调。教师逐句领读,学生一句一句地跟读,然后全班齐读或者学生轮流读。教师在读完以后对学生的发音进行纠正。

(4) 会话教学。(30 分钟)

请四位同学分两组分别朗读会话(一)、(二),朗读后纠正语音语调的错误。然后领读、齐读。接着就会话(一)进行提问:"今天天气怎么样?""今天的天气和昨天比怎么样?""和子习惯北京的天气吗?为什么?""东京冬天的天气怎么样?""天气预报说什么了?"然后就会话(二)进行提问:"北京的夏天气温大概多少度?""玛丽国家的天气和北京比怎么样?""玛丽喜欢冬天吗?为什么?"

请学生熟悉课文,然后进行 pair work,选择几组同学进行课文复述。

交际技能训练:

设定交际场景,让学生练习比较句。选择几组(根据学生人数)扮演不同角色,进行会话。场景为学生的国家和中国进行比较(面积、气温、人口、经济发展情况)。

(5) 替换与扩展教学。(10 分钟)

替换部分先让学生准备,然后请学生进行替换表达,教师纠错。

该部分最后还有两个例句。请学生先朗读再进行替换和扩展:

欢迎你们(什么时候)来(哪儿),因为那时候……

(什么地方)的(什么季节)常常……,不常……

(6) 练习。(20 分钟)

读词语并造句。

用"比"字句回答问题。

听述练习。

语音练习。

(7)课堂小结及布置作业。(5分钟)

总结本课的重点内容,让学生课后完成练习部分的2、3两项。

6. 教学反思

比较句是汉语中一个重要的句型。在本课中,结合学生的学习阶段,进行差比和同比两种下位句型的介绍,把学生常用到的数量补语放到比较句中进行教学。约数的表达也是本课的一个重点,要注意汉语个、十、百、千、万等不同位数的不同的约数表达方式,防止学生泛化使用。

第五节 中级阶段的口语教学

一、中级阶段口语教学目标和内容

1. 教学目标

国家汉办(2002)主持编写的《高等学校外国留学生汉语教学大纲(长期进修)》对中级阶段"说"的培养目标是:

通过在中等阶段四级里各项语言技能的训练,使学生掌握2850个左右中等阶段的词语以及相应的汉字,80个左右中等阶段的语法项(点),具有一般性的听、说、读、写、译能力,能满足一般日常生活、学习和一定范围内工作的需要,并对汉语的文化背景和语义内涵有初步的了解。

《对外汉语中高级阶段课程教学规范》(陈田顺,1999)对中级阶段"说"的培养目标是:

具有初步的成段表达能力,语调基本正确,语速基本正常,表达比较清楚、准确、恰当。能就一般性话题展开讨论,进行一般性交涉和业务洽谈。

国家汉办(2002)主持编写的《高等学校外国留学生汉语言专业教学大纲》将中级阶段"说"的培养目标规定为:

能够较为正确地掌握汉语普通话声、韵、调及其重音、停顿和语调变化的规律,比较流利地朗读一般性文艺读物和记叙性短文,朗读速度不低于每分钟160~180字;经过准备,能够完整、流利地叙述一件事情,说话速度不低于每分钟140~160字;能够就一般时事新闻和社会生活话题比较熟练地与人进行交际。

2. 教学内容

中级阶段的教学内容覆盖面很广,从日常生活中具有实用价值的语言片段、会话、故事、人物介绍、国情介绍到新闻报道、时事评论、文化介绍、生活杂感、科技报道、文艺小品等,都有所涉猎。据统计,在3000词的基础上,本课程应输入的复用式词语为866个,要求掌握的表达方式为122个。

中级阶段的口语的训练方式除了初级阶段口语课的一些教学方法以外,还要强化学生的成段表达能力,从口语训练的语体上可以划分为独白和对话语体两部分,从练习的形式来讲有句式训练(替换、完成句子等)、语段训练(转述、复述、情景对话)、组篇(表述、论述等)。

张黎(1995)认为应着重于：语音——从初级的音素、音调的知识训练转入以语气、语调为主的超音位训练；词语——以教授那些口语化的惯用表达式和词汇为主,包括有实在意义或只起连接作用的惯用语；语言的组织——跳出句法结构和孤立的单句范畴,着重训练将单句连接起来组成相对完整的表达单位的语用能力。

刘晓霞认为：中级汉语口语强调"比较",教学任务为适当运用交际策略,训练成段表达能力。语音层面强调以语气、语调为主的超音位训练。词汇层面主张教授那些口语化的交际功能项目,包括有实在意义的词,也包括只起连接作用的惯用语。组句层面重点在于学生能流利并且得体地表达自我思想。文化层面要求能对跨文化交际问题有一定敏感性,了解特定场合中的语言表达习惯和各种文化风俗习惯。

二、中级阶段汉语口语教学所面临的问题

汉语口头表达能力一直是学生最想提高的语言技能,口语课往往是他们乐于参与的课程。然而,到了中级阶段却出现了问题,如开口率不高,想表达但却不知道怎么说；常使用习惯了的句式来回答问题或发表看法,口语能力处于低水平循环；交际时词不达意,话语缺乏条理,更不能主动进行话语转换。中级学习者的口语水平存在着过早"石化"的现象。

中级汉语口语教学出现困境的成因很多,主要有如下几种：① 学习者习惯于"跟我学"的学习定式,过多使用完整句；对不易掌握的新内容多采取回避态度；交际中因语言水平较低和不了解语用策略,始终比较被动。② 口语教材多为纸质教材,所配的录音材料只是书面语言口头化,有"拿腔拿调"现象；课文篇幅长,生词量大,讲解时间相应变长,挤占了练习时间；有些话题不能引起学习者的兴趣；对习语缺乏有说服力的解释和展示。③ 教师多注重语言知识,把口语课上成了精读课、阅读课；对语言的运用不够重视,是以课本为范文教学生"学说话",而非让学生自主动脑"学话说",致使学习者的语用能力滞后；现有的口语课堂教学比较适合外向型的被调查者,而对内向型的被调查者来说有效性较弱。④ 汉语口语已有的研究成果,如省略、移位、口误、问答、习用语、会话策略、独白的语义类型等,未能被很好地运用到教材中去。

三、中级阶段口语训练的原则

《对外汉语中高级阶段课程教学规范》对此阶段口语训练有了明确的规定：

1. 交际性原则

进一步强调教学过程的交际化。这就意味着,大部分的课堂活动都应该为诱发真正的交际而设计。操练的全过程都是为了最后的参与。学生和教师同时是教学的主体,学生是中心,教师的作用在于组织、促进、示范及指导。

2. 修正的原则

不鼓励教师过分地纠正学生的语音、语法错误,纠正的目的也是为了帮助学生改变或回忆起那些规则在学生头脑中的自觉表象。教师的首要职责是以合理的速度调动学生开口的积极性,鼓励学生进行有创造性的发挥。

3. 监督的原则

在谈话中过分地使用自我监督,会很快和谈话失去联系。学生把精力集中在正确性上,从头到尾盯着自己的句子,导致了病态的语言输出:犹豫、跟不上谈话。这不是在说一种语言,学生得到的是没有语言能力的语言行为。教师应该做的是提供一个放松的环境,而不是使学生处于防卫状态。应帮助他们摆脱对于规则的依赖心理。

四、中级阶段口语课重点培养的能力

《对外汉语中高级阶段课程教学规范》对此阶段的能力培养提出了一定的目标,但阐释不太清晰,我们在这里作一些详细的解释和说明。

1. 敏捷地融入语境的能力

李建国、顾颖(2004)在论及口语交际相关问题时把语境分为两种:自然语境和形式语境,并进一步说明在语言习得过程中,具有交际需要的"自然语境"比以学习语言结构和语法规则为主体的"形式语境"更有利于口语学习。中级阶段,学生已基本了解了汉语的语言结构知识,就应该向着语用学习阶段过渡,主要就是进行言语结构知识的学习。课堂为学生创设丰富多样的真实和拟真实情境,让学生在交流互动中结合已知信息,构建并创造接近于真实生活的语言,以使学生能够就熟悉的话题与教师和同学进行讨论,提出较为复杂的问题,并能进行答辩,发表自己的意见,进行成段表达。刘晓雨(2001)认为,中级阶段应该提高成段表达和交际的训练比重,对语速、词汇扩展有更高要求,主张课本知识和实际需要相结合,师生合作互动;避免分析式的讲解、单句范围的造句和替换练习,从语言形式的外部功能方面采取措施。因此,中级口语的性质应该是语用的教学。相应中级口语教学的内容,中级汉语口语教学对象一般是具有成熟思维能力的成年人,成熟的认知对于学习第二语言来说既是有利条件,也是不利因素。他们用自己还不能熟练掌握的非母语来表达,往往是既要注意表达的意思,更要关注表达的语言形式,所以,常常觉得力不从心。成熟的思想和不成熟的

表达能力构成了强烈的反差而形成的焦虑,是口语课普遍的心理障碍。

2. 在语库中迅速地选取语料以组织语言的能力

中级阶段的留学生已经具有一定的汉语词汇量和语法结构,也就是说已经形成自己的一定的语言库。在表达单个词、短语和简单句的时候没有太多的障碍,但经常会采用零散语言的表达形式,缺少组织语言的能力。因此,中级阶段的留学生要重点培养把自身语库中的语言知识较自由、流畅地组织起来的能力。根据表达的主题,在语库中迅速地选取相应的语言材料,借助语篇衔接的能力,组织话语结构,表述成一个相对完整的语言片段或篇章。因此,中级阶段应该重视提高学生在词汇量、成段表达、适应不同场合、不同对象等方面的交际能力;语音、语调基本正确,语速基本正常,语句较连贯,用词较恰当,能够使用一定数量比较复杂的句式,有一定的活用语言的能力。

3. 整体策划的能力

初级阶段的口语课往往是教师提供话题,让学生围绕话题进行句型操练。学生整体处于接受传输、被输出的状态。到了中级阶段,学生应该主动参与话题策划,这是从被动性交际向主动性交际转变的关键。比较典型的模式就是,在课堂上教师退居交际主导的幕后,对交际训练过程进行监控,而把交际策划的主导地位交给学生,让学生负责策划,学生在这个过程中逐渐熟悉用汉语进行交际话题的策划,学习如何获得话题、把持话题、放弃话题,掌握话题轮转的技能。

4. 运用超语言成分的能力

语言因素包括读者对字母、单词、短语、习惯表达法、句子、语言规则与知识的识别与表征,如阅读材料中句子的长度、关键词中生词的比例、从句内嵌(clause embedding)率等。超语言因素包括阅读习惯与阅读心理,背景知识与语篇知识,阅读技能,语言的附加意义,即语言携带的文学、文化、政治、意识形态等内涵。到了中级阶段,学生已经掌握了必要的语言知识和技能,就应该开始学习口语的特殊成分和组织规则,这些成分和规则超出了单纯的语言成分和语法的范围,而是涉及语境、情景乃至社会、文化等各种因素,属于语用的范畴,中级阶段的口语课的重点就是要教授这些在别的课中学不到的口语语用知识和技能。

五、中级汉语口语课堂设计

(一) 教材分析

教学材料: 刘德联、刘晓雨《中级汉语口语》第十六课。

教材以具有一定汉语基础的来华进修的留学生为主要对象,课文内容为外国留学生的在华留学生活,选取留学生可能会遇到的情景,安排真实口语对话,以满足留学生的日常生活需要,主要是国家对外汉语教学领导小组办公室公布的《汉语水汉字等级大纲》中乙级以上的词汇,甲级词和部分常用的乙级词没有收入。教材在总结前人编写教材的经验教训的基础上,力求突破与创新,突出口语教材的特性。其特点主要体现在以下几个方面:① 以若干主线人物贯串始终,赋予人物一定的性格特征,让不同性格的人物使用不同风格的语言,避免出现书中人物千人一面、干巴巴问答的现象。② 注意社会发展趋势,及时淘汰已过时或即将过时的语言,在安排课文时"向前看",把一些社会新生事物的介绍及有关的会话内容收入其中,如各种新的交通工具的乘坐常识、移动电话的有关知识。③ 安排大量由浅入深的实用性练习,练习方式变"词本位"为"句本位",将重点放在情景会话上,要求教会学生在不同的场景中说出恰当的话语。④ 口语知识的系统化讲解。在教材每一单元之后设置"口语知识"一项。口语中经常使用的一些语言现象,从口语语音到口语语法,进行比较系统归纳后布置相关的练习,帮助学生巩固所学知识。⑤ 口语常用语的补充。在教材每一单元之后,增设《口语常用语》。将口语中经常使用的某些交际语言进行分门别类的归纳,帮助学生了解同一情景下不同的表达方式。

(二) 教材处理

课文生词讲练的环节要控制在 20 分钟以内,生词的练习更多应是放在课文与会话部分。本教材最大的特点之一就是对口语常用语非常重视,这既体现在课文词表中,也体现在单元后的"口语常用语"部分。因此在教学中应突出这一部分的教材内容,课堂训练要有意识地引导学生使用这些词句,适当地对单元后的"口语常用语"进行分解,根据和每课实际课文内容的关联性,渗透到各课教学之中。

(三) 教案示例

1. 教学对象

二年级海外汉语学习者。

2. 教学目的

(1) 了解、掌握所学的生词和短语。

(2) 学习、操练常用的表达送别的词语和句式。

(3) 能够运用所学的词语和句式完成送别的情景会话。

3. 教学过程(160 分钟,两次课)

第一次课

(1) 教学导入。(15 分钟)

如果大家要回国了,你们想给家人和朋友带些什么礼物呢?

你们知道南京有哪些工艺品商店吗？能说一说你们知道的工艺品吗？

你们知道哪些汉语中常用的告别用语？

(2) 学习生词及注释。(20分钟)

将生字词按照词性的不同进行分组学习。

A. 名词。

工艺品　特色　印章　印石　泥人　彩蛋　剪纸　景泰蓝　真丝　围巾　手工　刺绣　玉石　首饰　制品　衬衫　T恤衫　行李　摄像机　日历　缘分

讲解生词及意义，并附上以上工艺品的图片，重点讲解生词"特色"和"缘分"。

特色：全聚德烤鸭——北京特色　　金陵鸭血粉丝——南京特色

缘分：大家来自不同的国家，本来各不相识，现在能在一起上学，成了朋友，这就叫缘分。

B. 动词。

延长　拍　刻　惹　吻别

C. 形容词。

抢手　平静

"这条真丝围巾很受欢迎，已经卖了很多了。"可以换成："这条真丝围巾很抢手，已经卖了很多了。""这条真丝围巾是抢手货，已经卖了很多了。"

区分"安静"和"平静"。

D. 短语。

乱七八糟　动感情　送行　一路顺风　后会有期

李丽发现自己喜欢上了隔壁的男生。即：李丽对隔壁男生动了感情。

海伦要回国了，大家都来给她送行。海伦看着大家，心里乱七八糟的，既想早点回去见到家人，又舍不得同学们。大家看到海伦动感情了，就都安慰她，祝她一路顺风，后会有期。

听完后，问同学们理解短文内容没有，如果有不理解的地方，则对生字词再补充解释。

E. 注释。

a. 文房四宝(利用图片展示)

b. 天下没有不散的筵席

——玛丽要回国了，我会很想她的。

——天下没有不散的筵席，我们以后都会回去，但我们可以常联系。

c. 有缘千里来相会

——很高兴能认识大家，和你们在一起的一年时光很美好，我会一直记住的。

——这叫作有缘千里来相会,我们应该珍惜我们在一起的日子。

F. 语句理解。

课本有两个例句,让学生读,理解意思和用法,然后提供一个情景,让学生使用这两个短语。

a. 心里没底儿

上星期考试,我感冒了。明天成绩出来了。我不知道能不能考及格。

即:上星期考试,我感冒了。明天成绩出来,能不能考及格,我心里没底儿。

马上就要毕业了,有的人决定回国,有的人决定留在中国生活,但我不知道我是否要留在中国。

即:马上要毕业了,有的人决定回国,有的人决定留在中国,但我心里没底儿。

b. 比中国人还中国人　即:比A还A

玛丽可以扛一桶水爬楼梯到十楼,＿＿＿＿＿＿＿＿＿＿＿＿＿＿＿＿。

我朋友特别唠叨,＿＿＿＿＿＿＿＿＿＿＿＿＿。

c. ……没够

南京金陵鸭血粉丝特别好吃,我每次吃饱了还想吃。换用"……没够"说这句话。

(3) 课文处理。(30分钟)

A. 让学生分组朗读课文(①我挺舍不得离开这个城市的),找出不理解的词语和句子。

B. 读完后,解释学生的问题,然后再问一些课文中的问题,让学生根据问题再重新读课文。

a. 玛丽、大卫、安娜、田中四个人关于回不回国的打算各是什么。

b. 谁要买工艺品,为什么买?

C. 让学生分角色朗读课文(②我想买一些有中国特色的工艺品),找出不理解的词语和句子。

D. 读完后,解释学生的问题,然后再问一些关于课文内容的问题,让学生根据问题再重新读课文。

a. 安娜喜欢什么工艺品?

b. 售货员建议玛丽给妈妈买什么?

E. 就课文内容进行讨论。

a. 谈一谈你暑假的安排。

b. 如果你是安娜,你建议玛丽给家人和朋友买些什么带有中国特色的礼物呢?为什么?

(4) 课堂练习。(15分钟)

A. 在中国期间,大家或者收到或者自己买了一些工艺品,选择其中一两件说一说你对它们的了解。

大家先两人一组分别跟对方介绍自己的工艺品,然后老师点名一些同学讲解。

B. 当你面对一大堆留着也没用、扔了又可惜的东西时,你会怎么办?

大家各自发表自己的意见,然后老师根据他们回答,将他们分为不同的组进行简单的辩论。

第二次课

(1) 教学导入。(15分钟)

A. 复习上节课学过的内容,并导入新课内容。

B. 两人为一组复述上节课上过的内容,然后老师随机叫同学复述。

C. 再由所学过的内容引入这节课的课文内容(PPT放一些关于送别的诗句和图片)。

(2) 课文处理。(30分钟)

让学生分组朗读课文(③后会有期),找出不理解的词语和句子。

读完后,解释学生的问题,然后再问一些课文中的问题,让学生根据问题再重新读课文。

谁要回国了?朋友送行时,她心情是什么样的?

问题解决后分角色朗读。

(3) 课堂练习。(15分钟)

练习、讲解课后的综合练习。

(4) 课堂讨论。(20分钟)

A. 如果你将要回国,朋友们给你送行,你将会是什么样的心情?

B. 如果你以后留在中国,你觉得很有可能是因为什么原因呢?留在中国好还是回国好呢?为什么?

大家各自发表自己的意见,然后老师根据他们回答,将他们分为两个组进行简单的辩论。

第六节 高级阶段的口语教学

一、教学目标和教学内容

(一) 教学目标

国家汉办(2002)主持编写的《高等学校外国留学生汉语言专业教学大纲》将高级阶段"说"的教学目标规定为：

具有按汉语思维习惯快速组织语言材料、流利自如地表达思想的能力；在讨论、洽谈、驳辩过程中能够随机应变，完整而有条理地陈述自己的观点与人进行磋商；能够流利而富有感情地朗读文章，朗读速度不低于每分钟180~220字；经过准备，能够比较流利地进行毕业论文答辩，说话速度不低于每分钟180~200字。

国家汉办(2002)主持编写的《高等学校外国留学生汉语教学大纲(长期进修)》，将高级阶段"说"的教学目标规定为：

能就社会生活中的一般话题较为流利地进行对话或讲话，能较系统地、完整地表达自己的思想感情，有较强的成篇表达的能力。语音语调正确，语气变化适当，语速正常，语句连贯；用词基本恰当，能用较为复杂的词汇和句式，有一定的活用语言的能力，表达比较得体。

《对外汉语中高级阶段课程教学规范》(陈田顺,1999)对高级阶段"说"的培养目标是：

具有组织语言材料、较为流利得体地大段表达思想的能力；能够流利而富有感情地朗读题材熟悉的文章，朗读速度不低于每分钟180~200字；经过准备，能够就有关话题完整地陈述自己的观点或与人进行交际，说话速度不低于每分钟160~180字；初步形成用汉语思维的习惯，能够根据交际场合和对象特点选择适当的表达方式；具有一定的语言应变能力。

(二) 教学内容

1. 语音技巧

语音教学贯穿于留学生整个口语教学的环节，并不会因为学生到了高级阶段就完全不用关注语音了。事实上，高级阶段的口语教学中，语音仍然是一个重要的内容，只不过语音教学的重点从正音、语调、语流音变等基本的语音能力转向语音技巧。具体地说，就是主动调整语音以适应表达，解决的不是语音正确性的问题，而是语音生动性的问题。高级阶段口语的成段表达将成为教学常态，那么学生应该学习如何围绕表达重心，通过各种对比重音、焦点重音、语速灵活调整，抓住听者，让听者迅速准确地接收说者的重要信息。此外，学生应该学会抑扬顿挫的语调，提高口语表达的感染力，让听者不至于在平淡的语流中陷入沉闷。

学生在高级阶段还应该学会使用更多的叹词、复杂语气词,比如语气词的各种连用,目的也是为了提高语音技巧,让口语表达"活"起来。

2. 高度口语化的词汇、语法

留学生经过初中级的汉语学习,已经掌握了大量的词汇和语法结构,用这些语言知识应付一般的生存已经足够了。但即使如此,我们在汉语教学的过程中还是会发现进入高级阶段的留学生在语言表述上显得很"幼稚",过多依赖已有的知识结构进行交际,和汉语母语使用者的话语特征有相当的距离,也就是我们平时所说的语言"不地道"。要实现说一口"地道"的汉语,必须学会母语为汉语者日常口语的表达方式,集中体现为高度口语化的词汇和语法结构。对母语非汉语者来说,学习使用这些高度口语化的语言知识并不容易,这些词极少在一般课文和课堂教学中出现,他们也很少能在课外直接接触完全真实的交际场合,但是这些语言知识在口语中常常使用。举一些例子,有的词语语法在部分课文中出现过,比如"个把月"、"……来着"、"岂不是",有的则没有出现过,比如"……他个……(骂他个狗血淋头)"、"V个没完"等。在高级口语课上,教师对课文中的生词和语法就不需要平均用力,而要重点解决这些具有高度口语真实感的词汇和语法的用法,然后指导学生逐渐用这些来替换以往同义的表达形式,日趋接近母语者的汉语语感。

3. 语篇表达策略

从初级阶段的初步接触成段表达,到中级阶段简单的成段表达,到了高级阶段,成段表达成为口语教学的重点。成段表达不是简单句的叠加,学生在此阶段要逐渐掌握话题构建基础上的语篇能力。口语课的教学也要围绕这一点展开。高级阶段口语课的教学形式常常会采取讨论、自由表达、演讲、访谈、辩论等形式,这些教学形式的中心任务也是为了培养学生的语篇能力。

培养学生的语篇能力,首先要培养学生的逻辑思维能力。留学生往往都是成年人,在他们的母语环境中也都具有较流畅的逻辑思维能力,但是在使用汉语的时候,往往受制于语言形式和词库的选择,语篇能力就显得力不从心。所以要进一步培养学生"从目的语到目的语"的思维方式,口语的课堂教学需要给学生提供思路,培养意识,让学生自己能够在表达练习的实践中体会汉语的逻辑语义关系。高级阶段的话题表达语体有很多,初中级阶段常用的叙述类、说明类语体仍然不应该被忽视,因为叙述和说明能力是表达的基础,条理性是语篇表达的基本条件。在此之上增加议论类、评价类语体的比重,或者说以议论和评价语体为重心,这是培养学生抽象逻辑表达能力、提高交际策略的关键步骤。

其次,语篇衔接与连贯是语篇表达策略的关键。初中级简单的成段表达也会涉及语篇的衔接和连贯,但是不明显,学生口语成段表达往往只涉及两三个句子的衔接,一般的关联词足够应对。但是高级阶段要涉及整篇的、较为复杂的话题结构,这就需要从语篇学的角度进行有针对性的教学。首先是词汇衔接的问题。要培养学生建立词语链的能力,这是在高级汉语阅读课中重点学习、在高级汉语口语课上重点练习的能力。同义词、反义词、类义词,在同一语境中具有语篇衔接力的各类动词、形容词、副词、连词等,如何选择、替换、凸显,以使表达的语篇衔接能够自由流畅,是高级阶段教学的一个重要任务。语篇中句与句之间存在某种逻辑关系,违反这种关系,就会文理不通。学生如对语句之间的连接规律有所掌握,并知道运用相应的逻辑联系语,就能减少盲目性,提高语篇表达水平。

二、高级汉语口语课堂设计①

（一）教材分析

教学材料:《高级汉语口语》(第2版)第一课。

教材共有15课,以课文为主,对俗语、惯用语用注释的形式加以解释,每课分为三个单元,在各个单元间还穿插了一些与口语有关的知识介绍。该教材所选生词主要以国家对外汉语教学领导小组办公室发布的《汉语水平词汇与汉字等级大纲》中丁级词汇为主,同时收录了一些用法较多、易于混淆的丙级词以及部分常用的词语。根据高级水平学生的需要,扩大了词汇学习的内容,补充了和主课文有关的词汇练习。为了更好地学习主课文,主课文练习部分增加了语言实践,以此作为课文内容的总结和延伸,此外,主课文练习三也改为用指定词语回答问题。考虑到高级水平的学生在此学习阶段的需求是多元化的,作为组织教学的最重要凭据,教材必须内容覆盖尽量广一些、练习方式尽量多一些,为师生双方提供尽可能大的选择空间。本教材每课内容较多,需要较长学时。因此,在实际教学中,使用者应根据具体情况和需求灵活地做出取舍。

（二）教材处理

（1）生词处理是必要环节,但是在课时安排上要尽量压缩时间,把较多的时间放在功能训练和成段表达上。

（2）主副课文都要设置交际任务,覆盖自述、评价、建议、讨论（辩论）等几个环节。

（3）课文内容较长,在240分钟的有限课时安排下,应注意内容的取舍。

（三）教案例示

1. 教学对象

汉语水平已达到HSK8级的学生。

---

① 本教案由广西师大刘香君编写,对原教案的教材选用、课时安排稍作调整,在此表示感谢。

2. 教学目的和教学要求

（1）在较好地理解本课主题的基础上对有关功能—意念及其表达部分进行熟练的复述。

（2）能根据不同的情景得体地表示赞同和反对、肯定和否定、接受和拒绝。

（3）掌握表达自己的愿望、设想、计划的基本词汇、句式以及表达方式。

3. 教学重点及难点

（1）以主课文为中心讲解与本课主要功能—意念相关的词汇、句式、成段表达。

（2）联系主课文、副课文设置交际任务：叙述自己新学期的学习计划；对他人的学习计划发表评论、提出建议；对他人的建议做出反应。

4. 教学过程（240分钟，三次课）

第一次课

（1）教学导入。（12分钟）

学生之间分组简单问答：人们通常有哪些心愿？你新学期的心愿是什么？

选两组学生作演示。

教师简单总结，导入本课的主要功能—意念。

（2）讲练生词。（15分钟）

朗读：注意发音。

重点词："不妨"与提出建议的方式。

同义词辨析：纳闷—疑惑；腼腆—害羞；缺憾—遗憾

（3）主课文导读。（50分钟）

A. 第一、二自然段。

教师归纳、总结大意：老朋友最近在做什么？为什么？

集体按提示重点词语复述课文：有一天　偶然　谈起　参加　为了　……不说……还要　纳闷　画肓　不要说……就是连……　大惑不解　腼腆　其实　一窍不通　之所以……是因为……

B. 第三、四自然段。

教师归纳、总结大意：这张清单对朋友有什么好处？

板书提示：表示拒绝的词语。

集体按提示重点词语复述课文：听起来　激起……好奇心　真是　都有　隐私　免了吧　不过　散漫　只管　不妨

C. 第五、六自然段。

教师归纳、总结大意：我怎样写出我的清单？

板书提示：表达赞同的词语。

集体按提示重点词语复述课文：怀着……心情　说得对　一长串　相反　轻重缓急　斟酌　不知不觉　不禁　仿佛　淡忘

结合主课文练习一、二、三检查学生对主课文的理解。

D. 第七、八、九、十自然段。

归纳、总结大意：清单给我的启示。

集体按提示重点词语复述课文：等到　诧异　首先　甚至　其次　非……不可　否则　至于　此外　公益　既……又……

E. 第十一、十二、十三自然段。

归纳、总结大意：清单给我的启示。

集体按提示重点词语复述课文：听起来　非……不可　畅销书　五音不全　过……瘾　白日梦　途径　尽……努力　秘诀　共勉　苦闷　忙忙碌碌

(4) 总结与布置作业。(3分钟)

A. 总结：主课文告诉我们什么；本课主要功能—意念。

B. 指定某个学生准备"词汇学习"，请他下次给全班同学讲解。

C. 简单导读并布置阅读副课文。

D. 写作书面提纲：我新学期的打算。

第二次课

(1) 教学导入。(12分钟)

录像：几段相关简短对话；

你怎样对别人提出建议或对建议表示拒绝或赞同。两人一组，选择课文中相关的词汇、句式作问答练习；

选两组学生作演示。

(2) 怎么说？(25分钟)

简要介绍相关句式、词语，语气、语体的差异；

结合《我新学期的打算》两人或三人一组完成本课交际任务。

(3) 词汇学习。(10分钟)

由指定的学生为全班讲解、答疑；

教师简要总结。

(4) 句式和表达。(30分钟)

分组和个人回答结合。结合具体语境,在学生归纳、总结的基础上,帮助学生掌握本课的重点词汇、句型。

(5) 总结与布置作业。(3分钟)

A. 总结:怎么说、词汇学习、句式和表达中的难点。

B. 完成"小采访"。

C. 预习"交流和讨论",并选择"课堂讨论"提供的2、3、4、5方面的话题、词汇写出简要的发言提纲。

第三次课

(1) 教学导入。(20分钟)

学生逐一向大家介绍自己"小采访"的结果;

学生自由讨论;

教师简要总结。

(2) 交流和讨论。(共55分钟)

A. 热身话题:由学生根据自己的发言提纲各抒己见。(15分钟)

B. 录像:一段相关的对话。(5分钟)

C. 交流和讨论。(35分钟)

两人一组,做5分钟准备;

根据发言提纲,一问一答(教师巡视、分别指导);

请学生分组表演;

每组学生表演后教师简单总结,强调表达本课功能—意念的典型词语和句式。

(3) 总结与布置作业。(5分钟)

A. 总结:我们学习了什么——主课文和副课文的内容;本课功能—意念的表达。

B. 预习:下一课的口语词汇和句型。

6. 教学后记

词汇的讲解在高级口语课上不宜花太多时间,学生已具备一定的自学能力。高级口语课尤其要提高在连贯的成段表达和交际中做出得体应对的能力和水平。功能—意念项目内容是高级口语课的重点,要注意拟订合理的操作程序和运用手段。

第七节 汉语口语教材分析

一、常用汉语口语教材介绍

教材在教学中的重要地位不言而喻,教材是教师发挥才能、顺利达到教学目的的工具,也是学生学习知识、掌握语言技能的有效途径。教材的质量直接影响着教师教学输出以及学生学习输入的效率,是关系到教学成败的关键。

迄今发现的最早的汉语口语教材是在元末明初时期编写的教朝鲜人说汉语的《老乞大》和《朴通事》。这两本教材的影响力很大,其编写思想至今仍有较大的参考意义。到清末的一段时间内,为来中国传教和经商的外国人学习汉语而编写的汉语课本已经有上百种之多,较有影响的有英国威妥玛等编著的《语言自迩集:北京官话口语教材》,以及1927年出版的《适用新中华语》等。

现代汉语口语教材的编写,早在1950年之前就已经开始了。近些年来汉语口语教材更是不断涌现。在这里我们介绍一些有代表性的、使用较广泛的口语教材。

1. 针对短期进修使用的口语教材

《汉语会话301句》,由北京语言大学出版社1999年出版,2006年推出了新版本。这本教材是为初学汉语的外国人编写的速成教材。教材采用交际功能与语法结构相结合的方法进行编写。将现代汉语中最常用、最基本的301个句型通过生活中常见的语境展现出来,使学习者能尽快入门,在此基础上,每一课都设置替换与扩展环节,达到能与中国人进行简单交际的目的,为进一步学习打下良好的基础。课文注有语法点,用较通俗易懂的语言和例句进行解释,使学习者能很快掌握语法结构,并且能够起举一反三。练习项目多样,练习量也较大。复习课注意进一步训练学生会话与成段表达,对所学的语法进行归纳总结。《汉语301句》的使用量很大,有英、韩、西、法、德等多国的版本,能满足不同母语的学生的需要。但是该教材仅适合初学者起步阶段的速成教学,内容稍显陈旧,虽然经过改版后有所改善,但仍然和生活口语有所脱节。

《汉语口语速成》,由北京语言大学出版社2005年出版,也是一本为短期汉语学习者所编写的教材,以培养学生的口语交际技能为主要目标。这套教材最大的特色之一就是具有大量的图片和插图。比如,采用"看图说词"、"看图完成句子"、"看图说话"等形式的训练,有助于增加教学的趣味性,有利于调动学生在学习汉语时的积极性。《汉语口语速成》是一套系列教材,涵盖了入门、基础、中级等分册,能够适用于不同汉语水平的外国学生。

2. 针对长期进修使用的口语教材

《汉语口语》，由北京大学出版社2004年出版，这套教材分为初级、中级、高级。初级阶段以句子为本位，在学习初级口语常用句式、简单对话的同时，逐渐增加进行口语成段表达的训练。中级阶段突出"情景化"，设定外国学生在学习和生活中可能遇到的情景，安排生动、自然的口语对话，剔除了过于北京口语化的词汇，保证了口语的真实性和实用性。教材以若干主线人物贯串始终，赋予人物一定的性格特征，让不同性格的人物说出不同风格的语言，注意到口语的语用意义的教学。高级阶段以一个典型的中国家庭为主线，内容涉及中国家庭和中国社会的很多方面。在练习的设计上也较为成功地突出了实用性。增强输入和输出训练，以成段表达的训练为中心，安排了叙述、转述、复述、讨论和辩论项目，以切实提高学生大段地、连贯自如地表达的能力。

《发展汉语》，由北京语言大学出版社2004年出版，是一套适合长期进修生使用的系列教材。口语系列包括《初级汉语口语》、《中级汉语口语》以及《高级汉语口语》。这套口语教材的编写原则是要突出口语课课型的特点，强调口语的分技能训练，突出实用性和趣味性。教材的编写以"情景交际"为中心，以"功能—结构"为纲，练习题的量较大，类型多样，能够启发学生使用他们在会话和短文中所学的语言知识。以"语段"为本，课文语料尽可能口语化，是一套实用性很强的教材。

《汉语教程》，由北京语言大学出版社2009年出版，自出版以来，使用量很大。这套教材是以语音、汉字、词语、语法等语言要素的教学为基础，通过课堂讲练，逐步提高学生听说读写的言语技能，培养他们用汉语进行社会交际的能力。既注重语言能力的培养，也注重语言交际技能的培养。比较重视语法结构规则，采取了提取句型、提取语法点、大量的句型替换和词汇替换练习与课文内容配套进行的教材编写模式。

二、汉语口语教材的编写思路

随着口语教学实践的发展和推动，口语教材的编写近年来也得到了数量上和质量上的大幅提高。虽然各教材都有自己独特的编写理念和风格，但在教材编写上基本达成了一致的共识，即结合功能、结构、情景，突出实用性、针对性、趣味性，以学生需要为主，突出口语的特点。口语课虽然是一门实践性很强的课程，但也需要理论的支撑和指导，目前的口语课教材的编写也常常能体现出某种教学理论和教学方法。随着第二语言教学理论的发展，其研究成果也陆续反映到对外汉语口语教材的编写当中。对口语教材编写影响较大的理论，早期有重视语言结构教学的"听说法"，其后有重视培养交际能力的"功能法"，后来有"结构—功能"相结合的教学法，再后来又有了将文化因素融入口语教学的"结构—功能—文化"三位一体的教学法,这些教学法都体现在当今对外汉语口语教材的编写中。

1. 初级口语教材的编写

现在的初级口语教材主要是按照功能项目和情景编写的,实用性较强。初级汉语口语教学以培养学生的交际能力为目的,教材内容应该和外国学生的学习、生活密切相关。常用的初级口语教材的基本结构大多以起居饮食、问候、购物、交通、游览等功能项目为基础,组织必要的词语和基本句型,通过替换、扩展等相关练习进行强化,然后通过情景会话练习,让学生对一些实际学习和生活中可能出现的场景进行操练。训练内容及方式都围绕让学生培养交际能力的目的展开,从重视语言知识到突出实用性交际。在课文语料选取的方面,要尽可能选择学生最需要的具有口语特点的词汇、句子和语篇,课文段落不宜过长,可以适当打破生词、课文、注释、练习的严格界限。初级教材课文的示范作用很大,课文中出现的词语和句子基本上就是要求学生掌握的。因此考虑初级阶段学生的汉语水平和需要,教材对于词语的选择,高频率的、形象化的、生活化的、一般性的词语要先于抽象化的、专业性的词语进入教材,而就语法结构而言,典型句式应该优于非典型句式先入教材。

2. 中级口语教材的编写

中级口语处于承上启下的地位,中级口语教材应注意和初级口语、高级口语的衔接,中级口语教材前半部分,主要是对是初级教材中出现过的功能项目的加深、强化,从语言到内容都有所提高,后半部分要有意识地靠近高级教材,按照话题进行编写,增加稍复杂、深入的谈话项目。在词汇方面,应在深入学生学习生活的基础上,增加口语词的比重,并在交际中适当融入文化元素,尽可能地引入一些浅显易懂又不太加大词汇量的诗词名句、俗语、歇后语、惯用语等,让学生能够借助某方面的话题扩展词汇量和丰富表达方式。口语词对社会的敏感度较高,具有很强的时效性,因此在课文语料选取的时候,背景应稍微模糊一些,留有余地,在教学中进行实时补充,尽可能达到课文语言与生活语言的高度匹配。课文语料的语言应该更加自然、活泼,有人物特点,避免初级口语课文中人物性格过于扁平的格局。练习要涉及语音、词汇、句型、语段、语篇等各个方面,侧重进行结构训练和功能训练,进一步强调实践性和实用性。还有一点是目前部分教材做得比较好、值得借鉴的,即在教材中设置"口语知识"或者是"口语常用语"环节,一般是在一个单元之后安排这样一课,帮助学生系统梳理口语知识从语音到语法的表达,或是把某些交际功能分类进行归纳和解释,这既是对课文的有益补充,也有助于学生了解在不同的场合、以不同的语体、向不同的对象进行恰当表达的方法,增强学生表达的"得体性"。

3. 高级口语教材的编写

目前的高级口语教材通常以话题为中心，设计符合学生未来实际工作的交际场合，增加一定的专业词语或者术语，重点训练学生充分表达思想的能力，提高语言交际能力，逐渐向目的语真实口语靠拢。高级口语教材课文语料明显的特征就是词多句长，结构复杂，而且语体更加多样，能够让学生应付各种场合，比如演讲、致谢、致敬、评价，以及正确使用表达中的社会文化含义，比如谦辞、敬语、客套话等。高级口语教材对语言单位教学的推进，基本上还是遵循"词→词组→单句→复句→语段→语篇"的顺序，但是应更加注重复杂语段和语篇的训练，中级口语阶段从显性连贯入手，着重从语段的角度来认识句子、词组和词，而高级阶段要逐步由显性连贯转向隐性连贯，让外国学生进一步掌握汉语特有的意合法，注意到一般交际中的自然省略问题，以提高语篇表达能力，说出更加地道的汉语口语。高级阶段的外国留学生已经有了一定的表达基础和能力，教材课文的选取主要是为了给学生提供表达框架和词汇聚合，目的是为了让学生更好地总结和归纳以往的知识，提高多样性、适应性和得体性的表达技能。但是目前的高级口语教材在这方面的设计并不尽如人意，虽然课文提供了口语表达的框架及常用格式，但用什么内容去填充这个框架，如何去练习，很多学生还是很难把握。面对这一现状，学界现在普遍认为：高级口语课文和练习之间的界限不要分得那么明显，练习的环节要在成段的语料中进行，练习在设计情景和引发交际方面尤为重要，课外实践性、实际语境和情境的练习是不可或缺的一项内容。

三、汉语口语教材的使用

如前所述，教材是静态的，永远会滞后于生活口语，那么对教师而言，对教材的使用就不仅仅是因循教材，而是要创造性地利用教材。广义的教材不是单纯的一本书，而是应该扩充为"书面材料+教师设计+各种外部手段+即兴内容"这样一种混合型教材。教师是教材的再创造者，教材的构成也不再是一成不变的，应该是一种建立在循序渐进的词汇、语法、综合知识基础上以及经过心理测试的步骤后形成的可以自由搭配、组合、修正以及与实践紧密结合的书面材料。

理论上来说，对口语教材的使用应该根据不同的学习者兴趣、特点和需求来有针对性地选择，但是受到教学条件的限制，我们在教学中对教材选择通常比较单一，经常是多个班级、不同年级沿用同一种教材，而无法实现使用个性化的定制教材。但是同一本教材，不同的教师进行不同的处理加工，仍然可以达到理想的教学目标，这就是创造性地使用教材。要做到这一点，就要遵守两条原则：一是"信奉而不唯是"，二是"遵循而有所立"。前者是对教材的态度，教材都是经过有经验的编写者认真钻研的成果，具有很强的科学性，是教学的有效载体，应该尊重教材，但要根据实际情况对教材有选择地处理、改进、调整、重组。后者是处理教材的行为，是指在用教材作为培养学生的工具时，要结合社会、学校、学生的情况而有所补充、丰富和创新。

  这对于口语课这种实践性很强的课型来说更为重要。具体来说，就是根据教师自身对口语教材的理解，以及所具备的教学理念、风格和经验、现有的教学条件等适当处理教材，扩展教材，教学课前的教学设计是对教材的处理加工过程，但是是对静态教材的处理，只是对教学现实的预计和构想，有很强的主观性。而在教学现实中，往往会出现预想之外的许多事件和问题。此时，教师若不根据教学情境而灵活处理教材，就很难实现既定的教学目标。当教学情境发生偏差时，应在以鼓励学生积极性的前提下灵活调整。要用问题引导学生向教材意图靠近，为学生创造良好的学习情境。教师对教材的加工没有固定的模式，因时而异，因生而异，同时要有利于发挥教师自身的优势，比如生词教学，教材的生词表是静态的，不同的教师可根据自己的经验通过不同的方法展示生词，有的习惯按照语法功能对生词进行分类教学，有的教师习惯按照语义聚合对生词进行分类教学，有的则习惯按照功能项目编排生词展示。再比如，内容再丰富的教材，也无法囊括各种教学信息，教师应该充分利用教学环境来辅助教材，对教材内容进行图像、工具、视频等全方位的补充。教材并不是知识的唯一源泉，依据教学环境确定教材的取舍是非常重要的，环境涉及学生所在的社区、学校、教室、家庭等多种因素。我们在口语教学中反复强调交际性，交际化的课堂背景、互动性的教学过程将成为最有效的口语课教学模式，它能有效地引导和刺激学生，让其做出正向反馈，形成师生之间的一种良性对接。要实现这一点，首先要对教材进行创造性使用，降低它的主导作用，将其演化成一种组织课堂教学的框架。总的来说，教师要尽力成为教材的第二作者，无论词汇还是语法，尽量地和特定情景相结合，淡化教材中落后的、与实际生活脱节的内容，补充和强化新语言点，多提供功能性强的句子，多提供能够使学生自然地使用所学新知识的机会。

思考和练习六

1. 初级、中级、高级口语课各有什么教学内容？在教学中各有什么侧重点？
2. 结合具体的例子说明口语课教学有哪些常见的教学方法。
3. 阐释初中级口语课教学能力培养的目标。
4. 谈谈语篇能力在高级口语课教学中的地位和重要性。
5. 选取课文编写一个初级口语课教案。
6. 选取课文编写一个中级口语课教案。

第七章 阅读课教学

第一节 阅读教学相关研究概述

一、阅读理解相关理论

关于阅读,有诸多定义,主要观点为阅读是一个复杂的生理和心理活动的过程,是一个主要通过视觉从文字材料中提取、建构意义的认知过程。为了研究阅读的过程和内在的运作方式,专家们提出了多种理论与模式,对阅读的有效程序、阅读的方式、影响阅读的因素和阅读图式的构建等内容进行了大量的研究。

1. 阅读过程

阅读是人类社会的一项重要活动,是从书面材料中获取信息并影响读者非智力因素的过程,其目的在于理解阅读材料的内容和意义。为了实现这一目的,读者要利用人脑中存储的知识经验对当前材料进行正确的感知,通过联想、预测、推理等思维活动,最终获得意义建构。可见,阅读是一个复杂的认知过程。一般认为,阅读理解过程从认知学的角度可以分为三个层次:① 表层理解。表层理解亦即字面理解,主要是指读者可以理解文章的字词和句型,能概括文章大意,把握主要细节,对事件发生的时间、地点、顺序、人物特性等有所把握。没有一定数量的词汇和一定程度的语法知识,读者无法进行阅读活动。② 深层理解。深层理解指读者利用作者传递的信息,凭借自己的社会背景知识、生活经验进一步理解和吸收文章中没有明确表述的、却又与主题有联系的思想与信息,比如根据字面意思推断出作者的意图和观点等。③ 批判和审美层次。这个层次包括读者根据自己的想法对文章的思想观点进行分析和评价以及读者对文章的写作技巧、艺术水平等的美学感悟。

表层理解依靠读者的语言知识就可以完成,深层理解要依靠读者的语言能力和阅读技巧来完成。批判和审美层次属于理解的最高境界,这个层次上的理解不局限于句子内部,实际上是读者与作者的观点交融的过程,属于深层理解,而且这种理解往往具有主观性。在实际阅读中,对阅读材料的评价和欣赏是非常重要的能力。

2. 自下而上模式(Bottom-up Mode)

此模式由高夫(Gough)提出,认为读者阅读开始于字母辨识,将线性的字母转换成音位系统,再在心理词典的帮助下进行词语识别,转换成意义。接着注视下一个单词,以同样的方式进行词语识别,直到完成对句子所有单词的识别。此后,句法和语义规则共同发生作用,获得句子的意义。也就是,阅读按照一个线性顺序传递:字母→单词→词组→短语→句子→段落→语篇。此模式强调语言基本知识的重要性,如果没有一定的字词识别能力和词汇量,阅读就无法进行。对于初级阶段的汉语学习者来说,阅读教学的内容重点应该在训练学生识字、辨字、认读字、词、词组的能力,以及对汉语的字义、词义、句义、段落、篇章大意的理解能力上,而不是阅读微技能的训练。

3. 自上而下模式(Top-down Mode)

此模式由古德曼(Goodman)提出,强调读者的知识背景在阅读过程中有重要作用。他认为,阅读过程是一种在每一个认知层次上都发生的推测和验证相互交替的过程,在这个过程中读者遵循的是自上而下的模式。读者凭已有的经验进行阅读,阅读前或者阅读中不断产生对文本的假设,然后在文章中寻求证据对这些假设进行证实,因而不必对每一个单词都认真阅读并找出语义解释。在这种模式中,对读者而言,背景知识、内容等比词汇重要。这个模式在阅读教学中产生了很大的影响。此前,阅读被认为是逐字逐句进行的。古德曼提供了一个全新的模式,强调背景知识在阅读中的重要作用,促进了快速阅读的研究,推动了阅读教学的盛行。这个模式在对外汉语阅读教学中也有很大的影响,主要表现为对快速阅读训练的推崇。然而,对于第二语言学习者来说,快速阅读虽然需要,但阅读更主要的目的应该是对语言知识的学习和积累。快速阅读训练不宜占据特别重要的地位。

4. 交互模式(Interactive Mode)

此模式由鲁梅尔哈特(Rumelhart)提出,认为阅读是自下而上与自上而下相互作用的过程。阅读从对视觉符号的加工开始,但一旦信号被断定为可识别,自上而下的模式就开始工作。信息传递双向进行,两种策略交替使用。文字、词汇、句法、语义等各种信息,读者已有的知识结构和阅读习惯,都会制约、影响阅读对文本的理解。总之,一切因素都被读者用来协调阅读理解过程。交互模式说影响很大,之后的图式理论便是在这种模式的基础上发展起来的。这个模式对二语学习者的语言能力和文化背景知识的要求都比较高。

5. 图式理论(Schema Theory)

在当前的对外汉语阅读教学理论研究中,图式理论是最为主要的理论依据之一。图式是认知心理学术语,指人脑中已经存在的知识系统。当人遇到新事物的时候,只有把它们跟已有的知识系统(图式)联系起来,才能理解这些新事物。在图式理论对阅读的阐述中,阅读者的阅读能力主要由三种图式决定:语言图式、内容图式和结构图式。语言图式是指读者对构成阅读材料的语言的掌握程度;内容图式是指读者对文章主题以及背景知识的熟悉程度;结构图式是指读者对文章体裁特点、逻辑结构、修辞方法的了解程度。在阅读过程中,读者对文章信息进行加工、筛选、编码,使之与头脑中已经储存的知识相互联系和重新组织,不断构建新的图式。有效的阅读理解过程是一个读者头脑中的相关图式不断被激活、充实,并形成新图式的心理语言过程。在阅读过程中,读者依靠图式这种预测作用进行推理,以添补语篇信息本身的某些空白,进而达到对语篇的理解。二语学习中涉及的一些跨文化理解障碍,可解释为相关图式的缺失。而在二语阅读中如何快速正确地形成新的图式,则是阅读教学研究一直探究的方向。

二、外语阅读与母语阅读

阅读是全人类共同的认知活动,因此外语阅读和母语阅读具有相似的认知过程和一些相同的阅读策略。但是,外语阅读毕竟有别于母语阅读,其不同点主要表现在以下几个方面:

1. 知识背景不同

外语阅读者与母语阅读者具有的文化知识不同:母语阅读者从小生活在母语文化氛围中,已经具有丰富的母语文化背景知识,母语阅读过程中可以自然而然地利用已有的背景知识来帮助理解,降低阅读难度。但是,外语阅读者接触的是其他文化背景下的语言文字,这种文化背景与自身的文化背景有距离,有差异,甚至可能有冲突,原有的母语文化知识无法帮助理解(甚至可能起反作用),阅读难度较高。

2. 阅读目的不同

外语阅读主要为获取外语文化知识和外语语言知识,通过阅读来培养外语意识和外语能力。而日常生活中的大多数母语阅读以消遣为主,以学习为辅:如阅读报纸常常是为了了解相关信息，阅读小说、散文是为了休息、娱乐，而以学习为专门目的的阅读较少，专门学习语言知识的阅读则更少。

3. 生词比例不同

外语阅读者和母语阅读者在词汇量的掌握上，一般会有很大的差距。同样的一篇文章，对于母语阅读者来说，很少遇到生词，词汇理解不是阅读的难点；而对于外语学习者来说，生词比例则要高出很多，词汇问题可能成为影响阅读理解的主要问题。

4. 文字书写系统不同

人类记录语言的文字系统通常分为表音和表意两大类。表音文字的字形和读音联系紧密，看到文字就能读出语音。汉语是表意文字，字形和语音关联不紧密，降低了语音的促进作用。世界上大多数语言为表音文字，这种差异使汉语阅读与不少学习者的母语阅读有很大不同。此外，表音文字分词书写，识别容易，而汉字紧密排列，一个字可能是一个语素，也可能是一个词，还可能连语素也不是，这增加了字词识别和切分的难度。有研究认为（吴门吉，2005），有无汉字背景显著影响汉语学习者的阅读能力发展，"欧美学生的汉语阅读必须跨越汉字、汉语双重'门槛'；韩国学生的汉字、汉语'门槛'都较欧美学生低；日本学生没有'汉字门槛'，但需要跨越'语言门槛'"。

5. 阅读环境不同

人们在日常生活的任何时间、地点都可以接触到母语文字材料，进行阅读。而外语阅读很多不是在母语环境中，无法随时随地接触外语，或者即使在目的语环境中，由于目的语水平和能力还处于较低水平，无法随时随地进行阅读，因此外语阅读以课堂阅读为主。

三、外语阅读教学的目标和任务

阅读是提高语言水平的重要途径。通过大量、科学的阅读，阅读者的词汇量、对难句和语篇的理解能力都会大大增加。第二语言学习更是如此，只有通过大量的阅读才能使学过的字、词和语法得到巩固，也才能接触并尽可能吸收新的字、词和语法，同时学习有关的文化知识。因此，在外语教学中，对学习者进行阅读训练，培养阅读理解能力，从而提高语言综合运用能力是教学的一个重要内容。关于阅读教学的目标和任务，不同学者从不同角度进行了研究，所得的结论如下。

1. 巩固所学知识，形成目的语语感

外语阅读教学的首要目标，就是通过阅读训练，帮助学习者掌握目的语知识，全面提高目的语交际能力。

外语阅读教学一般分精读和泛读两个部分。精读主要学习语音、词汇、语法等系统知识,通常结合课文,对这些知识进行较为细致的讲解。但是,由于精读课讲解内容较多,课文有限,对精读课上学到的语言点,学习者训练、巩固的机会较少。而以泛读为主的阅读课恰恰可以弥补这个缺憾。阅读课可以提供大量的语言材料,让学生在阅读中复习、巩固在精读课或其他课型中学到的语言知识。同时,也可以通过阅读,学习一些新的语言知识。由于阅读的语料很多,可以为词语和句子提供适合的、多样化的语境。学习者可以在大量阅读中有意或无意地习得、巩固语言知识。

阅读课不但阅读量大,而且课文往往比较注重应用性和趣味性,难度比精读课低,有利于激发学习者的积极性。因此,在阅读课中,学习者不但可以更有效地理解和掌握语言知识,而且比较容易在大量实用、有趣的阅读中自然形成目的语语感。

2. 扩展词汇量

在语言学习中,词汇量是起决定作用的因素。阅读教学以培养学生的阅读能力为教学目的,而阅读能力是建立在词汇学习的基础之上的。根据 Nation 和 Coady 对母语学习者的实验研究,影响阅读理解能力的众多因素包括词汇量、学习者的图式背景以及运用这种图式背景的能力、学习者的猜词技能、对阅读材料非重要部分的忽略能力,等等。但是,词汇量是唯一一个与其他因素都相关的因素(Nation,2004)。可以这样理解,在阅读中,其他微技能的培养都是建立在一定的词汇量基础之上的。提高阅读理解能力,首先必须增加词汇量。因此,在阅读教学中帮助学习者巩固、扩展词汇量应该是一项贯穿阅读教学始终的重要教学任务。

而同时,阅读能有效扩展词汇量。母语学习和二语学习的研究都证明:大量的阅读是扩大词汇的有效途径。阅读中的词汇主要是通过伴随性习得,即学习者在阅读时,注意力主要集中于意义理解,而不是学习新词语。当阅读者在阅读中遇到不熟悉的单词时,他会通过猜测词义或其他方法获知词义。单词出现一次可能没被记住,但反复出现就会加大记忆的可能性。阅读一篇文章后记住的单词很少,但如果经常阅读,累计的数量就相当可观。

词汇学习是阅读教学的重要部分。阅读课出现的生词,大部分应该是接受性的,只要理解即可;只有小部分是实用性的,要求学习者可以用口头或书面方式生成。学习者在阅读课上学习并理解的,绝大部分应该是实词。

3. 培养阅读技能

阅读技能的训练和培养,是外语阅读教学的主要内容。

所谓阅读技能,不但包括阅读理解能力,比如根据多种线索理解生词的意义、理解难句、准确找出主题句、根据连接词等明确逻辑关系等,而且也包括快速阅读能力。仅仅掌握阅读理解能力并不意味着完全具备了阅读能力。人们进行阅读往往有不同的目的,目的不同,阅读方法也往往不同。例如:为了完全掌握阅读材料的内容,需要仔细阅读,而只是为了消遣或查找资料等,则可以粗读或跳读,也就是通常所说的快速阅读。快速阅读不仅需要必要的阅读理解能力,也需要一定的阅读技巧,包括根据不同的阅读目的采用不同的阅读方法的技巧,以及抓主要内容和重要信息,忽略冗余信息和不重要信息,通过各种线索预测后面内容等快速阅读技能。

第二节 阅读技能训练的内容和方式

《高等学校外国留学生汉语教学大纲(长期进修)》(2002)和《高等学校外国留学生汉语言专业教学大纲》(2002)中均明确规定,汉语阅读课是阅读技能训练课。关于阅读技能训练的内容,周小兵等(2008)、陈昌来(2009)等均有总结,主要有猜词技能、理解长句和难句技能、寻找主要观点和主要细节技能、预测技能、快速阅读技能等。

一、猜词技能

猜词是较为有效的一种阅读策略。阅读者在阅读中遇到生词时,可能跳过去,也可能通过各种方式进行查询,但更多的时候,可能使用自己掌握的文字学、词汇学、语法结构等语言知识及其他背景知识,通过生词的构成和上下文来猜测词义。

阅读研究成果指出,有的猜词策略是学习者天生就会的,如利用已有的背景知识等,但有的策略却需要通过一定的训练才能形成。外语阅读面对的是不同的文字书写系统,特别由于汉语文字系统的特殊性,对于将汉语作为第二语言的学习者来说,猜词技能的训练尤为重要。汉语阅读中常见的猜词技能训练如下。

1. 利用汉字造字法猜测字、词的意义

汉语中的一个音节在书面上往往就是一个汉字。汉字虽多,但组成汉字的部件是有限的,利用汉字本身的造字特点,可以训练学生猜测汉字的能力。在现代汉字中,形声字占了绝大多数。形声字一般形旁在左,声旁在右,形旁表示字的意义,声旁表示字的读音。教师把形声字的造字法介绍给学生,学生就可以利用形声字的表意性质在上下文中去猜测不熟悉的字、词的意义大致与什么相关。

在教学中,首先要让学生对汉字常见声旁、形旁及其表示的意义有较完整的认识。这个部分可以分两次完成。先进行声旁训练,让学生通过声旁认读不认识的汉字;再进行形旁的学习,主要介绍不同形旁代表的意义,训练学习者利用形旁猜测词义。简单介绍后,就可以给出一些典型的形声字,鼓励学生大胆认读、猜测。这部分需要注意的是意义接近的偏旁,比如两点水和三点水,言字旁和口字旁,学生容易混淆,在教学中要详细讲解。

2. 利用合成构词法猜测词的意义

综合课教学部分已提及,现代汉语的词分两类:单纯词和合成词。合成词在现代汉语词汇中占比很大,由两个不同的单音节语素构成的双音节合成词是现代汉语的主要形式,占了汉语词汇的80%以上。双音节合成词的构词方式规律性很强,主要有联合式、偏正式、述宾式、补充式和主谓式。了解了这些构词方式,学习者可以根据合成词中一个语素的意思来推测整个词的意思,以解除学习者阅读时的部分障碍。同时,由于汉语合成词的组合原则与汉语词组的组合原则基本一致,了解合成词的构词原则对留学生学习词汇和提高汉语的理解能力都有很大的帮助。

在教学中,首先可以通过扩展语素和归纳语素这样的练习,让学生对语素和合成词有一个初步的概念。比如"球"可以扩展出"足球、篮球、羽毛球"等,"歌星、影星、球星、明星"可以归纳出"星"的含义等。在掌握了一定的词汇量以后,就可以鼓励学生利用已学的语素意义大胆猜测。引导学生在看到一个不认识的合成词时,先把词拆成语素并辨析结构,然后根据语素意义和词的构成结构来猜测整个词的大概意思。针对学生的学习情况,等学生能够熟练运用语素和构词法猜词后,还可以将猜词训练扩展到成语和词组学习中。

3. 利用上下文同义、近义、反义词互释来推测词语的意思

在目标词的前后常常有意义相同、相近或相反的词出现,这些词语其实已经解释了目标词的意思,与目标词互相解释、互为说明,如果知道这些词语的意思就可以大致猜到目标词的意思。如:

这种饭馆便宜、<u>实惠</u>,是留学生最喜欢去的地方。(便宜→实惠)

东方人说话常常比较<u>委婉</u>,但西方人比较直接。(直接→委婉)

在训练过程中,要提醒学生学会抓住同义、反义的标志词,理清句子逻辑上的关系。

4. 通过上下文线索猜词

上下文线索主要有两种,一是句法关系线索,一是语义关系线索。句法关系如:

她穿着_____。谓语动词"穿"后只能是鞋服,不可能是其他东西。

_____飞了。谓语动词"飞"前的主语只能是鸟类或飞机等飞行物。

他在<u>博物馆</u>上书法课。学生如果不认识"博物馆",通过介词"在",大致可以推测出"博物馆"是一个地方。

人们在使用语言时,前后的句子不是孤立的,意义上存在着某种联系,如难度高的词语

前后总会有一些简单的句子来解释这个难词的意思,这样的解释可以降低理解难度,也可以通过语义重复来达到强调的作用。通过前后句子的意思,就可以推测出生词的大意。如:

我感到很迷惑,不明白他为什么要这么做。目标词后面的句子直接解释了目标词的意思。

好久没有吃辣的了,今天吃了顿四川火锅,真过瘾。通过前面句子的描述,读者大概能了解目标词的意思。

他的英语真差劲,中国人听不懂,外国人也听不懂。

人们使用语言时,也常常会用一些意义上对立的句子。通过这种对立关系,读者只要看懂了其中一个句子的意思,就有可能猜出另一个句子的意思。如:

他是一个很慷慨的人,不像他爸爸那么小气。

通过语义线索猜测词语时,要关注标志词。如表示同义关系的标志词有:"就像……一样"、"也就是说……"、"……就是……"等;表示对立、相反语义关系的标志词有:"但是"、"其实"、"实际上"等。

利用上下文猜词,已经不限于句子之内,而是要从几个句子、从篇章的角度来考虑,而且常常句法线索和语义线索同时呈现,学生掌握起来比较难。这种情况下教师应该本着先易后难的原则,从简单的、有标志词的句子开始训练,并要求学生在阅读时把标志词画出来,提醒自己。

二、理解长句和难句技能

二语学习者在看到一个带有不少生词的长句时,往往会觉得头疼,认为必须把每一个生词都查字典弄明白后才能继续读下去。但是,母语阅读的经验告诉我们,文章中其实有不少冗余信息,读者并不需要读懂每一个字的意思才能理解文章讲什么。因此,在句子很长、修饰成分很多,且修饰成分中有很多不熟悉的词语的情况下,训练学生压缩句子中不重要的词语和句子成分,抓住句子主干,化繁为简,使句子的脉络和关系更加清晰,有助于学生理解句子的主要意思,并提高阅读速度。如:

苏州的秋天空气清新,阳光灿烂,气温适宜,食物丰富,风景秀丽,是一年中最好的季节。

在北京,他游览了故宫、长城、十三陵、天坛、颐和园、圆明园等名胜古迹。

李时珍不喜欢当官,喜爱医学。他向父亲表示要行医的不可动摇的决心,说:"身如逆流船,心比铁石坚。望父全儿志,至死不怕难。"父亲只好同意。

第一句话中用很多并列的近义词组来描述苏州的秋天之美,略去不影响整个句子的意思;第二句的举例部分叙述细节,如果提问没有涉及,阅读时完全可以跳过;第三句引用古诗词来说明李时珍不可动摇的决心,只是为了增加文章的文学色彩,懂不懂都没关系。这些都是在阅读时可以略去的部分。

在教学中要告诉学生,当看到一连串的近义词时,找一个最简单、自己把握最大的来看,其他即可跳过;看到列举性的或举例性的句子,特别是句子里有"比如、例如"等字眼的,后面的例子都可不看;看到"俗话说"等表示引用的词语或者引用他人言语的引号("……")时,就可以考虑跳过引用的词语或句子。

还有一些有复杂成分的句子。例如:

售货员是一个圆圆脸儿、大眼睛、长头发、声音甜美、热情待客的年轻姑娘。

在世界各国人民的热心帮助下,在全国各地的大力支持下,遭受百年不遇强烈地震的四川汶川灾区人民顽强地度过了灾后最艰难的日子。

这两个句子有复杂的定语或状语,可通过提问的方式让学生找出句子的主语、谓语、宾语,然后告诉学生,阅读时那些复杂的修饰成分都可以跳过。

三、寻找主要观点和主要细节的技能

1. 寻找主要观点

人们阅读文章的最终目的是了解作者的思想和观点。在二语学习中,常常通过考查抓主要观点来考查学习者的阅读水平。HSK 阅读考试中,常用三种题目来考查学习者对文章主旨的归纳:① 主题问题:这篇文章的主题是什么? 主要内容是什么? ② 标题问题:请给这篇文章一个合适的标题。③ 意图问题:作者为什么写这篇文章? 作者写这篇文章的意图是什么?

在阅读中,可以通过寻找主题词和主题句的方法来确定文章的主要观点。主题词就是作者关注的重点,一般会在文章中或练习中多次出现;如果文章有标题,则标题一般就是文章的主题,其中包含主题词。主题句简明扼要地表达主要观点或文章的主要内容,一般出现在文章开头或结尾部分,或者首尾呼应。议论文和说明文主题句常常比较明显,而在叙述性的作品中,主题句有时蕴含于文章中,需要读者去总结归纳。

寻找文段的主要观点是篇章理解的重要内容,不仅要读懂字、词、句,还要求更高层次的理解,因此难度比较大。在教学中,可以从标志明显的文章开始,如在表示举例的"比如"、"例如"等之前表示总括的句子常常是主题句,在表示归纳总结的词语"总而言之"、"总之"、"所以"、"因此"等之后的句子也常常是主题句。然后再做主题句在文章中间的练习,最后引导学生利用主题词自己归纳主题句。

2. 寻找主要细节

文章中用来证明主要观点的一切事物都可以看作是细节,有的细节是句子,有的则是词

语或词组。我们说的主要细节,指的是回答问题需要的细节。在阅读测试中,除了关于主题的题目外,最常见的就是针对文中细节的题目。每篇文章中都会出现不同的细节,任何事物都可以作为一个细节出现在任何一篇文章中,细节在文章中纷繁多样。快速找到需要的细节,是阅读必备的技能。

寻找细节训练可以这样进行:首先找到主题句或主要观点,那么与主题相对的部分就是细节部分。然后分析细节支持主要观点的模式,如空间关系是如何描述的,事件过程按什么时间顺序,说明用的是举例、分类还是比较,细节和主题之间是因果关系还是分析和定义关系等。这一部分可以结合关联词语来分析。一篇文章往往有很多各种细节,在寻找细节的过程中,要让学生养成对重要细节做标记的习惯,这样有助于记忆,可以在回答问题时迅速找到需要的细节。

四、预测技能

预测也叫预期推理。在阅读中,阅读者常常根据自己掌握的知识,通过上文,对下文将要出现的内容进行推理。在阅读中,预测可以帮助读者保持理解的连贯,降低阅读难度。我们在二语阅读中都有这样的经验,当下文跟预测一致时,即使有生僻的词语,也不会影响我们对文章的理解;而如果阅读同预测相矛盾,则阅读花费的时间会更长。同时,由于预测是读者主动性的体现,因此也可以给阅读带来乐趣。

阅读中的预期推理有两种类型,即基于句法语义的预期推理和基于世界知识的预期推理(崔耀、陈永明,1996)。

基于句法语义的预测,如:

一般是我的妻子为全家人买牙膏。可是现在,我_____。读到"可是现在",就可以推测后面大概是我要去买牙膏了。这主要是根据表示转折的关联词语可以预测后一分句的内容跟前面相对。阅读中,通过关联词语,读者可以对句子的逻辑走向进行预测。

当句子之间没有关联词连接时,句子往往是靠语义上的意合组合起来的。这时的预测建立在对语义内容的理解上,如果能把握内容上的关联,就可以进行预测。如:一位大学教授告诉我,他每次遇到压力和困难时,就放开一切,去看场电影,"我选择一部特别伤感的片子,大哭一场"。一位有三个孩子的年轻母亲,也用同样的办法。_____。上面的这段话,通过"也用同样的办法",读者可以推测到那位年轻的母亲要做什么。这是一种语义上的重复。

一些副词常表示某一类语义,因此通过副词也可以预测到这一特定的语义。如"本来"句后面的句子常常表示情况发生了变化,"其实"句表示情况跟原来以为的不一样,等等。

如:我本来是想去超市的,_____。

汉语中的并列句、排比句、对偶句等,形式固定。了解这些句子的结构特点,就可以对后面的内容进行有效预测。如:红茶以安徽省的祁红最有名,绿茶以浙江省的龙井_____,乌龙茶以福建的铁观音_____。这是一个排比句,句子格式应该相同,读者据此推测出空格里应填"最有名"。

基于世界知识的预测即在阅读的过程中,人们会根据自己的个人经历和关于世界的百科知识来进行预测。如果一个人去过黄山,当阅读到关于黄山的文章时就会比较容易;如果有关于植物的知识,读到相关的文章预测起来就会很容易。当然,如果是二语阅读,二语学习者对二语文化背景知识掌握得越多,预测起来也就越容易。

但也有很多因素会影响预测的产生。研究表明,语篇长度、语篇因果关系强度、读者的二语语言能力强弱、读者的二语背景知识多少等,都是影响因素。如语篇的因果制约因素,主要取决于提供的信息充足与否。当信息非常充足时,读者就会做出明确的预测,例如当读到"那位女演员从14楼的窗户跌了下来"时,读者会预测到明确的结果——那位女演员死了。当信息中等充足时,读者会做出笼统预测,例如当读到"那位女演员从窗户上掉下来"时,读者只能笼统地推测"那位女演员受伤了",至于具体伤到哪种程度,无法明确。心理研究认为,读者预测到某些事件或状态或故事目标,都会有助于理解故事内容(周小兵等,2008)。

在教学中,教师应引导学生根据上下文的意思、关联词语和副词等来进行预测。除此之外,还可以设计一些课堂预测的活动来锻炼学生的预测能力。当然,在进行这些活动时,要提醒学生按照二语思维表达习惯和二语文化习俗来进行。如:可以在课堂上做故事接龙练习,由一人开头后,其他同学接着往下讲。学生讲完后,老师点评,指出有哪些情节是不符合二语逻辑思维表达习惯的,有哪些地方不符合二语文化习俗等。还可以给学生一些标题,让学生预测文章可能会讲些什么内容。这样的练习穿插在阅读理解的过程中,既能提高学生的预测能力,也可以活跃课堂气氛。

五、快速阅读技能

所谓快速阅读,是指在不降低理解率的前提下,以尽可能快的速度所进行的阅读活动。在二语阅读教学中,这是一项重要的内容。以汉语为例,普通中国读者的平均阅读速度为每分钟300~500字,而在HSK的阅读要求中,初中级一般为每分钟120~150字,高级为每分钟200~250字。由此可见,学生阅读速度的提高,仍有极大的余地。

对于阅读速度的提高方式,陈贤纯(1998)提出了四点建议:缩短眼停时间、减少或杜绝眼睛的回跳、眼睛只做选择性停留、扩大视幅。

　　前面三点其实就是要改变不良的眼动习惯。第一，缩短眼停时间。如果看一行文字眼停两次，每次半秒钟，那么需要一秒钟；如果每次眼停时间是1/4秒，那么只需要1/2秒，这样速度就提高了一倍。阅读中，明确阅读目的、提高阅读熟练度、进行限时阅读，可以缩短眼停时间。第二，减少回视。初级阅读的学生常常会回过头去重读前面读过的部分，有时仅仅是为了某个字或词的理解。这种眼动不但影响阅读速度，对内容的理解也易产生负面的影响。所以，在快速阅读训练中，宁愿让学生看完所有内容再回视，也不要让学生养成在阅读中反复回视的习惯。第三，减少注视点。注视点越多，阅读速度越慢。一般来说，文章中总有不少信息是冗余信息，对于这些信息，阅读时可以有选择地跳读，只阅读跟阅读目的相关的部分，这样就可以减少注视点。如在阅读长句时，注视点只落在句子主干上，可以有效地减少注视点。

　　扩大视幅。视幅即视觉宽度，指眼球不移动时，识别汉字的视觉宽度。一般来说，识别汉字的数量多少与视幅宽窄成正比，识别汉字越多，视幅就越宽，识别汉字的数量越少，视幅就越窄。扩大视幅，就是争取在每次注视时多识别一些字、词，从而提高阅读速度。

　　初学汉语的人，由于对汉字的字形、读音、词语、句法结构等不熟悉，视幅往往很窄。眼球不动时，通常只能识别一两个汉字。这时候的阅读速度很慢，完成一个句子的阅读要花费很长时间。随着汉语水平的逐步提高，掌握了一定量的汉字、词语，熟悉了汉语句子的结构，对汉语有了一定的语感后，视幅会慢慢扩大。

　　扩大视幅不仅可以提高阅读速度，还可以提高阅读质量，减少疲劳。语言是借助于词语和句子来传情达意的，一个一个字、词地阅读，往往不利于整体意义的理解。有的句子很长，一个字一个字地阅读，读到后面，可能早已忘记前面在讲什么，更是影响阅读理解。而如果掌握了扩大视幅的阅读方法，减少眼动次数，一个意群一个意群地阅读和理解，很容易明白这个句子的意思，不会发生理解的偏差，也不容易疲劳。例如：

　　<u>过去的互联网</u>，<u>发展速度远远超过我们的想象</u>；<u>今天的互联网</u>，<u>正在改变我们的工作和生活</u>；<u>未来的互联网</u>，<u>也许更难猜想</u>。

　　意群是从语义角度来看的，因此意群的分割可大可小，我们可以按词、词组意群来分割，也可以按小句意群分割，主要视学习者语言水平的高低。将这个句子划分为六个意群，读者的眼球只需要移动六次，对整个句子的结构和语义就能很好地把握。

　　汉语跟拼音文字相比，一个显著的特点就是词与词之间没有明显的间隔，这给初学汉语者带来了分词的问题，也给他们扩大阅读视幅带来了一定的困难。在初级阅读教学中，我们要对学生进行多音节词的认读训练,也就是说,要训练学生在眼球不动的情况下,认知的是双音节词或多音节词,而不是单字。

汉语相较于其他很多语言的另一个特点是形态变化标志不明显。汉语倾向于语义表达,是"意合"的语言。在阅读训练中,可以划好意群让学生阅读,也可以让学生给句子划意群,通过这样的练习让学生养成以意群为单位的眼动习惯。

快速阅读一个最行之有效的训练方法就是限时阅读。但每篇文章的阅读时间究竟多长,教师要根据学生的阅读水平、材料难度来定。对于刚刚接触教学没有经验的老师,可以通过分析文章中的词汇量、词汇等级、语法等级,比照大纲对学生汉语水平的要求来确定阅读时间。

此外,在快速阅读的训练中还要注意纠正错误的阅读习惯。朗读、唇读、指读都是错误的阅读习惯。有些读者习惯对文字符号进行"形—音—义"的加工,也就是要把每一个字用声音读出来,或者不出声地唇读,或者要用手或笔指着阅读,才知道作者在讲什么。这样的阅读,不仅速度慢,而且对理解也没有太大的帮助。在训练中,要让学生尽量抑制发音,只要求眼睛和大脑活动,把视觉器官感知到的文字符号直接映到大脑,把"形—音—义"的加工过程缩短为"形—义"过程。刚接触二语阅读的学生尤其容易养成朗读、唇读、指读的错误习惯,教师在教学过程中一定要不断提醒这是一个坏习惯,让学生加以克服。

第三节 初级阶段的阅读教学

一、教学目标和教学内容

关于课程设置及其相关课程的目标和内容的规定,比较有影响的文献主要有国家汉办主持编写的《高等学校外国留学生汉语言专业教学大纲》(附件二,2002)和《对外汉语教学初级阶段课程规范》(王钟华主编,1999)、《对外汉语教学中高级阶段课程规范》(陈田顺主编,1999)。关于初级阅读的教学目标和教学内容,《对外汉语教学初级阶段课程规范》的描述更为具体,对初级阅读设定的目标为:

对外汉语初级阶段阅读课的任务是让学生通过视觉感知汉语的字、词、句子、段落及至篇章等书面文字材料,学会从书面文字材料中获取信息的规则和方法,掌握熟练的阅读技巧,养成良好的阅读习惯。使学生从阅读课中既能学到许多真实的语言知识和文化背景知识,又能掌握符合言语交际需要的阅读技能,从而达到使学生能够快速、熟练地阅读并准确地理解汉语书面语之目的。

教学内容受教学目标制约。《对外汉语教学初级阶段课程规范》对初级阅读课的教学内容做了非常详细的说明:语音阶段主要是训练学生识字,辨字,认读字、词、词组的能力。语法阶段可视为阅读的"起始"阶段,侧重训练学生对汉语的字义、词义、句义的理解能力。短文阶段是阅读的"提高"阶段,这一阶段则应侧重于对段落、篇章大意的理解能力及概括能力的培养和训练。培养学生的阅读理解能力是一个从低级到高级、从简单到复杂的循序渐进的专门训练过程。在这一过程中还必须使学生掌握一些必要的阅读技能,这其中包括如何猜测字义、词义,如何抓中心思想,如何找主要事实或特定细节,如何进行判断推理等,使学生逐步形成独立确定词义、诠释句义和据意推理的能力。

这是一个比较高的要求。如目标中的"快速、熟练地阅读并准确地理解书面语"既要求了理解能力,又要求了速度,对初级水平学习者来说,是很难达到的。内容中的"抓中心思想、找主要事实、进行判断推理"等阅读能力训练,也似乎有点为时尚早。

相比较而言,《高等学校外国留学生汉语言专业教学大纲》中对初级阅读课程内容的要求更为合理:教学内容是认读字、词、句,在此基础上,阅读与综合课所学语法、词汇相关的短文。短文内容包括与学生的学习、生活有关的知识、常识以及中国社会和人文方面的简单介绍。教学方法是在细读上掌握短文大意,正确理解文章中重点词语及句子的意思,逐步过渡到限时阅读。

总的来说,初级阶段阅读训练的重点是识字训练和语汇理解训练。

二、初级阶段学生的阅读障碍

谈到阅读,马上就会有两个与之相关的概念:理解和速度。很多论文都涉及了如何培养、训练阅读技能的问题,其中不乏运用图式理论研究阅读问题,强调背景知识在阅读理解中的作用。然而,初级阶段的学生因受语言的限制,根本无法利用背景知识,即使阅读前将背景知识告诉他们,作用也不大。影响他们阅读行为顺利进行的主要是目的语语言知识欠缺。此外,就阅读速度来讲,我们常常将学生阅读汉语文字材料速度缓慢的原因归咎于缺乏良好的阅读习惯或者没有掌握速读的技巧。事实上,同样是这些学生,他们在阅读母语文字材料时,完全不存在速度缓慢的问题,这说明他们并不是缺乏速读技能。可见,影响汉语阅读的障碍更多的是来自于语言本身。

在初级阶段,汉语作为外语阅读的障碍,主要有[①]:

[①] 本部分参考李晓琪主编《对外汉语阅读与写作教学》第76—78页。

1. 汉字问题

汉字形、音、义兼备,相对于拼音文字,汉语中的每个汉字都像图画,而且很多汉字字形近似,还有一字多音、多字同音现象,这给母语为拼音文字的学生认读汉字带来了很大困难。初级阶段的学生掌握的汉字数量不多,还不能利用形声的特点对接触到的汉字进行归纳记忆,而且目前大部分供零起点、初级阶段学生学习的精读教材都是遵循"随文识字"的原则编写的,汉字不是按照先易后难的学习规律出现的,这给学生认读汉字带来了难度。

2. 词语的切分问题

同使用拼音文字的欧洲语言相比,汉语词的组成单位是语素,它没有表示语法意义的附加成分,没有形态的变化,书写时字字相连,词与词之间没有间隔标志,其语法关系和意义在形式上没有任何标记,因此会使学习者在阅读过程中产生困惑。他们有时把一个词拆成一个个单字去辨认或把不属于一个词的几个汉字当作一个词去理解,按照这样的方式去阅读,虽然认识每一个汉字,却读不懂文章意思。

3. 句法结构问题

汉语属于分析型语言,词类缺少形态标志,充当的句子成分也不像印欧语那样存在一定的对应关系。因为没有格的变化,汉语语句中施受事关系的位置变化没有语法标记,而且句法结构灵活多变,这给学生寻找中心语、理解句义带来了一定的难度。例如"我吃过饭了"一句,同样是这几个词语,我们还可以换用其他格式或省略句子成分来表情达意:"饭我吃过了"、"我饭吃过了"、"我把饭吃完了"、"饭吃过了"等。

三、主要的训练方法

根据教学目标的要求及学生学习的难点,初级阅读教学采取的训练方法主要如下。

1. 组词练习

即用学过的汉字组合生成基本词和复合词,使学生养成识别词的能力和以词为单位进行阅读的能力。

2. 分词阅读练习

即在阅读句子时,在词与词之间标上记号,标明两个记号之间是一个词。目的也是使学生养成识别词和以词为单位阅读的能力。随着学生阅读能力的提高,到初级阶段后期,两个记号之间的跨度可以逐渐扩大到词组和更大的意群。

3. 朗读练习

虽然从快速阅读的角度来说,朗读是一种不好的阅读习惯。但在初级阶段,通过朗读时的停顿情况可以了解学生是否理解所读的内容。阅读训练中的朗读不是为了练习语音,因此不必在纠正发音上下功夫。以培养阅读能力为目的的朗读练习,语速要放慢,词与词之间要有停顿。随着学生语言水平的提高,两个停顿之间的距离要逐步拉长,由词到词组再到意群。

4. 组句扩词练习

即通过向学生展示由字或基本词组成的短句,让学生先朗读,然后用滚雪球的方式把句中的字和基本词扩展成复合词,使句子延长、再延长。每延长一段再朗读一次,并要求加快朗读的速度。这种练习的目的不但是为了帮助学生熟悉所学的字词,而且也是为了帮助学生抓住句子的信息焦点,并扩大阅读时的视幅。这是培养快速阅读能力的一种重要的训练方法。

四、课堂教学设计

(一)教材分析

教学材料:彭志平编著《汉语阅读教程》第一册第二十一课。

在"前言"中,编者介绍,本书的编写内容包括:生字、字—词—词组—句子、注释(有关的汉字知识介绍,集中在前四课)、课文、练习、课外练习。如此安排的理由,以及该如何教学,如下文所示。

(1)"要阅读,首先要识字。"因此,在每一课第一部分安排一定数量的汉字让学生认读。这些汉字有拼音和外文翻译,目的是帮助学生建立汉字形—音—义之间的联系。

(2)培养、训练学生认读词、词组的能力是培养阅读能力的第一步。词、词组的认读也要形—音—义结合,同时还要注意对词重音、停顿等方面的练习。

(3)学生识记汉字的困难在于对汉字字形的特点、汉字构成等没有足够的了解。因此,有必要向他们介绍一些有关汉字的知识。

(4)从第十九课开始增加了"字词句扩展练习",目的是培养学生逐步扩大视幅,为今后的阅读做准备。对课文的处理,建议老师带领学生朗读,让学生通过模仿进行语音、语调、停顿、重音等方面的练习。

(5)练习的目的是帮助学生识记汉字。

(6)课外练习,供学生复习巩固课堂所学内容用。

从"前言"可以看出,这是一本紧扣学生需求、非常适合初级阅读训练的教材。下面的问题就是应如何处理教材,以取得尽可能好的教学效果。

(二)教材处理

当代语言教学认为:"新的教学理念已不再把教材看作是教学的金科玉律,而是把它看作一种教学资源。创造性地使用教材是教师的一项基本功。"教师要根据学生的具体情况灵活处理教材,因为"无论教材有多好,都不会完全适应每一个班级、学生或老师,总会有这样那样的问题"(赵金铭,2007)。创造性地使用教材,就是教师不能拘泥于教材,而是要结合学生和教学内容的实际,对教材进行适当的处理。

对于初级阶段的学生来说,认读汉字,建立汉字形—音—义之间的联系是学生学习的一个难点。本教材把汉字的认读放在了课文的第一部分。但通读全课可以看出,生字由两部分组成,一部分生字来自课文,另一部分来自第二部分的"字—词—词组—句子"练习。为了降低学生的学习难度,可以将课文生字分成两部分来教学,而不再添加更多的生字。此外,在生字教学中要注意,阅读课的生字教学任务是"认读",学生看到汉字能读出,知道意思就可以,不必像精读课那样要求学生完全掌握。

汉字知识的介绍不单单是阅读课的教学任务,也是综合课一个重要的教学任务。上阅读课的教师要清楚学生在综合课上所学的内容,以便在阅读课上对综合课所学相关知识进行复习、巩固。如果班上学生水平较高,学有余力,可再补充一些新的内容。

本教材每课后有一个预习作业,要求学生通过查词典给生词注音的方式来预习下一课生词。这个预习任务对学生来说有一定的困难,因为学生更习惯的是通过拼音查找生词的意思。且这些词语在下一课的一开始就有拼音和解释。因此,在实际的操作中,不如直接要求学生预习课文第一部分,以减轻学生负担。

(三)教案示例

1. 教学对象

零起点开始的基础阶段海外汉语学习者。

2. 教学内容

本课程为阅读课,主要训练学生认读汉字—词—词组—句子的能力。课文由四部分组成:生字、字—词—句子练习、课文和练习。第一部分的教学主要是检查学生的预习情况;第二部分以课堂活动的方式练习词、词组和句子,扩大学生视幅;第三部分阅读由一篇会话和一篇短文组成,综合训练学生阅读理解能力;第四部分练习,对本课所学生字词进行复习、巩固。

3. 教学重点

字、词认读。

4. 教学目标

(1)能认读本课生字词并了解大概意思。

(2)能流利朗读扩展后的词组。

(3) 课文在老师领读后能马上完成文后练习。

5. 教学方法

(1) 生字词的认读一定要抓好学生的预习功课,课上以班级活动的方式对预习进行检查。生字词的意思不作细致的解释,也不讲授运用。

(2) 组词、扩展视学生水平进行,水平不高的班级可以适当减少一些,水平高的班级可以根据综合课授课内容适当增加练习量。扩展后的词组或句子要求学生在注意轻重音及停顿后快速流利地念出。

(3) 领读课文最重要的是停顿,这是为将来让学生按照意群阅读做准备。领读完后可以用口头问答的形式检查学生对文章的理解程度。如果大部分学生已理解,就让学生做文后练习;如果理解情况不是太好,可以再领读一遍。

(4) 练习部分不一定要在前面的任务都完成后再进行,可以根据课堂教学情况穿插进行。

6. 教学过程(50分钟)

(1) 检查前一课的回家作业。(5分钟)

作业一般完成在书上,教师课堂巡视完成情况,根据课堂实际进行点评。

(2) 检查预习情况。(10分钟)

A. 教师课前在黑板上写好生字和拼音或者做好PPT,让学生进行连线练习(由于生字较多,可以根据课文生词情况分两组进行)。

B. 擦掉拼音,让学生认读。

C. 找伙伴,看看哪些字可以组成词(这个步骤是检查学生是否了解生字的意思)。

(3) 字、词、词组、句子扩展。(15分钟)

这部分可以分两组进行,一组是跟课文内容有关系的,一组跟课文内容无关。先做跟课文内容无关的。

黑板上留有刚才的组词练习,教师指着生词,通过问答的形式进行扩展。例如:包裹。

师:(指着"包裹"示意全班齐读两遍。)去邮局做什么?

生:寄包裹。(教师在"包裹"前写上"寄")

师:去哪里寄包裹?

生:邮局。(教师在"寄包裹"前写出"去邮局")

师:领读或示意全班齐读。

依此扩展出更长的词组或句子。

(4) 课文阅读。(10~15分钟)

教师领读,注意停顿、重音、语气语调。这个过程中可以适当纠音。读完后根据课文提问,检查学生理解情况(提问的环节节奏可以快一点,不要给学生太长的思考时间)。之后做读后练习(读后练习让学生全部完成后再对答案,不要一题一题地对答案)。

(5) 处理练习,布置回家作业。(5~10分钟)

练习1、2可以作为预习作业,3、4为回家作业。课堂的时间讲课外练习里的偏旁组字。在卡片上写好偏旁分给学生,让他们找朋友站位组成字,还可以进一步组成词。站位的过程就是讲解结构的过程,学生须判断是左右结构还是上下结构。

7. 教学反思

本教材课文部分没有拼音,学生可能一时适应不了。刚开始时可以带着学生多读几遍课文,以后逐步减少领读次数。此外,对于前面已经学过的生字,要有计划地进行复习。

第四节 中级阶段的阅读教学

一、教学目标和教学内容

与初级相比,中级阶段的学习者已经基本掌握了初级词汇(甲、乙级词汇)、大部分基本句型,对汉语书面语已经有了一定的感知,已经具有了初步的汉语阅读能力。因此,中级汉语阅读目标有了较高的定位。《对外汉语教学中高级课程规范》指出中级阅读教学的目的是:

以言语技能训练为核心,培养留学生的交际能力,这是中高级阶段对外汉语教学的目的。具体到中级汉语阅读课,教学目的就是培养和提高留学生阅读汉语书面语的能力。它的根本任务是从阅读技能入手,通过阅读大量汉语书面语材料,在字词、句子、段落和篇章诸方面对学生进行集中的、系统的、有针对性的训练,以使他们获得能够举一反三的阅读能力。

《高等学校外国留学生汉语教学大纲(长期进修)》中的中级阅读目标是:

能基本读懂一定工作范围内的应用文、一般科普文章、新闻报道、大学入系的基础课程教材等。速度为120~150字/分钟。具有跳跃障碍、了解大意、查找信息、吸收新词语的能力。

《汉语水平等级标准与语法等级大纲》中的"三级标准",对阅读提出了更为详细的标准:

能够顺利阅读略加改动、无关键性生词和新语法点、内容及篇幅同课文类似的一般性文章,速度不低于150字/分钟,理解准确率为90%以上(即理解主要内容和基本细节)。

阅读生词不超过3%、无关键性新语法点的一般性文章和较为复杂的应用文时,速度不低于120字/分钟,理解准确率为80%以上(即能理解其主要内容)。能借助工具书阅读大学基础课教材。

能够基本读懂一定业务范围内的工作文件(如来往信函、契约、合同等)。能够阅读一般性科普文章和新闻报道文章。有相当的跳跃障碍、查询所需信息、了解内容梗概的能力。并通过大量的泛读,自然地吸收一定数量的、由已学过的语素组成的新词语。

两个大纲相比,《汉语水平等级标准与语法等级大纲》的规定更为具体,不仅区分了不同难度的文章在阅读速度和理解准确率两个方面的要求,而且对阅读的文体进行了要求(一定范围内的工作文件、一般科普文章、新闻报道),也指出了相应的阅读技能(跳跃障碍、查询信息、了解梗概、学习新词语)。

根据阅读教学的目的和中级教学的目标,《对外汉语教学中高级阶段课程规范》指出中级阅读教学内容包括:

(1)克服诵读的毛病,养成默读的习惯。默读由眼睛直接把汉字符号反映到大脑中枢,省却了从"符号—意义"的中间环节——"声音",是辨识汉字的最佳方式,并能较快地由对汉字的感知,过渡到对内容的理解,从而达到阅读速度快、理解深、记忆牢的阅读效果。

(2)培养学生掌握生字、生词的能力。学生在阅读中遇到的第一个困难是生字、生词关,应通过辨认汉字技巧和汉字构词规律的教学,进而提高阅读速度。

(3)培养学生掌握阅读长句、难句的技能,如用缩略法理解长句,根据关联词理解复句,根据句子的修辞特点、语义关系、语境理解难句。

(4)培养学生把握段落主旨、概括段落内容的能力。段落主句是表示段落中心思想的句子,常在段落的开头或结尾,抓住它,就往往抓住了段落的主旨;段落的内容常用一些表明层次和逻辑关系的提示词加以展现,因此,抓住这些词语,可以帮助理解段落的内容。

(5)培养学生掌握理解文章主题思想的能力。通过分析文章标题的教学和寻找文章主题句、主题段的训练,使学生在阅读中能较快地把握文章的中心思想。

(6)介绍与作品有关的基本知识,如作者的生平思想、文章的写作背景,适当讲授一些相关的文体知识、写作技巧及文化知识。

《对外汉语教学中高级阶段课程规范》的前五点讲的主要是阅读技能方面的内容。前两点与初级阅读差异不大,不应该是中级阅读的重点。第三点跨越初级和中级,在初级后期和中级前期都应该是训练的重点。中级主要的重点应该放在后面两点上。第六点反映出阅读技能的训练不能代替阅读教学的全部,汉语相关知识的学习在阅读课上也不能忽视。总的来说,中级阅读教学与初级阅读教学侧重点不同,初级侧重字、词、句的理解,而中级侧重于篇章理解。

二、中级阶段影响学生阅读的因素

一般认为,来自日本、韩国等汉字文化圈的学生比起来自非汉字文化圈地区的学生,其汉语阅读能力会相对比较强。但是研究发现,日韩和欧美学生在阅读技巧的掌握上差异并不大。张金桥(2007)研究发现:对初级水平的拼音文字背景留学生来说,阅读中字音发挥作用;到了中级水平,字音、字形发挥同等重要的作用。对于表意文字背景的留学生,无论是初级还是中级汉语水平,汉字的字形均发挥主要作用。因此,在中级阶段,学生的汉语阅读受到母语和汉语的共同影响。

在经过初级阶段的词语积累后,到了中级阶段,阅读的主要任务是篇章理解。汉语是一种"意合"的语言,在认知方面是"以神统形",倾向于语义的表达。汉语也是一种倾向于具象性的语言,这跟中国人的思维习惯有关系,从古至今,中国人喜欢用具体的、简单的形式来反映、表达抽象的概念和事物。如"心情"可以"整理"、"收拾","不幸"可以"告别",表示时间可以说"一眨眼的工夫"、"一顿饭的时间"、"屁股还没坐热"等。学生对这些特点理解不好的话,就会出现汉字都认识却不能理解话语真正含义的情况。

对于中级阶段学生在阅读中出现的理解性偏误,陈珺(2003)有一个研究成果。她把学生的理解性偏误分成了7个类别:

(1) 跳过或忽略整句意思的关键词而导致的偏误;
(2) 强势猜词线索干扰导致的偏误;
(3) 对一些熟语和惯用语等不理解导致的偏误;
(4) 表面词句相似甚至相同而实际的语法结构和意思不同的句型句式导致的偏误;
(5) 结构或句子关系的复杂性导致的偏误;
(6) 推断类理解性偏误;
(7) 文化差异(受母语国文化背景影响)导致的理解偏误。

偏误1、2、3、4(词句相似中的词相似)属于词汇知识层面的理解偏误,偏误4(词句相似中的句型、句式相似)、5、6属于篇章知识层面的理解偏误,偏误7属于文化背景和常识层面的理解偏误。

三、教学方法举例

中级阶段的阅读教学,主要是培养学生的阅读技能。关于阅读技能的教学方法,上节已有述及。在此主要针对学生容易出现的偏误,谈一些教学对策。

1. 关键词法

针对关键词导致的偏误,在教学中,教师要告诉学生,关键词一般都是实词,它是指某个事物、某种特征、某个动作或某种状态。介词、助词和代词不会成为关键词。可以让学生在重要的文字下面画线或标注着重号,以促使学生对重要信息更加敏感。如:

我的自行车被朋友(　　)走了,今天只好走路上班。

告诉学生这句话里的关键词是"朋友",这样就不会在空格里填"偷",而知道应该填"借"了。

在找关键词的基础上,可以进一步让学生在阅读完课文之后,根据自己的记忆,对已找出的关键词重新组合加工,总结出提要,因为这样能促使学生进行更高水平的思考,使他们重新加工和组织课文的意义,而不是从课本的现成的词句中进行抄录和省略。对于那些阅读能力较差的学生,开始的时候可以让他们看着课文写,然后逐渐脱离开教材。

2. 正确推理

推断类理解性偏误往往是因为简单寻求两句之间的关系导致的。阅读的过程一般是这样:当阅读了第一个句子后,就形成了对该句的概念。读第二个句子时,把第一个句子和第二个句子结合起来,就形成一个更复杂的概念。接下来再读第三句、第四句……最后形成一个完整的统一的认知框架。有时在阅读时,我们会发现前后句之间缺乏内在的联系,这就需要启用自己头脑中已有的知识经验来弥补,对当前句做出推理。如:

下午两点半和圆圆到火车站去接她的表妹和妹夫。他们是来旅行结婚的。咳,人家的蜜月多有意思,我们结婚那个时候……

根据这段文字,教师问学生:你认为"我们"结婚那个时候怎么样?有的学生会认为"我们"结婚那个时候也很好,因为前面有"人家的蜜月多有意思"这个句子。这是一种错误的推理,是简单地寻求两句之间的关系。教师要告诉学生回答上述问题的关键是"咳"这个词,要理解它的含义,才能做出正确的推理。

这类题目教师一定要注意解释的方式,方式不当,往往越解释学生越糊涂。教师应尽量从文中找到关键的能够传达出这些言外之意的词或标点符号,以形式化的标志来帮助学生理解。另外在选项中,有时几个答案都是符合常理、说得通的,这时要提醒学生不要以自己的理解来代替文章中的表述,必须按照文章内容来选择。

3. 自我提问法

这个方法主要是训练由学生在阅读中向自己提出一些促进新旧知识联系的问题。平时在课堂上多是教师提出问题,让学生来回答,以检验学生是否理解了课文的内容。这时,学生处于一种被动的学习状态。如果能训练学生一边阅读一边向自己提问,变被动为主动,则会有助于从字面意义的加工深入到语义的加工,使学生能积极地监控自己的阅读活动。如:

一位农民在外地工作,乘车回自己的老家。到了离家50多里的地方,他突然感到自己身体病了,发烧、咳嗽。从新闻中,他看到过,这可能是一种不能治的传染病,心里便是一惊。

他想,如果真是那种病,那么一车的人就会被感染。他让司机把车停下来,自己走下车,慢慢走回家。

那几十里路,他走了很长时间。到了村口,真想回家喝一碗凉茶,马上见到他的妻子和老父亲。但他却停止了脚步。他怕自己的病,传给亲人和乡里人。

他就站在村口,大声叫着妻子的名字。他的妻子听到,来了。他让妻子给他一碗水,放在村口的一块大石头上,然后让妻子走远些,不要离自己太近。

水喝完了,他对妻子说:"把父亲叫来。"妻子就把他的老父亲叫来了。他跪下,朝老父亲磕了一个头,说:"孩儿可能得了不好的病,这就上医院去,您老人家多保重。"说完,他在老父亲和妻子的眼泪中独自去了医院。

在阅读时,当读完第一段后,教师可以向学生提一个问题:这个农民会怎么办?这时学生很可能会凭自己已有的经验进行猜测:让司机开车去医院、打120电话等。接下来,教师让学生继续看下面的文章。当阅读完后,老师再问一个问题:为什么题目是"大爱农民"?然后师生一起来回答这个问题。

这种提问题的方法可以从一开始的老师提,到学生互相提,最后使学生养成自我提问的习惯。

四、课堂教学设计

(一)教材分析

教学材料:《发展汉语·中级阅读》(Ⅰ)第三课。

本教材每一课有5篇短文(复习课为7课)。这些短文有具体的阅读要求,分为细读、通读、略读和查读。细读要求学生从文章整体到局部细节,从词句意义到逻辑关系,都要读懂。不但要理解字面意义,而且要学会推测、判断。细读一般不刻意限制阅读时间。通读、略读和查读都是限时阅读,具体要求通过文后的练习很好地体现了出来。略读和查读提供了参考时间,通读没有阅读时间,需要教师灵活处理。

课文题材比较广泛,涉及的领域比较多样,以反映当代中国社会现实生活为主,也有一些历史文化艺术方面的内容。语体风格也尽量追求多样,以便于学习者广泛接触汉语书面材料。最大亮点是每课最后一篇文章为"实用阅读",跟留学生在中国的生活息息相关,通过学习这些文章,可以使学生在中国的生活更加自由、自主,从而真正提高其言语交际技能。

课文都较简短。经过改写,生词控制得比较好,句式长短、内容复杂程度等也较老版本有所改变,明显降低了阅读难度,可以使学习者的阅读过程更加轻松愉悦。

练习是本教材的一个亮点。每课练习形式多样,基本能体现阅读要求。虽然本教材没有在每一课明确技能训练的内容,但教师在备课时可以通过练习来确定教授内容。

(二)教材处理

(1)本教材没有在每一课明确训练哪些阅读技能,这就需要教师根据课文和课后练习自己提炼,且需要对一学期所要训练的技能有个整体的教学安排,而不是兴之所至,想到哪儿讲到哪儿。

(2)规定细读的文章后均有表达性练习,一般要求口头表达。这个练习应根据学生和课堂实际情况灵活掌握,可以口头完成,也可以笔头完成。另外,表达性练习往往要求对文章有全方位的把握,最好放在客观题后面进行,而不是像课本那样放在第一题进行。

(3)本教材编者不主张预习生词和课文内容,但对于有些文章,比如关于中国国画、节气等的文章,学生头脑中可能根本没有任何图式可以利用,阅读时会有一定的难度。教师可以在前一课快结束时做一些介绍,或者布置学生去做一些相关的预习。

(三)教案示例

1. 教学对象

具有中级汉语入门水平,大致掌握2000~2500个常用词的汉语学习者。

2. 教学内容

引导学生完成5篇文章的阅读及文后练习。在文章的阅读前,可以适当介绍一下细读课文的背景,简单介绍新闻体的文体结构以及年画的相关知识。

本课技能训练的主要内容为抓标志词。

3. 教学目标

(1)通过阅读不同题材、体裁和风格的语言材料,提高辨词识句能力和语段语篇理解能力。本课主要是通过辨识关联词语提高语段理解的能力。

(2)通过技能训练,教会学生寻找、标注课文标志词并对下文进行适当推理。

4. 教学方法

(1)学生阅读实践与教师技能讲解相结合。可以在完成一篇文章的阅读后进行相关技能讲解,然后让学生运用刚刚学习的技能进行第二篇文章的阅读。

(2) 独立阅读与分组阅读相结合。有些表达练习相对较难,可以分组进行阅读,让同一小组的同学在阅读的过程中互相提问,共同完成表达练习,然后派代表完成口头表达。

(3) 文后练习与文前练习相结合。根据课文内容和阅读要求,有些文后练习可以让学生先看,带着问题进行阅读,以提高阅读速度。

5. 教学过程(90分钟)

(1) 细读文章。(30分钟)

A. 文章背景介绍:在2003年的春天,SARS病毒在中国的一些城市流行。由于当时还没有找到治疗这个病的药,染上这个病毒的人都非常害怕。这篇文章讲的就是当时发生的一个真实的事情。

B. 老师朗读,带领学生一起看完第一段后让学生合上书,问:你们猜,这个农民下面会做什么?让学生发言讨论后继续阅读,完成文后练习二、三。

C. 老师问:为什么说这个人是懂得大爱的人?学生讨论后教师总结,在黑板上列出原因。

D. 做练习一,让学生根据黑板上列出的原因重述文章内容(教师可以在原因的前后标出关联词语以给学生更多的提示)。

E. 根据练习和黑板上的关联词语讲解什么是标志词,指出本文出现的这些关联词语是标志词的一种。这些关联词语综合课上应该已经讲过,在这儿老师可以从阅读理解的角度进行补充:"如果"后面的事情肯定是和句面意思相反的或不能确定的;"但是"表示转折,句子的语义重心在"但是"后;"然后"表示接着做,前后句子的主语是一致的;"令人高兴的是"表示结果和原先想的不一样,出现了一个好的结果。最后要告诉学生,很多关联词语是成对出现的,看到一个关联词语应该试着找找前后有没有对应的词语。

(2) 通读文章1。(20分钟)

A. 先分组,让学生根据自己的经验做练习三,做完后再去阅读,看看自己的经验与文章内容是否一致。

B. 做练习一,完成后教师讲解。

C. 教师列出问题,学生带着问题再看一遍文章。问题为:为什么有些人朋友很少?什么样的人是不会说话的人?怎么样可以成为一个被人喜欢的人?

D. 回答问题,做练习二。

(3) 通读文章2。(15分钟)

A. 导入:大家有在网上学习的经历吗?你觉得网上学习怎么样?如果网上可以学习汉语,你会上网去学习吗?

B. 学生开始阅读并完成文后练习。

C. 简单介绍新闻体的格式。

(4) 略读文章。(10分钟)

A. 导入:PPT简单介绍中国年画。

B. 要求学生先看后面练习,然后根据问题在文章中找出答案(同时要告知学生,这篇文章须在7分钟内完成)。

(5) 实用阅读。(7分钟)

A. 导入:PPT展示霞云的图片。

B. 文章评价:这是一篇关于自然现象的文章,另外后面有关于中国古人的介绍,可能内容会有点难,但是大家不要害怕,只要在文章中找到答案就可以了,不必完全理解整篇文章。

C. 要求学生根据问题去文章中找答案并填在空格上(告知限时7分钟)。

(6) 课堂总结。(5分钟)

A. 解答学生疑问。

B. 回顾本课的重点和难点,针对学生偏误,适当讲解和强调。

(7) 布置回家作业。(3分钟)

6. 教学反思

(1) 由于课堂时间紧张,课文生词没有在课堂讲解,应提醒学生注重课后查字典,弄清楚课堂上所学词语的准确意思,并设计练习在第二次上课时检查。

(2) 阅读课最大的问题是单调,整个教学就是:学生阅读、做题,教师讲评,然后学生又阅读、做题,教师又讲评……周而复始,课堂气氛沉闷。本次课设计了一些分组活动和口头讨论,也利用多媒体进行了一些调剂,使课堂节奏张弛结合。以后的教学还可以在学生兴奋点的设计、课堂节奏的把握上再下点功夫。

第五节 高级阶段的阅读教学

吕必松(1996)强调,要根据学生的水平来具体确定教学目的,认为不同学习水平阶段有不同的目的,高级阶段的阅读教学应以报刊阅读和专业阅读为主。因此,在很多学校,高级阶段的阅读教学以报刊阅读为主。报刊阅读课其"内容涉及政治、军事、外交、经济、贸易、文化、环保、体育、休闲、健康等,其中政治外交类新闻约占三分之一,以反映国内外重大事件、体现报刊的时效性为特点。包括新闻报道、人物专访、时事评论、特写、通讯等类型,使学生在全方位了解汉语报刊特点的同时,多角度地了解当代中国社会以及中国人眼中的世界"(吴丽君,2002),因而成为深受学生欢迎的一门课程。

一、报刊阅读课的学习内容

与一般的阅读课相比,报刊阅读课的教学重点主要有以下几个方面:报刊文章特有词语的理解、与报刊语体有关的固定格式和长句的理解、报刊文体的理解、报刊文章中文化内涵的理解。

(一) 报刊文章特有词语的理解

1. 缩略语

新闻讲求时效,它要尽可能以最简明的语句准确、快捷地向读者传递信息,因此简明性是报刊语言非常突出的一个特点。报刊为了简明扼要,常常大量使用简称或缩略语。缩略语一方面简化了人们的语言,使我们的语言表达简明快捷,另一方面由于它本身具有造词功能,是现代汉语新词生成的一个重要途径,所以又丰富了现代汉语词汇。了解汉语缩略语的知识,既能帮助学生更好地理解文章内容,又可以使学生了解汉语词汇的一些构词知识,对于全面提高学生的阅读能力有积极意义。

常见的缩略词语一般有这么几种:用单音词代替双音词或多音词、使用简称、概括性减缩语、临时性减缩语(吴雅民,2005)。这些缩略语字典中一般查不到,需要教师解释。教师在解释缩略语的意义时,不仅要解释词语本身的意义,还要适当讲解一些有关缩略语的构词知识(有的报刊或教材有专门的篇幅介绍缩略语的知识)。在教学中,教师要掌握好分寸,根据学生的水平,分清哪些是学生已经掌握的,哪些缩略语的内容还比较陌生。在报刊阅读中,大量的新词语、缩略语查字典有时不仅查不到,而且还耽误阅读时间,因此,我们主张学生通过上下文来推测缩略语的词义。

2. 报刊高频词语

报刊高频词主要有:一些消息来源类的词语,如"新华社电"、"本报讯"等,这些词语表明消息的来源和权威性程度,应该熟练掌握。关于信息发布方式的词语,它们表明消息是否已经正式公布。如"据悉"、"记者获悉"、"有关人士透露",前两个是指正式公布的消息,后一个是还没正式公布的消息。报刊上关于事件情态类的词语。如"形势"是说现在的情况,"趋势"是说未来事情发展的情况,"势头"是说事情发展的速度快慢和力量大小。

在教学的过程中,学生集中精力掌握了这些对读报来说最重要的词语,就会明显感觉报刊文章的难度降低了,从而可以有效地促进报刊阅读能力的提高。

3. 书面语

报刊既然以全社会为工作对象,报刊语言就自然带上了官方或半官方的性质,在遣词造句上带上了书面语的色彩。书面语一般包括四类。一是指示代词,如"该、此、本"等。报刊常常出现"该国、该公司、此人、此事、本人、本国"等字眼,学生了解了报刊的书面语特点,这样的词语就很容易理解;二是连词、介词等,如"与、以及、截至、于"等出现频率较高,代替口语化的"和、截止到、在、从"等;三为表示时间、范围的副词,如"仍、尚、如期、均"等;四为"诸、为"等表示数量、被动的词语,如"诸多问题、为各方所接受"。

4. 新词语

在语言的发展中,词汇是变化最快的。报刊的重要内容是新闻,它所报道的是新近发生的事件。随着社会和时代的飞速发展,新事物层出不穷,新词语随之出现。报刊这一特殊媒体决定了其语言的创新性特点。

(二) 与报刊语体有关的固定格式和长句的理解

由于报刊语体的特殊性,在语言表达上出现一些固定格式。此外,为了表达清晰,逻辑严密,报刊文章中的长句较多。了解报刊文章的固定格式,可以让学生较快地熟悉报刊语言的特点,掌握规律,提高阅读速度。

报刊语言中的固定格式有:"同……就……问题进行……会谈"、"应……邀请前往……进行为期……访问"、"值……之际"等。报刊语言的固定格式虽然在语法意义上有一定的稳定性,但是社会的发展依然为其提供了不断创新和扩充的条件,一些固定格式的队伍不断壮大,比如"……热"、"……族"等。有的报刊教材对这些固定格式进行归纳总结并附上了例句和练习,这对学生理解掌握这些格式很有帮助。

有些固定格式是报刊文章中所特有或常见的,如"据……报道"、"加大……力度"、"有……意义"、"加以……"、"有助于"、"意味着"等。这些句式常常为报刊阅读中的难点,但是数量并不是很多,而且重现率较高。只要在教学的过程中提醒学生留心,反复练习,在脑海中形成某种记忆图式,就可以提高报刊阅读水平。

新闻体的文章,为了准确传达信息,条理必须十分清晰,常常用各种连接词来表示各个语段的逻辑关系。尤其是新闻体的议论文中,用连接词连接的语言片段不少都比较长,连接的不仅是一个句子的各种成分,而且连接不同的句子,乃至段落。学生一开始在报刊上遇到这样的句子,常常看到后面忘了前面,很难把握结构,更谈不上理解意义。这种情况下教师要适当引导。要让学生克服畏难情绪,引导学生细心辨析。这跟初中级阅读抓句子主干的阅读技能一致。

（三）报刊文体的理解

学生在阅读报刊文章时，即使具有一定的词汇量，具备一定的阅读能力，仍然会觉得在阅读中似乎有某种困难。这就是文体的问题。在一般的报刊阅读中，学生最感兴趣的是新闻，无论是社会新闻，还是体育、娱乐、经济新闻，学生都很喜欢。因此，新闻文体的结构特点，是教学的一个重点。

新闻主要由标题、导语、主体等部分组成，而且往往采用倒金字塔式结构，即把最重要的事实放在最前面，紧接着是次要事实，然后依次递减。了解了新闻的结构特点，学生就能很快从文章中找出哪些是文章中最重要的部分。导语往往是一句话或一个短语，一般要求具备"什么"、"谁"、"何时"、"何地"、"为什么"等内容，即英语所谓的七个"W"。导语主要引导学生去辨别这几个"W"。这跟阅读技能训练中的找主题句有相通之处。

新闻标题是新闻的眼睛。一个好的新闻标题往往起画龙点睛的作用，读者往往根据标题来了解文章的主要内容，然后决定是否阅读全文。对于留学生来说，了解一定的新闻标题的知识，将对他们的阅读起到直接的帮助作用。标题可以分单行标题和多行标题。单行标题一般是介绍主要新闻事实，如"美中央司令部司令明年退役"。双行标题有两种，一种是引题和主标题组合，引题主要介绍新闻发生的背景、环境，渲染气氛，用较小的字体标在主标题的上方或左上方；主标题叙述主要新闻事实，字体较大，位置居中。另一种是主标题和副标题组合，主标题叙述主要新闻事实，位置居中，副标题补充说明有关内容，以较小字体在主标题下方或右下方。三行标题由引题、主标题、副标题组成。

（四）报刊文章中文化内涵的理解

报刊文章包含大量具有文化内涵的词语，是广泛反映社会生活和社会心理的文化成果。如："下岗、按揭、白领、可持续发展、房奴"等，与时代变化密切相关。此外一些比喻借代性词语，如"大锅饭、半边天"等，与中国社会变化、人们思想观念直接相关；还有像"粮票、工分制、劳教、死缓、离休"等词语，产生于特定的社会政治、经济条件下，有很强的历史文化背景。这些词语与社会生活密切相关，将会帮助学生更好地理解中国社会现实，更深入地了解中国文化。

报刊文章还为汉语学习者提供了了解中国基本国情的重要途径，为学生提供了各方面的文化信息，向学生展现了当代中国人丰富的生活情景。报刊文章在很大程度上涉及一个国家的政治体制等方面的问题，为学生了解中国的政治体制提供了丰富的知识。除了政治内容，报刊上的经济、教育等方面的信息对学生来说也是全面了解中国社会的重要资源。有人对来自不同文化圈的学生的报刊阅读取向作了专门研究，西方文化圈的学生多关注科技、经济、环保、体育娱乐、休闲旅游,来自政治经济大国的美国学生较西欧学生更多关注外交,东方文化圈的学生多关注政治外交、经济、休闲旅游(朴春燕,2005)。可以说,报刊文章是学生了解中国社会发展的一个窗口。

因此,报刊阅读课跟一般的阅读课相比,除了要继续训练阅读技能外,还需要教授大量的语言文化知识。这决定了报刊阅读课的教学有别于一般的阅读教学课。

二、报刊阅读课的教学难点

报刊阅读课不同于一般的阅读理解课。从技能训练的角度来看,在报刊阅读课上有一定的阅读技能训练,包括辨认重要事实,比如时间、地点、人物、事件等;归纳段意;根据上下文猜测词义;跳跃词语障碍;提高阅读速度等。但报刊课除了要训练学生的阅读技能,还要学生学习报刊专业内容和报刊语体、文体等。

与一般的阅读文章相比,报刊文章的语言简洁实用,科学严谨,这使得报刊阅读有相当的难度。报刊语言的难度首先表现为新词语及缩略语的出现频率远远高于一般的阅读材料。报刊文章语言除了词语方面的特点以外,由于报刊语体的特殊性,在语言表达上出现一些固定格式。而且,为了表述清晰、逻辑严密,报刊文章中的长句也很多。大量的固定格式和长句增加了学生的阅读难度。此外,报刊独特的文体特点,也使学生在阅读报刊文章时,即使具有一定的词汇量,具备一定的阅读能力,仍然会觉得在阅读中似乎有某种困难。

三、报刊阅读课的教学方法

报刊阅读课一方面教学内容复杂丰富,另一方面课堂教学时间往往较少,这就要求教授报刊阅读课的老师在对生词数量、句型数量、报刊专用语及背景知识通盘考虑的情况下做好总体规划,有取有舍,有详有略,而不是面面俱到或随心所欲。

首先是关于中文报纸的一般性知识介绍,一般在报刊课最初的几个课时完成,但其作用要贯穿于这门课的始终。除了介绍各种报刊外,还应该把中国报纸的排版习惯、标题安排等介绍给学生,使学生在以后的学习中可以把更多的精力放在理解内容上。

关于某一篇课文的背景知识介绍在课程展开的过程中要经常进行,这些背景介绍在一定程度上就是文化教学。报刊阅读课教师除了应当具备相应的汉语知识外,还应当具有较为广博的知识面,要随时准备解答学生提出的各种与报刊文章有关的问题,这样才能在课堂上更好地引导学生、启发学生,与学生展开积极互动。但要注意的是这些介绍当是引导性的,不宜作太多跟阅读文本无关的讲解。

针对报刊语言的特点,在教学中,应该将词汇教学、句式教学、语篇教学有机结合,让学生在掌握报刊词汇特点、句式特点的过程中领会语篇特点,在领悟语篇特点的基础上更自觉地学习报刊特有的词汇与句式。在学习报刊语言的同时,也要结合阅读技能的训练。因此,不少报刊阅读教材按精读、泛读相结合的方式来进行编排,如《报刊阅读教程(三年级教材)》(彭瑞情、王世巽、刘谦功编,1999),编者在前言中明确提出了精读训练和泛读训练相结合的原则。在课程内容的安排上,每课的课文为精读训练的内容,阅读课文、练习中的快速阅读短文以及教师新选用的补充教材为泛读训练的内容。

此外,由于新闻报道的时效性,教材的内容很容易过时。报刊阅读教材的编写目的往往是希望学生通过阅读这些材料来掌握中文报刊语言的特点,提高阅读中文报刊的能力;而从学生的角度来说,则更希望通过报刊阅读获得及时资讯,了解中国当前社会。因此,报刊阅读课常常会使学生满腔热情而来,学了几次以后就因为课程太难且没有意思而不想再学下去。要解决这个难题,除了控制阅读材料语言点、教授阅读技巧外,还要特别鼓励甚至严格要求学生运用课上学到的知识进行课外阅读。课外阅读的材料可以由学生自选,也可以由教师指定,但选读的材料应该是全班大部分同学都感兴趣的、想追踪的新闻热点。在确定好材料后,教师还需安排阅读任务,或个人阅读,或小组阅读,从最简单的回答教师问题,到较为复杂的复述、评价新闻或者专题讨论等。

四、课堂教学设计

(一)教材分析

教学材料:《读报纸,学中文——准高级汉语报刊阅读》(下册)第四课。

本教材每课由两部分组成。第一部分按精读课的体例编写,由课文、词语表、词语例释和练习组成;第二部分为限时快速阅读,由三篇阅读文章组成。这种编写体例与编者的教学观念有关。编者认为,报刊阅读的特殊性决定了报刊阅读不同于一般的阅读课,应该精读和泛读相结合。课文中的报刊词语、句式、结构、篇章特点等要精讲以让学生掌握,然后使学生能够把这些知识运用到课后的快速阅读和课外的阅读上,使课文精讲训练的语言形式得到大量的实际运用,不断丰富和巩固学生所学的报刊语言形式。

但报刊阅读课毕竟不同于精读课,因此在阅读材料的难度上要加以控制。本教材一方面突出较高年级报刊课语言点的教学,另一方面又对语言点进行控制,每篇课文只重点操练3~5个语言点。这些语言点的操练也从实用性和常用性角度考虑,以帮助学生培养对报刊词语句式的运用、同义词辨析、构词规律的认识等方面的能力。

教材话题广泛,大多为最近几年一直比较引人关注的热点问题,对学生有较强的吸引力。虽然是2010年出版的教材,但这些话题至今依然占据诸多媒体的显要位置,较好地保证了报刊阅读文章的时效性。

（二）教材处理

（1）本教材由于是《读报纸，学中文——中级汉语报刊阅读》的衔接版，相关的报刊知识没有涉及，但很多学校中级阶段并不开设报刊阅读课，只是把报刊阅读作为中级阅读的衔接。因此，在教学中，教师要根据教学内容和教学进度，给学生补充相关的报刊知识。

（2）文章后的背景知识建议在布置预习作业时和学生一起学习。学习后要求学生课后去找两篇与其背景大致相关的报刊文章，准备完成练习一。

（3）由于课时比较紧，也为了体现阅读课的特点，词语部分及练习二、三由学生预习时完成，教师课堂检查，根据学生完成情况有针对性地进行讲解、操练。

（4）精读课文也要按阅读课文来操作，教师可以规定一个时间让学生读第一遍，读完做练习四、五、六；课文讲解后做练习七，做题时不许看文章。

（三）教案示例

1. 教学对象

大约掌握了4900个左右词语、2000个左右汉字的较高级水平的汉语学习者。

2. 教学内容

（1）结合预习情况，对语言点"深远、长远"、"担忧、担心"、"责任、义务"进行操练，让学生熟练掌握。

（2）设置问题、完成相关练习，让学生在熟悉课文内容的过程中形成报刊阅读能力。

（3）当堂完成三篇快速阅读，培养快速阅读能力。

3. 教学目标

掌握语言点，熟悉本课词语表中的词语，培养阅读中文报刊的能力。

4. 教学方法

（1）问答法。通过提问检查学生的预习情况，通过提问培养学生带着问题阅读思考的习惯，通过提问检查学生对文章的理解程度，通过提问训练学生听、说的能力。

（2）讨论法。课本中有些表达类练习学生单独完成需要大量时间，这样的练习可以分组进行，既可以使问题得到更充分的讨论，也可以节约课堂时间。

（3）归纳法。学习的过程其实也是一个不断归纳、总结的过程，尤其是到了中高级阶段，要不断对学过的相关内容进行归纳。

5. 教学过程(180分钟,两次课)

第一次课

(1) 检查学生词语预习情况。(30分钟)

老师把生词及练习事先打在PPT上,课堂上不许学生看书。先请学生读生词,正音,然后做练习。讲解练习的过程就是生词的学习过程。

(2) 课文阅读及相关练习。(25分钟)

导入:你们上小学和初中的时候,课外及假期做什么?你知道现在的孩子做什么吗?中国的孩子呢?

讨论后开始看课文,要求学生在15分钟内完成阅读和练习四、五、六。

(3) 讲解课文。(30分钟)

每一部分都先请一个或几个学生朗读,读完回答老师的问题。朗读的过程中老师对读音、停顿等进行纠正。

A. 导语部分。

问1:本文报道了一个什么新闻?

问2:为什么要举办这么一个活动?

B. 第1段。

问1:被采访的小孩子平时玩什么?

问2:你觉得他们喜欢玩什么?为什么?

C. 第2段。

老师打出PPT,让学生根据文章内容口头填空:

以前的孩子玩……,特点……,好处……,家长的担心……

现在的孩子玩……,特点……,坏处……,家长的担心……

造成现在这种状况的原因……

D. 第3段。

问1:孩子不会玩的原因是什么?

问2:孩子现在玩的那些东西对小孩子有什么影响?

E. 课文讲解完后对练习四、五、六的答案。

(4) 布置作业。(5分钟)

A. 参考练习九,准备下次课的讨论。

讨论1:目前孩子们在玩的方面存在哪些问题?如何解决这些问题?

讨论2：你觉得孩子怎么玩才能对将来有积极的影响？

B. 复习课文词语，迎接下次课的检查。

第二次课

（1）对课外所读的报刊文章进行述评。（30分钟）

由事先指定的两位同学各自对课外所读的报刊文章进行述评，每位5分钟（建议学生用PPT展示文章摘要）。讲完后其他同学提问，可以由报告的学生回答，也可以在教师的引导下展开班级讨论。如果学生没有问题，教师提出事先准备好的问题让学生讨论。

（2）检查生词复习情况。（10分钟）

老师准备PPT，让学生认读生词，做一些填空练习等。

（3）完成练习七、八、九。（20分钟）

A. 集体朗读课文倒数第2段，然后合上书，看PPT口头完成练习七。

B. 老师再次打出第2段的PPT，让学生根据提示看练习八，然后合上书口头完成。

C. 口头报告上次课布置的话题讨论。

（4）完成两篇快速阅读。（25分钟）

（5）总结课文，布置作业。（5分钟）

A. 课后完成最后一篇快速阅读。

B. 一起学习第五课的背景知识，布置第五课的课外报章阅读。

6. 教学反思

（1）让述评的学生用PPT打出摘要是为了照顾听的同学，但有的学生会照本宣读摘要。在这种情况下，教师要提醒学生用自己的话进行评述；如果不听，可以在学生讲完后让他回答问题。当大多数同学听不懂述评的同学的发言时，教师可以简要介绍一下文章的内容。

（2）教师应该对口头表述的练习进行控制，既不让喜欢发言的同学占据整个课堂，也不让不喜欢发言的学生蒙混过关。

（3）报刊阅读课课外作业较多，且作业完成情况的好坏直接影响课堂教学的质量。为保证绝大多数学生都能完成作业，可把作业完成情况跟最后的学习成绩挂钩。

第六节 阅读教材分析

一、阅读教材概览

对外汉语阅读教材可以分为两类,一是根据学习者水平和学习目标分为初、中、高级;一是根据阅读目的,分为快速阅读教材、报刊阅读教材、专业阅读教材等。目前大多数长期进修及本科学生使用的都是按水平分等级的教材,如北京语言大学出版社的本科系列教材之阅读教程、《发展汉语》阅读课本系列,北京大学出版社的《汉语阅读教程》、《汉语天天读》等。专门类的阅读教材,如报刊阅读教材及专业阅读教材中的商务阅读教材等,大多面向高年级或专业方向的学生开设。《汉语阅读速成》为短期进修教材,《中级汉语分类阅读(人文篇)》、《新编趣味汉语阅读》等常常在学校作为选修课开设。

阅读教材选材大致有两种取向:一是强调文化知识和文学题材的学习,另一是强调实用性语料的阅读。实用性语料一方面可以帮助学生尽快适应中国的生活,另一方面反映当今中国社会生活的方方面面,因而对学生有很强的吸引力。强调实用性语料的阅读是20世纪90年代末期新出阅读教材的一个共同特点。如《中级汉语阅读教程》选用的实用性语料有:电话号码查询、人民币汇率、交通时刻表(火车、飞机航班)、广告(房屋租售、招聘、旅游信息)、产品说明书等。语料信息涉及从电话到银行,从租房到找工作,从学习到休闲娱乐等与留学生日常生活息息相关的内容。可以说,一个留学生只要认真地把该教程所选的这类实用性语料真正读懂了,并且真正学会了阅读这类语料,那么他在中国的留学生活就能够更加自由、方便。这也符合大纲的要求。如2007年发布的《国际汉语能力标准》中将汉语书面理解能力划分为三级,并分别做了描述:一级为能看懂一般社交场合问候语和感谢语……大体理解最常见的、意义明确且清楚的指示语或标识;二级为……能大体看懂一般的便条、通知或简短的文字材料……;三级为……能看懂日常生活中简短的介绍性或说明性材料,能读懂与日常生活密切相关或内容可预测的简单的叙述性或描写性材料,抓住主要的和具体的信息,能在内容熟悉的稍长文本中找到所需要的特定信息……目前新出的教材大多注重这类跟日常生活紧密相关的内容,这部分内容在课本中所占比重较大,而文化知识和文学题材类的内容比重降低,有些只作为课外阅读材料附在每课练习中。

从教材结构来看,绝大多数教材都有明确的结构安排,即有取材标准及单元划分标准。有些教材是以内容为主的主题单元结构,有些是以技能训练为主的技能单元结构。如《中级汉语分类阅读》是一套为中级汉语学习者编写的系列阅读教材,包括人文篇和科技篇两个系列,每系列按阅读难度循序渐进,各分三册,每册按文章内容类别分为若干单元。例如《中级汉语分类阅读(人文篇·2)》第五单元,主题为"神州漫游",下面的六篇课文分别为:《大连印象》、《白马湖》、《江南水镇——同里》、《成都,一座来了就不想离开的城市》、《登泰山观日出》、《多彩的上海》。这种主题单元结构可称为类集型结构(还有一种单元结构,相同主题的文章间隔循环排列,称为螺旋形结构)。类集型教材有利于生词、句式的复现,但是题材内容的相似易使学生产生某种程度的厌倦心理;螺旋形教材由于选文内容、题材的变化容易使学生产生一定的兴趣,但是对于尚处于较低水平(如初级)的学生而言,内容的频繁变化又容易使其滋生畏难情绪且不利于及时复习和巩固。因此,类集型教材比螺旋形教材更有利于教学,尤其是在初中级阶段。

以技能为主的技能单元结构教材主要有《汉语阅读技能训练教程》和《中级汉语阅读教程》,《汉语快速阅读——训练与测试》也属于技能单元结构(同时兼顾了主题)。尤其是《中级汉语阅读教程》,把系统的阅读技能训练和大量的篇章阅读有机结合起来,并且在将源于英语的阅读技能训练系统与汉语语言知识结合方面做了许多工作,这在同类教材中可算是先行者。

一般的教材通常的做法是选文—生词(和注释)—练习三部曲,且每课的技能训练要点并不明确。《中级汉语阅读教程》在每一课都先安排专门的技能训练内容,其后再进行正式的篇章阅读,单元末再进行阅读技能复习。如第六课,安排的技能是"通过语素猜词(一)",通过热身活动讲解汉语合成词的组合方式,再通过练习复习巩固,这之后才开始阅读训练。而且,本书将生词放在选文和练习后,标为"参考词语",要求"在进行阅读时,生词最好等做完练习后再学"(课本"编写说明"),目的就是告诉学生,阅读中遇到生词是极其正常的情况,应该运用阅读技能去跨越这些生词;掌握生词不是阅读课的任务,阅读课的任务应该是掌握阅读技能。

阅读课程的中心任务是提高学生的综合理解能力,综合理解能力要通过对阅读技能的系统训练才能得以提高,而阅读技能又是一个笼统的、模糊的集合概念。《中级汉语阅读教程》吸收英语阅读教学的研究成果,将庞大而复杂的技能训练系统结合汉语实际,分割成一个个子系统进而再分为一个个较小的训练项目,使教材具有了较强的可操作性。但在技能训练与汉语阅读材料及练习设置的结合上,即技能训练的进一步汉化上,还有不少问题没有得到很好地解决。

由于这个原因,也有一些教材没有明确的技能训练内容,只是从阅读方式上做了一些要求。如《发展汉语·中级阅读》编写说明介绍,本书的特色追求之一是"培养学习者多种阅读能力,即通过细读、通读、略读和查读等不同方式,阅读每一课的 5 篇短文,在有限的课时内,达到一定的阅读量,真正做到'小步快走';以完成多项阅读任务来增强阅读成就感,提高学习者的多种阅读能力"。

二、阅读教材选择

教师上课选择教材,一个重要的标准就是视其可操作性强不强,而教材的可操作性受到教材的选文、结构、训练重点、难度、练习等因素影响。

教材结构上已谈及,在初中级阶段,主题单元结构中的类集型教材要比螺旋形教材更具操作性;而技能单元结构要比单纯的主题单元结构更有利于技能训练的进行。即使是技能单元结构的教材,但从可操作性来说,笼统提出"要提高学生的阅读水平"的教材肯定比不上每个单元都有明确训练目标的教材。

课文的选择,直接影响教材质量和教学效果。好的选文,信息量大,生动有趣,使学习者可以在阅读中自然学到知识和技能,学习者爱学,教学者爱教。《汉语天天读(初级篇)》的选文标准是"话题更加新颖活泼"、"生动有趣","反映了中国人的传统习俗以及当代中国人的日常生活和价值观。传统与现代的碰撞与交融使学习者更好地了解中国文化"。《发展汉语·中级阅读》的选文"来自报刊、图书和网络等近期的鲜活语料,注重内容的时代性和实用性,学完本书,在快速提高学习者汉语书面语体及语域风格文章的阅读能力的同时,也使学习者感受与了解鲜活、真实的当代中国"。从这儿可以看出,一本好的阅读教材,其选文应该兼顾实用性、趣味性、时代性和多样性原则。

选文的难易程度制约着课堂教学的顺利进行。张宁志(2000)指出,课文的难度系数是由每百字句数、平均句子长度、非常用词数等多个指标综合而成的。而语言的难度是课文难度的最直接、最重要的表现,难度偏高或偏低都会影响学生学习的积极性。因此在教材的编写上,多数教材都很注重这个问题。如北大版《新一代对外汉语教材·基础教程系列:初级汉语阅读教程1》的介绍中就重点指出,此书的特点之一"首先是较好地控制了词汇的难度,词汇以初级为主;其次篇幅也循序渐进,全书多为 300 字以下的短文,前半部分更是以 100～200字的短文为主",是一本"非常适合初级阶段学生阅读学习"的教材。在阅读教学中,教材的难度控制是影响课堂操作的一个很重要的因素。难度过低,难以达到提高学习者阅读水平的目的;难度过高,老师不得不增加讲解内容,容易模糊阅读课与精读课的区别,且学生也会产生畏难情绪,难以从学习中获得成就感。

练习同样是制约可操作性的因素。多数教材基本上采取先读后练的方式,但也有教材根据不同情况安排了阅前练习(先看练习,根据练习提出的问题看课文,边看边回答问题)、阅际练习和阅后练习。阅前练习主要是为了激活学生大脑中已有的和文章内容相关的图式,对阅读活动起推动作用;阅后练习以巩固知识和提高技能为主。这样安排练习,更有利于突出技能训练的目标。

目前,阅读教材的题型主要有选择、判断、填空、问答四种,另外还有连线、排序、讨论等辅助题型。选择、判断这两种题型适用性最强,可以用于考查所有的语言知识和阅读技能;填空主要偏重考查知识性的知识和技能;问答题偏重考查理解性和交际性的知识和技能。

从各类教材的练习来看,当前教材都比较注重题型的多样化,能根据选文内容和阅读要求设置不同的练习,有的是考查对文章细节的把握,有的是对主旨的理解,而不是每课练习题型一致,为练习而练习。在知识点的选择覆盖上也比较成功,练习基本能达到帮助学生扩大词汇量、巩固语言点、丰富文化知识的目的。但有些练习在阅读技能的操练方面意图还不够明确(当然这跟教材的编写方针有一定关系),这就需要教师在使用教材时结合课文内容及学生水平揣测出题意图,对现有练习进行适当的改造。

还有一些教材在设计练习时没有处理好阅读与表达的关系,客观题偏多,主观表达题比重偏小,只重视输入,不重视输出。刘谦功(2005)曾指出:"单独进行阅读训练获得的是阅读方面的结果,单独进行表达训练获得的是表达方面的结果,而'阅读+表达'的训练获得是大于'阅读+表达'的结果。因为阅读能促进表达,表达能深化阅读,二者相辅相成,必然是事半功倍的。"而这些教材往往标榜本书的练习与汉语水平考试题型一致,但从课堂教学的角度来说,还是应该有一些诸如回答问题、讨论或复述课文之类的表达练习。

跟其他课程相比,报刊阅读课是一门比较有难度的课。但即便如此,报刊阅读课依然对广大学生有着很强的吸引力,原因就在于,报刊阅读课是外国学生广泛了解中国社会、解读中国社会文化意义的课程。报刊阅读课承载了众多的文化信息。报纸的内容涵盖政治、经济、贸易、外交、体育、环保等诸多方面,及时反映国内外重大事件,可以使学生全面了解当代中国社会发展。报纸上所刊载的评论、专访等,更是为异文化背景下的学生提供了当代中国社会方方面面的场景,并且直接反映了当代中国社会大众的价值观、文化取向等。也就是说,报刊课为学生提供了重要的跨文化资源。

思考和练习七

1. 举例论述在对外汉语阅读教学中如何运用阅读三模式及图式理论。
2. 你认为外国学生在汉语阅读中主要有哪些困难?
3. 初、中、高级学生汉语阅读教学主要的目标和任务分别是什么?
4. 结合初、中、高级教案,谈谈阅读教学与综合课教学的区别。
5. 从现行教材中选取两篇课文,从选文与练习设置角度谈谈各自的优劣。
6. 选一课阅读课文,写一个教案。

第八章　写作课教学

第一节　写作教学相关研究概述

一、写作技能本身的特点

在"听、说、读、写"四种语言技能中,"听、读"属于语言的输入,"说、写"属于语言的输出。根据语言学习和教学的规律,输入在先,输出在后,只有进行大量的输入刺激后,才有可能输出。一般来说,输出性的"说"和"写"要比输入性的"听"和"读"难。而"说"和"写"相比,"写"更难。很多第二语言写作研究对二者进行了对比。主要观点有:

(1)"说"使用的是有声语言系统(口语),"写"使用的是文字系统(书面语)。对正常人来说,使用书面语要经过正规学习,不像口语,可以自然习得。尤其是汉语的文字系统,与绝大多数拼音文字不同,跟口语的声音联系不起来,学习和使用起来更难。很多老师都碰到过"文盲式"的学习者,他们在中国生活的时间比较长,有的甚至在三年以上,但只能用汉语进行口头交际,与没有学习经历的文盲无异。究其原因,或是因为在汉字面前产生畏难情绪,"知难而退",或是从"实用"的方面考虑,只要求会一些简单的口头交流,满足日常生活需要。

(2)"说"除了直接用有声语言进行交流外,还可以借助语言之外的其他方式,如表情、手势、动作等进行补充、修正;且说话者和听话者在交流的过程中会互相作用并交换角色,及时对交流内容给予反馈。"写"在交流的过程中只能通过语言转化成文字来进行表达,读者只能阅读文章来获得信息,读者不参与写作者的活动,也不可能互相作用。也就是说,书面表达不像"说"那样直接面对交流对象,所以无法借助语言之外的其他方式来补充语言表达的不完善,因而对语言运用的要求更高,要求表达得更加准确、清晰。

从"说"与"写"的对比中可以看出,在"听、说、读、写"四项交际技能中,"写"的难度是最大的。"写"综合了字、词、句法、篇章等方方面面的知识,是语言综合运用能力的一种表现。

二、第一语言写作与第二语言写作

(一)第一语言写作与第二语言写作的共同点

写作是一种需要综合运用各方面能力的活动。不管用哪种语言写作,都需要具有相应的思维能力、表达能力和语言运用能力;都需要仔细考虑文章的内容和结构,考虑字、词、句的筛选和语法的使用。因而,写作能力不同于说话,需要通过自觉的学习和较长时间的实践才能掌握,不能通过自然方式习得。

从学习者的学习过程来说,第一语言写作能力是第二语言写作的基础之一。学生的第一语言写作能力对第二语言写作会有直接的影响。学生第一语言写作基础、表达能力、谋篇布局的能力、逻辑思维能力、第一语言能力等对第二语言写作学习的进程都有重要的影响。一些写作教学的研究者对学生的写作能力的发展情况做了研究,发现第一语言写作能力欠缺的学生在第二语言写作学习中会出现同样的情况;而学生的第一语言写作能力和经验对他们第二语言写作学习也有帮助。也就是说,这种迁移既可以针对第一语言写作的优点,也可以针对弱点;也不只是体现在语言方面,还体现在结构、组织的质量上(Alexander Friedlander,1997;转引自罗青松,2002)。

不同语言的写作,在组织结构方面是有共性的。不管用哪种语言写作,都要求结构合理清晰,表达具有逻辑性。即使面对不同语言组织文章的一些差别,第一语言写作能力较强的学生,在接受新的语言系统的表达结构、组织方式时,能够自然地运用母语写作的这些基本能力进行调整。另外,也能够通过范文阅读等训练,触类旁通,领悟新的语言形式的篇章结构特点,间接地转移第一语言的语篇表达能力。

"写什么"和"怎么写",是第一、第二语言写作都要面对的基本问题。写作能力首先表现在对话题具有敏感性,能调动生活经历和思维的积累,进行梳理并发表出来。对于第一语言写作能力强的学生,"写什么"在第一语言写作训练中已经得到解决,这种能力可以由第一语言写作比较直接地转移到第二语言写作中来。写作基础较好的学生面对一个话题,可以很快确定描述的内容,并能积极收集、表现生活中的各种素材。由于写作思路顺畅,他们可以把精力集中在第二语言写作教学的基本目标——准确运用语言上,而不用为写什么分散精力。这种积极的状态,能够促进他们第二语言写作能力的提高。而第一语言写作能力较弱的学生,在用第二语言写作时,在确定表达内容的过程中,会遇到与第一语言写作同样的困扰。

学生的写作热情和写作习惯,也是影响写作的重要因素。第一语言写作基础好的学生,对书面表达没有畏惧,愿意通过书面的形式进行思考和交流。虽然有些学生第二语言水平不高,作文中语法、词语都有较大的问题,但表达的内容、想法有可取之处,喜欢在作文中讨论一些社会热点问题,有较强的写作热情和良好的书面表达习惯。虽然从语言能力来说,要写好有些主题显然有一定的困难,但这些学生会千方百计地运用自己掌握的词语、语法等语言形式表达出自己的思想,也会积极尝试一些还不太熟悉的语言形式。这样的文章,由于作者有较好的第一语言写作基础,一般能够做到思路清晰,即使语言方面出现较多错误,学生也会在写作过程中不断总结提高。

从以上的分析可以看出,正是因为写作的共性,第一语言写作基础对第二语言写作学习的影响不可忽视,这些语言之外的因素在第二语言写作教学中应该注意引导。但无论如何,第二语言写作教学,应该把语言能力的训练作为教学核心,一方面让第一语言写作基础好的学生尽量发挥优势,另一方面也要让第一语言写作基础不好的学生得到充足的语言能力训练,而不是止步于二语写作的门外。

(二)第一语言写作与第二语言写作的不同点

虽然第一语言写作与第二语言写作有着诸多共同点,但因为写作最重要的材料——语言的不同,两者之间的不同点更为明显。主要有:

1. 语言能力的差异

学生在第一语言写作过程中是用早已掌握并能够熟练运用的语言作为表达思想的工具,在学习写作之前已经具备口语表达能力,也就是说有输出的基础,因此运用第一语言写作时,没有语言上的障碍,思想主要集中在表达的内容和文章结构上。而第二语言则不同,学生是用尚在学习过程中的语言作为表达工具,没有足够的输出的基础。学生可用来作为第二语言写作基础的是第一语言写作能力中的非语言表达因素,如思维水平、表达能力等,而在语言能力上则受到很大的牵制。

2. 写作能力的差异

语言能力、表达能力及思维能力构成写作能力。在第一语言写作中,三者处于相对协调、平衡的状态。虽然人们在这几个方面的能力会有一定的差别——如有的人可能善于思考，但不擅长表达——但总的来看，语言水平和思维、表达能力之间不会有太大的落差。第二语言写作过程则不同，学生的语言能力和其他能力处于一种不平衡的状态：第二语言学习者一般是成人，他们的思维能力和表达能力一般已经过系统的训练，发展得比较成熟；而目的语水平却还处于学习阶段，与思维、表达能力存在较大的差距。

3. 学习过程的差异

第一语言写作学习是一个渐进的过程，与写作有关的几个方面，包括思维能力、表达水平及自身的阅历等，都是随着学生的学习过程逐步协调发展、共同提高的，是一个整体渐进的过程。而第二语言写作能力的培养则相对具有速成的性质。学生开始第二语言写作学习时，一般已经具有成熟的思维能力，也有第一语言写作能力的基础。他们学习的主要目标是用一套新的语言系统来表达思想。因此，在第二语言写作学习中要集中解决语言表达能力和思维水平的不协调问题，在学习过程中尽快提高目的语的语言运用能力。

4. 文化背景的差异

在第一语言写作过程中，学生处于母语文化背景中，是在运用自己熟悉的语言形式写熟悉的文化背景中的事物。而第二语言写作，尤其是学习初期，学生母语的文化背景和思维表达方式仍然在头脑中占主要位置，所以除了语言障碍之外，还有对目的语的文化背景以及思维、表达方式不了解形成的障碍。在书面表达中，由于文化差异导致的偏误主要表现为表达不得体。

以上列举的这些区别，并非都是第二语言写作的不利因素。注意第一语言和第二语言写作之间的区别，进行合理引导，促进优势发挥，把学生的一些第一语言写作能力转化为第二语言写作能力，将会使第二语言写作教学更有成效。

三、第二语言写作教学的作用和任务

（一）第二语言写作教学的作用

在语言教学中，"写"的交际作用往往被认为没有"听"和"说"那么紧迫重要。如对二语教学产生重要影响的"听说法"就主张先"听、说"，后"读、写"。在教学法的研究上，也是比较重视对"听、说"技能的培养，对"读、写"，尤其是"写"的技能培养的研究比较薄弱。近十几年来，对外汉语教学中的写作教学在很多学校已从附带课型转变为独立的课型，表明人们对写作教学的重要性有了越来越深的认识。写作教学在第二语言教学中的作用，主要表现在以下两个方面。

1. 写作技能的提高可以促进其他语言技能的发展

写作过程是一个综合运用语言知识的过程,是以"听、说、读"为基础的语言输出过程。写作技能的提高有利于站在一个更高的层面促进其他三项技能的发展。

写作能力对其他语言技能产生的影响,可以表现在语言总体水平上,也可以在单项技能训练中体现出来。例如对口语技能来说,写作训练因为定位在语段或语篇表达上,所以既能作为口头成段表达的准备和基础,也能作为口头表达的综合和总结。此外,写作任务的设定,可以使学生在写作之前的语言训练,如话题讨论、材料搜集等环节中,更加注意口头表达的完整性,注意运用合适的词语、句型,以便在书面表达中运用。

写作对阅读也有很大的促进作用。没有充分的语言输入,就没有准确得体的语言输出,因此,阅读是写作的基础和前奏。写作训练往往从接触一些作为语言运用范本的阅读材料开始,通过阅读来进行写作训练是第二语言写作教学的基本形式。而这种带有模仿目的的阅读往往对语料中语言的运用或结构形式的领悟更加深入细致,有利于更好地掌握词语,理解文章的结构,从而推进阅读层次,提高阅读水平。

2. 写作教学能满足较高层次汉语交流的需要

由于汉字本身的特点,一些学生会在汉字书写面前产生畏难情绪,从而放弃书面表达的学习。但这样的学习必然会导致语言技能不全面,从而影响整体语言技能的提高。尤其到中高级阶段,在掌握了一般的日常生活用语后,学生会出现学习停滞的情况。克服汉字书写困难,进行写作学习,学生在更深的层次、更广的范围进行语言交际技能的训练,将会拓展语言知识,提高语用能力,在进行内容比较丰富、形式比较完整的语篇表达时,取得满意的效果。

(二) 第二语言写作教学的任务

对外汉语写作教学起步较晚,受母语教学的影响较大。20世纪80年代初,对于写作课教什么、怎么教等问题,大家还在摸索。杨建昌(1982)在谈到留学生汉语专业写作课教学时,虽关注教学对象的特点,但侧重修辞手段、写作技巧的指导,还没有脱离母语写作教学的影响。祝秉耀(1984)开始明确地从第二语言写作教学的角度立论,强调应针对教学对象的特点,注重词汇、语法、句子和段落衔接等。李清华(1986)在关注教学对象特点的同时,注重语言表达训练,提出了有控制地写作与自由写作两大训练方式。

总的来说,汉语作为第二语言写作教学的研究寥寥可数。借鉴英语作为第二语言的写作教学研究,结合汉语实际,从第二语言写作教学的特点及其在第二语言教学中的位置来分析,我们认为,第二语言写作教学应该关注以下几个方面。

1. 提高语篇的写作能力

第一语言写作教学会涉及写作能力的各个方面,如收集材料、审题立意、开拓思路、构思布局、运用适当表现技巧——铺垫、映衬等,以及比喻、夸张、排比等修辞手法的运用等(岳冬梅,1994)。第二语言写作教学则不同,它的教学对象是已经掌握了第一语言写作技能的成人,教学的首要任务是提高学生的语言水平。具体来说,就是要让学生的书面表达水平与他们成人的思维水平,以及母语达到的书面表达能力协调,训练学生用目的语自如地表达思想。因此,第二语言写作教学的目标应是培养学生的语篇表达能力,也就是说要把语言运用能力定位在语篇层次,要对学生的语言运用能力进行全方位的训练:"写作课的教学重点不能放在技巧方面,而只能放在基础方面。着重进行基本词汇、基础语法的训练,同时要注意解决句子如何有机地连接,段落如何紧密地衔接,语气如何贯通等与此密切关联的问题。这样的写作课,应该是一种字、词和语法综合运用的语言实践课。"(祝秉耀,1997)

2. 提高用目的语思维的能力

关于语言与思维的关系,"萨丕尔—沃尔夫假说"如是申述:① 语言影响思维和思维方式;② 不同语言认识世界的图像和方式不同。在二语习得及应用的过程中,外语与其所依附的外语思维在与母语及其所依附的母语思维的竞争中处于弱势地位是必然的,大脑中已形成的概念和处于强势的思维习惯与所要接受或表达的语言形式之间并非处于自动转换状态,其中总存在或多或少的矛盾。在这种情况下,只有把目的语形式与自己的母语思维系统紧密地联系起来,才能较好地理解并掌握目的语。

写作既涉及语言能力,也跟表达能力、思维水平等有密切关系。前已论及,第一语言写作水平是第二语言写作的基础之一,对第二语言写作有积极的影响。在第二语言写作过程中,第一语言的表达能力、原有的知识经验会融入新的语言载体中。但根据"萨丕尔—沃尔夫假说",这种影响并非处于自动转换状态。二语写作教学的一个任务,就是要促进这种转换的发生,引导学生关注目的语的思维表达方式,以更好地促进语言运用的得体、准确。

3. 充实目的语文化知识

二语学习的目的主要是用于交际。写作跟"听、说、读"等技能比较起来,似乎交际的作用不是很强,但无论是写便条、启事、书信或是写文章、合同、讲话稿等,都是不同范围、不同形式的交流,都需要对目的语的社会文化背景有所了解,否则会影响表达的有效性和得体性。有的学习者学习汉语多年,词汇量和语法知识都掌握得比较充分,但不会写规范的请假条,不知道写信如何使用称呼。在二语写作教学中,应引导学生了解文化背景,在思维表达习惯上与目的语文化接轨。主要的内容有:一是了解一些汉语常用文体的写作格式和语言风格;二是对一些语言运用中所包含的文化因素要有所认识,注意一些语言形式的社会文化含义,避免出现不得体的情况;三是对一些常用题材要通过社会实践、语料阅读等手段加以熟悉。

第二节 第二语言写作教学法例介

第二语言写作教学法主要来自于国外的研究。随着语言学、心理学和教育学的发展,二语写作教学理论也在不断发展。国外二语写作教学法经历了半个世纪的发展,其中比较重要的是"结果教学法"(20世纪60年代前后)、"过程教学法"(20世纪70年代起)和"任务教学法"(20世纪80年代起)。

一、结果教学法

结果教学法,又称成果教学法,反映出的观念是:语言学习是刺激—反映—巩固加强的过程。这是一个线性的教学过程。教学步骤上,学生模仿范文,单稿写作,然后教师评改作文,学生改错。教师关注写作结果,通过评改纠错提高学生的写作水平。

结果教学法受行为主义心理学和结构主义语言学的影响,是形式主义教学法在二语写作教学中的体现。结果教学法又可以细分为"控制法"(Controlled Composition)、"修辞功能法"(Rhetorical Functions)等。它们认为写作是对习惯形式的练习,是一种句子与段落的排列,因此特别关注语言形式及其准确性,关注写作的最终成果,强调对词条、句型、范文的模仿与重复。"修辞功能法"相较于"控制法",不再局限于句型操练,而是关注更为扩展的写作活动,如描写、叙述、定义、举例、分类、比较、对比、因果与概括等写作模式。在汉语作为第二语言的写作教学中,"控制法"尤为醒目,不管是写作教材还是综合课的写作练习中,都可以看到它的影子。

"控制法"最核心的部分就是通过练习任务设计,引导学生通过规定的训练方式来正确运用语言。"控制法"的创始者 Ann Raimes 设计了5个常用控制类型(转引自罗青松,2002)。

1. 段落改写

让学生改写一些语段,对一些语法做出比较机械的变化,如提供某个人的一般活动状况的描写,要求学生改成对过去的某一日的活动的描写(这个主要是训练时态变化)。还有的练习要求进行主动、被动语态的变化。还有改变描述对象的练习,如展示两个人的身高、衣服、鞋帽的尺寸等数据,并提供一些表示对照、比较的句型进行描述,然后让学生以基本同样的方式,换一个角度进行描述。这样的模仿比较机械,但这样的练习因为对语言运用范围进行了严格的限制,学生可以集中训练一两个语言点,大大减少了写作练习初期的语法错误。

2. 问题引导

教师或教材提供一系列与内容有关联的问题以引导学生完成语篇表达。学生有时会同时面对"写什么"和"如何表达"的问题,教师设计的一系列问题可以让学生沿着问题指导的思路和暗示的语言形式来进行表达。如给一个作息时间表,同时提出一组关于一天活动的问题,那么学生在根据时间表回答问题的过程中实际上就在组织一篇描述一天生活的小短文。

随着学生语言水平的提高,这种类型的训练可以逐渐调整难度,如问题可以设计得宽泛一些,以给他们的表达留有更大的余地。例如,让学生介绍自己的好朋友,提示性的问题可以是:

(1) 先介绍一下你最好的朋友的姓名、国籍、外貌、性格。

(2) 你什么时候,在什么情况下认识他/她的?

(3) 你们经常在一起做什么?说说你们有什么共同的兴趣、爱好。

(4) 你们有没有意见不一致或发生争论的时候?

(5) 他/她对你最大的影响是什么?

这种形式在初中级的书面与口头表达练习中,都有很好的效果。学生进行表达时无须过多考虑表达内容和组织结构,问题本身的提示已经很具体。

3. 看图写话

先向学生展示一张有人物和背景的图画,要求学生根据图画的内容进行表达并逐项提出写作任务。如:

(1) 告诉读者,画面上有一对男女和他们的住房。描写他们的房子,并告诉读者房子是什么颜色、什么质地的,窗户的样子怎么样,你觉得这个房子怎么样。

(2) 第二段写介绍画面上的女主人公。描述她是什么样子的,如年轻还是年老的,漂亮还是严肃的,时髦还是简朴的?然后各用一个句子描述她的头发、衣服和表情。

(3) 第三段用"靠着这位女士站着的是一位先生"这个句子开始。告诉读者你认为他是不是那位女士的丈夫,并说明你这么想的理由。然后各用一个句子来描述他的眼睛、表情、衣着及手中拿着的工具。

(4) 最后考虑用2~3个句子结束文章。

这种方式通过图画限定了学生的表达内容,并通过一步步的任务对文章的结构安排进行了控制。学生没有发挥创造力的自由,但在相当程度上化解了二语写作初级阶段如何着手写文章的问题。

4. 组句成段

这种练习是让学生把一些词语组合成完整的句子,或把一个个单句组合成一个语段。在其他语言技能的训练中,这种形式也被普遍运用。HSK 考试也用这种方式来考查学生的语段、语篇水平。组句练习可以让学生对一些句子的衔接手段和目的语的思维、表达方式形成认识,让学生关注的焦点从"说什么"转向"如何表达"。这种练习可以指导学生关注句子层次的语法问题,以及句子之间、段落之间的连接方式的问题。

5. 平行写作

让学生先阅读一些段落,然后运用范例提供的词汇、句型、连接方式和段落组织结构方面的提示,自己写类似的内容。还有"听后写"及"读后复述"等练习,给学生一些材料,让学生借用提供的内容,用不同的语言形式表达出来。如:

(1) 让学生听一段对话后,用自己的话写一篇短文陈述两人谈话的内容和态度。

(2) 提供一份招聘广告,让学生给可能对这份工作感兴趣的朋友写一封信,转述广告的内容。

(3) 给学生一份某人的简历,要求学生写信给公司的朋友,推荐此人去他的公司工作。

以"控制法"为代表的结果教学法以写作结果为导向,使学生理解并注意吸收范文精华,写作有模仿标准。这种教学法可以提供系统的写作训练,亦便于教师给予显性指导,及时纠错。此方法适合二语水平较低的学生,也比较适合用于 HSK 考试辅导。但结果教学法在很大程度上限制了学习者的自由思维和表达。在评估方法上,结果教学法也有方法单一、反馈结果滞后、学生只关心分数的问题。

二、过程教学法

针对形式主义教学法只关注写作结果的情况,20 世纪 60 年代末、70 年代早期,"过程法"(Process Approach)成为盛行于西方教育系统(从中小学的母语教学到高等院校的第二语言教学)写作课程的一种教学方法。它认为写作中思想和内容占第一位,形式为第二位;关注写作中思考、设计提纲、写初稿、修改和校对等一系列过程行为。它的教学任务是锻炼思维能力,养成提炼观点、构思文章与修正文章的写作习惯。这种教学法促使教师为中心向学习者为中心的转变。

过程写作一般分三个阶段:作文的准备阶段、作文的起草阶段和作文的修改整理阶段。

1. 准备阶段

准备阶段可以分3个步骤：写作话题的筛选、文章的构思、提纲的写作。

（1）话题的选定。为了选择学习者熟悉的话题，使他们通过写作充分表达个人的知识和观念（间接地达到学习和使用第二语言的目的），每篇作文应该至少给出五个话题供学生选择。或者直接设置内容范围限制性较小的话题，如"网络给世界带来的影响"、"给初次来华的留学生的建议"等。

（2）构思。构思的英文为"brainstorming"，直译为"头脑风暴"，它是一种关于一个话题所涉及的方方面面问题的自由而广泛的联想或讨论。其组织形式包括个人构思和集体讨论两种。个人构思包括三种不同的形式：① 自由写作（free writing）；② 思路图（mind mapping）；③ 启发法（heuristics）。

A. 自由写作：自由写作的形式是设定一段时间，如7~10分钟，不必考虑语法、汉字，尽可能少思考而不停地写，也就是意识流似的写作。自由写作又可分为两种：一种是没有任何话题的写作，纯粹是一种开动思维、训练手脑协调、提高书写速度的热身练习；第二种是设定一个话题，由此展开联想。

B. 思路图：它更强调的是从视觉上帮助学习者记录并整理思绪。具体做法是，在一张纸的中央，写下作文的话题或用一个词语来代替这个话题。当你的眼睛看这个话题时，你头脑中想到的有关它的一切就是这张图应当有的内容。一切带有个人色彩的标记，如箭头、图形、分项符号等，可以帮助学习者在记录的同时整理出各项相关内容的关系结构。思路图中使用的语言单位是词或词组，而非句子。思路图至少应该设计两张，一张为初级的，另一张为整理归纳后的思路图。

C. 启发法：当学习者苦于无话可写时，可以通过回答以下问题来启发他们的思维：

a. 话题：我要写的作文是关于什么话题的？

b. 想法：关于这个话题我想说些什么？

c. 目的：我为什么选择这个话题？

d. 读者：为什么我的读者会对我的想法感兴趣？

e. 知识：哪些有关这个话题的知识是我已经具备的？哪些是我应该了解的？（为找参考书做准备。）

集体讨论（全部或分小组进行）是一种集思广益的活动。学习者可以提出自己的写作构想，也可以摆出自己遇到的困难，以求得同学或老师的帮助。这种讨论可以开拓写作的思路，尝试从不同的角度、不同的立场去认识一个事物，增加认识的深度和广度，从而弥补个人在某个话题上知识的不足;另外也可以帮助筛选整理思路。

(3) 写作提纲。在"头脑风暴"后,学生开始头疼的就是如何从混乱的思绪中提炼出一篇文章的提纲。提纲的拟定大致可以按照以下程序进行:

A. 仔细阅读思路图的内容。

B. 用2分钟的时间,在认为最重要的内容下画横线。

C. 按照一定的顺序(如重要与否、范围大小、程度深浅、时间前后等)排列以上内容,并分出段落层次。

D. 添加文章的起始和结束段。

E. 添加文章题目。

写作提纲应该由短语和词组成,要求简单明确。

2. 起草阶段

起草阶段的教学由以下内容组成:范文的阅读借鉴、各种写作知识和方法的学习、草稿的写作和修改、学生之间的评论和借鉴。

(1) 教师应带领学生揣摩借鉴一定数量的范文(可以是以前学生的优秀作文,也可以是老师写的下水作文)。范文可以是完整的文章,也可以是一个语篇。要在理解文章的前提下从写作的角度引导学生进行借鉴。

(2) 写作知识和写作方法是个不断累积的过程。在写作教学中,教师应以学期甚至学年为单位来规划写作知识和方法,在各篇作文的写作过程中有计划地分开介绍和练习,学以致用。同时,随着教学的深入,要帮助学生整理出写作知识和技巧的系统。

(3) 对作文进行多稿修改,至少完成两次草稿。第二语言的写作,教师要鼓励学生在草拟时不要专注于语言的准确性,而要着眼于文章的整体架构和内容的表达。

(4) 一个班级中学生的写作水平总是会有几个层次,一些领悟力不太强的学生,常常在阅读了其他同学的习作后会有所感悟。学生之间文章的互相点评和借鉴,可以在班级中创造积极向上的氛围,有助于缓解写作给学生造成的压力。

3. 修改整理阶段

在审阅最后的修订稿时,教师才对语法用词等进行批改。学习者则应该对老师的评语及修改意见做出反应,即对文章进行全面的修改,从文章结构到遣词造句。

此外,立足于一个学期写作的大"过程",可以要求学生在力所能及的前提下,选取一个学期里所写的若干篇文章进行修改,甚至推翻重写。这个环节可以纳入学期考核评定。期末,还可以让学习者按照一定的顺序把一个学期所有的写作练习(包括思路图、提纲、草稿、修订稿等)装订成册,以回顾自己一个学期的写作过程和成长过程。

过程教学法反映了语言学习是复杂的心理认知和语言交际活动的观念。在教学中应以学生为中心,注重学习者之间的交互性学习活动,注重语言表达的流畅性胜于准确性。写前活动应丰富多样,注重多稿多改的写作过程。过程教学法要求教师善于启发学生探索问题和表达意义,对课堂有细心而敏锐的监控;在课程设置上要求有较多的课时,要有充分的写作时间。

三、任务教学法

任务教学法(Task Approach)是通过设定具体的写作任务项目,指导学生逐步完成,来达到训练学生写作技能的目标。任务教学法贯彻"交际"原则,在教学中始终围绕具体的交际项目来确定训练内容。通常的教学是把写作学习进程划分为一个个具体的交际任务,在引导学生完成这些任务的过程中,使学生逐步掌握目的语的语篇表达技能。在任务教学法中,学习者可以根据自己的需要,决定学习的内容和顺序;教学内容的安排也比较灵活,一个个任务基本上自成系统,任务项目没有严格的序列性。

1993年剑桥大学出版的"Writing Task"把任务分成七类:① 写各种便条;② 写私人信件;③ 给公司、机关写信函;④ 写电文、发指令;⑤ 进行描述;⑥ 报告经历;⑦ 表述个人观点、意见等。每一项任务都由若干子项目组成,如私人信件任务,可以包括邀请、接受和拒绝、安排、道歉和解释、祝贺和同情、感谢信、表达肯定或否定、一般私人信件等(转引自罗青松,2002)。

在对外汉语写作课教学中,根据教学的需要和学生的兴趣可以设计以下一些任务类型:① 比较类:对两组材料进行比较,比如发掘两件事情的异同,比较两幅画等。② 描述类:比如根据所给的图画编故事,讲给同学听。③ 解决问题类:对一些实际问题进行讨论思考,找出解决方案。④ 个人经验类:如自我介绍,个人经历讲述等。⑤ 观点陈述类。⑥ 摘要类。根据调查,写作个人信息类任务时语言的流利度和准确度最高,因为这类任务与学生的生活密切相关,是学生们熟悉的情况,所以任务难度最低。观点陈述类任务由于学生可能对任务涉及的信息不熟悉,任务难度大,因此语言的流利度很低,但复杂度较高。图画写作类任务难度比个人信息类大一些,学生要发挥想象力,才能完成任务。想象力丰富的学生,语言的流利度和准确度都较高。概要类任务最难,因为写概要包含多个分任务(如阅读理解),对学生的注意力资源提出了更高的要求,使学生不可能花更多精力在语言形式上,因此语言的准确度和流利度都较差(转引自李晓琪,2006)。在教学中,我们要根据教学需要,针对不同的学生,制定不同的写作任务。

依据 Willis(1996)的研究,任务教学法有任务前阶段(pre-task)、任务循环阶段(task cycle)和语言聚焦阶段(language focus),包括集思广益、收集素材、写出报告、分析反馈语言等步骤。综合考虑对外汉语写作课的实际,任务教学法可以分成四个阶段:写作前阶段、写作阶段、分组讨论和汇报阶段、评价和巩固阶段。

1. 写作前

教师首先要进行任务选择,确定并解释任务。一般选择与学生现实生活有密切关系,能激发他们写作兴趣的任务,任务的选择也可以根据学生的兴趣进行调整。不同的任务能提供不同的意义和语言形式,激发不同背景知识的语言信息,给学生提供课堂上运用真实语言的机会。其次,任务选好并强调其重要性后,教师应给学生提供几篇范文,简单分析其语言形式和结构以引起学生的注意,从而保证写作时语言的准确度。最后,通过分析范文,强化学生对语言形式的认识。

2. 写作中

要求学生按写作前学习的范文和教师的提示讲解在规定时间内独立完成作文初稿,同时要注意语言形式,保证一定的流利度。有了初稿后,让学生据此进行协商、讨论的活动。但如何让学生在执行写作任务时进行协商、讨论是一个难题。任务型写作教学应突出作者、环境与潜在读者的关系。如果教师能采用一些方法让学生相信,有某个读者正迫不及待地要读他的文章或者他的文章写得好的话可以给他带来收益,这样学生也就有兴趣进一步讨论。例如,同样是介绍一件商品的任务,如果假设学生在网上开了一个店,需要做一个商品的说明,且要面向不同年龄的顾客,相信学生会一直保持比较高涨的兴趣。在进行讨论、协商时,可以将学生分组,互相合作,交换评估各自的初稿,把认为有问题的词、句子标出来,教师充当助手,引导学生运用以前学过的知识进行修改。经过充分的讨论和修改后,就可以每组选出一位代表来汇报他们的讨论。汇报时要注意写作语言的准确性和流利性。

3. 语言聚焦阶段

这一阶段的主要目的在于使学生进一步探索语言,巩固语言结构、搭配、句法等方面的知识,使他们的语言表达更准确,并提醒他们注意新东西。无论使用何种教学法,都无法使学生在一堂课上掌握所有涉及的语言点。任务教学法的语言聚焦主要是把语言点指出来,让学生予以关注,再次遇到的时候能够想起来,或者经过一段时间的系统学习,可以把这个语言点加入到他所掌握的中介语系统中去,从而不断丰富自己的语言知识,逐步向目的语靠拢。这个阶段一般是先由教师对学生习作进行批改,然后针对学生写作中出现的问题,进行课堂讲评,并设计一些活动或练习来进行巩固。也可留课外作业,让学生写一篇与本次写作题材类似的作文。

任务教学法在具体的授课目标上体现交际性,以学生为中心,有助于学生实际语言能力的提高,让学生体味到"做中学"的乐趣。任务法选择项目灵活,可以从任何项目开始,具体到每一个任务项目,又注意提供很实用的语言运用提示,适合学习目标很明确的专业人员或要运用目的语进行某个专业学习的学生。但任务法的这种灵活性也有其负面作用,即很难保证训练内容的系统全面,使学生的写作技能的发展缺乏举一反三的基础。同时,任务法对教师也提出了较高的要求,教师要善于设计任务,能创造互动环境,能给予学生写作、修改、汇报、评价等各环节的具体指导。

通过上面的分析可以看出:"结果法"强调模仿,偏重经验,相对忽视学生主动性的培养;主张通过阅读、分析与模仿范文来写作;语言操练限于句子层面,而相对忽视段落、篇章层面;文章的最终读者是教师,教师只关注文章成品,而相对忽视文章的写作环节。"过程法"强调写作是一个复杂的、相互重叠的认知过程,是群体间的交际活动,而不是写作者的单独行动,应把重点放在学生的写作过程和写作能力上;写作过程不仅涉及语言知识,更重要的是涉及交际能力要求的文化沟通;语言操练不限于句子层面,而是关注篇章之间的衔接、组织并实现与上下文的一致。"任务法"强调交际,目的明确,根据教学对象的需要灵活选择项目;以学生为中心,注重任务的趣味性,在此基础上进行语言运用的训练。但任务法缺乏系统性,难度也没有一定的标准。教师在教学中,应该针对教学对象、教学目标等因素选择合适的方法,根据需要交叉运用不同的教学方法,以充分发挥各种方法的长处和优势。

第三节 第二语言写作教学的基本内容

教学内容由教学目标及任务决定。对于写作能力的要求,《国际汉语教学通用课程大纲》划分了五个等级,第一、二等级对"写"的要求主要在汉字、句子的层面,第三级开始涉及段落、篇章。

第三级的目标为:

能用简单的词语填写或描述与个人生活密切相关的信息;能用最基本的词语或句子就一般场合下熟悉的话题进行简单的书面交流;能组织简单的段落。

第四级的目标及内容为:

能就基本的日常学习、工作或社交话题进行描述,能按一定格式书写简短的篇章,传递或表达恰当的信息。其中包括:能根据所读或所听材料做简单的记录,概括出大意;能就个人经历或熟悉的有关学习、工作或社交话题作简单的成段描述,语句基本通顺,表达基本清楚;能填写简单的工作表格和计划书等;能根据简短的口头报告或参考资料整理出简单的笔记;能在两事物之间进行对比描述;能撰写日记,语句基本通顺,表达基本清楚,且具有一定的连贯性。

第五级的目标及内容为:

能就特定的话题进行描述、记录或说明,撰写相关的文件或文章,语句通顺;能正确反映客观情况,准确地表达自己的观点。其中包括:在口头交际的基础上,就一些特定话题与他人进行书面交流;表达个人的意见与看法,所写言之有物,语句通顺,语篇连贯;会写一般应用文或一定工作范围内的工作文件,格式基本正确,语言表达清楚;能就所听或所读的材料进行总结,有条理地写出摘要或简要报告;能撰写简短的一般性文章,就某些具体或抽象话题进行描述、阐释或说明,用词恰当,表达通顺,能正确反映事实,清楚地表达自己的观点。

从大纲的要求可以看出,在对外汉语写作教学中,教学的重点和出发点都应该是语言表达形式,而不能像汉语第一语言写作那样放在构思、内容等方面。培养语言运用能力,应该是第二语言写作教学最主要的任务。然而,语言运用是个很宽泛的概念,涵盖所有的语言要素的教学。在写作教学中,语言要素的教学要从语篇训练的角度出发,为语篇表达服务。在二语写作教学中,基本的教学内容可以分为三大部分:词语教学,语法教学,语段、语篇教学。

一、二语写作中的词语教学

词语、句子是文章的基本组成部分。书面表达不同于口头表达,无法借助其他一些手段来弥补语言表达的欠缺,而只能通过语言准确地传达意思。因此,正确地遣词造句应是写作教学的基本内容。

但由于写作涉及的范围相对于学生掌握的词汇量来说要广泛得多,这成为学生在写作中遇到的最大的困难,也是造成习作中词语偏误的根本原因。在写作中,学生的思维表达水平与语言水平矛盾突出。他们愿意在写作中表达自己的看法和见解,但在他们准备将掌握的词汇投入到实际运用中时却发现,他们想表达的思想找不到相应的目的语词汇,语言水平跟不上表达思想的需要。为了把自己的思想表达出来,学生通常会求助于词典或从已经学过的语言材料中寻找想要表达的概念。但学生对这些词语的语义、语用规律的了解往往还有限,有的只是通过教材的学习掌握了多种义项中的某一个。学生在运用这些词语时,往往就抓住一个词语的基本义,或对自己表达的概念适用的概念意义,而不注意词语的语法意义及其他附加意义,从而在实际运用中,出现诸多偏误。如:

* 一些贪官污吏停中国的现代化。("停"应为"阻止")

* 旅游事业发展,地方经济就能利益。("利益"应为"获得利益")

* 因为充实生活,我们都愉快。("充实生活"应为"生活充实")

从上面的分析来看,要解决写作中的词语运用问题,主要应该针对写作技能训练的特点,提高学生的词语运用水平,也就是要训练在一定的语境中选择、运用词语的能力。这就要求学生不仅要掌握词语的概念意义,同时要了解词语诸多种类的附加意义及语用特点。在具体教学指导中,可以通过以下一些途径进行词语运用的训练。

1. 挖掘学生的用词潜力

积极鼓励学生在写作中运用学过的新词语。新学的词语是表达的重要资源,一定要在教学中加以利用。虽然学生在选择运用的过程中会出现偏误,但教师在作文批改时一定要加以表扬,同时进行语用指导,鼓励学生不断地尝试,从而较快地扩大大脑中的积极词汇,逐步向正确得体运用的目标过渡。

2. 指导阅读,增强语感

跟写作教学配套的范文比较贴近学生的语言水平,有助于学生在语篇中扩展新词语,并充实对原有词语的运用规律的了解。在范文阅读中,教师要注意展示一些词语的用法,让学生加深对词语的多个义项,或多种语法功能的认识、掌握。同时,设计一些导向性的练习,如在阅读材料中找出一些常用词语的搭配方式,或引导学生关注用不同的词语表达某个相同的意思的情况等,以培养学生的目的语语感。

3. 基于语篇的词语训练

有别于一般的词语练习,写作中的词语训练要注意提供语境,让学生始终保持词语选择运用的语境意识。学生的书面表达最终以作文的方式来体现,但在此之前,可以结合做一些各个层面的练习,如词语之间的搭配,为句子、段落中的空格选择恰当的词语,根据上下文用指定的词语完成句子等。这种练习可以比较集中地解决一些运用方面的问题,使得学生在词语积累和应用方面相辅相成,逐步提高运用能力。

4. 话题和词语教学相结合

王绍新(1997)认为:"应将话题和词汇教学结合起来,如对《汉语水平词汇等级大纲》的词汇进行分类,找出通用性最强的和适用于不同话题的词语;对其中同义词、近义词以及反映同类事物、概念的词加以整理,不仅从词义辨析,还要着重从话题及适用范围的角度说明每组成员的异同,指出其不同的功能……以期在扩大词汇量的同时,培养学生依不同话题选择恰当词语的能力,扭转词汇贫乏、语用失当的被动局面。"这种训练尤其适用于半命题的写

作。如描述某个地区的环境气候,可以设计围绕这个主题的词汇范围,为学生的表达运用提供方便。例如:

关于天气:晴朗、阳光、阴天、下雨等。

关于学校:教学楼、宿舍楼、食堂、操场、图书馆等。

关于环境保护:空气污染、保护环境、再生纸、垃圾回收、净化、环境意识、绿色食品、污水处理设备等。

词语是语言学习中没有终点的项目。在写作过程中,学生的词汇量和运用能力可以得到充分的体现;另一方面,表达的需要也促使他们不断提高对目的语词汇的掌握层次。

二、二语写作中的语法教学

正确运用语法是组织句子,进行语段、语篇表达的基本条件,对于学习汉语的外国学生来说,他们虽然在开始接受语段、语篇层次的写作训练前已经有一些汉语语法基础,但这些基础知识还没有在比较充分的语言运用中巩固,转化为语言运用能力。写作是一个综合运用所学的语言知识、能力的过程,语篇表达时需要关注的问题很多,学生难以照顾到各项语法规则。即使中高级阶段的写作练习中,一些句子层面的语法问题仍比较普遍。尤其是一些汉语特殊句型,汉语中独具特点的结构方式,更容易在运用中出现偏误。当然,中高级阶段相较于初级阶段,句型的选择和运用问题更加突出。因此,这里从句子层面的语法问题和语篇层面的语法问题这两个方面来谈语法教学。

1. 句子层面的语法教学

在学生的作文中,句子层面的语法问题主要为语序、结构、搭配等问题以及一些特殊句型的运用。例如:

* 我来了这里已经一个月。
* 现在我在中国念着书。("了"和"着"的问题)
* 因为昨晚睡觉得太晚,所以起不醒来。(补语的问题)
* 他照相了很多美丽的风景。(动词结构问题)
* 他们怀着悲痛的心情埋他在地里。
* 司机把我的意思不明白,我只好再说一遍。("把"字句的问题)

这类句子层面的语法错误在各个水平层次的学生作文里都会出现。在写作教学中处理这些问题,不能孤立地针对某个语法点进行训练,而应在语法框架下进行指导。

首先,如学生在写作中出现比较多的语法偏误的话,往往是老师布置的写作任务过大,学生"力不从心"所致。如果给学生的任务难度没有适当控制,学生往往由于想尽量表达自己的意思,而对语法的准确性无法多加推敲,使得一些未巩固的语法知识和不恰当的用法大量出现在书面表达中。所以,写作教学中要时刻关注学生的表达水平,写作任务要与学生的语言水平协调一致,学生经过思考和实践能够比较准确地将所学的语言知识运用于表达,这样才能取得良好的教学效果。

其次,对于一些特殊句型,要从结构特点、语用要求等方面对学生进行强化训练。如"把"字句,汉语中是一个使用频率很高的句型,但由于学生母语中没有这种句型,经常会出现一用就错的情况。针对这种情况,老师可以在一些语段中集中展示"把"字句的用法,把"把"字句的基本结构特点和语义特征都体现出来,并通过看图写话等控制性练习,让学生在写作中正确运用该句型。

还有诸如"了、着"以及补语等,都是学生写作中一些比较集中的问题。这些用法在初级阶段就开始学习,但学生对一些比较细微的差异认识不充分,在运用中容易混为一谈。在写前准备阶段对这些问题做一些有针对性的、预测性的纠错练习或者做一些补充、强化训练,是比较有效、可行的训练手段。

2. 语篇层面的语法教学

在写作训练中,语篇层面的语法问题主要体现在句型的选择上。学生的语言水平到了中高级阶段,如何在一定的上下文中选择合适的句型成为一个比较突出的问题。在学生的习作中,有些句子单独看没有任何语法问题,但在整个语篇中却对语义表达的准确性和连贯性都产生了影响。写作训练要训练学生目的语语篇表达能力,选择、运用合适的句型是重要的一环。对外汉语教学的句型教学,比较偏重语言结构的讲解和训练,而对语义特征、语用规律的指导训练不够充分。这导致学生在运用中,尤其进行语篇表达时,出现各种问题。例如:

* 他家的房子很小,但很多书被放在房子里。
* 刚刚生孩子的时候,她很辛苦。但是几年过去了,她终于感到了生孩子的幸福。

前一个句子中用了被动句,破坏了前后的连贯性,应该改为:"他家的房子很小,但房间里有很多书。"这样调整后前后两个小句主语相承,使句子之间连接更紧密。后一个句子中,"几年过去了"使整个句子中突然出现了一个新的主语,打断了原来的语义,改成"过了几年",句子之间语义连贯,更加协调。

出现这类句型选择运用问题,主要的原因有:一是学生掌握的汉语句型有限,对其语义特征和语用规律又缺乏了解,使用起来无法恰当进行选择。另外,遇到某些在母语中缺乏对应形式的特殊句型,如"把"字句,学生一般容易采取回避使用的策略。除了母语影响之外,教学也会造成某些误导。目前,在句型教学上比较普遍采用的是传统的结构训练方式,对语义、语用没有给予应有的关注,尤其缺乏比较系统、全面、分层次的讲解,对一些语义相近的句型在语用上的区别介绍得也不够充分。此外,目前有相当多的教材在句型学习中设置句型转换练习,如把"把"字句换成被动句等。这种训练虽然有助于学生熟悉某些句型的语言结构,但也容易模糊学生对这些句型之间区别的认识。就如被动句、"把"字句和不用"被"也不用"把"的"中性句","三种句式只有一部分句子可以自由转换,其余都有限制。限制来自两个方面:句法结构方面和语义方面"(吕叔湘,1990)。句型教学从内容设置到训练方式都忽略了这类问题。

针对这些问题,首先需要结合现有的研究成果,对一些特殊句型的语用背景进行分析,并在写作教学中进一步把语用背景具体化、情境化,探求适合于这些句型表现的,又贴近学生水平的语篇表达体裁、题材范围。如"把"字句,常用来表示确定的事物因动作而发生位置的移动或关系的转换;表示某确定的事物因动作而发生某种变化,产生了某种结果;等等(吕文华,1990)。根据这些语义特征,可以通过提示的场景,比如"搬家"、"布置教室"等,并列举一些"把"字句的表达,如把……拿出来、把……放进……里、把……挂在……、把……放到……等来引导学生进行成段表达。也可以设置几对人物关系,虚拟语境,让学生根据提供的例句进行表达训练。如:老师对学生说:请把书翻到第60页;顾客对服务员说:请把菜单拿给我。这类练习可以引导学生体会句型的语用背景,之后再逐步过渡到语篇表达。通过前面的控制性集中训练,学生对"把"字句的语义、语用有了比较清晰的认识,就可以布置一些比较切合"把"字句语义特点和语用背景的命题或半命题作文,如准备旅行、做菜等,让学生有控制地用"把"字句来进行相对比较自由的表达。

句型选择问题,可以通过引导学生对一些常用的、语义相近的句型进行比较,并进行综合运用的方法来加以解决。如"厕所在哪儿"和"哪儿有厕所"这两个句子,可以提供"公园里"和"咖啡馆里"两个场景,让学生选择配对。再比如比较句,表示比较的句型有"比、跟、有、像、越来越"等各类,它们都有各自的语义特点,要根据具体的语境来选择。可通过列表或其他形式提供两组数据,并说明语境,让学生用表示比较的句型描述这些情况;也可以给学生提供一些供参考的背景材料(材料本身有两组情况),让学生根据材料写表达自己观点的文章。学生写这类文章,既要列举事实,又要说明观点,比较适合运用各类比较句。

语篇表达中选择运用句型是一个比较复杂的问题,关涉语义的贴切、句型和语境的协调、风格的一致、上下文的连贯等。在教学中,应该把语用规律尽可能地体现在各个训练项目之中,在写前指导和写后讲评中予以提示、讲解,以提高学生的语境意识和句型选择能力。

三、二语写作中的语段、语篇教学

黄国文(1997)认为:"语篇通常指一系列连续的话段或句子构成的语言整体……语篇无论以何种形式出现,都必须合乎语法,并且语义连贯,包括与外界在语义和语用上的连贯,也包括语篇内部在语言上的连贯。"篇幅无所谓长短,只要符合这些要求,都可以定位为语篇。

句子到语篇之间的中间层次,称为语段。"语段又称句群、句组,是一组前后衔接连贯并有一个明确的中心意思的句子……在意义上有一定的逻辑关系,在结构上有较为密切的语法联系,在形式上常以一定的语言手段作为组合标志,与上下文既互相关联又相对独立的句子组合。"(郝长留,1983)语段形式简短,内部句子之间包含了语篇的基本衔接方式和语义关系,教学中运用"语段"来作为过渡层次,适合写作教学的实际要求。

学生初学写作时,尽管外在形式上脱离了句子的框架,从句子组合来看,写出了一段话,甚至一篇文章;但句子之间的组合往往只是表面的,并未形成真正意义上的语段或语篇,而只不过是单句的叠加;句子之间缺乏必要的外在的语篇连接手段和内在的语义联系。产生这类问题是由于学生缺乏语境意识,又没掌握必要的语篇手段。学生的书面表达中,往往单个句子没有什么问题,而在语段、语篇表达中则出现由于句子之间的不连贯造成的语篇偏误,如指称偏误,连接成分误用,词汇、句型选择不当等。学生写作要跨越句子层次,真正形成比较完整、连贯的语篇,一方面要通过各种手段丰富学生的汉语语感,培养学生的语境意识;另一方面要训练学生掌握汉语的语篇手段。

汉语的语篇手段主要指语篇中句子之间、语段之间的各种衔接方式。刘辰诞(1999)指出,篇章之间的衔接方式主要有:指代、省略、结构连接(通过关联词语或连接成分实现),逻辑连接和词汇衔接等。根据这个分类,我们可以将语篇手段从形式上分为三类:显性的语篇手段——运用连接成分;半隐性的手段——运用省略和指代的方式;隐性的语篇手段——句子的逻辑顺序,句型、词语的选择,整体文章风格的协调等。

语篇中最基本、最直观的衔接方式是连接成分。语篇连接成分作为外在的衔接手段,往往是学生有意识地学习语篇表达的起点。对于汉语的篇章连接,廖秋忠(1992)比较系统全面地罗列了汉语的"篇章连接成分",赵燕皎(1998)从对外汉语语篇教学的角度,列举了一些教学中应该关注的"篇章连接词"。可以看出,语篇中句子、语段之间的结构关系复杂多样,如并列关系、对应关系、顺序关系、重复关系、转折关系、因果关系、解释关系等。各种关系都有相应的连接成分来体现。如果在教学中,把这些基本的结构关系及其相应的连接成分循序渐进地安排在训练内容中,能够帮助学生系统掌握一些基本的语篇手段。

但在对外汉语教学的各门课程中,语篇层次的训练一直比较欠缺。由于没有成熟的训练框架,语段练习基本处于探索阶段。这使得写作教学必须在这一层次加强指导和训练,这是处理句子之间的衔接问题的必要前提。在目前出版的一些写作教材中,围绕衔接成分展开的训练主要有:① 设置一定的语境,并给出一些相应的连接词语,让学生能够在语段表达中选择运用。在表达训练中,可以给学生一些语段作为范例,让他们特别关注一些连接成分的运用。② 给出语段和连接词语,让学生选择填空,合理体现句子之间的语义关系。③ 给一组打乱了秩序的句子,让学生结合连接词语和语义关系把句子重新整理好。④ 设计一个写作提要,要求学生注意用上一些连接成分,写一个语段或一篇短文。这样的练习在一些综合课课本中也会出现,但往往比较分散,在写作训练中应该比较系统地体现,帮助学生把握与语篇表达密切相关的语言形式。

指代和省略也是实现句子语段衔接的一种手段。由于没有明显的外在形式,在教学中容易被忽视,也不易为学生所掌握。学生写作中,在需要用代词替代时,容易出现该用时不用、指代不明、过度使用等问题。而省略,尤其是主语省略这种汉语语篇常见的、有特点的衔接方式,学生往往不会根据表达需要适时使用。如:

* 她是英国人,(她)生于香港,不过(她)现在住在伦敦。
* 我的英语太差,(我学英语)学了七年,但不会说(英语)。(括号内部分可省)
* 父亲的公司很安定,母亲的身体也健康,上面两个是我最高兴的事。("上面两个"应改为"这")

汉语是重意合的语言,流水句多,只要能明确关系,经常省略主语。这是汉语特有的表达,需要学生摒弃母语影响,重新建立新的表达习惯。教师应该注重输入大量的语言材料,并通过一些对比和练习,加强学生的目的语语感。训练的方式有:① 给一段文字,包含一些人物关系不明朗的指代或省略,让学生在这些有明确目的的训练中,掌握这种语篇手段。如给一段文字,让学生找出可以省略却没有省略的词语,或不该省略却省略的地方。② 给一组成分完整的单句,让学生组成语段,要求运用省略或指代,使得句子之间的关系简洁明了。③ 通过翻译练习让学生体会汉语中省略或指代的使用。

"语篇中各个句子的合理组合,应符合逻辑及目的语表达习惯。"(黄国文,1997)汉语比较重视运用句子语义本身的逻辑关系自然衔接。学生一般来说并不缺乏思维逻辑方面的训练和素养,但由于对汉语词语、语法等运用不自如,容易顾此失彼,很难将语言的正确、语义的衔接连贯以及语用的得体全方位地考虑到。另一方面,不同语言在语篇这一层次,句子间的逻辑排列顺序虽有较多共性,但也存在各种差异。学生往往忽视这种差异,在表达中受母

语影响,因而出现一些语篇衔接问题。如:

＊虽然我还没去过这地方,因为我不喜欢旅游,但是我已经读过一些关于这个地方的书。(很显然,这个句子受到英语表达方式的影响。)

＊我早上很早起床,因为我的妈妈要来北京,我一定要赶到机场去接她。机场的人很多,我一下子就看到了妈妈。路上堵车,我担心接不到妈妈。妈妈第一次来北京,一句汉语都不会说。在机场终于见到妈妈,我真是高兴极了。(这个句子没有按照合适的时间顺序或事情的过程来讲述。)

在写作中,要训练学生把握汉语的结构形式及其语篇手段,尤其是不用连接成分,采用"意合"方式的表达规律。主要可以训练这么几种语篇结构安排:① 时间顺序。一般出现在叙述性的语段中,可以记录一个生活片段,也可以是一个人的生平介绍。如:我的周末、一次难忘的经历、名人小传等。② 空间顺序。一般在说明处所,描写环境、景物等话题中运用。如:我的宿舍、一座图书馆等。③ 发展过程顺序。这种表达顺序和时间顺序有关联,往往属于一类,只是发展过程顺序更加注重过程本身的衔接。在说明性或记叙性的语段中运用。如:做菜的过程、大学入学申请的步骤、一起事故的发生过程等。④ 因果关系。用于对事情的经过进行描述,更多的是对一些现象进行评价。如:网络游戏对青少年的影响、气候与生活方式的关系等。⑤ 并列关系。用列举方式分别介绍两类事物;或在评价某事时,用另一事类比。如:介绍某地、大型超市与小型便利店的区别、网上购物与实体店购物的优劣等。

总之,语篇是包括语法、语义、文化、思维、表达方式的综合体,教学中一方面应指导学生了解一些汉语的语篇手段,如连接成分及其连接的基本关系,省略和指代的使用规律;还应引导学生结合自己的语言技能和语言知识、文化背景知识等,加以综合运用。通过有意识地指导训练,才能帮助学生建立目的语的语篇意识,从而主动越过语篇表达的中介语形式,朝着准确、得体的目的语交际的目的努力。

第四节　第二语言写作教学的主要过程

不管使用哪种教学方法,为了落实写作教学的内容,完成写作教学的任务,在教学上都离不开写前、写作和评阅这三个过程,且这三个过程可以循环往复。

一、写前教学

写前教学可以包括:语言知识准备、范文导读、体裁分析、文章构思(如自由写、记日记、列大纲等)、写作策略学习等。

语言运用是写作的核心问题。在写前教学环节,应该帮助学生获得完成语篇表达的材料和手段。学生须有选择词汇、运用语法等基本的语言能力,也要能把这些能力运用到语篇表达中,完成形式上从单句到语段表达的过渡,从语言知识到实际运用的过渡。教师还要进一步指导学生把握语用规律,在语篇表达中准确得体地运用。要实现这些目标,需要在课堂上引导学生建立起新旧知识,句子和语段、语篇表达的联系,并通过一定的操练巩固加强这种联系。例如:在写议论文时,需要运用比较、对比的句型,这时就可以在课堂上引导学生先把学过的比较句的句型回忆出来,然后给一些话题,让学生围绕话题写比较句,之后在课堂交流讲评,指出错误,补充学生表达中没有涉及的句型,然后换个话题再让学生使用列出的比较句型写单句或语段。通过这样的反复训练,使学生对比较句有比较全面的回顾,再去写作文,就有比较丰富可靠的材料了。

此外,根据第二语言习得理论,第二语言习得与使用需要有足够的语言输入,需要学习者加以关注。在写作教学中,写作前的范文导读往往可以引起学生极大的关注,因此输入的效果会好于其他课程。

选择写前导读范文,应该遵循以下原则:一是范文要能较集中地包含训练重点。例如,为了让学生使用某些关联词语,那么就应该在范文中有运用实例,语言上具有可仿效性。二是文章难度最好应低于同水平的阅读课文章。阅读课是一种输入训练,而写作课的阅读是为输出做准备的。如果范文语言难度对于该阶段的学生来说太高,即使它的语言运用和表达形式都很完美,也起不到引导的作用。再者,写作课的重点是学习运用,不应该把大量时间放在文章疏通理解上。三是文章来源,对于水平不高的学生来说,最好是教师改写或创作的文章,因为教师可以把握学生的学习进程,量体裁衣地制作,在语言运用中,表达内容方面起到更加直接的启发作用;同时教师的同步作文也可以增加师生交流,使得学生愿意把教师当作一个可信任的读者。其次,好的学生的习作也是范文的来源之一。学生习作由老师做一些语言上的处理后来做范文,可以增强学生学习的自信心和兴趣。

写作教学中的范文阅读,应该与精读和泛读课都有所区别,它不在于逐字逐句疏通文义,也不是了解文章内容,而是指导学生了解文章整体的结构、表达层次,以及如何通过一些语言手段恰当地表达思想。加之写作课时间有限,在范文导读上,教师要目的明确,抓住训练重点问题,而不能对文章作太细致的讲解。在范文导读上,比较经济的做法是在范文旁列问题栏,针对遣词造句、连句手段、话题转换的语句等各种语言表达手段以及文章结构、立意等设计问题,让学生边读边填写,最后由老师根据学生的回答进行点评、指导。

以上的准备工作都指向写作。然而所用的教学法不一样,写前的作文指导亦有所区别。

以"控制法"为例,主张构思过程基本由教师代劳,老师设定一系列的表达步骤,学生跟着写出正确的句子就行。这样虽然语言技能的训练目的明确,但学生缺乏积极的思维活动,难以激起学生的写作热情。"过程法"则注重开发学生的潜能,写前通过各种方式让学生就文章主题进行表达,之后在教师的指导下列出写作大纲。这样的写前活动丰富多样,能引起学生写作的兴趣,但如果教师不善于启发学生探索问题和表达意义,将无法有效控制表达内容。"任务法"以学生为中心,让学生通过完成交际任务来达到训练目的。写前教师进行任务选择、确定、解释任务,并强调其重要性。之后,教师提供范文,简单分析其语言形式和结构以引起学生的注意,从而保证写作时语言的准确度。最后,通过分析范文,强化学生对语言形式的认识。这样的训练有助于学生实际语言能力的提高,让学生体味到"做中学"的乐趣。但如果教师不善于设计任务、创造互动环境,无法在学生的任务阶段给予具体的指导,则会使教学流于形式,学生无法得到真正的写作训练。

综上,在写前指导中,教师应根据学生水平及教师本身的条件灵活进行引导。写作的内容应有意识地要求学生逐步丰富写作的语言表达形式,应注意写作的体裁、题材与语言的结合。为了激起学生的写作兴趣,写作任务要根据学生的学习生活,或其他一些具体情况灵活安排。此外,在给了学生作文任务后,从语言运用、写作内容、文章结构等方面给学生一些提示,也有助于增强学生的表达兴趣和自信心。

二、写作过程

写作的过程主要由学生来完成。写作教学中的写作可分为单稿写作和多稿写作。二语习得中的输出理论和频次理论对多稿写作具有重要的启示意义。

首先,拥有语言知识并不等同于使用语言知识。第二语言习得需要有足够的语言输出,在输出的过程中才能了解自己的偏误,改正自己的偏误。写作作为很重要的一种输出训练,应该在输出这一环节加大训练量。因此,从语言的输出角度来看写作过程,多稿写作是必然。虽然语言知识的准备和写作技巧的讲授也很重要,但要提高学生使用语言知识的能力,还是要靠多写,光说不练或多说少练都无法达到写作课的教学目标。只有经过反复多练,写作者才能不断提高写作的流利度。二语习得理论指出,二语习得过程分自动化过程和控制过程,自动化过程来自反复操练。写作中如果作者在提取相关语言形式时毫不费力,提取过程流畅自动,也就表明,作者的语言输出已达到了自动化。但通常来讲,只有当学生提取经常使用的语言形式时,才能做到自动化。如果学生头脑里积累了大量的常用语言形式,写作中的语言表达就能趋于流畅和自动,从而把更多的注意力放到如何组织结构和尽量挖掘话题的意义上面。

此外,通过多稿写作还能提高写作水平。二语习得研究发现频次效应对写作水平的提高起重要的作用。国内英语教学界对此有一定的研究。周丹丹(2011)的研究揭示,频次作用对二语写作能产生积极的影响。该研究的 20 名受试在为期 9 周的时间内重复写作三次,结果显示,在频次作用影响下,受试对自己的作文做了内容、结构、语法等方面的修改,而且作文质量也显著提高,大多数受试认为频次作用对提高写作水平有较大帮助。在对外汉语教学中,对于中高级阶段的学生,应该鼓励多稿写作,以使学生巩固各类体裁的写作范式和写作技巧,提高写作质量。

从具体方法上讲,要做到让学生在一段时间内完成多稿写作,有兴趣了解其他同学对同一话题的写作并不断修改自己的文稿,关键是任务本身要能激发和维持学生的写作热情。在整个写作教学过程中,写作往往被认为是一个完全独立的过程,应该由学生单独来完成。由于对写作的惧怕,很多学生也把写作当成一个很重的学习负担。要让学生对自己的写作进行多次修改,且要在同学之间产生互动,必须在布置多稿写作任务时,不断激发学生的兴趣。比如在写了一篇介绍家乡的文章后,要求变换目标读者,把文章修改为一篇对同学去游玩有帮助的文章,让学生在这一过程中培养明确的读者意识。或者也可以让学生想象,某个旅游杂志对他文章介绍的某个方面感兴趣,编辑希望这部分内容能得到扩展,希望他根据要求扩展后投稿给杂志社。或者也可以缩减文稿。但对于大多数的学生来说,目前写作上的问题还是写得不够多,缩减文稿只能在高级阶段视情况而定,一般情况下还是要鼓励学生多写。

三、写后评阅

作文写好后,教师要对学生的习作进行反馈。作文反馈是写作教学的核心之一,包括教师反馈和同级反馈。教师反馈的形式总体上有书面反馈和口头反馈两种:书面反馈如批改、评价、评分等;口头反馈如集体点评、单独面批(即与学生进行一对一的写作讨论会)等。同级反馈主要为同伴互评。

1. 习作批改原则

对习作中的语言问题是否要纠错,如何纠错,似乎一直是国内英语写作教学研究中有争议的话题。在对外汉语写作教学中,由于大多数学生的层次还比较低,写作水平远没有达到主要关注作文的内容和结构的程度,因此在对待语言偏误问题上,纠错是大家的共识。但如何纠错,有两种不同的观点:一是有错必纠;二是采取比较宽容的态度,只提出一些主要的错误,或当前学习阶段应特别重视的问题。

有错必纠立足于语言教学的规范性和准确性。有人认为,口语表达因为受表达条件的限制，中间打断容易影响表达，所以无法有错必纠。写作训练学生的语言输出更为理性，表达存在固定形式，对错误进行指正是必要的，教师也有时间和条件对习作进行细致批改。此外，学生得到教师的反馈时，他们的表达错误如果没有得到否定的评价，会认为是可以运用的方式，这样，错误就会被理性地固定下来，因此必须进行严格的批改。当然，这种纠错可以分步骤进行，分指出错误和指正错误、写出正确的表达方式两个层次来进行，即所有的错误都指出，选择重点问题进行更正。对学生习作中的错误采取比较宽容的态度是从学习心理来考虑的。如果有错必纠，学生看到满眼红色的作文批改，容易失去信心。有重点地指正错误，可以让学生集中注意力面对最紧迫的问题。

学生习作中的错误是教师教学效果的直观反映，面对学生的错误，总的原则是应该指出错误，但应做一些具体分析，特别要关注错误中反映的语言学习进程的主要障碍，依此来计划下一步的教学。此外，正如丁言仁(2010)所言，评阅反馈的最终目的是培养学生的自我评改能力，而文字批改对学生的作用有三：一是要认识到学生习作中 90% 的错误会重犯，只有 10% 的错误可以改正。错误重复是一般现象，纠正错误以及文字能力的提高需要一个反复的过程。二是批改可以引导学生关注自己的语言，看到语言上的差距，因为产出性技能的学习有赖于又滞后于输入性技能的学习。三是批改时老师把自己放在学生的忠实读者的位置，使学生觉得自己受到尊重，从而努力写好每一篇作文。规范的写作有助于学习者关注输入材料中的语言点以及在自己写作中借用这些语言点。

2. 文字批改

文字批改是对词汇、句法、标点、格式等各个细节方面的书面反馈。改作文是很多老师怕的事情，尤其怕改文字，主要是有些句子不容易改，有些改了学生下次还错，作业量大，负担重。而在学生方面，他们似乎总是希望自己的作文得到老师详细的批改，而对于老师的批改，又往往是看一眼就束之高阁，不会认真地去反思修改。

前已述及，对于学生的语言文字错误，应该分层次、有重点地进行指正，且目的很明确，就是要逐步培养起学生自给自足的修改能力。从"有重点"出发，文字批改就不是赶尽杀绝。在学生的作文中，总有一些问题会比较突出，要让比较突出的问题先得到解决。

一方面，习作中突出的问题类型与学生的语言水平有关。语言基本功好的学生，习作中的语言错误主要表现在词汇层面，如选词问题、搭配问题、词序问题。这些问题常不影响意义的表达。对文字的修改重点在于提醒正确搭配，特别是用词的准确和细腻。如果老师有能力帮助修改，不妨直接修改，因为学生不一定能自己改对。

语言基本功稍弱的学生，文字错误更多地表现在句法层面，这会影响到思想内容的表达。对文字的修改重点在于提醒语法、句式。建议有选择地画出突出问题,让学生自己修改。但是不必画出所有问题,以免影响积极性。

如果学生的语言基本功实在太差,不妨找出写得相对较好一些的段落和文字,给予鼓励;若有大量的基本错误,可以选择一两句帮助修改,以作示范。对这些语言能力稍弱和很差的学生尤其要注重鼓励的作用,让他们在写作课上依然获得成就感,避免面子危机,才能让学生有坚持学下去、写下去的信心。

另一方面,一些需要重点解决的问题应该是与老师布置的习作任务的要求有关的。比如,若强调某篇习作必须使用某一种引用格式,则格式问题必然是批改的重点之一。批改包括对正确的使用给予认可,对错误地使用予以纠正或画线指出。

不论哪一种情况,有一点是一致的:对学生语言运用中的优点,要及时认可、及时鼓励,而不是在作文之后用"用词准确、语言流畅"等给予泛泛的表扬。一些老师的技巧是,为了把学生的注意力吸引到富有表达力的词句上来,要求学生在自己的作文里标出首次使用的词语、精彩的句子等,教师在批改时重点评估,予以认可。

3. 课堂讲评

教师对习作进行讲评是传统的汉语母语写作教学的重要环节,在对外汉语写作教学中,这种讲评的形式也运用得很充分。讲评与母语写作教学不同的是,侧重点在语言问题的分析上。有的学生认为写作课像偏误分析课,似乎总是在修改病句。分析纠正学生表达中的偏误是写作教学的重要内容,但是讲评环节不能仅限于此。课堂讲评是对阶段教学单元学习任务完成情况的总结,关系到课堂作文指导能否发挥积极作用,学生的写作积极性能否持续,写作水平能否不断提高。讲评内容是教师对学生学习情况的总结和指导。课堂集体讲评中教师常要做好三件事:

(1) 表扬鼓励。教师要结合写作要求给予学生表扬。每一项写作任务有一定的要求,一次习作中有多少学生达到了这些要求,要给予认可,这既是表扬,也是再次强调和彰显写作要求,让学生印象深刻。在表扬时要使用具体实例。人们通常对泛泛而谈的表扬没有印象,使用具体的实例会产生不同的效果。点评优秀习作可以选一整篇来讲,也可以节选。同时,要鼓励不同个体。受学生欢迎的老师不会吝啬鼓励的语言。鼓励要落实到具体某个同学身上,要在课堂上点出学生的名字。要选择班级里不同写作水平的学生,分别指出他们习作中的亮点。这样不但鼓励了这几个学生,而且常常能够以点带面,激励其他写作水平相近的同学。

(2) 归纳问题。归纳学生普遍存在的写作问题是课堂讲评的一个重要方面。书面反馈中画出、圈出的一些问题,学生可能注意,也可能忽略,可能改对,也可能改错,或者不懂怎么改。如果教师在课堂上将某一类问题拿出来讲评,情况就不一样了。在课堂讲评中,一方面可以举例句、例段,引导学生分析和修改;另一方面,可以用学生常犯的错误用法作小标题,如"'会'还是'能'"、"'见面他'吗"等,以引起学生的注意,帮助学生记忆。从几方面对问题进行强化后,一般情况下学生会加以重视,再犯的情况将大幅减少。

(3) 讲解语法。讲解语法的技巧是有的放矢,分析范例和练习巩固。写作课不是为了讲语法而讲语法,而是针对学生习作中的问题有针对性地进行讲解。在讲解时,应该使用学生的实例。语法讲解后的练习巩固必不可少。有时候,传统的句子改错也能起到很好的作用,关键是要让学生自己来改正。可以对学期中已经讲评过的、学生常见的句子错误进行整理,期末时汇总起来作为小测验的内容。通过错句汇总和小测试,再次引起学生的注意,帮助他们避免类似的错误。

4. 同伴互评

同伴互评在课内或课外都可进行,是写作老师常用的方法。让学生参与到纠正错误的过程是非常有效的教学手段。同级反馈有利于学生从评价别人的作品中找到自己写作的问题。学生改自己的文章难,改同学的文章却能改得很好。同伴互评运用得当,将有利于提高学生的批判性思维能力,加强读者意识,让学生逐渐学会独立修改。

但同伴互评需要教师事先做好上岗培训工作。如果直接把习作分发给同学们,要求他们互评,学生的确能提出一些问题,但多半做得不到位。培训就是要帮助学生树立目标感,让他们在互评的过程中有章法,思维清晰。

树立目标感有两个方法:一是教师提供反馈样板,二是提供互评框架。提供教师反馈样板是让学生有一个模拟的对象。老师以一篇学生习作为例,给予具体的书面反馈。可以事先做好批改,然后课上示范,也可以利用多媒体设备在课堂当场评改,示范如何给予反馈。一般来讲,同伴互评需要对习作的内容、结构和文字等各方面给予反馈,因此教师在这几个方面的反馈形式就成了学生的样板。比如,要求学生仿照老师,不仅在文中指出偏误,也能圈出优秀的表达文字。另一个办法是提供互评框架。国外大学的写作网站上有很多互评框架,可以加以借鉴、修改后运用到对外汉语写作教学中来。比如可以从词语搭配、语段衔接、内容完整等方面进行设计,让学生依据框架去进行评改。

对于同伴互评的内容,教师要及时评价。技巧是在书面反馈的过程中,对互评者的正确观点,老师给予支持,形成一种有效激励。同学看到自己的评价得到了关注,得到了反馈,特别是有了老师的正面评价,互评就有了动力,就能越做越好。

第五节 教材分析及课堂教学展示

一、教材使用情况介绍

在对外汉语写作教学中,教材使用不像其他语言技能课那么普遍。教师和研究者对写作课是否要用教材仍存在不同的看法。认为写作课不需要教材的,主要有以下几个原因:① 写作课的优势就在于它不用教材,可以根据学生的水平、兴趣以及社会经历等灵活安排教学内容;② 由于写作教学过程需要不断反馈学生的表达形式、语言运用等方面的问题,课堂教学所用的材料应来自学生的习作以及对作文情况的评价,如果用教材有可能限制教学内容的针对性;③ 写作是一项个人完成的活动,用教材把这项个体性很强的活动统一在某种框架之中,可能会忽视学生思维表达的个性特点,影响学生写作的积极性和教学效果。

加之与其他各项语言技能教学相比,写作能力的培养涉及的方面比较多,如语言运用方面,须涵盖词语、语法、语篇等项内容;表达形式方面,要涉及各类题材、体裁文章的写作。除此之外,还要针对学生的写作过程进行指导,如提炼材料、拟订提纲、写出初稿、进行修改、规范格式等。因此,有些学校把写作课和综合课合并,称为"读写课",由综合课的老师根据学生水平,结合综合课所学内容安排作文训练。这样的安排,有一定的教学优势。比如,在综合课的教学过程中,可以联系课文内容设置一些循序渐进的练习,将写作的几个方面分步骤训练,训练侧重点可以根据综合课学习进程交叉安排;综合课可以帮助学生得到语言应用的感性认识,充实词汇、语法及各种表达方式;综合课的课文还可以引发思考,使学生获得写作的素材。在综合课的学习中加入写作任务,学生会有意识地关注语言运用以及结构组织形式,希望自己的写作在用词、句型上能够借鉴课文材料,这种带着任务的课文学习更加深入,同时通过运用可以检验语言点掌握和课文理解的准确性。

但也应该看到,课堂教学不用教材,虽然在教学上获得较多自由,但也会带来教学的系统性、规范化等方面的问题。没有教材规划的写作教学在练习设计上往往带有随意性,一般只是改正作文中的偏误,形式上比较单一。而专门的写作教材可以根据教学总体设计,配置充分、有效的练习,使学生的书面表达能力得到充分、扎实的训练。写作教材还能根据教学进程选择典范的语料,在语言形式上为学习者提供学习的样本,在内容上又颇能启发学生的思维,激发他们的写作积极性。此外,写作所需要的一些语用知识和写作知识,如句子的连接方式,特殊句型的语义和语用特点以及文章组织、文体格式等方面的说明等,写作教材可以根据学生的语言水平、结合学生阶段学习目标的需要,围绕具体的训练项目进行解释。因此,选择一本合适的写作教材,对于教学双方都将有很大的帮助。

二、主要教材分析

目前各类学校在使用的写作教材(包括读写教材)主要有《汉语写作教程》系列、《体验汉语写作教程》系列、《发展汉语》写作系列、《初/中/高级汉语读写教程》、《汉语阅读与写作教程(初/中/高级)》等系列教材以及《汉语写作教程》、《留学生汉语写作进阶》和《外国人汉语过程写作》这几本单行本写作教材。下面从编写理念、编排思路、范文选材、综合训练和任务引导这几个方面来进行分析。

1. 编写理念

从编写理念来看,目前主要有三种(三种教学法内容详见第二节):一是结果教学法。结果教学法只关注文章成品,不重视写作过程。它的教学任务是完成句子、替换和模仿练习、句型操练、段落排列与文本阅读等,以提高学习者表达的准确性,但限制了学习者的自有思维。代表如《汉语写作教程》系列。二是过程教学法。它主张写作中思想和内容第一位,形式第二位;关注写作过程中思考、设计提纲、修改等行为,重点放在学生的写作过程中。它的教学任务是锻炼写作的思维能力,练习形成观点、构思文章与修正文章的思路。这种教学法促使教师为中心向学习者为中心的转变,有助于学生发挥主观能动性和锻炼写作思维能力。但这种教学法需要在课程安排上有比较多的课时(至少每周4课时)。以《外国人汉语过程写作》为代表。三是以人物为中心的体验教学法。它基于建构主义学习理论、任务型教学和主体教育思想;主张"情境创设"和"体验思考"两个核心理念;设计以意义为中心的、贴近真实生活的任务活动;按启发、引导和体会写作过程的思路展开教学;以学生体验为中心,促进学习者积极、主动参与课堂体验环节。它的教学任务是使学生充分体验到写作的乐趣,顺利完成写作任务。但这类教材往往缺乏写作知识的系统训练。以《体验汉语写作教程》系列为代表。

2. 编排思路

写作教材要对写作知识进行科学合理的编排。写作知识包括体裁、语言、语篇话题以及写作策略等。目前的写作教材主要有三种编排思路:一是以体裁为纲、以语言为目的。教材按照体裁难易程度排序,一般为简单应用文、记叙文、说明文、议论文、较复杂的应用文、学术论文。体裁知识有两种处理方法:一种是在写作实践之后,针对训练的重点作简要的总结性的写作知识说明;一种是编排在写作实践之前,简明扼要地介绍体裁的主要特点及写作要求。语言要素按照从字、词、句、语段到语篇的顺序依次排列。主要有《汉语写作教程》系列、《发展汉语》写作系列。二是以语言为纲、以体裁为目的的编排思路。主要以句子、段落与语篇等语言要素为纲,对学生进行专门的写作技能训练;同时辅以体裁,按应用文、记叙文、说明文、议论文排序。这种编排较好地兼顾到了语言与体裁,但教材容量较大,跟学生的汉语水平常有脱节。以《留学生汉语写作进阶》为代表。三是以语篇话题为纲,以语言和体裁为目的进行编排。教材选取留学生生活和中国国情、文化等留学生关注的话题,按照复杂程度排序。语言要素从字词句到语段语篇,并关注体裁知识的介绍。这种编排较好地照顾到了学习者的兴趣,又能关注语言要素的训练,有着较好的教学效果。以《体验汉语写作教程》系列为代表。

3. 范例选材

对于学习者来说,接触丰富、充分的语言材料,是语言表达的良好基础。范例——包括范文,以及段落、短文等不同层面的语料,是写作教材的主体。从教材来看,范例选材主要来自四个方面:一是报刊、网络文章,这些文章贴近生活,富有时代感,能激发学生的学习兴趣;二是中学生优秀作文,这些文章相对比较简单,结构清晰,较适合留学生模仿;三是留学生优秀作文,这些文章多从留学生视角看中国,有助于启发留学生观察生活,且能产生共鸣,激发写作积极性;四是现当代经典名篇,但因这些名篇用词较难,背景深刻,不易读亦不易模仿,故收录较少。从总体来看,越是新近出版的教材越倾向于材料的生活性和时代性。但目前的教材普遍存在的问题有:例文篇目较陈旧,难易程度考虑不够;所选例文与写作任务之间联系不紧密,让学生无所适从。范例是模仿写作的基础,通过学习例文,才能将各项写作知识有序地渗透,使学生有效地吸收与把握。例文选取的好坏,直接影响到学生可理解性输入的情况,从而影响到写作质量。例文要在写作教学中起到很好的桥梁作用,必须贴合留学生的学习需求,难易适中,要具有例示性、典型性、趣味性,要与写作任务具有较紧密的联系,能够真正起到例示作用。

4. 综合训练

写作的最终产品应该是成篇的文章,但在教学过程中,要通过程度不同、形式各异的练习来逐步达到目标。因此写作教材一个重要的方面就是对写作知识的多方面的训练。主要有四类:一是词语与语法,从初级到高级包括熟读词语、抄写短文、选词填空、词语搭配、辨析词义、连词成句、连句成段、完成句子、修改错句等。二是话题讨论,包括小组活动、口头作文等。三是阅读理解,跟阅读课题型差不多。四是体裁知识巩固,包括体裁知识填空、判断。第一、二类练习居多,第三类多出现在读写教材中,第四类出现在应用体裁写作和商务汉语写作教材中。

语言是写作最重要的材料,语言知识的巩固对写作有直接的影响,因此语言的编排和训练往往成为衡量一本写作教材水平高下的一个重要标准。《发展汉语》写作系列教材将语言训练与说明相结合,对训练的语言点进行了较为具体的说明,语言训练将写与说相结合,并安排小组活动,体现课堂教学的交际性,有助于发挥学生的积极性,从而达到语言巩固的目标。《体验汉语写作教程》系列将语言训练放在"写作准备"环节,设置专门的"语言形式"板块,有针对性地讲解相关话题所使用的词语与句子并进行即时训练。这样的语言训练不至于喧宾夺主,更有助于语言形式与意义的匹配,可以发挥学生的自主写作能力。

但目前教材也有一个问题,就是较多地强调词汇、语法、句型等句子层面的讲解和训练,而忽略了语篇层面(如语篇的衔接与连贯手段)的讲解和训练,即使是到了中高级阶段也是如此。这跟汉语本体语篇研究不够充分有很大的关系,需要在这部分有更深入的研究。

5. 任务引导

受汉语母语教学的影响,对外汉语教材很多也采取"命题作文"、"话题作文"的样式。但由于汉语水平和跨文化交际能力的制约,这种写作题型并不非常适合外国学生。为了把学生引导到写作训练中来,不同写作教学理念的教材有不同的安排。以结果教学法为编写理念的《汉语写作教程》系列,写作训练主要有看图写话、改写、扩写、缩写、命题作文等,只在写作体裁和写作重点上与范文一致,但在话题上毫无关联性,导致一定量的输入未能有相应的输出;由于遵循结构教学法,也没有设计写作前的准备环节。《发展汉语》写作系列也受结果教学法影响,写作训练中以命题作文为主,但在设计时考虑到了与范文的匹配性,让学生有据可依,能够较好地输出,并且写作前有较多相关话题的会话练习,也有助于学生开拓思路以及更有效地进入写作。《体验汉语写作教材》系列以任务教学法为纲,遵循任务法进行写作任务的设计和编排,"热身活动"、"写作任务"和"讨论修改"三个板块完全围绕着同一个写作任务展开,使学生自始至终沉浸在某话题写作中,而"作业"这一板块则是在完成前面写作任务基础上的扩展,同样提供了写作前准备的问题和小词库,以引导学生写作。

由于对外汉语写作教学研究起步较晚,导致到目前为止,对外汉语写作教材的编写尚处在一个探索阶段。从上面的分析我们可以看出,目前教材的问题主要还是受汉语母语写作教学的影响较大,对写作知识、技巧的关注较多,而语言运用和写作任务设计方面的指导比较欠缺,内容的选择以及编排上还不够成熟。虽然近几年借鉴英语第二语言写作教学,有一些新的更适用的教材面世,但也应该看到,这些教材还带有较浓厚的英语特征,没能较好地结合汉语特点及中国文化。这种情况下,写作教师要根据学生实际情况选择合适的教材或对现有教材进行一定的改造。

三、课堂教学展示

二语写作课的课堂教学一般包括教师点评、范文分析、课堂快写、写法讲解等多个教学环节。

1. 点评上周习作(3个环节,总用时:20分钟)

(1)总结作业情况。总结作业以肯定优点为主。例如5条作业评价中,4条表扬,1条指出问题。表扬的部分最好是上节课要求学生在习作中运用的部分,如文体的要求、固定格式的要求以及要求使用的某些词语等;或者多次强调后有所改善的部分。表扬时要使用具体实例,不能只是"语言流畅、内容新颖"等泛泛之词。

(2)表彰语言优点。对外汉语写作教学中,学生写作的水平远没有达到主要关注内容和结构的程度,写作的重点是语言的运用,因此点评习作时主要关注的是语言问题。点评时首先是表彰语言优点,一般由教师朗读学生作文片段,指出写得好的地方,包括句子和词汇。

(3)总结语言问题。习作中的语言问题有个性也有共性,在全班讲解的只能是一些共性的问题。对于这部分问题,教师应事先归类,然后在课堂呈现,引导学生发现错误,并让学生自己修改句子,然后给出正确的句子和语言错误类型。如有必要,可以就这些典型问题设置情境进行操练巩固。

2. 范文分析(4个教学环节,总用时:45分钟)

(1)导入(5分钟):师生简要讨论一下莫高窟。

(2)分析范文结构(15分钟):①小组讨论:范文内容与结构特点。在讨论前教师可通过提问来引导讨论,比如范文重点写了几个地方,用的是什么顺序等。②小组汇报:教师和学生一起商讨文章结构,形成共识。

(3)分析语言特征(15分钟):①教师示范:范文中一些写景状物的词语,一些表示位移和事物存在的动词等;②小组讨论;③小组汇报:教师和学生共同分析词句。

(4)看图片+复述范文(10分钟):教师展示跟范文相关的图片,学生使用前面分析的词语、句子描述图片。可以按照前面的分组来抢答,优胜组给予奖励。

3. 课堂快写、布置作业(3个教学环节,总用时:25分钟)

(1)小组讨论,写出跟游记有关的词语,可以使用词典。(10分钟)

(2)小组汇报,说明使用这些词语的理由,教师点评,补充。(10分钟)

(3)布置作业。(5分钟)

这样的教学,贯彻了交际教学的要求,是现在很多教师在尝试的一种课堂教学方式,但经常会存在两个问题:一是没有把大的教学目标分割成具体的小目标,或者根本没有具体的学习目标,就开展小组活动。二是缺乏时间管理,小组活动一拖沓,就将占用大量的课堂时间。课堂上轰轰烈烈,热热闹闹,但是学生其实一无所获。我们认为,一次有效的小组活动中,师生必须有强烈的目标感和时间感。因此,在这样的课堂教学中要做到三点:

(1)分割教学目标。这使得每一次小组活动都完整有效,有目标,有实施,有反馈,有反思。一环扣一环、一步又一步地接近教学目标。

(2)学生小组汇报后,教师跟进提供反馈意见,或赞成,或反对,既与学生之间保持互动,又给予准确的知识性评价和引导。小组活动后教师的点评很重要,点评到位了,学生的收获更多。

(3)小组活动多,但是严格控制时间。学生完成短时任务,教师迅速反馈。

附:范文

莫高窟游记

敦煌,早就以它古老神奇的艺术魅力牵动着无数人的情思。暑假里,我终于有机会和同学们一起来到了迷人的敦煌莫高窟。

我们穿过平坦的林荫道,跨过长长的石拱桥,一座金碧辉煌的牌坊出现在眼前。再往前行,远远望去,密密层层、大大小小的石窟排列在一道陡峭的灰色土壁上,山坡前有许多宝塔式样的建筑,据说那是和尚的庐冢。洞窟前面有一条细长的泉流在静静流淌,泉边长着一排高大的白杨和丛生的红柳。真可谓沙漠中的绿洲。

我们沿着陡直的石阶来到初唐时期的石窟。这里的菩萨很惹人喜爱,一个个面容丰腴,体态优美,栩栩如生。攀上第二层的一座石窟,我们看见了三十米高的大佛。这是佛教创始人释迦牟尼的雕像。我们被他那明哲、睿智、善良、仁慈的气度所吸引,一种庄严神圣、不可亵渎的崇敬之情油然而生。

让我感到最亲切最温柔的是一座卧佛。他大约十多米长,身体侧躺在一块大平石板上。他的神态安详娴静,姿势优美自然,眉似弯月,双眼微闭,长眠于梦幻之中。多么和谐、幽静的美!我们不禁对美的创造者肃然起敬。

最后,我们在第十七窟的藏经洞停留下来。曾经收藏在这里的五万多卷典籍、经卷,早已被外国强盗们抢劫一空,现在人们只能凭想象去追溯当年的景象……

思考和练习八

1. 结合自己学习外语的经历,举例说明第一语言写作能力对第二语言写作有哪些影响?
2. 结果法、过程法、任务法分别适合教授什么样的学生?为什么?
3. 写作中的词语教学和语法教学有什么特殊性?请举例说明如何教授。
4. 举例说明语段、语篇写作该如何教授(注意考虑学生水平和学生母语)。
5. 结合自己学习外语的经历,谈谈你认为有效的第二语言写作教学过程应该是怎样的。

参 考 文 献

1. Carrel, P. L. et al. Interactive Approaches to Second Language Reading[M]. 北京：世界图书出版公司, 2006.
2. 陈田顺. 对外汉语教学中高级阶段课程规范[M]. 北京：北京语言文化大学出版社, 1999.
3. 陈贤纯. 对外汉语阅读教学16讲[M]. 北京：北京语言大学出版社, 2008.
4. 程棠. 对外汉语教学目的原则方法[M]. 北京：华语教学出版社, 2002.
5. 崔永华. 对外汉语教学的教学研究[M]. 北京：外语教学与研究出版社, 2005.
6. 崔永华. 对外汉语教学设计导论[M]. 北京：北京语言大学出版社, 2008.
7. 崔永华, 杨寄洲. 汉语课堂教学技巧[M]. 北京：北京语言大学出版社, 2002.
8. 何克抗. 教学系统设计[M]. 北京：北京师范大学出版社, 2002.
9. 胡波. 汉语听力课教学法[M]. 北京：北京语言大学出版社, 2007.
10. [美]加涅等. 教学设计原理[M]. 皮连生等译. 上海：华东师范大学出版社, 1999.
11. 李冲锋. 教学技能应用指导[M]. 上海：华东师范大学出版社, 2007.
12. 李泉. 对外汉语教学学科理论研究[M]. 北京：商务印书馆, 2006.
13. 李泉. 汉语综合课教学理论与方法[M]. 北京：北京大学出版社, 2011.
14. 李晓琪. 对外汉语口语教学研究[M]. 北京：商务印书馆, 2006.
15. 李晓琪. 对外汉语听力教学研究[M]. 北京：商务印书馆, 2006.
16. 李晓琪. 对外汉语综合课教学研究[M]. 北京：商务印书馆, 2006.
17. 李杨. 对外汉语教学课程研究[M]. 北京：北京语言文化大学出版社, 1997.

18. 吕必松.汉语和汉语作为第二语言教学[M].北京：北京大学出版社,2007.
19. 罗青松.对外汉语写作教学研究[M].北京：中国社会科学出版社,2002.
20. 孟宪恺.微格教学基本教程[M].北京：北京师范大学出版社,1992.
21. 孙德金.对外汉语语法及语法教学研究[M].北京：商务印书馆,2006.
22. 田然.对外汉语教学语篇语法[M].北京：北京语言大学出版社,2013.
23. [美]唐纳德·R.克里克山克等.教师指南(第四版)[M].祝平译.南京：江苏教育出版社,2007.
24. 王钟华.对外汉语教学初级阶段课程规范[M].北京：北京语言文化大学出版社,1999.
25. 卫建国,张海珠.教学技能导论[M].北京：北京师范大学出版社,2012.
26. 吴中伟.汉语作为第二语言教学——汉语技能教学[M].北京：外语教学与研究出版社,2014.
27. 徐子亮,吴仁甫.实用对外汉语教学法[M].北京：北京大学出版社,2005.
28. 杨惠元.汉语听力说话教学法[M].北京：北京语言文化大学出版社,1996.
29. 杨惠元.课堂教学理论与实践[M].北京：北京语言大学出版社,2007.
30. 杨惠元.听力训练81法[M].北京：现代出版社,1988.
31. 张和生.对外汉语教师素质与教师培训研究[M].北京：商务印书馆,2006.
32. 张和生.汉语报刊教学理论与方法[M].北京：北京大学出版社,2007.
33. 张维耿,何子铨等.对外汉语教学研究[M].广州：中山大学出版社,1991.
34. 周小兵.对外汉语教学入门[M].广州：中山大学出版社,2009.
35. 周小兵等.汉语阅读教学理论与方法[M].北京：北京大学出版社,2008.

后 记

本书主要面向汉语国际教育专业硕士研究生和对外汉语专业本科学生,着重讨论对外汉语课堂教学设计与技能相关理论以及实践诸问题,是一本既重视理论,又具有很强实践性的教材。

随着我国经济的持续高速发展和综合国力的不断增强,世界范围内的汉语热不断升温,对外汉语教师紧缺,培养汉语师资的对外汉语本科专业和汉语国际教育专业硕士学位应运而生。但由于对外汉语本科专业不属于师范教育,汉语国际教育硕士专业型学位的课程设置以及教学受高校传统学术型教学的影响,其培养的学生往往并不能胜任教学一线的工作。为此,国家"汉办"曾于2011年修改了汉语国际教育专业硕士培养方案,要求增加实践性课程的比重,苏州大学文学院随之对课程设置做了修改,增设了《对外汉语课堂教学设计与技能》课程,由周国鹏讲授。在讲授的过程中,周老师不断听取学生的建议并结合自己多年的对外汉语教学及教学管理经验,并尽量吸收对外汉语教学最新研究成果,对课程内容进行了多次增删,渐次形成了《对外汉语课堂教学设计与技能》这一教学讲义。本次成书过程中,针对现在多元的教学环境和汉语学习的多元需求,对"课堂教学设计"部分的内容做了补充,以期培养学生的理论分析能力和解决实际问题的能力、教学反思习惯和自我职业发展能力。

赵金铭认为,一个合格、称职的对外汉语教师应从四个方面来衡量并提升自己:基础知识、专业知识、教学技能、教师素质。目前我们的对外汉语专业本科教育以及汉语国际教育硕士培养,对基础知识和专业知识比较重视,但在教学技能、教师素质等师范教育方面,明显需要加强。因此,本书将是对现有对外汉语教学师资培养的一个补充。本书既可用于汉语国际教育硕士专业型学位研究生和对外汉语专业的本科学生,也可为刚参加工作的年轻教师及想获得国际汉语教师证书的各类人士服务。

  本课程有幸被学院领导选入"汉语国际教育系列教材"的出版计划，一方面是因为编著者有多年的对外汉语教学经验，另一方面也是本课程在教学期间学生反响不错，公认对他们走上对外汉语教学的讲台有很大的帮助。但讲义毕竟不是正式的教材，不仅格局需要优化，内容也要充实，工作量不小，因此邀请李迅老师加盟本书的编写。本书共分八章。前三章着重一般规律及理论的阐述，后面五章按照现在通行的课程模式分课型进行编写。本书在周国鹃的《对外汉语课堂教学设计与技能》讲义的基础上进行编撰，第一、二、三、四、七、八章由周国鹃编写，第五、六章由李迅编写，周国鹃负责统稿。

  由于时间比较仓促，本教材肯定存在诸多缺漏之处，因而目前仍是一个试用本，仍需通过教学实践来不断进行修订和补充。诚恳希望使用本教材的教师和学生能够随时提供宝贵的意见和建议，以帮助我们不断提高教材的质量。

  苏州大学文学院的领导王尧教授、李勇教授和王建军教授为教材的出版提供了强有力的精神和物质支持；文学院对外汉语教研室的各位同仁为本书的编写提供了诸多帮助；苏州大学出版社的金振华编审和责任编辑董炎不仅帮助策划选题，而且时时催促进度，付出良多。对于以上各位，在此一并致以深切的谢意！

编 者

2015 年 10 月